RALF BERGNER

Die Zulässigkeit kollektivvertraglicher Arbeitszeitregelungen und ihr Verhältnis zu abweichenden individualvertraglichen Vereinbarungen im Lichte des Günstigkeitsprinzips

Schriften zum Sozial- und Arbeitsrecht

Band 142

Die Zulässigkeit kollektivvertraglicher Arbeitszeitregelungen und ihr Verhältnis zu abweichenden individualvertraglichen Vereinbarungen im Lichte des Günstigkeitsprinzips

Von

Dr. Ralf Bergner

Duncker & Humblot · Berlin

Die Deutsche Bibliothek - CIP-Einheitsaufnahme

Bergner, Ralf:
Die Zulässigkeit kollektivvertraglicher Arbeitszeitregelungen und ihr Verhältnis zu abweichenden individualvertraglichen Vereinbarungen im Lichte des Günstigkeitsprinzips / von Ralf Bergner. - Berlin : Duncker und Humblot, 1995
(Schriften zum Sozial- und Arbeitsrecht ; Bd. 142)
Zugl.: Bochum, Univ., Diss., 1994
ISBN 3-428-08130-7
NE: GT

Fotoprint: Color-Druck Dorfi GmbH, Berlin
Printed in Germany

ISSN 0582-0227
ISBN 3-428-08130-7

Gedruckt auf alterungsbeständigem (säurefreiem) Papier
entsprechend ISO 9706 ♾

Meiner Mutter

Dem Andenken meines Vaters

Vorwort

Die vorliegende Arbeit wurde zu Beginn des Jahres 1994 von der Abteilung für Rechtswissenschaft der Ruhr-Universität Bochum als Dissertation angenommen; das Manuskript wurde im Herbst 1993 abgeschlossen.

Weitgehend nicht berücksichtigt werden konnte daher das literarische Echo auf das die Auslegung des § 41 Abs. 4 Satz 3 SGB VI in der bis zum 1. August 1994 geltenden Fassung betreffende, von vielen als überraschend empfundene Urteil des Bundesarbeitsgerichts vom 30. Oktober 1993 – 7 AZR 135/93.

Ebensowenig konnte die schnelle Reaktion des Gesetzgebers auf die genannte Entscheidung des BAG, nämlich die zum 1. August 1994 in Kraft getretene – durch eine Übergangsregelung ergänzte – Neuregelung des § 41 Abs. 4 Satz 3 SGB VI durch Art. 1 des Gesetzes zur Änderung des Sechsten Buches Sozialgesetzbuch vom 26. Juli 1994 – SGB VI ÄndG – (BGBl. I, S. 1797), im Rahmen dieser Arbeit gewürdigt werden.

Mit der Neufassung des § 41 Abs. 4 Satz 3 SGB VI scheint die Kontroverse um die Zulässigkeit an das Erreichen des Rentenalters anknüpfender kollektivvertraglicher Altersgrenzenregelungen gelöst. Nach Meinung mancher ist hingegen durch die legislative Entscheidung kein Schlußstrich unter die Problematik gezogen, die Debatte vielmehr erst recht entfacht worden, da die verfassungsrechtlichen Zweifel an der Vereinbarkeit solcher Regelungen mit Art. 12 Abs. 1 GG durch die Neuformulierung nicht beseitigt worden seien. Ob Altersgrenzenregelungen in Tarifverträgen oder Betriebsvereinbarungen, die vor dem Inkrafttreten der Neuregelung als unwirksam angesehen worden wären, eine mögliche Kontrolle durch das Bundesverfassungsgericht überlebten, bleibe daher abzuwarten (*Ehrich*, BB 1994, 1633 (1635)). Allerdings muß der Beschluß des Bundesverfassungsgerichts vom 8. November 1994 – 1 BvR 1814/94 –, die Anwendung der Übergangsregelung lediglich bis zum 31. März 1995 auszusetzen, wohl als Indiz für eine positive Stellungnahme des Gerichts zur Frage der verfassungsrechtlichen Zulässigkeit kollektivvertraglicher Altersgrenzenregelung gewertet werden (*Hanau*, DB 1994, 2501).

Königswinter, im April 1995 *Ralf Bergner*

Inhaltsverzeichnis

Abkürzungsverzeichnis

a.A.	anderer Ansicht
aaO	am angegebenen Ort
Abs.	Absatz
AcP	Archiv für die civilistische Praxis (Tübingen)
AFG	Arbeitsförderungsgesetz
AfP	Archiv für Presserecht (Düsseldorf)
AGBG	Gesetz zur Regelung des Rechts der Allgemeinen Geschäftsbedingungen
Alt.	Alternative
a.M.	anderer Meinung
Anm.	Anmerkung
AOG	Gesetz zur Ordnung der nationalen Arbeit vom 20.1.1934
AP	Nachschlagewerk des Bundesarbeitsgerichts – Arbeitsrechtliche Praxis (München)
ArbG	Arbeitsgericht
ArbGG	Arbeitsgerichtsgesetz
AR-Blattei	Arbeitsrechts-Blattei (Stuttgart)
ARS	Arbeitsrechts-Sammlung (Berlin)
Art.	Artikel
Aufl.	Auflage
AuR	Arbeit und Recht (Köln)
AVG	Angestelltenversicherungsgesetz
AZO	Arbeitszeitordnung
BAG	Bundesarbeitsgericht
BAGE	Amtliche Sammlung der Entscheidungen des Bundesarbeitsgerichts
BAT	Bundes-Angestelltentarifvertrag
BB	Der Betriebsberater (Heidelberg)
BBG	Bundesbeamtengesetz
Bd.	Band

Beil.	Beilage
BetrAVG	Gesetz zur Verbesserung der betrieblichen Altersversorgung
BetrVG	Betriebsverfassungsgesetz
BGBl.	Bundesgesetzblatt
BT-Drs.	Bundestags-Drucksache
BVerfG	Bundesverfassungsgericht
BVerfGE	Amtliche Sammlung der Entscheidungen des Bundesverfassungsgerichts
BVerwG	Bundesverwaltungsgericht
DAG	Deutsche Angestelltengewerkschaft
DB	Der Betrieb (Düsseldorf)
ders.	derselbe
d.h.	das heißt
Die AG	Die Aktiengesellschaft (Köln)
DJT	Deutscher Juristentag
DÖV	Die öffentliche Verwaltung (Stuttgart)
DRdA	Das Recht der Arbeit (Wien)
DRiG	Deutsches Richtergesetz
ebd.	ebenda
EzA	Entscheidungssammlung zum Arbeitsrecht (Neuwied)
f., ff.	folgende (Seite(n))
FAZ	Frankfurter Allgemeine Zeitung
Fn.	Fußnote
Forts.	Fortsetzung
FS	Festschrift
GewO	Gewerbeordnung
GG	Grundgesetz
ggf.	gegebenenfalls
GS	Großer Senat
Halbs.	Halbsatz
hL	herrschende Lehre
hM	herrschende Meinung
Hrsg.	Herausgeber
IAB	Institut für Arbeits- und Berufsforschung der Bundesanstalt für Arbeit
idR	in der Regel

i.e.S.	im engeren Sinne
IG	Industriegewerkschaft
ILO	International Labour Organization
iVm	in Verbindung mit
Jura	Juristische Ausbildung (Berlin/New York)
JuS	Juristische Schulung (München/Frankfurt a.M.)
JW	Juristische Wochenschrift (Leipzig)
JZ	Juristen-Zeitung (Tübingen)
Kap.	Kapitel
KSchG	Kündigungsschutzgesetz
LadSchlG	Ladenschlußgesetz
LAG	Landesarbeitsgericht
MTV	Manteltarifvertrag
MuSchG	Mutterschutzgesetz
mwN	mit weiteren Nachweisen
NGG	Gewerkschaft Nahrung – Genuß – Gaststätten
NJW	Neue Juristische Wochenschrift (München/Frankfurt a.M.)
Nr.	Nummer
NZA	Neue Zeitschrift für Arbeits- und Sozialrecht (München/Frankfurt a.M.)
NZfAR	Neue Zeitschrift für Arbeitsrecht (Mannheim/Berlin/Leipzig)
OECD	Organization for Economic Cooperation and Development
RAG	Reichsarbeitsgericht
RdA	Recht der Arbeit (München)
RegE	Regierungsentwurf
RG	Reichsgericht
RGBl	Reichsgesetzblatt
Rspr.	Rechtsprechung
RVO	Reichsversicherungsordnung
Rz.	Randziffer
S.	Seite(n)
SAE	Sammlung arbeitsrechtlicher Entscheidungen (Düsseldorf)
SGB	Sozialgesetzbuch
s.o.	siehe oben
sog.	sogenannter, (-s)

st. Rspr.	ständige Rechtsprechung
s.u.	siehe unten
TVG	Tarifvertragsgesetz
TVVO	Verordnung über Tarifverträge, Arbeiter- und Angestelltenausschüsse und Schlichtung von Arbeitsstreitigkeiten vom 23.12.1918
u.a.	unter anderem
UN	United Nations (Organization)
u.U.	unter Umständen
vgl.	vergleiche
WRV	Weimarer Reichsverfassung
WSI	Wirtschafts- und Sozialwissenschaftliches Institut
ZfA	Zeitschrift für Arbeitsrecht (Köln/Berlin/Bonn/München)
ZfB	Zeitschrift für Betriebswirtschaft (Wiesbaden)
ZHR	Zeitschrift für das gesamte Handels- und Wirtschaftsrecht (Stuttgart)
ZTR	Zeitschrift für Tarifrecht (München/Münster)

A. Einleitung

I. Problemstellung

Eines der charakteristischen Merkmale des Arbeitsrechts ist die Vielzahl der rechtlichen Faktoren, die auf die Gestaltung des durch den Arbeitsvertrag begründeten Arbeitsverhältnisses einwirken. Während andere zivilrechtliche Vertragsbeziehungen im wesentlichen allein noch durch die staatliche Gesetzgebung beeinflußt werden, ergibt sich die inhaltliche Ausgestaltung des Arbeitsverhältnisses in großem Umfang aus anderen Rechtsquellen.[1] Vor allem die kollektivrechtlichen Gestaltungsmittel des Tarifvertrages und der Betriebsvereinbarung haben erhebliche Bedeutung für den Inhalt der Arbeitsbedingungen.

Die Existenz verschiedener auf das Arbeitsverhältnis einwirkender Normbereiche führt beim Zusammentreffen mehrerer arbeitsrechtlicher Gestaltungsfaktoren zu Normkonkurrenzen,[2] deren rechtliche Lösung zudem den Besonderheiten spezifisch arbeitsrechtlicher – unter dem Oberbegriff der „Allgemeinen Arbeitsbedingungen" zusammengefaßter und gleichsam in der Grauzone zwischen individuellem und kollektivem Arbeitsrecht angesiedelter – Rechtsinstitute angemessen Rechnung zu tragen hat.

Kollisionslagen zwischen arbeitsvertraglichen Vereinbarungen und *tariflichen* Regelungen hat der Gesetzgeber in § 4 Abs. 1 TVG dahingehend gelöst, daß die den Inhalt, den Abschluß oder die Beendigung von Arbeitsverhältnissen ordnenden Rechtsnormen des Tarifvertrages zwischen den unter den Geltungsbereich des Tarifvertrages fallenden beiderseits Tarifgebundenen unmittelbar und zwingend gelten. Die *unmittelbare* Wirkung tariflicher Normen besteht darin, daß ihre Geltung für die Betroffenen unabhängig von deren Kenntnis oder Billigung ohne weiteres eintritt und keines zusätzlichen Transformationsaktes bedarf. Folge des *zwingenden* Charakters ist es, daß in den erfaßten Rechtsbeziehungen von der tariflichen Regelung nicht abgewichen werden darf.[3]

---

[1] *Lieb*, Arbeitsrecht, § 3 I (S. 42).

[2] Zu den verschiedenen Konkurrenzlagen ausführlich *Herrmann*, ZfA 1989, 577 (583 ff.).

[3] BAG (GS) AP Nr. 17 zu § 77 BetrVG; *Zöllner/Loritz*, § 36 I (S. 354).

Die zwingende Wirkung tarifvertraglicher Normen gilt allerdings nicht uneingeschränkt. Abweichende Abmachungen der Arbeitsvertragsparteien sind gem. § 4 Abs. 3 TVG – sofern sie nicht (1. Alt.) der Tarifvertrag selbst gestattet – zulässig, soweit sie (2. Alt.) eine Änderung der Regelung *zugunsten des Arbeitnehmers* enthalten.

Die letztgenannte Bestimmung, die im Hinblick auf die in § 4 Abs. 1 TVG angeordnete Unabdingbarkeit nur eines der beiden Teilelemente einer umfassenderen, lediglich gesetzestechnisch getrennt geregelten Kollisionsnorm im Sinne einer nur einseitig, eben zugunsten des Arbeitnehmers zwingenden Wirkung der Tarifnormen darstellt,[4] wird gemeinhin als *„Günstigkeitsprinzip"*[5] bezeichnet.

In jüngerer Zeit ist nun eine Diskussion über Inhalt und Reichweite des Günstigkeitsprinzips in Gang gekommen, in der das überkommene Verständnis dieses Grundsatzes einer kritischen Revision unterzogen und mitunter ernsthaft in Frage gestellt wird. Einzelne Beiträge münden in das Postulat einer „Neudefinition des Günstigkeitsprinzips"[6]; andere werfen die Frage auf, ob nunmehr „eine neue Dimension des Günstigkeitsprinzips" erkennbar wird[7]. Eine „den modernen Entwicklungen des Arbeitslebens entsprechende Uminterpretation der einschlägigen Normen des TVG"[8] soll nach im Vordringen begriffener Lehre auch für das herkömmliche Verständnis des in § 4 Abs. 3 TVG geregelten Günstigkeitsvergleichs zwischen Tarifnorm und Arbeitsvertrag geboten sein.

Den äußeren Anlaß für eine neuerliche intensive Beschäftigung mit dem Günstigkeitsprinzip gab – vor dem Hintergrund der in den Tarifrunden seit 1984 in verschiedenen Branchen vereinbarten Verkürzung der tariflichen Wochenarbeitszeit – insbesondere die Frage, ob Arbeitnehmer und Arbeitgeber

---

[4] *Wiedemann/Stumpf*, § 4 Rz. 214; *Wlotzke*, Günstigkeitsprinzip, 15 f. Es ist daher mißverständlich, die Beziehung zwischen der Unabdingbarkeit der Tarifnormen und dem Günstigkeitsprinzip im Sinne eines Regel/Ausnahme-Verhältnisses zu interpretieren (*Jacobi*, 232 und 236; *Kreis*, RdA 1961, 97 (98); *Nikisch*, Arbeitsrecht II, § 82 I 2 (S. 419 Fn. 5); aA *Kronenberg*, 45: Unabdingbarkeit der Tarifnormen sei die Regel) und daraus etwa Schlußfolgerungen für die Behandlung jener Fallgestaltungen zu ziehen, in denen die Günstigkeit einer Regelung nicht eindeutig feststellbar ist (*Bengelsdorf*, ZfA 1990, 563 (597); *Joost*, ZfA 1984, 173 (183 Fn. 39)).

[5] *Nipperdey* in Hueck/Nipperdey, Arbeitsrecht II/1, § 30 I 3 (S. 573); *Nipperdey*, Herschel-FS, 10 (14): *„Begünstigungsprinzip"*; kritisch zum Begriff des Günstigkeitsprinzips *Heinze* (NZA 1991, 329 (332)), da er den Vorrang der individuellen Privatautonomie vor der Kollektivautonomie verbal ausblende.

[6] *Hoehn*, 72 ff.

[7] Vgl. *Zachert*, DB 1984, 986; *ders.*, Rechtsgutachten, 56.

[8] *Zöllner*, DB 1989, 2121 (2126).

trotz tarifvertraglicher Verkürzung der Wochenarbeitszeit unter Berufung auf das Günstigkeitsprinzip einzelvertraglich – bei entsprechend höherem Lohn – eine längere Arbeitszeit vereinbaren können.[9]

Bisher hatten die Tarifvertragsparteien, aber auch die ganz überwiegende Lehre[10] die arbeitsvertragliche Festlegung einer längeren als der tariflichen Wochenarbeitszeit kategorisch als eine für den Arbeitnehmer ungünstigere Regelung betrachtet, die keine Wirksamkeit über § 4 Abs. 3 TVG erlangen könne. Inzwischen ist jedoch ein merklicher Wandel in dieser Bewertung zu beobachten. Die fortschreitende Verkürzung der Arbeitszeit hat die die Entfaltungsfreiheit der Arbeitsvertragsparteien beschränkende Wirkung tarifvertraglicher Arbeitszeitnormen in wachsendem Maße bewußt gemacht. Forderungen werden laut, daß nunmehr „der Individualarbeitsvertrag aufzuwerten" sei und dem Arbeitnehmer mehr individuelle Wahlrechte eingeräumt werden müßten.[11] Jedenfalls findet die Auffassung, daß die arbeitsvertragliche Vereinbarung einer über den Tarif hinausgehenden Arbeitszeit – im Einzelfall oder generell – auch günstiger sein könne, mittlerweile zunehmende Verbreitung.[12]

Gegenwärtig scheint allerdings das Ziel weiterer Verkürzungen der Wochenarbeitszeit nicht mehr durchweg oberste Priorität im Katalog der tarifpolitischen Zielsetzungen der Gewerkschaften zu genießen[13] und ein tarifpoliti-

---

[9] Zum Stand der Diskussion: *Hromadka*, DB 1992, 1042.

[10] *Nipperdey* in Hueck/Nipperdey, Arbeitsrecht II/1, § 29 IV 2 a (S. 565 f. Fn. 12); *Richardi*, Kollektivgewalt, 383 f.; *Wlotzke*, Günstigkeitsprinzip, 80; weitere Nachweise bei *Wiedemann/Stumpf*, § 4 Rz. 242.

[11] *Keuchel*, 48 (50).

[12] *Hromadka* (DB 1992, 1042) bezeichnet diese Auffassung bereits als herrschende Lehre.

[13] Für die *IG Metall* erklärte ihr damaliger Vorsitzender Franz *Steinkühler* am 23.9.1992, eine weitere Verkürzung der Arbeitszeit „zur Zeit kein Thema" (General-Anzeiger [Bonn], 24.9.1992). Die IG Metall wolle jetzt anderen Gewerkschaften „Zeit zum Aufholen geben". Vgl. auch das vom Vorstand der IG Metall im Februar 1991 veröffentlichte Konzept „Tarifreform 2000 – Ein Gestaltungsrahmen für die Industriearbeit der Zukunft" (siehe dazu die Darstellung von *Lang/Unterhinninghofen* in RdA 1992, 179 und 185), das Arbeitszeitfragen nicht unter den künftig im Vordergrund stehenden Regelungsbereichen aufführt. Der neue Vorsitzende Klaus *Zwickel* kündigte hingegen an, die Arbeitszeitverkürzung in allen Formen müsse wieder stärker auf die Tagesordnung der Tarifpolitik (Handelsblatt, 22.11.1993).
Die *ÖTV* räumt der Sicherung der Reallöhne die absolute Priorität ein; weitere Arbeitszeitverkürzungen sollten und dürften nicht zu Lasten der Einkommenserhöhungen gehen (General-Anzeiger [Bonn], 30.9.1992; Handelsblatt, 23./24.1.1993).
Der neue Vorsitzende der *IG Medien*, Detlev *Hensche*, mahnt eine beschäftigungspolitische Offensive der Gewerkschaften an. Damit es zu Neueinstellungen komme, müsse die Arbeitszeit in möglichst großen Schritten weiter verkürzt werden (Handelsblatt, 16.8.1993)
Die *HBV* ist grundsätzlich bereit, das Thema weiterer Arbeitszeitverkürzungen als Gegenleistung für die Einführung einer Vorruhestandsregelung in den neuen Bundesländern bis 1995 zurückzustellen (Handelsblatt, 30./31.1.1993); im nordrhein-westfälischen Einzel- und Großhandel strebt sie an, die

scher Erfolg schon darin gesehen zu werden, Arbeitszeit*verlängerungen* abzuwehren;[14] auf Arbeitgeberseite[15] und aus dem politischen Raum[16] sind in verstärktem Maße Forderungen nach einer arbeitszeitpolitischen Umkehr in Richtung 40-Stunden-Woche sowie einer Revision bereits vereinbarter Arbeitzeitverkürzungen[17] wahrzunehmen; zum Teil werden *längere* Arbeitszeiten sogar bereits vereinbart.[18]

35-Stunden-Woche bis 1996 zu erreichen (General-Anzeiger [Bonn], 9.2. und 25.11.1993). Im Bankgewerbe fordert sie von den Arbeitgebern die Zusage, betriebsbedingte Kündigungen zu unterlassen; einer solchen Zusage gleichwertig sei ein Angebot der Arbeitgeber, auf die Forderung nach weiterer Arbeitszeitverkürzung einzugehen (Handelsblatt, 23.2.1994).

Die *NGG* will neue Wege zur Flexibilisierung der Arbeitszeit beschreiten; dabei gehe es vor allem um familienfreundliche Arbeitzeiten (Generalanzeiger [Bonn], 9.8.1993)

Die *IGBE* will in der Tarifrunde 1994 die 4-Tage-Woche mit Lohnverzicht einführen, um dadurch 10.000 Arbeitsplätze zu retten (General-Anzeiger [Bonn], 4.11.1993)

Für die anstehenden Manteltarifverhandlungen in den neuen Bundesländern ist es Ziel der *IG Chemie*, die tariflichen Regelungen des MTV West zu übertragen; im wesentlichen gehe es um den Einstieg in die Arbeitszeitverkürzung (Handelsblatt, 16.8.1993).

Der Vorsitzende des *Deutschen Beamtenbundes*, Werner *Hagedorn*, hält Forderungen nach einer weiteren Verkürzung der Wochenarbeitszeit „zur Zeit für völlig unangebracht" (General-Anzeiger [Bonn], 2.10.1992; üblicherweise werden für die Beamten die Eckwerte des von den Gewerkschaften für die Arbeiter und Angestellten ausgehandelten Tarifvertrages übernommen).

[14] Die Vorsitzende der *ÖTV*, *Wulf-Mathies*, sieht in der Verhinderung einer Arbeitszeitverlängerung ein Hauptthema der Tarifrunde 1993.

[15] So etwa der Präsident des Deutschen Industrie- und Handelstages, Hans Peter *Stihl*, der in einem Interview der Berliner Tageszeitung vom 19.8.1992 eine Rückkehr zur 40-Stunden-Woche als „überaus wünschenswert" bezeichnet hat. In die gleiche Richtung zielen Äußerungen der Arbeitgeberpräsidenten Klaus *Murmann* sowie des Präsidenten des Bundesverbandes der Deutschen Industrie (BDI), Heinrich *Weiss*. Murmann vertrat die Ansicht, die 35-Stunden-Woche sei keine „heilige Kuh" und bezeichnete die Zulassung der 35-Stunden-Woche durch die Arbeitgeber als „Jahrhundertfehler" (Handelsblatt, 23.8.1993). *Weiss* äußerte die Auffassung, jetzt müßten die Weichen zu flexibleren, aber auch *längeren* Arbeitszeiten gestellt werden (General-Anzeiger [Bonn], 21.8.1992). BDI-Präsident Tyll *Necker* hält es für „paradox", bei einer abnehmenden Zahl von Berufstätigen sowie wachsenden Zahlen von Rentnern und Pensionären Arbeitszeitverkürzungen zu fordern und spricht sich generell gegen Modelle der Arbeitszeitverkürzung aus (General-Anzeiger [Bonn], 5.2. und 1./2.11.1993).

[16] Bundeskanzler Helmut *Kohl* hat angeregt, über eine Verlängerung der wöchentlichen Arbeitszeit um eine Stunde nachzudenken. Der DGB hat auf diesen Vorschlag mit Entrüstung reagiert: nicht die Verlängerung, sondern die Verkürzung der Arbeitszeit sei die richtige Antwort auf die Arbeitsmarktprobleme (Handelsblatt, 8.2.1993). Der FDP-Abgeordnete Hagen *Tschoeltsch* appellierte an die Tarifpartner, weitere Arbeitszeitverkürzungen aus Kostengründen aufzuschieben (General-Anzeiger [Bonn], 12.2.1993). Demgegenüber hat der stellvertretende SPD-Vorsitzende Oskar *Lafontaine* vorgeschlagen, daß Firmen, die durch Einführung der 4-Tage-Woche Arbeitsplätze retten, weniger Steuern zahlen (General-Anzeiger [Bonn], 4.11.1993).

[17] In der Tarifrunde 1990 der Metallindustrie ist in einem längerfristigen Stufenabkommen eine Arbeitszeitverkürzung ab 1.4.1993 auf 36 Stunden vereinbart worden. Die Tarifparteien haben sich jedoch verpflichtet, je nach der Wirtschaftslage in Verhandlungen über die Durchführbarkeit einer

Die durch die Diskussion über kollektivvertragliche Verkürzungen der Wochenarbeitszeit aufgeworfenen Fragen sind jedoch über die aktuelle Tarifpolitik hinaus von grundsätzlicher Bedeutung sowohl für die Praxis des Arbeitslebens als auch für die Entwicklung der Rechtsdogmatik. Letztlich geht es hier – wie Buchner[19] feststellt – um „die alte Kernfrage, wieweit die kollektive Regelungsgewalt reichen, wieweit demgegenüber individuelle Gestaltung zulässig sein soll."

II. Gegenstand und Gang der Untersuchung

Die rechtliche Beurteilung kollektivvertraglicher Arbeitszeitregelungen wird vom jeweiligen Vorverständnis hinsichtlich des Inhalts und der Reichweite des Günstigkeitsprinzips entscheidend beeinflußt. Im ersten Teil der Untersuchung sollen daher zunächst jene Aspekte des Günstigkeitsprinzips einer näheren Betrachtung unterzogen werden, denen besondere Relevanz für die Fragestellung dieser Arbeit zukommt.

Im zweiten Teil werden sodann die dabei gewonnenen Erkenntnisse auf verschiedene Teilaspekte der aktuellen Arbeitszeitdiskussion angewandt.

Den Ausgangspunkt dieses Teils der Erörterung bildet die Frage, ob und inwieweit die *tarifvertragliche Wochenarbeitszeit* durch einzelvertragliche Vereinbarungen *verlängert* werden kann.

---

solchen Arbeitszeitverkürzung einzutreten. Der Vorstand der Metallarbeitgeber von Nordrhein-Westfalen hat von dieser Verhandlungsklausel Gebrauch gemacht, um eine Verschiebung der für April 1993 vereinbarten Verkürzung der Arbeitszeit von 37 auf 36 Stunden zu erreichen (Handelsblatt, 10.12.1992). Die IG Metall lehnt eine Verschiebung der tariflich vereinbarten Arbeitszeitverkürzung ab; im Tarifgebiet Nordwürttemberg/Nordbaden hat sie vor Beginn der Revisionsverhandlungen demgegenüber eine sofortige Einführung der erst für 1995 vorgesehenen 35-Stunden-Woche angeregt und im Gegenzug Lohnzugeständnisse angeboten (Handelsblatt, 2./3.2.1993).

[18] So etwa die 1993 getroffene Vereinbarung zwischen DAG und IBM Informationssysteme GmbH zur Verlängerung der wöchentlichen Regelarbeitszeit von 36 auf 38 Stunden bei unverändertem Gehalt (Handelsblatt, 23.12.1993). Die Motorola GmbH hat am Standort München in Absprache mit dem Betriebsrat die wöchentliche Arbeitszeit von 38,5 auf 40 Stunden ohne vollständigen Lohnausgleich angehoben, die Gottlob Auwärter GmbH & Co KG – nach eigenen Angaben „auf freiwilliger Basis" – in ihrem Stuttgarter Betrieb wieder die 40-Stunden-Woche eingeführt (General-Anzeiger [Bonn], 10. und 20.7.1993). Umgekehrt haben sich IG Metall und VW 1993 zur Abwendung eines weiteren Arbeitsplatzabbaus auf die Einführung der 4-Tage-Woche mit einer Wochenarbeitszeit von 28,8 Stunden bei 10%iger Kürzung des Jahreseinkommens verständigt.

[19] Arbeitszeit, 3 (19).

Weitere Problemfelder im Hinblick auf kollektivvertragliche Arbeitszeitregelungen ergaben sich durch die mit den Tarifverträgen der Metallindustrie der Jahre 1984/1987 den Betriebsräten eröffneten Regelungsmöglichkeiten zur *Flexibilisierung und Differenzierung der individuellen Arbeitszeit*, die neben einer Vielzahl von rechtspolitischen Fragen auch eine Reihe von rechtsdogmatischen Grundsatzproblemen aufgeworfen haben. Im Vordergrund der Diskussion steht hier die Frage der Zulässigkeit der von den Tarifvertragsparteien gewählten rechtlichen Gestaltung, insbesondere im Hinblick auf die Abgrenzung von Tarif- und Betriebsautonomie.

Anschließend wird die in den Tarifverhandlungen der Metallindustrie 1990 für eine bestimmte *Quote* von Arbeitnehmern eines Betriebes vorgesehene *Öffnung der tariflichen Arbeitszeitregelung zugunsten individualvertraglicher Vereinbarungen* von längeren Wochenarbeitszeiten behandelt.

Ein gewandeltes Verständnis des Günstigkeitsprinzips kommt nicht nur in neueren Stellungnahmen zu tariflichen Regelungen der *Wochen*arbeitszeit zum Ausdruck, sondern findet seinen Niederschlag auch in der Beurteilung kollektivrechtlicher Regelungen der *Lebens*arbeitszeit in Gestalt tariflicher und betrieblicher Altersgrenzenregelungen.

Auch das kollektivvertragliche Verbot der Anordnung bzw. Vereinbarung von *Überstunden* ist möglicherweise im Lichte eines revidierten Verständnisses des Günstigkeitsprinzips einer gewandelten rechtlichen Beurteilung zu unterziehen.

Abschließend soll die Bedeutung des Günstigkeitsprinzips für Regelungen zur *Lage* der täglichen Arbeitszeit exemplarisch an individualvertraglichen Vereinbarungen zur Arbeit an Samstagen und Dienstleistungsabenden untersucht werden. Namentlich die Diskussion über das Verhältnis von Arbeitszeit und Ladenöffnungszeit im Einzelhandelsgewerbe hat nicht nur aktuelles tarifpolitisches Interesse. So prognostizieren beispielsweise Säcker/Oetker[20], daß der Ausgleich zwischen den hierbei erkennbaren gegenläufigen Interessen kein singuläres, auf den Einzelhandel beschränktes Phänomen bleiben, sondern allgemeine Bedeutung erlangen werde. Gemeinsam mit der Diskussion über den arbeitsfreien Sonntag sowie über die Begrenzung der Arbeitszeit am Sonnabend sei damit lediglich der Einstieg in die zukünftigen Kontroversen über die tarifliche Regelungsbefugnis im Hinblick auf die Betriebsmittelnutzungszeit vollzogen und die gestiegene Bedeutung des Faktors Arbeitszeit für die tarifpolitische Diskussion veranschaulicht worden.

---

[20] AaO, 21 ff.

B. Inhalt, Grundlagen und Geltungsbereich des Günstigkeitsprinzips

I. Die maßgeblichen Kriterien des Günstigkeitsvergleichs

§ 4 Abs. 3, 2. Alt. TVG beschränkt sich auf die Anordnung, daß die tarifliche Regelung nur durch *„günstigere"* Abmachungen verdrängt wird; Direktiven für die Ermittlung der Günstigkeit gibt das Gesetz nicht.

Zur näheren Bestimmung des normativen Gehalts dieser Vorschrift sind im Begriff des Günstigkeitsvergleichs mehrere Teilaspekte zu unterscheiden.

Zunächst ist die Frage nach dem *Vergleichsgegenstand* zu beantworten und zu klären, welche Regelungen bzw. Regelungselemente einander gegenüberzustellen sowie, ob und ggf. welche außervertraglichen Umstände in den Günstigkeitsvergleich einzubeziehen sind.

Des weiteren gilt es zu bestimmen, an welchem *Maßstab* sich die Beurteilung zu orientieren hat (Beurteilungsmaßstab).[1] Die Günstigkeit könnte an einem objektivierten Allgemeininteresse, z. B. am Interesse der Gesamtarbeitnehmerschaft, oder am Interesse des einzelnen Arbeitnehmers gemessen werden.

Schließlich ist zu entscheiden, aus welcher *Sicht* die Beurteilung zu erfolgen hat (Beurteilungsperspektive). Die Wertung, welche Regelung sich für den Arbeitnehmer als die günstigere darstellt, kann aus dem subjektiv-realen Blickwinkel des einzelnen Arbeitnehmers oder aufgrund einer objektiv-hypothetischen Betrachtung vorgenommen werden. In Betracht käme auch, die in den Tarifforderungen und -verhandlungen artikulierten Tarifkonzepte als verbindliche Interpretation der Arbeitnehmerinteressen zu betrachten und sie als Ausgangspunkt für die Günstigkeitserwägungen bei etwaigen vom Tarifkonzept abweichenden Individualabreden heranzuziehen.[2]

---

[1] Die Terminologie ist insoweit uneinheitlich; wie hier *Linnenkohl/Rauschenberg/Reh*, BB 1990, 628 (629): „Sicht" versus „Maßstab"; ähnlich *Belling*, Günstigkeitsprinzip, 177.

[2] In diesem Sinne *Käppler*, NZA 1991, 745 (753); kritisch bereits *Kronenberg*, 404 f.

I. Der Gegenstand des Günstigkeitsvergleichs

a) Die Zulässigkeit kompensatorischer Vereinbarungen

aa) Meinungsstand

Es darf inzwischen wohl als anerkannt gelten, daß außerhalb der vereinbarten Vertragsbedingungen liegende Umstände, insbesondere die arbeitsmarktpolitischen Implikationen bei der Günstigkeitsbeurteilung außer Betracht bleiben.[3] In den Günstigkeitsvergleich sind mithin ausschließlich die einschlägige tarifliche Regelung und die abweichende arbeitsvertragliche Vereinbarung, nicht aber außervertragliche Rahmenbedingungen des Arbeitsverhältnisses einzustellen.

Die Bestimmung der für den Günstigkeitsvergleich einander gegenüberzustellenden Regelungen bereitet keine praktischen Schwierigkeiten, wenn die beiden konkurrierenden Regelungswerke nur im einem Punkt voneinander abweichen oder Arbeitsvertrag bzw. Tarifvertrag durchweg günstigere/ungünstigere Bestimmungen gegenüber dem jeweils anderen Regelungskomplex enthalten. In diesen Fällen ist es allenfalls von theoretischem Interesse, ob nur die einzelnen, inhaltlich korrespondierenden Elemente der tariflichen bzw. individualvertraglichen Regelung oder der Arbeitsvertrag *insgesamt* mit dem Tarifvertrag zu vergleichen ist.

Enthält die arbeitsvertragliche Regelung hingegen einerseits untertarifliche Arbeitsbedingungen, die aber andererseits durch übertarifliche Vorteile hinsichtlich anderer Arbeitsbedingungen gewissermaßen *kompensiert* werden sollen, stellt sich die Frage, welche Regelungen einander für den Günstigkeitsvergleich gegenüberzustellen sind.

---

[3] *Nipperdey* in Hueck/Nipperdey, Arbeitsrecht II/1, § 30 X 1 (S. 607); *Nikisch*, Arbeitsrecht II, § 82 IV 2 (S. 430); *Belling*, Günstigkeitsprinzip, 170 f.; *Courth*, 125 ff.; *Fette*, 31 f. mwN; *Krummel*, 248; *Richardi*, Kollektivgewalt, 377; *Säcker/Oetker*, 179; *Tech*, 95 ff.; *Tophoven*, RdA 1953, 422 f.; *Weismann*, 249; *Wiedemann/Stumpf*, § 4 Rz. 238; *Wlotzke*, Günstigkeitsprinzip, 75; *Zöllner*, DB 1989, 2121 (2125); *Zöllner/Loritz*, § 36 III 3 (S. 358); aA noch *Kronenberg*, 27 ff. unter der Geltung der TVVO; *Folger*, RdA 1953, 422. – Vgl. aus neuerer Zeit aber auch *Adomeit*, NJW 1984, 27. Eine Bestätigung seiner Auffassung und das Eingeständnis der IG Metall, daß eine mit Lohneinbußen erkaufte verbesserte Arbeitsplatzsicherheit für die Arbeitnehmer insgesamt günstiger sein kann, sieht *Adomeit* in der 1993 durch Firmentarifvertrag bei VW vereinbarten, mit Kürzungen des Jahreseinkommens um 10% verbundenen Einführung der 4-Tage-Woche (Handelsblatt vom 21./22.1.1994). Eine rechtspolitische Korrektur in dieser Richtung fordert auch der Vorsitzende der Arbeitsgemeinschaft selbständiger Unternehmer (ASU), *Geers*: „Arbeit mit weniger Lohn ist immer noch besser als gar keine Arbeit“ (General-Anzeiger [Bonn], 9.11.1992).

Nach überwiegender Ansicht in der Rechtsprechung[4] und Literatur[5] können teils untertarifliche, teils übertarifliche Vertragsbedingungen per Saldo günstiger sein als der entsprechende Regelungskomplex auf der Ebene des Tarifvertrages.

Vereinzelt wird allerdings die Kompensation untertariflicher Arbeitsbedingungen durch übertarifliche Vorteile schlechthin für unzulässig gehalten[6] oder nur mit Einschränkungen akzeptiert.[7]

Zur Begründung dieser ablehnenden Haltung werden Argumente aus dem Wortlaut, der Entstehungsgeschichte und dem Zweck von § 4 TVG sowie Gesichtspunkte der Praktikabilität angeführt:

– Nach § 4 Abs. 1 Satz 1 TVG gelten „die Rechtsnormen des Tarifvertrages ... unmittelbar und zwingend"; von einer bloßen „tariflichen Gesamtposition", die nicht unterschritten werden dürfe, sei hingegen nicht die Rede.[8]

– Die auf den „Entwurf eines Tarifvertragsgesetzes des Gewerkschaftsrates der Vereinigten Zonen vom 7.9.1948" zurückgehende Einfügung des Wortes „nur" in § 4 Abs. 3 TVG sei ein Indiz dafür, daß die Möglichkeiten von den Normen des Tarifvertrages abweichender Vereinbarungen restriktiv gehandhabt und die Unabdingbarkeit strikt durchgeführt werden müsse.[9]

– Das Verbot kompensatorischer Vereinbarungen sei unter der Geltung des Grundgesetzes durch Art. 9 Abs. 3 GG nunmehr auch verfassungsrechtlich geboten, da deren Zulässigkeit sowohl die *Schutzfunktion* als auch die *Ordnungsfunktion* des Tarifvertrages aushöhlen würde.

Zum einen bestünde die Gefahr, daß der Arbeitnehmer mangels realer Vertragsparität übervorteilt werde. Zum anderen erschwere es die Verfolgung einer für richtig befundenen Tarifpolitik durch die Koalitionen, wenn die vereinbarten Mindestarbeitsbedingungen zur Disposition der Arbeitsvertragsparteien stünden. Von den Gewerkschaften würden legitimerweise auch über die Gestaltung des Einzelarbeitsverhältnisses hinausgehende Ziele verfolgt und mit langfristig angelegten Strategien gesellschaftsgestaltende Gesamtpo-

---

[4] BAGE 7, 149 (151); BAG AP Nr. 1 zu § 6 ArbKrankhG.

[5] *Richardi*, Kollektivgewalt, 377; *Wiedemann/Stumpf*, § 4 Rz. 243; *Wlotzke*, Günstigkeitsprinzip, 82; einschränkend *Däubler/Hege*, Rz. 131: möglich sei lediglich, daß die Tarifvertragsparteien eine Kompensation unter der Voraussetzung zulassen, daß ein bestimmter Regelungskomplex im Arbeitsvertrag insgesamt günstiger abschneidet als das tariflich Vereinbarte.

[6] *Belling*, Günstigkeitsprinzip, 181 f.; *Linnenkohl/Rauschenberg/Reh*, BB 1990, 628 (629).

[7] *Firlei*, DRdA 1989, 1 (10 ff.).

[8] *Belling*, Günstigkeitsprinzip, 182.

[9] *Belling*, Günstigkeitsprinzip, 182.

litik betrieben. Die tariflichen Mindestnormen seien Ausdruck solcher arbeitnehmerorientierten gesellschaftspolitischen Konzepte und erschöpften sich nicht in dem, was der einzelne Arbeitnehmer unmittelbar durch die Gestaltungswirkung der Kollektivnormen an Vorteilen bezieht.[10] Die uneingeschränkte Zulassung von Kompensationen soll die Tätigkeit der Koalitionen geradezu existentiell gefährden können.[11] Es müsse den Arbeitsvertragsparteien deshalb verwehrt bleiben, tarifpolitische Zielsetzungen zu unterlaufen. Daher will beispielsweise Firlei[12] Kompensationen nur insoweit zulassen, als der konkrete Schutzzweck der durchbrochenen Mindestnorm durch die individualvertragliche Regelung besser erreicht werde.

– Ein weiterer gegen die Zulässigkeit einer Kompensation untertariflicher Bedingungen durch übertarifliche Vorteile sprechender Gesichtspunkt bestehe in der „unüberwindbar erscheinenden“[13] Schwierigkeit, einen sicheren Günstigkeitsmaßstab hierfür zu finden. Würden Kompensationsvereinbarungen anerkannt, so stelle eine Günstigkeitsbewertung durch die Gerichte eine bloße Billigkeits- oder Angemessenheitskontrolle dar, was einen Eingriff sowohl in die Privat- als auch in die Tarifautonomie darstelle.[14]

bb) Stellungnahme

Die Bestimmung des § 4 Abs. 1 TVG, wonach „die Rechtsnormen des Tarifvertrages“ unmittelbar und zwingend gelten, läßt keinen Schluß auf die Unzulässigkeit kompensatorischer Vereinbarungen zu. Sie darf nämlich nicht isoliert von der in § 4 Abs. 3 TVG normierten Durchbrechung des Grundsatzes der unmittelbaren und zwingenden Wirkung der Tarifnormen durch das Günstigkeitsprinzip betrachtet werden. Wenn § 4 Abs. 3 TVG vom Tarifvertrag abweichende Abmachungen für zulässig erklärt, soweit sie eine Regelung zugunsten des Arbeitnehmers enthalten, so hindert der Wortlaut dieser Vorschrift nicht eine Auslegung dahingehend, die Gesamtheit der vom Tarifvertrag abweichenden individualvertraglichen Regelungen oder auch – nach dem Verständnis der Vertragsparteien in einem inneren Zusammenhang stehende – Gruppen von Einzelbestimmungen als *eine* „abweichende Abmachung“ aufzu-

---

[10] *Firlei*, DRdA 1989, 1 (10).

[11] *Firlei*, DRdA 1989, 1 (10).

[12] DRdA 1989, 1 (6 ff.).

[13] *Belling*, Günstigkeitsprinzip, 183.

[14] *Firlei* (DRdA 1989, 1 (11)) bezeichnet autonome Entscheidungen von Richtern über Kompensationen als „in hohem Grade irrational“.

fassen, die in einer gleichsam saldierenden Betrachtungsweise eine Änderung der Regelungen zugunsten oder zuungunsten des Arbeitnehmers enthalten kann. Die grammatische Auslegung des § 4 Abs. 3 TVG gebietet jedenfalls nicht, das Paket der individualvertraglichen Vereinbarung aufzuschnüren, als „abweichende Abmachung" lediglich punktuell ein Vertragselement zu isolieren und einer vom Regelungsgegenstand verwandten Tarifbestimmung gegenüberzustellen.[15] Der Begriff der „Abmachung" kann nämlich sprachlich ohne weiteres auch auf den Individualvertrag als Ganzes oder einen größeren Komplex von inhaltlich zusammengehörigen Regelungspunkten bezogen werden. Ein solches Verständnis käme überdies dem Willen der Vertragsparteien und der von ihnen hergestellten synallagmatischen Verknüpfung zwischen den einzelnen – unselbständigen – Elementen der zwischen ihnen getroffenen vertraglichen Vereinbarung näher.

Der Hinweis auf die Einfügung des Wortes *„nur"* in § 4 Abs. 3 TVG rechtfertigt ebenfalls nicht die Annahme, damit seien kompensatorische Vereinbarungen untersagt worden. Vielmehr ist damit lediglich klargestellt worden, daß weitere als die in § 4 Abs. 3 TVG genannten Tatbestände – Gestattung durch den Tarifvertrag bzw. Abweichung zugunsten des Arbeitnehmers – für eine Durchbrechung der unmittelbaren und zwingenden Wirkung der Tarifnormen nicht in Betracht kommen sollen.

Zu widersprechen ist auch der These, das Verbot kompensatorischer Vereinbarungen sei durch Art. 9 Abs. 3 GG sogar verfassungsrechtlich geboten.

Soweit die *Schutzfunktion* der Unabdingbarkeit tariflicher Normen und die Gefahr angesprochen ist, daß der Arbeitnehmer mangels Verhandlungsparität übervorteilt werden könnte, so kann eine solche Gefahr zwar nicht völlig von der Hand gewiesen werden. Andererseits würde es aber einen beträchtlichen Eingriff in die Privatautonomie des Arbeitnehmers darstellen, ihm von vornherein auch solche vertraglichen Gestaltungsmöglichkeiten zu verwehren, die eine für ihn evident günstigere vertragliche Regelung beinhalten würden.[16] Auch in weniger eindeutigen Fällen wäre es nicht gerechtfertigt, den Wertschätzungen und Präferenzen des Arbeitnehmers unter Hinweis auf die seinem Schutz dienende Unabdingbarkeit tariflicher Regelungen die Anerkennung zu versagen. Ein derart starres Verständnis vom zwingenden Charakter der Ta-

[15] Nach *Courth*, 122 f. schließt § 4 Abs. 3 TVG bereits nach seinem Wortlaut die Unterschreitung einzelner tariflicher Arbeitsbedingungen im Einzelarbeitsvertrag nicht aus, wenn diese Unterschreitung anderweitig kompensiert werden kann; § 4 Abs. 3 TVG verbiete lediglich die einzelvertragliche Schlechterstellung des Arbeitnehmers gegenüber dem Tarifvertrag schlechthin.

[16] Einen Evidenzfall in entgegengesetzter Richtung beschreibt *Kronenberg*, 37: eine geringfügige Verkürzung der Arbeitszeit bei gleichzeitiger Herabsetzung des Lohnes auf die Hälfte sei offensichtlich ungünstiger.

rifnormen würde in der Tat, um eine von Adomeit[17] in ähnlichem Zusammenhang gebrauchte Formulierung zu verwenden, irgendwann den Punkt erreichen lassen, „wo Wohltat Plage wird".

Auch die Berufung auf die *Ordnungsfunktion* des Tarifvertrages, die durch die Zulassung von Unterschreitungen der tariflichen Mindestarbeitsbedingungen im Wege der Kompensation mit übertariflichen Vorteilen ausgehöhlt würde, vermag den mit dem Kompensationsverbot verbundenen Eingriff in die Privatautonomie der Arbeitsvertragsparteien nicht zu rechtfertigen.

Es entspricht keineswegs einem verfassungsrechtlichen Erfordernis, die Tarifpartner allein verbindlich darüber entscheiden zu lassen, in welcher Weise etwa Erschwernisse und Belastungen am Arbeitsplatz durch monetäre Zuwendungen abgegolten werden können.[18] Zwar mag richtig sein, daß durch die Anerkennung der Zulässigkeit von kompensatorischen Vereinbarungen die Verfolgung einer für richtig befundenen Tarifpolitik durch die Koalitionen erschwert wird.[19] Indessen erlaubt Art. 9 Abs. 3 GG keine umfassende Monopolisierung der Arbeitsvertragsgestaltung bei den Koalitionen[20]. Bellings in diesem Zusammenhang – in Anlehnung an Säcker[21] getroffene – Feststellung, die Koalitionsfreiheit gebe dem Berufsverband grundsätzlich das Recht, zur Erreichung von Koalitionswohl und Koalitionszweck alles zu tun, was ihm nach seinem Urteil und seinen Überlegungen dieses Ziel am besten erreichen lasse, ist zwar zutreffend. Sie berücksichtigt jedoch nicht, daß die – intakte – Privatautonomie des Arbeitnehmers der Tarifautonomie ihrerseits Grenzen zu setzen vermag. Wegen der dienenden Funktion der Tarifautonomie zur Effektivierung der im Arbeitsverhältnis zumindest latent gefährdeten Privatautonomie des Arbeitnehmers ist die Tarifbindung nicht Selbstzweck und muß die Schutz- und Ordnungsfunktion dort zurücktreten, wo die Privatautonomie zur Verwirklichung der Vertragsgerechtigkeit selbst in der Lage ist.

b) Vergleichsmethode

Ist demnach mit der ganz h.M. die Möglichkeit der Kompensation untertariflicher Arbeitsbedingungen durch übertarifliche Leistungen anzuerkennen, so gilt es nunmehr, den Gegenstand des Günstigkeitsvergleichs zu bestimmen.

---

[17] NJW 1984, 26.

[18] So aber *Belling*, Günstigkeitsprinzip, 183.

[19] *Belling*, Günstigkeitsprinzip, 183.

[20] *Heinze*, NZA 1991, 329 (331).

[21] Gruppenautonomie, 263.

aa) Isolierter Vergleich

Belling[22] hat zutreffend darauf hingewiesen, daß für die Wahl der Vergleichsmethode ausschlaggebend ist, ob den Parteien des Arbeitsvertrages eine Kompensation untertariflicher durch übertarifliche Arbeitsbedingungen gestattet werden soll.

Sofern man bereit ist, eine solche Möglichkeit anzuerkennen, kommt deshalb nicht in Betracht, lediglich die jeweils voneinander abweichenden Bestimmungen des Arbeits- bzw. des Tarifvertrages miteinander zu vergleichen. Bei diesem als Methode des *isolierten Vergleichs* bezeichneten Verfahren wären die untertariflichen Vertragsbedingungen nach § 4 Abs. 1 TVG unwirksam, während die übertariflichen Abweichungen gem. § 4 Abs. 3 TVG gelten würden.

Eine solche Betrachtungsweise ließe nämlich gerade unberücksichtigt, daß die untertariflichen Bedingungen gleichsam als „Preis“ für die günstigeren Vertragsregelungen vereinbart worden waren. Der von den Arbeitsvertragsparteien gewollte synallagmatische Zusammenhang wäre zerrissen und das Äquivalenzverhältnis zwischen den unter- und übertariflichen Arbeitsbedingungen gestört, wenn der Arbeitnehmer entgegen dem nach § 139 BGB maßgeblichen Parteiwillen einseitig in den Genuß der jeweils für ihn vorteilhaften – tarif- oder individualvertraglichen – Regelungen käme.[23]

bb) Gesamtvergleich

Die Methode des sog. *Gesamtvergleichs*,[24] die den Arbeitsvertrag insgesamt dem Normenwerk des Tarifvertrages gegenüberstellt, greift insofern nicht in das vertragliche Synallagma ein, als entweder der Tarifvertrag oder der Arbeitsvertrag in ihrer jeweiligen Gesamtheit für das Arbeitsverhältnis maßgebend sind. Wegen der erforderlichen Abwägung einer Vielzahl von

---

[22] Günstigkeitsprinzip, 182.

[23] Daher auch die plastische Bezeichnung „*Rosinentheorie*“ für die Methode des isolierten Vergleichs; *Bengelsdorf*, ZfA 1990, 563 (592); *Courth*, 120; *Däubler*, DB 1989, 2534 (2536); *Etzel*, NZA Beilage 1/1987, 19 (24); *Nipperdey* in Hueck/Nipperdey, Arbeitsrecht II 1, § 30 X 4 (S. 610 f.); *Mayer-Maly*, 177; *Schmidt*, 69; *Weismann*, 248; *Zöllner/Loritz*, § 36 III 4 (S. 359). *Belling* (Günstigkeitsprinzip, 187) will daher die Wirksamkeit kompensatorischer Vereinbarungen nicht nach Günstigkeitsgesichtspunkten, sondern allein danach beurteilen, ob die abweichenden Vereinbarungen durch den Tarifvertrag gestattet sind oder ob die Tarifnormen nach dem Willen der Tarifpartner als Einzelbestimmungen gewahrt werden sollen.

[24] ArbG Bremen AP 50 Nr. 293; in jüngerer Zeit von *Heinze* (NZA 1991, 329 (335)) vertreten.

Einzelbestimmungen stößt er aber in der praktischen Durchführung auf beträchtliche Schwierigkeiten, weil bei einem Vergleich völlig ungleichartiger Bestimmungen das Ergebnis der Günstigkeitsbeurteilung inhaltlich fragwürdig ist und zu einer dem Parteiwillen häufig nicht entsprechenden Gegenüberstellung inkommensurabler Gegenstände führen kann.[25]

Allerdings ist anzumerken, daß dieser Einwand gegen den Gesamtvergleich seine volle Tragkraft nur bei der Zugrundelegung eines objektiv-hypothetischen Maßstabs beim Günstigkeitsvergleich entfaltet, weil das Bedürfnis nach vorhersehbaren und vergleichbaren Resultaten hier in besonderem Maße gegeben ist. Mit dem selbstgestellten Anspruch einer „objektiven" Vergleichsperspektive verträgt es sich naturgemäß nicht, wenn rational nachvollziehbare Ergebnisse des Günstigkeitsvergleichs nicht zu gewährleisten sind. Bei der Maßgeblichkeit einer subjektiv-realen Beurteilungsperspektive wäre dies hingegen eher hinnehmbar.

cc) Sachgruppenvergleich

Wegen der genannten Mängel der beschriebenen Vergleichsmethoden ist der von Rechtsprechung[26] und Lehre[27] überwiegend befürwortete *„Sachgruppenvergleich"* vorzugswürdig. Danach sind alle jene Bestimmungen des Tarifvertrages und der einzelvertraglichen Vereinbarung miteinander zu vergleichen, die jeweils im „offensichtlichen inneren Zusammenhang" stehen.[28]

Zur Durchführung des Günstigkeitsvergleiches werden auf der einzelvertraglichen Ebene Sachgruppen von Abweichungen vom Tarifvertrag gebildet,

[25] *Bengelsdorf*, ZfA 1990, 563 (593); *Courth*, 121; *Däubler*, DB 1989, 2534 (2536); *Fette*, 38; *Nipperdey* in Hueck/Nipperdey, Arbeitsrecht II/1, § 30 X 4 (S. 611); *Nikisch*, Arbeitsrecht II, § 82 IV 5 (S. 434); *Schmidt*, 71; *Wiedemann/Stumpf*, § 4 Rz. 243, die allerdings zugleich einräumen, daß die vertragliche Abmachung eine Einheit bildet und es möglich sei, auch heterogene Bedingungen zueinander in Beziehung zu setzen; vgl. auch *Heinze*, NZA 1991, 329 (335): nach dem übereinstimmenden Vertragswillen stehen alle Regelungen in einem inhaltlichen, wechselseitigen Zusammenhang, was auch durch die Lehre von der positiven Vertragsverletzung bestätigt werde, deren Rechtsfolgen entsprechend den §§ 325, 326 BGB unabhängig von einer etwaigen Wechselwirkung der in Frage stehenden Pflichtverletzung stets den gesamten Vertragsinhalt tangieren; *Wlotzke*, Günstigkeitsprinzip, 84; RAG ARS 22, 334 (339).

[26] RAG ARS 7, S. 286 (288 f.); BAG AP Nr. 1 zu § 4 TVG – Sozialzulagen.

[27] *Brox*, Arbeitsrecht, Rz. 272; *Mayer-Maly*, 177; *Söllner*, Arbeitsrecht, § 16 III 3 b (S. 141 Fn. 48).

[28] *Richardi*, Kollektivgewalt, 377 mwN; einschränkend *Wlotzke*, Günstigkeitsprinzip, 84 f. mwN: wollen die Vertragsparteien die Vertragsabrede nur als Ganzes an die Stelle der tariflichen Regelungen treten lassen, komme nur ein Gesamtvergleich in Betracht.

die entweder nach dem Parteiwillen (subjektiv-innerer Zusammenhang) oder – falls sich ein solcher nicht feststellen läßt – aus der Natur der Sache heraus (objektiv-innerer Zusammenhang) eine Einheit bilden und mit einem entsprechenden Regelungskomplex des Tarifvertrages verglichen und bewertet.

Maßgebend ist zunächst der im Wege der Auslegung zu ermittelnde Parteiwille.[29] Stellen die Vertragsparteien einen Zusammenhang her, indem sie erkennbar bestimmte untertarifliche gegen übertarifliche Arbeitsbedingungen aufwiegen, so kommt es nicht darauf an, ob sie heterogene oder inkommensurable Bedingungen zueinander in Beziehung setzen. Die Vertragspartner können vielmehr nach eigenem Ermessen bestimmen, in welchem Umfang eine zusammenfassende Beurteilung der Vor- und Nachteile des Arbeitsvertrages vorzunehmen ist[30] und legen damit den Kompensationsrahmen fest. Erst wenn sich auch im Rahmen der Auslegung nicht ermitteln läßt, welche Sachgruppen von Vertragsbedingungen zu bilden sind, werden diese nach objektiven Gesichtspunkten festgelegt und jeweils diejenigen Regelungen zusammengefaßt, die nach der Verkehrsanschauung in einem objektiven Sachzusammenhang stehen. Ein solcher Sachzusammenhang ist gegeben, wenn eine Bestimmung offenbar keine selbständige Existenz führt, sondern mit anderen wesensverwandten Regelungen eine rechtliche Einheit bildet[31] und die Bestimmungen der Vereinbarung derart zusammenhängen, daß die eine ohne die andere mutmaßlich nicht getroffen wäre.

Die Wirkungsweise des Gruppenvergleichs besteht mithin darin, daß eine Einzelregelung aus einer zusammenhängenden Sachgruppe für sich genommen niemals günstiger oder ungünstiger sein kann als die entsprechende Tarifnorm. Vielmehr ist jeweils ein Bündel unter- und übertariflicher Vertrags-

---

[29] *Richardi*, Kollektivgewalt, 378. Die h.L. berücksichtigt allerdings in erster Linie den objektiv-inneren Zusammenhang und greift auf den subjektiv-inneren Konnex nur insoweit zurück, als ein Zusammenhang objektiv nicht gegeben ist (*Nipperdey* in Hueck/Nipperdey, Arbeitsrecht II/1, § 30 X 4 a (S. 611 f.); Hueck/Nipperdey/Tophoven/*Stahlhacke*, § 4 Rz. 243 f.; *Nikisch*, Arbeitsrecht II, § 82 IV 5 (S. 434)). Offenbar schlägt sich auch hier die Auffassung nieder, daß der Günstigkeitsvergleich nach objektiven Kriterien erfolgen soll. *Richardi* (Kollektivgewalt, 378 Fn. 98) weist demgegenüber zutreffend darauf hin, daß, da es sich hier insoweit nicht um ein Werturteil, sondern um ein Auslegungsproblem handelt, ausschließlich der Wille der Vertragsparteien darüber entscheidet, ob zwischen ihren Bestimmungen ein innerer Zusammenhang besteht; *Courth*, 122; *Wlotzke* (Günstigkeitsprinzip, 85 Fn. 42) hält daher die Unterscheidung von subjektiven und objektiven Zusammenhängen für irreführend.

[30] *Courth*, 122.

[31] *Courth*, 123; *Nipperdey* in Hueck/Nipperdey, Arbeitsrecht II/1, § 30 X 4 a (S. 611); *Richardi*, Kollektivgewalt, 378; *Wlotzke*, Günstigkeitsprinzip, 85.

bedingungen mit dem entsprechenden Regelungskomplex im Tarifvertrag zu vergleichen.[32]

2. Der Beurteilungsmaßstab

Während unter der Geltung der TVVO von 1918 in Schrifttum und Rechtsprechung[33] noch die Auffassung vertreten wurde, daß die Günstigkeit am *Gesamtinteresse* der Arbeitnehmerschaft und nicht am Interesse des individuellen Arbeitnehmers zu messen sei, müssen nach heute ganz überwiegend vertretener Meinung Kollektivinteressen beim Günstigkeitsvergleich außer Betracht bleiben. Maßgebend ist das *Individualinteresse* des von den konkurrierenden Regelungen konkret betroffenen einzelnen Arbeitnehmers *(subjektiv-persönlicher Maßstab)*[34]. Für eine solche Auslegung spricht nicht nur der – in § 4 Abs. 3 TVG auf den Arbeitnehmer im Singular abstellende – Wortlaut des Gesetzes[35], sondern vor allem die Funktion des Günstigkeitsprinzips, der Kollektivmacht zugunsten der Privatautonomie Grenzen zu setzen und damit zugleich der individuellen Vertragsfreiheit einen Funktionsbereich zu sichern.[36]

---

[32] Die Schwierigkeit, eindeutig abgrenzbare Gruppen bilden zu können, führt allerdings bei der Rechtsanwendung in der Tendenz zu einer sich dem *Gesamtvergleich* nähernden, den Kreis der (objektiv) zusammenhängenden Einzelregelungen mitunter recht weit ziehenden Praxis (*Schaub*, § 204 VI 2 b (S. 1528); *Zöllner*, DB 1989, 2121 (2125)). *Linnenkohl/Rauschenberg/Reh* (BB 1990, 628 (629)) halten den Gruppenvergleich – abgesehen von den nicht zu leugnenden praktischen Konsequenzen – auch deshalb bereits im Ansatz für problematisch, weil entgegen dem anerkannten Grundsatz, daß für die Auslegung von Tarifverträgen maßgeblich auf den durch den *Gesamtzusammenhang* zum Ausdruck kommenden Sinn und Zweck abzustellen sei, einzelne Normen des Tarifvertrages aus diesem Gesamtzusammenhang „herausgerissen" und mit den Normen des Arbeitsvertrages verglichen werden sollen.

[33] RG JW 1927, 241 (242) mit zust. Anm. A. *Hueck*.

[34] BAG (GS), NZA 1987, 168 (174); *Belling*, Günstigkeitsprinzip, 174 f.; *Bengelsdorf*, ZfA 1990, 563 (595); *Boerner*, 52; *Buchner*, Arbeitszeit, 3 (12 ff.); *Däubler*, DB 1989, 2534 (2536); *Däubler Hege*, Rz. 127; *Herrmann*, ZfA 1990, 577 (585); *v. Hoyningen-Huene/Meier-Krenz*, ZfA 1988, 293 (312); *Nipperdey* in Hueck/Nipperdey, Arbeitsrecht II/1, § 30 X 3 a (S. 609); *Joost*, ZfA 1984, 173 (178); *Krummel*, 233; *Mager*, 45 (49); *Nikisch*, Arbeitsrecht, § 82 IV 3 (S. 431); *Schaub*, § 204 VI 2 a (S. 1527); *Schulze*, 209; *Tech*, 147 f.; *Weismann*, 252 f.; *Wiedemann/Stumpf*, § 4 Rz. 239; *Wlotzke*, Günstigkeitsprinzip, 77; *Zöllner*, DB 1989, 2121 (2125).

[35] *Boerner*, 53; *Herrmann*, ZfA 1988, 577 (585); *Schmidt*, 66; *Wiedemann/Stumpf*, § 4 Rz. 239; nach *Joost* (ZfA 1984, 173 (178 Fn. 23)) allerdings nur ein Indiz, da die Einzahl auch als Allgemeinbezeichnung gebraucht werde.

[36] *Belling*, Günstigkeitsprinzip, 177; *Herrmann*, ZfA 1989, 577 (585); *Joost*, ZfA 1984, 173 (178); *Richardi*, Kollektivgewalt, 381 mwN; *Schmidt*, 66; *Tech*, 147; *Weismann*, 252 f.; *Zöllner*, DB

Als Maßstab des Günstigkeitsvergleichs ist deshalb ausschließlich das *Individualinteresse* des einzelnen Arbeitnehmers anzuerkennen.

3. *Die Beurteilungsperspektive*

a) Die objektiv-hypothetische Betrachtungsweise der herrschenden Lehre

Angesichts des festzustellenden weitgehenden Konsenses über die gebotene Orientierung des Günstigkeitsvergleichs am Individualinteresse des betroffenen Arbeitnehmers sollte an sich zu vermuten sein, daß auch hinsichtlich der zentralen Frage der maßgeblichen Beurteilungsperspektive[37] auf den einzelnen Arbeitnehmer und dessen subjektiv-reale Sicht abzustellen sei.

Indessen befürworten Rechtsprechung[38] und Lehre[39] – in verschiedenen Varianten – ganz überwiegend eine „objektive" Sichtweise, die sich ggf. über die persönliche Einschätzung des Arbeitnehmers soll hinwegsetzen können. Die inhaltliche Konkretisierung des „objektiven" Maßstabs wird – wiederum mit Nuancierungen bei den verschiedenen Autoren – überwiegend in der Weise vorgenommen, daß maßgeblich auf die – hypothetische – Einschätzung des Arbeitsvertrages durch einen „verständigen Arbeitnehmer" vom Standpunkt eines neutralen Betrachters unter Berücksichtigung der Verkehrsan-

---

1989, 2121 (2125); ähnlich *Wlotzke*, Günstigkeitsprinzip, 77: das Günstigkeitsprinzip trage einen ausschließlich individualrechtlichen Charakter.

[37] Für *Tech*, 120 „entscheidender Faktor" für die Günstigkeitsbeurteilung

[38] RAG ARS 4, 170 (176); 7, 32 (36 f.); 7, 290 (293 f.).

[39] Bereits *Kronenberg*, 37 f.; *Belling*, Günstigkeitsprinzip, 175 mwN; *Bengelsdorf*, ZfA 1990, 563 (595); *Boerner*, 53; *Buchner*, Arbeitszeit, 3 (18); *Däubler*, DB 1989, 2534 (2536); *Dietz/Richardi*, § 77 Rz. 101; *Etzel*, NZA Beil. 1/1987, 19 (24); *Fette*, 32 mwN; Hagemeier/Kempen/*Zachert*/Zilius, § 4 Rz. 163; *Herrmann*, ZfA 1989, 577 (584); *v. Hoyningen-Huene*, NZA 1985, 9 (14); *Nipperdey* in Hueck/Nipperdey, Arbeitsrecht II/1, § 30 X 3 a (S. 609); *Kaskel/Dersch*, § 14 IV 4 c) cc) (S. 81); *Mager*, 45 (49); *Mayer-Maly*, 176 f.: auf das subjektive Urteil des betroffenen Arbeitnehmers sei „auf keinen Fall" abzustellen; *Nikisch*, Arbeitsrecht II, § 82 IV 4 (S. 432); *Richardi*, Kollektivgewalt, 380 f.; *Schulze*, 211 f.; *Tech*, 128; *Tophoven*, RdA 1953, 422 f.; *Wiedemann/Stumpf*, § 4 Rz. 240; *Wlotzke*, Günstigkeitsprinzip, 79 mwN, der bei gleichwertigen Regelungen der Individualabrede den Vorzug geben will. *Zöllner/Loritz*, § 36 III 2 (S. 358); einschränkend allerdings *Zöllner* in DB 1989, 2121 (2126): im Bereich der Arbeitszeitregelungen bestehe kein Grund, die vom Arbeitnehmer selbst durch Einzelvertrag gewählte und damit für ihn subjektiv als von ihm günstiger betrachtete Regelung nicht ebenso zu behandeln wie eine objektiv günstigere (das Fehlen des Wortes „nicht" beruht, wie der Gesamtzusammenhang ergibt, offenkundig auf einem Redaktionsversehen).

schauung und Wertungen der Arbeitsrechtsordnung abzustellen sei.[40] Erst in neuerer Zeit wird zunehmend für eine gewisse „Auflockerung“ des Günstigkeitsprinzips im Wege einer „stärkeren Subjektivierung“ eingetreten, derzufolge statt objektiv-allgemeiner oder typischer Arbeitnehmerinteressen die subjektiven Präferenzen des jeweils konkret-individuell in Frage stehenden Arbeitnehmers zu ermitteln seien.[41]

Demgegenüber finden sich bisher nur vereinzelt Stimmen, die nicht die objektiv-hypothetische Sicht eines „verständigen Arbeitnehmers“, sondern die subjektiv-reale Beurteilung durch den jeweils konkret betroffenen Arbeitnehmer für maßgeblich halten.[42]

Dies mag um so mehr überraschen, als auch die Vertreter einer objektivierten Beurteilungssicht durchaus einräumen, es scheine – zumindest „auf den ersten Blick“[43] – naheliegend, den Begünstigungsadressaten selbst darüber befinden zu lassen, ob die abweichende Abmachung für ihn günstiger sei[44].

---

[40] *Belling*, Günstigkeitsprinzip, 176; *Courth*, 118: „ausschließlich“ nach den Grundsätzen der geltenden Arbeitsrechtsordnung; *Däubler*, DB 1989, 2534 (2536): auch auf die Anschauung des Berufsstandes des betroffenen Arbeitnehmers abzustellen; *Dietz/Richardi*, § 77, Rz. 101; *Etzel*, NZA, Beilage 1/1987, 19 (24); *Nipperdey* in Hueck/Nipperdey, Arbeitsrecht II/1, § 30 X 3 b (S. 609): „Geist und die anerkannten Grundsätze der Arbeitsrechtsordnung“; *Löwisch*, in: Münchener Handbuch zum Arbeitsrecht, § 265 Rz. 45; *Löwisch/Rieble*, § 4 Rz. 203; *Nikisch*, Arbeitsrecht II, § 82 IV 4 (S. 432); *Richardi*, Kollektivgewalt, 381: Verkehrsanschauung und Grundsätze der geltenden Arbeitsrechtsordnung; *ders.*, AR-Blattei (D) Tarifvertrag, VI A 5 2 a; *Schulze*, 212; *Schmidt*, 66 f.; *Tech*, 130: maßgebend die „grundlegenden Charakteristika des Arbeitsrechts“; *Wiedemann/Stumpf*, § 4 Rz. 240; nach *Wlotzke* (Günstigkeitsprinzip, 79) ist die *Verkehrsanschauung* maßgeblich, die im wesentlichen mit den „allgemein anerkannten Grundsätzen der geltenden Arbeitsverfassung“ zu identifizieren sei. Die Bezugnahme auf die Verkehrsanschauung wird von *Käppler* (NZA 1991, 745 (753 Fn. 73)) kritisiert: wenn es um die Durchsetzung eines Individualkonzeptes geht, könne es gerade nicht auf die Verkehrsanschauung, sondern nur auf eine – subjektiv oder objektiv – wohlverstandene Interessenbewertung ankommen.

[41] *Zöllner*, ZfA 1988, 265 (287); nach Auffassung von *Löwisch/Rieble* (SAE 1988, 103 (105)) sucht auch das BAG in seinem Beschluß vom 18.8.1987 (SAE 1988, 97 ff.) in einem solchermaßen individualisierten Günstigkeitsvergleich den Kompromiß zwischen dem bisherigen, am Durchschnittsarbeitnehmer orientierten und einem rein subjektiven Verständnis des Günstigkeitsprinzips im Sinne einer Einzelfallbetrachtung nach objektiven Maßstäben.

[42] *Adomeit*, NJW 1984, 27; *Heinze*, NZA 1991, 329 (333); *Krummel*, 233 ff.; *Zöllner*, ZfA 1988, 265 (287); es ist allerdings nicht ganz deutlich, ob er die von ihm befürwortete Modifikation des Günstigkeitsprinzips durch Abstellen auf die subjektiven Interessen des jeweils konkret-individuell in Frage stehenden Arbeitnehmers bereits de lege lata für möglich hält oder damit lediglich eine rechtspolitische Forderung formuliert (in dem gemeinsam mit *Loritz* verfaßten Lehrbuch (Arbeitsrecht, § 36 III 2 (S. 358)) vertritt Zöllner die *objektive* Theorie).

[43] *Tech*, 120 u. 124.

[44] *Däubler/Hege*, Rz. 128; *Joost*, ZfA 1984, 173 (177 f.); *Schmidt*, 66; *Schulze*, 211 f.; *Tech*, 120; *Wlotzke*, Günstigkeitsprinzip, 78.

Zur Begründung für die Maßgeblichkeit einer objektiv-hypothetischen Beurteilungsperspektive werden im wesentlichen folgende Argumente genannt:

– Nur eine objektivierende Sicht biete eine hinreichende Gewähr für eine *einheitliche Rechtsanwendung* und eine *vorhersehbare* Günstigkeitsbeurteilung.[45]

– Es würde *prozeßrechtlichen Grundsätzen* widersprechen, wenn der Richter sich bei seiner Entscheidung, was im Verhältnis des Tarifvertrages zur Vertragsabrede für den Arbeitnehmer günstiger sei, von der Ansicht der einen Prozeßpartei leiten lassen müsse, anstatt von der unparteiischen objektiven Anschauung der Gesamtheit. Allein die Betrachtung der verkehrsmäßigen Anschauung ermögliche es dem Richter, unparteiisch zu urteilen.[46]

– Die Maßgeblichkeit der subjektiven Sicht des betroffenen Arbeitnehmers würde den im Tarifvertrag zum Ausdruck kommenden Willen der Koalitionen konterkarieren, die *Funktionsfähigkeit der Tarifautonomie* aushöhlen und zu einer unterschiedlichen Geltung der Tarifnormen je nach dem Willen der Betroffenen führen.[47] Der Arbeitnehmer dürfe nicht über den Umfang der Einschränkung der tariflichen Unabdingbarkeit entscheiden können. Anderenfalls wäre die zwingende Geltung der tariflichen Normen zu dispositivem Recht degradiert. Da sich die Funktion der Unabdingbarkeit tariflicher Normen nicht im Schutze des einzelnen Arbeitnehmers erschöpfe, sondern auch der Gesamtarbeitnehmerschaft diene[48], sei dies auch dann nicht hinnehmbar, wenn schutzwürdige Interessen des jeweils konkret betroffenen Arbeitnehmers nicht gefährdet seien.

– Schließlich gebiete der mit der Unabdingbarkeit tariflicher Normen verfolgte *Schutzzweck* eine objektive Sichtweise. Eine subjektivierende Betrachtung gefährde den Minimalschutz der Tarifnorm. Nur die Objektivierung der Beurteilungsperspektive gewährleiste, daß vertragliche Abreden die Un-

---

[45] *Däubler*, DB 1989, 2534 (2536); *Däubler/Hege*, Rz. 128; *Joost*, ZfA 1984, 173 (177 f.); *Kunst*, 23; *Linnenkohl/Rauschenberg/Reh*, BB 1990, 628 (629); *Mager*, 45 (49); *Mayer-Maly*, 176; *Tech*, 127; *Weismann*, 255; *Wlotzke*, Günstigkeitsprinzip, 79 f. – Die subjektiven Anschauungen werden allerdings häufig als gewichtigstes Indiz für die Richtigkeit des objektiven Günstigkeitsurteils angesehen; vgl. *Belling*, Günstigkeitsprinzip, 176; *Etzel*, NZA Beilage 1/1987, 19 (24); Hagemeier/Kempen/*Zachert*/Zilius, § 4 Rz. 163; *Nipperdey* in Hueck/Nipperdey, Arbeitsrecht II/1, § 30 X 3 a (S. 609 Fn. 90); *Schulze*, 211, was von *Tech*, 122 Fn. 1 als widersprüchlich kritisiert wird.

[46] *Belling*, Günstigkeitsprinzip, 176 mwN; *Nipperdey* in Hueck/Nipperdey, Arbeitsrecht II/1, § 30 X 3 a (S. 609); *Kunst*, 23; *Schulze*, 211; *Tech*, 128; *Wlotzke*, Günstigkeitsprinzip, 79.

[47] *Belling*, Günstigkeitsprinzip, 177, 183 (im Zusammenhang mit der Frage der Zulässigkeit kompensatorischer Vereinbarungen); Hagemeier/Kempen/*Zachert*/Zilius, § 4 Rz. 162; *Reuter*, RdA 1991, 193 (197); *Richardi*, ZfA 1990, 211 (233); *Weismann*, 254; *Zachert*, DB 1990, 986 (989).

[48] *Firlei*, DRdA 1981, 1 (4 f.) unter Berufung auf *Wlotzke*, Günstigkeitsprinzip, 74.

abdingbarkeit tariflicher Normen nicht verletzen und das Günstigkeitsprinzip nicht in sein Gegenteil verkehrt werde. Eine an den Wünschen des Arbeitnehmers orientierte, subjektive Günstigkeitsbeurteilung berge hingegen die Gefahr, daß der Arbeitnehmer aufgrund von Unerfahrenheit, mangelnder Einsicht, Fehleinschätzung oder Nachgiebigkeit gegenüber vom Arbeitgeber „angeregten" Willensbekundungen einem Vertragsinhalt zustimmt, der unterhalb der kollektivrechtlich gesicherten Minimalbedingungen liegt. Die zwingende Wirkung der Tarifnormen bezwecke aber gerade, dem einzelnen Arbeitnehmer eine gewisse unabdingbare Rechtsposition zu sichern, ohne daß es hierbei aus Gründen des sozialen Schutzes auf seinen Willen ankomme. Da der zwingende Minimalschutz beeinträchtigt werden könnte, bedürfe der Arbeitnehmer des „Schutzes vor sich selbst".[49] Letzteres ergebe sich auch aus § 4 Abs. 4 Satz 1 TVG, wonach der freiwillige Verzicht des Arbeitnehmers auf die tariflichen Mindestleistungen unwirksam sei.[50]

b) Stellungnahme und Lösungsvorschlag

Zunächst erscheint der Hinweis angebracht, daß die Etikettierung des von der hM favorisierten Ansatzes als „objektiv" irreführend ist, soweit dadurch die Vorstellung einer vermeintlichen, gleichsam naturwissenschaftlichen Neutralität erweckt werden könnte.

Die Günstigkeitsbeurteilung stellt keinen Akt der Wirklichkeitserkenntnis dar, deren Kriterien aus der Realität abzuleiten sind und über den es es objektiv bzw. intersubjektiv als richtig oder falsch bezeichenbare Urteile geben könnte. Sie erfordert vielmehr ein *Werturteil*, in das notwendigerweise auch solche Faktoren einfließen, die nicht objektiv-empirisch nachvollziehbar sind[51] und das, wie auch die Vielfalt der angebotenen – im Ergebnis keineswegs konvergierenden – objektiven Werteskalen (Urteil vernünftiger Arbeitnehmer, Verkehrssitte, sozialpolitische Wertmaßstäbe, Grundsätze der Ar-

[49] *Belling*, Günstigkeitsprinzip, 175; *Bengelsdorf*, ZfA 1990, 563 (595); *Courth*, 118; *Däubler*, DB 1989, 2534 (2536); *v. Hoyningen-Huene/Meier-Krenz*, ZfA 1988, 293 (313); *Joost*, ZfA 1984, 173 (177 f.); *Nikisch*, Arbeitsrecht II, § 82 IV 4 (S. 432); *Schmidt*, 67; *Tech*, 122 f.; *Weismann*, 254; *Wlotzke*, Günstigkeitsprinzip, 78 mwN.

[50] *Joost*, ZfA 1984, 173 (178); *Mayer*, 113; *Nikisch*, Arbeitsrecht II, § 82 IV 4 (S. 432 Fn. 66); *Weismann*, 255; *Wiedemann/Stumpf*, § 4 Rz. 240; *Wlotzke*, Günstigkeitsprinzip, 78.

[51] *Firlei*, DRdA 1981, 1 (3); *Joost*, ZfA 1984, 173 (177); *Richardi*, Kollektivgewalt, 380; *Tech*, 142: einen objektiven Beurteilungsmaßstab für das Günstigkeitsurteil gebe es nicht; *Wiedemann/ Stumpf*, § 4 Rz. 237; *Wlotzke*, Günstigkeitsprinzip, 72.

beitsrechtsordnung) belegt, letztlich auf einem Akt autonomer Dezision beruht[52].

„Objektivität" im Sinne einer wissenschaftlichen Aussage ist daher von vornherein nicht zu erzielen. Jedem objektiven Günstigkeitsvergleich liegt ein subjektives Urteil zugrunde, dessen Qualität keinen höheren Grad an „Richtigkeit" aufweist als das Urteil des Arbeitnehmers.[53] Die individuelle Prioritätensetzung durch den Arbeitnehmer kann auch nicht schlechterdings als Resultat seiner Abhängigkeitssituation abgewertet und durch eine von außen oktroyierte „Objektivierung" relativiert werden, ohne auch „ehrliche", nicht auf etwaigen abhängigkeitsbedingten Wahrnehmungsverzerrungen beruhende Präferenzen zu eliminieren.[54] Andererseits wäre es eine „unlösbare Aufgabe",[55] die auf seine Abhängigkeitssituation zurückzuführenden Präferenzen des Arbeitnehmers von den solcherart unbeeinflußten Wertschätzungen trennscharf unterscheiden zu wollen.

Eine eindeutig feststellbare Günstigkeit gibt es jedenfalls dann nicht, wenn man mit der hM die Maßgeblichkeit des Gruppenvergleichs und damit die Möglichkeit einer *Kompensation* untertariflicher durch übertarifliche Arbeitsbedingungen akzeptiert. Bei kompensatorischen Regelungen ist eine einigermaßen rationale Entscheidung, wie auch Anhänger einer objektiven Betrachtungsweise einräumen, nicht möglich.[56] Der Vergleich untertariflicher Arbeitsbedingungen mit übertariflichen Vorteilen entzieht sich einer rechtlich nachprüfbaren Günstigkeitsbeurteilung; an die Stelle rechtlicher Kriterien treten zwangsläufig Wertungen, die sich aus Rechtssätzen nicht ableiten lassen und folglich auch der rechtlichen Kontrolle nicht zugänglich sind.[57] Die Schwierigkeiten für die Justitiabilität des Günstigkeitsurteils erweisen sich

---

[52] *Firlei*, DRdA 1981, 1 (3).

[53] *Firlei*, DRdA 1981, 1 (3).

[54] *Firlei*, DRdA 1981, 1 (4).

[55] *Firlei*, DRdA 1989, 1 (4).

[56] *Firlei* (DRdA 1989, 1 (11)) weist darauf hin, daß dies nicht nur für den – aus diesem Grund fast allgemein abgelehnten – Gesamtvergleich, sondern für *jeden* Vergleich verschiedenartiger Rechtspositionen gelte. Ähnlich – für die Höhe des finanziellen Ausgleichs für eine Verkürzung des tariflichen Urlaubs – *Belling* (Günstigkeitsprinzip, 177), der aber daraus nicht die Konsequenz der Maßgeblichkeit des individuellen Arbeitnehmerwillens zieht, sondern meint, es müsse der tarifpolitischen Entscheidung der Tarifpartner überlassen bleiben, ob und in welchem Umfang der gesetzliche Mindesturlaub verlängert oder stattdessen die Vergütung erhöht wird; ebenso *Käppler*, NZA 1991, 745 (753).

[57] *Belling*, Günstigkeitsprinzip, 183: „Unüberwindlich erscheinende Schwierigkeit, einen sicheren Günstigkeitsmaßstab hierfür zu finden". *Belling* sieht diesen Befund allerdings nur als entscheidenden Gesichtspunkt gegen die Zulässigkeit der Kompensation untertariflicher durch übertarifliche Bedingungen an.

hier als schlechthin unüberwindlich, da der zur Entscheidung berufene Richter keine Anhaltspunkte findet, anhand derer eine Günstigkeitsbeurteilung konkret erfolgen soll.[58]

Die Fragwürdigkeit einer objektiven Beurteilungsperspektive wird übrigens eindrucksvoll bestätigt durch den Meinungsstreit über die Zulässigkeit einzelvertraglicher Verlängerungen der tariflichen Arbeitszeit. Trotz der im Grundsatz bestehenden weitgehenden Einigkeit darüber, daß die Günstigkeitsbeurteilung anhand objektiver Kriterien vorzunehmen sei, liegen bei der Konkretisierung dieser Maßstäbe die Resultate diametral auseinander.[59]

Die Zugrundelegung einer objektiv-hypothetischen Beurteilungsperspektive bietet demnach keine Gewähr für eine einheitliche Rechtsanwendung und eine kalkulierbare Günstigkeitsbeurteilung. Objektivierbare Ergebnisse sind somit allenfalls bei den – in der Praxis ohnehin unproblematischen – Fällen isolierter und quantifizierbarer Abweichungen der einzelvertraglichen von der tariflichen Regelung (z.B. übertarifliche Vergütung, längerer Erholungsurlaub) möglich.[60]

Will man dieser Aporie der objektiven Lehre nicht resignierend dadurch aus dem Weg gehen, daß der Vergleich kompensatorischer Regelungen schlechthin für unzulässig erklärt wird – darin läge ebenso eine Bevormundung und ein Eingriff in die Privatautonomie wie in der Zugrundelegung einer objektiven Beurteilungsperspektive – so muß konsequenterweise die individuelle Einschätzung des Arbeitnehmers als für das Günstigkeitsurteil maßgeblich angesehen werden.

Gerade unter dem von Anhängern einer objektiven Betrachtungsweise besonders betonten Aspekt der Rechtssicherheit erscheint das Abstellen auf die subjektive Sicht des betroffenen Arbeitnehmers vorzugswürdig. Es wäre der Kalkulierbarkeit der Rechtsanwendung nämlich eher förderlich, wenn den

---

[58] *Tech*, 140.

[59] Vgl. *Buchner* (DB 1990, 1715 und Arbeitszeit, 3 ff.) einerseits sowie *Däubler* (DB 1989, 2534) andererseits. *Tech*, 37 ff. stellt eingehend die Fragwürdigkeit und die negativen Konsequenzen einer objektiven Betrachtungsweise dar und kommt zu dem Ergebnis, daß es einen objektiven Maßstab, der die Frage nach der Günstigkeit eindeutig zu lösen vermag, nicht gebe. Er glaubt aber zum Abschluß seiner Untersuchungen gleichwohl, wegen noch gravierenderer Mängel der subjektiven Beurteilungsperspektive einer objektiven Betrachtung den Vorzug geben zu müssen. Dieses Resümee erscheint angesichts der von ihm gewonnenen Erkenntnisse, daß nämlich insbesondere im Bereich kompensatorischer Vereinbarungen und im Rahmen des Gruppenvergleichs ein objektiver Maßstab nicht zu finden sei, einigermaßen überraschend.

[60] So auch *Belling*, Günstigkeitsprinzip, 177; *Käppler*, NZA 1991, 745 (753); *Wiedemann/ Stumpf*, § 4 Rz. 243. *Firlei* (DRdA 1989, 1 (8)) bezeichnet die Kompensation daher zu Recht als *den* entscheidenden problemerzeugenden Faktor für die Frage der Objektivierung des Günstigkeitsvergleichs.

Beteiligten mit der Anerkennung der Maßgeblichkeit des Arbeitnehmerwillens eine klare Direktive an die Hand gegeben wird. Die der subjektiven Theorie innewohnende Möglichkeit, daß die Günstigkeit der gleichen Regelung von verschiedenen Arbeitnehmern ggf. unterschiedlich beurteilt wird, liegt letztlich in der Konsequenz der Option, die § 4 Abs. 3 TVG dem Begünstigten insofern einräumt. Die Praktikabilität bei der Normanwendung wäre deshalb jedoch nicht geringer als bei anderen Vorschriften, die dem Regelungsadressaten ebenfalls ein gewisses Wahlrecht bei der Rechtsausübung einräumen. Beispielsweise ist eine Bestimmung wie § 462 BGB unter dem Aspekt der Rechtssicherheit bisher nicht deshalb als bedenklich angesehen worden, weil sie dem Käufer einer mangelbehafteten Sache die Wahl einräumt, entweder Wandelung oder Minderung zu verlangen.[61]

Aus demselben Grund widerspräche es auch ebensowenig prozeßrechtlichen Grundsätzen, die Gerichte an die individuelle Entscheidung des Arbeitnehmers zu binden. Die Sorge, hierin läge ein Hindernis für eine unparteiische Entscheidung des Richters, beruht auf einem Vorverständnis des § 4 Abs. 3 TVG im Sinne der Lehre von der objektiv-hypothetischen Beurteilungsperspektive und läuft insofern auf eine petitio principii hinaus.[62]

Der Einwand, die Maßgeblichkeit der individuellen Einschätzung der Günstigkeit durch den jeweiligen Arbeitnehmer dürfe nicht dazu führen, den Willen der Koalitionen zu konterkarieren und es unmöglich machen, eine gewerkschaftspolitische Konzeption durchzusetzen, unterstellt hingegen einen Vorrang der tariflichen Regelung, die dem durch § 4 Abs. 3 TVG statuierten Verhältnis zwischen Kollektiv- und Privatautonomie widerspricht. Das Günstigkeitsprinzip ist als Schranke der Kollektivmacht ausschließlich individualrechtlich begründet. Die Anwendung dieses Vorbehaltes kann dann aber nicht von Kriterien abhängen, die durch das Gesamtinteresse bestimmt werden, dessen Maßgeblichkeit der Vorbehalt ja gerade beschränken soll. Selbst entschiedene Befürworter einer objektivierten Günstigkeitsbetrachtung räumen ein, daß jede Form der Objektivierung einen drastischen Einbruch in die individualistische, der Vertragsfreiheit verpflichtete Funktion des Günstigkeitsprinzips darstelle.[63] Krummel[64] hat auf den inneren Widerspruch der hM hingewiesen: einerseits werde die individuelle Rechtsposition des Arbeitnehmers mit der

[61] Ähnlich *Krummel*, 237: der Richter werde auch nicht dadurch, daß die Parteien eines Kaufvertrages an diesen bestimmte Rechtswirkungen knüpfen, unzulässig eingeengt.

[62] Vgl. bereits *Kronenberg*, 38 f.: der Einwand, daß der Richter bei der Beurteilung der Günstigkeit an die Ansicht der einen Partei gebunden sei, verkenne, daß das Günstigkeitsprinzip nur mit Rücksicht auf diese Partei geschaffen wurde und ausdrücklich auf sie abstelle.

[63] *Firlei*, DRdA 1981, 1 (3).

[64] AaO, 235 f.

Ablehnung eines kollektiven, am Interesse der Gesamtarbeitnehmerschaft orientierten Günstigkeitsmaßstabs gestärkt. Was dem Arbeitnehmer so mit der einen Hand gegeben wird, werde ihm aber mit der anderen wieder genommen, indem zur Feststellung der Günstigkeit im Einzelfall nicht auf seine persönliche Einschätzung, sondern auf die Verkehrsanschauung und die Ansicht eines verständigen Arbeitnehmers abgestellt wird. Es fragt sich in der Tat, ob die Annahme, das Günstigkeitsprinzip wirke zugunsten des einzelnen Arbeitnehmers, sich damit verträgt, für die tatsächliche Feststellung der Günstigkeit einen verallgemeinernden Maßstab anzuwenden.[65] Joost[66] macht zu Recht darauf aufmerksam, daß der Rekurs auf die „Grundsätze der geltenden Arbeitsrechtsordnung" sowie des „verständigen Arbeitnehmers unter Berücksichtigung der Anschauungen seines Berufsstandes" auch Auswirkungen auf den Maßstab habe und auch bei einem Bekenntnis zu einer stärkeren Subjektivierung die Günstigkeitsbeurteilung deutlich vom Interesse des Arbeitnehmers auf das Allgemeininteresse verlagert werde, was die Unterscheidung von objektiver Beurteilungs*perspektive* und subjektivem Beurteilungs*maßstab* relativiere.[67]

Allerdings wird zur Legitimierung eines objektiven Günstigkeitsvergleichs auch geltend gemacht, daß eine subjektive Günstigkeitsbeurteilung durch den Arbeitnehmer zu einer uneinheitlichen Geltung der tariflichen Regelungen führen könne.[68] Ein rein funktionales Verständnis des Günstigkeitsprinzips stelle die tariflichen Regelungen zur Disposition und entwerte deren zwingende Wirkung zur schlichten Empfehlung; dadurch würde die Funktionsfähigkeit und Effektivität der Tarifautonomie in Frage gestellt und die Autorität der Tarifvertragsparteien ausgehöhlt.[69]

Eine solche Gefährdung der tariflichen Regelung ist indessen im Günstigkeitsprinzip angelegt.[70] Auch durch die – nicht unter die normative Wirkung

---

[65] *Krummel*, 236.

[66] ZfA 1984, 173 (179); ihm folgend *Bengelsdorf*, ZfA 1990, 563 (595 f.); *Bengelsdorf* stellt zudem zutreffend fest, daß die Generalklauseln als verläßliche Bewertungsgrundlagen völlig ungeeignet seien. Ebenfalls zustimmend *Weismann*, 253 Fn. 132: die Einbeziehung der Interessen des Berufsstandes oder der Grundsätze der geltenden Arbeitsrechtsordnung in den Günstigkeitsvergleich sei im Grunde nichts anderes als die Inbezugnahme des Gesamtinteresses.

[67] Zur Kritik an der Konkretisierung des objektiven Günstigkeitsvergleichs durch das Kriterium der Verkehrsauffassung und die Grundsätze der Arbeitsordnung als bloße Legitimationsformel vgl. auch *Firlei*, DRdA 1989, 1 (12).

[68] *Däubler/Hege*, Rz. 128.

[69] *Käppler*, NZA 1991, 745 (751).

[70] Vgl. *Krummel*, 238 f.: der Einwand, die subjektive Günstigkeitsbeurteilung führe zu einer uneinheitlichen Geltung der tariflichen Regelungen, sei „absurd" und zeuge von einem grundsätzlichen

des Tarifvertrages fallenden – sog. Außenseiter wird die Effektivität tarifvertraglicher Konzepte beeinträchtigt und der Wettbewerb unter den Arbeitnehmern beeinflußt. Diese Konkurrenz gegenüber dem tarifvertraglichen Konzept soll im Hinblick auf die grundrechtlich gewährleistete Vertragsfreiheit und Privatautonomie wegen der nur dienenden Funktion der Tarifautonomie hinzunehmen sein. Ist aber die Gefährdung des Kollektivwillens von außen mithin rechtlich zulässig, so bedarf es der Erklärung, wieso diejenige von innen, aus den Reihen der Koalitionsmitglieder selbst, untersagt sein soll.

Einen Begründungsversuch in dieser Richtung hat Käppler[71] unter Betonung verbandsrechtlicher Aspekte unternommen. Aus der freiwillig begründeten Mitgliedschaft in der Koalition folgten Loyalitätspflichten gegenüber der Zielsetzung des Verbandes, welche in den Tarifabschlüssen umgesetzt und konkretisiert würde. Aufgrund ihrer mitgliedschaftlichen Selbstbindung sei das im Wege des Kompromisses mit dem Sozialpartner gefundene Regelungskonzept für die organisierten Arbeitgeber und Arbeitnehmer verbindlich. Vereinbarten tarifgebundene Arbeitsvertragsparteien nun einzelvertraglich ein Konzept der Arbeitsbedingungen, das ihre abweichende subjektive Vorstellung „richtiger" Vertragsbedingungen festlegt, so konterkarierten und verletzten sie ihre jeweilige verbandsrechtliche Bindung. Dieser Verstoß gegen mitgliedschaftliche Zweckbindungen habe hier nicht nur – wie sonst regelmäßig – nur innerverbandsrechtliche Folgen (Unterlassungs-, Ersatzansprüche; Ausschluß), sondern schlage insofern nach außen durch, als das tarifvertragliche Konzept die Privatautonomie überlagere und zurückdränge.

Der Verweis auf die im Beitritt zur Koalition liegende, privatautonome Willensbindung des Einzelnen an die Kollektivautonomie und die Möglichkeit, notfalls aus dem Verband auszutreten, vermag indessen die Verdrängung der individuellen Vertragsfreiheit durch die kollektivrechtliche Regelung nicht zu rechtfertigen.[72] Wie weit die Tarifvertragsparteien in den Individualbereich eingreifen können, hängt nicht von der durch den Beitritt vollzogenen Unterwerfung unter die Normsetzungsbefugnis der Tarifparteien ab.[73] Vielmehr ist die Unterwerfung nur der tatsächliche Eintritt in eine Ordnung, deren Inhalt und Grenzen schon anderweitig bestimmt sind.[74] Käppler weist selbst darauf hin, daß die Bindung und Loyalitätspflichten der Mitglieder von Verbänden mit Monopolstellung mit einer aufgrund überragender Machtstellung

---

Mißverständnis über Sinn und Aufgabe des Günstigkeitsprinzips; diese Uneinheitlichkeit sei vielmehr die ebenso zwangsläufige wie gewollte Konsequenz des Günstigkeitsgrundsatzes.

[71] NZA 1991, 745 ff.

[72] Siehe unten S. 60 f.

[73] *Misera*, 74 f.

[74] Ebd.

besonderen wirtschaftlichen und sozialen Funktion für die Mitglieder ohnehin verhältnismäßig locker ist.

Vor allem aber kann es gerade nicht als ein Verstoß gegen den – auf Wahrung und Förderung der Arbeits- und Wirtschaftsbedingungen gerichteten – Verbandszweck angesehen werden, wenn es dem Arbeitnehmer im Einzelfall gelingt, diesen Zweck durch individualvertragliche Vereinbarung besser zu verwirklichen, als es die kollektivrechtliche Regelung selbst vermag. Die Vereinbarung vom Tarifvertrag abweichender günstigerer Arbeitsbedingungen stellt keine „Durchbrechung" des Tarifvertrages,[75] sondern lediglich die Ausübung eines – eben auch als Schranke der Tarifautonomie zu verstehenden – Rechts auf eigenverantwortliche Gestaltung der Arbeitsbedingungen dar.[76]

Etwas anderes könnte allenfalls dann gelten, wenn die Koalitionen zu einer authentischen Interpretation dessen berufen wären, was für den betroffenen Arbeitnehmer das Günstigere sei.

In der Tat wird die Auffassung vertreten, daß der durch Artikulieren der Tarifforderungen, Verhandeln und schließlich Festlegen der Arbeitsbedingungen konkretisierte Verbandszweck die für die tarifgebundenen Arbeitnehmer maßgebliche Bewertung und Definition seines Interesses darstelle und dieses Interesse auch den Ausgangspunkt für die Günstigkeitserwägungen bei vom Tarifkonzept abweichenden Individualabreden bilde.[77] Demnach könne eine arbeitsvertragliche Abrede nur dann günstiger sein, wenn die tarifautonome Bewertung der Arbeitnehmerinteressen unter Einbeziehung der verbindlichen tariflichen Definition der angemessenen Wahrung der Arbeitnehmerbelange *verstärkt* wird. Dies sei etwa der Fall, wenn das von den Koalitionen fixierte Mindestinteresse an Urlaubsgewährung durch einen längeren Urlaub oder höheres Urlaubsgeld zugunsten des Arbeitnehmers überschritten wird, während die tarifvertragliche Urlaubszeit nicht „abkaufbar" in dem Sinne sei, daß der Arbeitnehmer sich für einen kürzeren Urlaub bei einem höheren Urlaubsgeld entscheiden könnte.

Ein solches Verständnis des Günstigkeitsprinzips wird bereits durch den Wortlaut des § 4 Abs. 3 TVG nicht belegt, der den Tarifvertragsparteien keine Kompetenz zur Bestimmung dessen einräumt, was für den Arbeitnehmer günstiger ist. Vor allem aber stünde es zur Funktion des Günstigkeitsprinzips in

---

[75] *Nipperdey* in Hueck/Nipperdey, Arbeitsrecht II/1, § 30 X 3 (S. 610 Fn. 92).

[76] *Mayer*, 121.

[77] *Käppler*, NZA 1991, 745 (753); ähnlich *Firlei*, DRdA 1989, 1 (10): die Gewerkschaften seien prinzipiell befähigt, die Arbeitnehmerinteressen authentisch zu formulieren, „jedenfalls ungleich mehr als eine „Verkehrssitte", ein autonom entscheidender Richter oder die blutleere Konstruktion eines „vernünftig" urteilenden Arbeitnehmers".

Widerspruch, der Privatautonomie des Arbeitnehmers dort Geltung zu verschaffen, wo sie selbst zur Herstellung von Vertragsgerechtigkeit in der Lage ist. Dieser Zweck schließt es aus, die Koalitionen selbst verbindlich über das gesetzliche Tatbestandsmerkmal „zugunsten des Arbeitnehmers" oder auch nur über den Ausgangspunkt des Günstigkeitsvergleichs und damit über die der Tarifautonomie gesetzte Schranke befinden zu lassen, die ein Durchbrechen des tarifvertraglichen Regelungsmodells erlaubt und es für abweichende Einzelvereinbarungen öffnet. Letztlich gilt hier ähnliches wie für die Frage der Beachtlichkeit von Allgemeininteressen als Kriterium des Günstigkeitsvergleichs[78]: besteht die Aufgabe des Günstigkeitsprinzips gerade darin, der Kollektivmacht zugunsten der Privatautonomie eine Schranke zu setzen und auf diese Weise der individuellen Vertragsfreiheit einen Funktionsbereich zu sichern, so kann die Anwendung dieser Schranke ihrerseits nicht von Kriterien abhängen, die von den Kollektivmächten definiert werden; deren Maßgeblichkeit soll durch das Günstigkeitsprinzip gerade beschränkt werden.

Es bedarf daher der Erklärung, warum die von den Tarifvertragsparteien vollzogene Definition des Arbeitnehmerinteresses nicht nur für die Begründung von Loyalitätspflichten des Arbeitnehmers gegenüber seiner Koalition bedeutsam, sondern auch als Ausgangspunkt für die Günstigkeitsbeurteilung dienen soll. Allein die mitgliedschaftliche Verpflichtung der tarifgebundenen Arbeitnehmer gegenüber dem Verbandszweck stellt für dieses Postulat keine tragfähige Begründung dar.

Die Gefahr funktionsstörender Effekte mag bestehen, falls individualvertragliche Abweichungen vom Tarifkonzept in weitem Umfang von den Arbeitnehmern als für sie günstiger eingeschätzt würden.[79] In diesem Falle wäre allerdings zu fragen, ob die Koalitionen bei der Wahrnehmung ihrer Aufgabe der Wahrung und Förderung der Arbeits- und Wirtschaftsbedingungen nicht die Bedürfnisse der von ihnen vertretenen Arbeitnehmer verfehlt haben, wenn eine signifikante Anzahl ihrer Mitglieder geneigt ist, abweichenden individualvertraglichen Vereinbarungen den Vorzug zu geben.[80] Den Koalitionen kann nicht die bessere Einsicht zugesprochen und das Recht gegeben werden, ihren Mitgliedern ein ungeliebtes Tarifkonzept zu oktroyieren. Hinter der Sorge, die Maßgeblichkeit des individuellen Arbeitnehmerwillens für die Gün-

[78] Siehe oben S. 32.

[79] Eine Gefährdung der gewerkschaftlichen Arbeitszeitpolitik ist zumindest gegenwärtig nicht erkennbar; vgl. *Buchner*, Arbeitszeit, 3 (19). Zum einen wird eine Vielzahl der Arbeitnehmer die tarifliche Arbeitszeitverkürzung akzeptieren; zum anderen ist zu berücksichtigen, daß die Vereinbarung einer dauernden übertariflichen Arbeitszeit zu einer langfristigen finanziellen Mehrbelastung auf Seiten des Arbeitgebers führt, vgl. *Hanau*, NZA 1985, 73 f.

[80] So auch *Buchner*, Arbeitszeit, 3 (11 f.).

stigkeitsbeurteilung könne tarifpolitische Konzepte vereiteln, steht offenbar unausgesprochen der Gedanke, die Koalitionen seien nicht nur zur Vertretung ihrer jeweiligen Mitglieder berufen, sondern hätten auch ein Mandat für künftige Arbeitnehmergenerationen – was es beispielsweise rechtfertigen würde, gegenwärtigen Mitgliedern zugunsten einer höheren Beschäftigungsquote ein Solidaropfer abzuverlangen. Des weiteren scheint damit die Vorstellung verknüpft zu sein, es müsse tarifrechtlich eine Grenze der Verfolgung des Einzelinteresses zu Gunsten des Interesses der Gesamtheit geben.[81] Es liegt jedoch nicht in der Kompetenz der Tarifpartner, den einzelnen Arbeitnehmer in seiner Handlungsfreiheit zum Schutz von Solidarinteressen zu binden; anderenfalls wäre es das Günstigkeitsprinzip, welches zur Disposition anstände.[82]

Bloße Abweichungen vom Tarifkonzept als solche, ohne daß deren Nachteiligkeit für die Funktionsfähigkeit und Effektivität der Tarifautonomie positiv bestimmbar ist, müssen mithin nicht Anlaß sein, von vornherein von einem Verständnis des Günstigkeitsprinzips Abstand zu nehmen, welches den individuellen Wertsetzungen der Arbeitnehmer dadurch größeren Stellenwert einräumt, daß grundsätzlich die subjektive Sicht des betroffenen Arbeitnehmers für die Beurteilung der Günstigkeit einer vom Tarifvertrag abweichenden individualvertraglichen Vereinbarung maßgebend ist. Soweit das tarifpolitische Instrumentarium sich als nicht ausreichend erweist, als notwendig erachtete gesellschaftspolitische Maßnahmen durchzuführen, ist der Gesetzgeber gefordert. Hingegen wäre es systemwidrig, den Vorrang des Individualinteresses „korrigieren“ zu wollen, indem über die Anlegung eines fremdbestimmten Maßstabs bei der Günstigkeitsbeurteilung die Durchsetzung gewerkschaftspolitischer Konzeptionen gewährleistet wird. Es geht nicht an, die Interessen der Tarifpartner zu verselbständigen. Die Tarifvertragsparteien haben kein eigenes schützenswertes Interesse, das nicht zugleich ein Interesse der Organisierten wäre.[83]

Gewichtig erscheint allerdings das Argument, der Tarifvertrag enthalte einen zwingenden *Selbstschutz des Arbeitnehmers*, der in der Unabdingbarkeit tariflicher Normen seinen Niederschlag finde und bei Anerkennung einer subjektiven Beurteilungsperspektive gefährdet wäre, da die Einschätzung durch den Arbeitnehmer keinesfalls sicherstellen würde, daß ihm die kollektivvertraglich erreichten Mindestarbeitsbedingungen real auch wirklich erhalten blieben.[84]

---

[81] So *Biedenkopf*, 77 ff.

[82] *Zöllner*, DB 1989, 2121 (2125).

[83] *Adomeit*, NJW 1984, 26 (27).

[84] *Joost*, ZfA 1984, 173 (178).

Es ist indessen gerade fraglich, ob der mit § 4 Abs. 3 TVG intendierte Schutz tatsächlich auch den Schutz des Arbeitnehmers *vor sich selbst* umfaßt, der den Arbeitnehmer vor einer von ihm selbst zwar frei gebildeten, aber unter objektiven Aspekten unvernünftigen Entscheidung bewahren soll.[85]

Versteht man die Funktion des Günstigkeitsprinzips zutreffend darin, der individuellen Vertragsfreiheit dort einen Funktionsbereich zu sichern, wo sie des Schutzes durch die kollektive Interessenwahrnehmung nicht bedarf,[86] so könnte eine objektive Einschätzung allenfalls dadurch legitimiert sein, daß der erklärte Arbeitnehmerwille möglicherweise durch die *soziale Übermacht des Arbeitgebers* beeinflußt ist und dem „wahren", von derartigen Ingerenzen ungetrübten Willen des Arbeitnehmers zum Durchbruch zu verhelfen sei.[87] Dagegen ließe es sich nicht rechtfertigen, eine frei und unbeeinflußt zustandegekommene Beurteilung des Arbeitnehmers unter Hinweis darauf zu korrigieren, der Arbeitnehmer bedürfe des Schutzes vor sich selbst[88] und müsse auch bei freier Entscheidungsmöglichkeit davor bewahrt bleiben, wichtige Positionen wie Gesundheit und Freiheit zugunsten eines höheren Verdienstes aufzugeben und sich gleichsam „abkaufen" zu lassen.[89] Selbstbestimmtes menschliches Verhalten stellt nämlich auch dann Ausübung grundrechtlich garantierter Freiheit dar, wenn es sich selbstgefährdend oder gar selbstschädigend auswirkt.[90] Ein staatlicher Schutz des Menschen vor sich selbst ist daher vor dem Hintergrund der Gewährleistung des Art. 2 Abs. 1 GG – von den unmittelbar aus der Verfassung ableitbaren – Ausnahmen des Geisteskranken- und Jugendschutzes einmal abgesehen – grundsätzlich unzulässig[91] und kann allenfalls durch den Schutz der Rechte anderer oder Belange der Allgemein-

[85] In diesem Sinne aber *Joost*, ZfA 1984, 173 (178); *Bengelsdorf*, ZfA 1990, 563 (598). Der historische Schutzgedanke im Sinne eines Schutzes des Arbeitnehmers vor sich selbst wird von *Heinze* (NZA 1991, 329 (334)) als „weitgehend überholt" bezeichnet; ähnlich *Tech*, 125: der Schutz des Arbeitnehmers vor sich selbst aus Gründen unterlegenen Wissens sei nicht mehr geboten und vermöge als Argument für einen objektiven Beurteilungsmaßstab nicht mehr zu überzeugen.

[86] *Joost*, ZfA 1984, 173 (178).

[87] Vgl. auch *Biedenkopf*, 75: der der Erhaltung der Vertragsfreiheit beim Tarifvertrag übergeordnete Zweck ist der Schutz des Arbeitnehmers vor *Mißbrauch der Vormachtstellung des Arbeitgebers*; *Nikisch*, Arbeitsrecht II, § 82 I 3 (S. 420): Hauptzweck des Tarifvertrags sei die Sicherung von dem Arbeitnehmer unter allen Umständen zu gewährenden Arbeitsbedingungen, um damit dessen *wirtschaftliche und soziale Unterlegenheit gegenüber dem Arbeitgeber* auszugleichen.

[88] *Buchner*, Arbeitszeit, 3 (15).

[89] So *Zachert*, DB 1990, 986 (988).

[90] *Hillgruber*, 120 f., 175.

[91] *Hillgruber*, 120 f. und passim; die genannten Ausnahmen ergäben sich im Fall des Geisteskrankenschutzes aus dem – die Fähigkeit zur Selbstbestimmung voraussetzenden – grundrechtlichen Schutzgut selbst, beim Schutz von Kindern und Jugendlichen aus dem Wächteramt der staatlichen Gemeinschaft für die Erfüllung der elterlichen Erziehungsaufgabe, Art. 6 Abs. 2 Satz 2 GG.

heit verfassungsrechtlich legitimiert sein.[92] Einen Eingriff in die Vertragsfreiheit zum Schutze eines der Vertragspartner läßt die allgemeine Zivilrechtsordnung deshalb nur dann zu, wenn eine besondere Intensität der Interessenbeeinträchtigung oder Willensverzerrung (Sittenwidrigkeit, Täuschung, Drohung, Irrtum) erreicht und damit eine Selbstbestimmung der Vertragsparteien nicht gewährleistet ist, wobei diese Voraussetzungen jeweils im Einzelfall zu prüfen sind und nicht generalisierend für bestimmte Personengruppen unterstellt werden können.[93] Privatautonomie eröffnet damit auch die Möglichkeit, unter „objektiver" Betrachtung unvernünftig erscheinende Entscheidungen zu treffen und ungerechten Vereinbarungen zuzustimmen.[94] Wenn aber die Rechtsordnung dem Arbeitnehmer gestattet, selbstschädigende Vereinbarungen rechtswirksam zu treffen, wo die individuelle Vertragsfreiheit der Arbeitsvertragsparteien nicht eingeschränkt ist, müssen auch die damit verbundenen subjektiven *Nutzeneinschätzungen* von Rechts wegen akzeptiert werden. Ein die Privatautonomie beschränkender Schutz von Rechtsgütern des Arbeitnehmers wie seiner Gesundheit ist gar nicht so sehr Sache der Koalitionen, sondern des staatlichen Gesetzgebers, der den allgemeinen zwingenden Schutz u.a. in der AZO, dem KSchG, BUrlG, MuSchG geregelt hat.[95] Es käme

---

[92] *Hillgruber*, 126 ff. weist nach, daß weder die Lehren von den *staatlichen Schutzpflichten* und der durch die Grundrechte begründeten *objektiven Wertordnung* noch das *Sozialstaaatsprinzip* sich für einen Schutz des Menschen vor sich selbst in Anspruch nehmen lassen.

[93] *Firlei*, DRdA 1981, 1 (4); *Wolf*, Anmerkung zu BAG AP Nr. 38 zu § 620 BGB – Befristeter Arbeitsvertrag: es genüge nicht, daß sachfremde Gründe die rechtsgeschäftliche Entscheidungsfreiheit des Vertragsschließenden beeinträchtigt haben. Da der Richter – von der Sittenwidrigkeit iSd § 138 BGB abgesehen – nicht die vernünftige Lebensführung des einzelnen zu überwachen habe, müsse die sachfremde Erwägung auf den Einfluß der Gegenseite zurückzuführen sein. *Schröter*, 130 moniert daher zu Recht, daß das Vorliegen einer die freie Willensentschließung beeinträchtigenden Abhängigkeit des Arbeitnehmers vom BAG nicht in jedem Einzelfall geprüft wurde, wenn es darum ging, der Vertragsfreiheit der Arbeitsvertragsparteien – wie etwa bei der Zulässigkeit befristeter Arbeitsverträge – Grenzen zu ziehen. *Heinze* (NZA 1991, 329 (334)) plädiert dafür, beim Günstigkeitsvergleich auf einer ersten Stufe am Maßstab des § 138 BGB sowie des § 9 AGBG zu prüfen, ob sich Arbeitnehmer und Arbeitgeber mit der jeweiligen Macht zur Selbstbestimmung gegenüberstehen oder ob durch die Macht des Arbeitgebers statt der beiderseitigen Selbstbestimmung eine einseitige Fremdbestimmung eintritt. Nur im letzteren Falle vermöge das sozialstaatliche Schutzprinzip den Eingriff durch die kollektive Fremdbestimmung zu legitimieren.

[94] *Wolf*, Anm. zu BAG AP Nr. 38 zu § 620 BGB – Befristeter Arbeitsvertrag. *Schröter*, 103: Gleichgültigkeit und Nachlässigkeit habe jeder selbst zu tragen; selbst *Firlei* (DRdA 1981, 1 (4 f.)), der für eine objektive Günstigkeitsperspektive eintritt, erkennt an, daß auch die seiner Meinung nach bestehenden „massiven Tendenzen zur Selbstschädigung des Arbeitnehmers" die Objektivierung des Günstigkeitsvergleichs nicht rechtfertigen könnten, da im Geltungsbereich der Vertragsfreiheit die Vertragsparteien für die Qualität der Wahrung ihrer Interessen selbst verantwortlich seien und es keinen generalisierbaren positivrechtlichen Anhaltspunkt dafür gebe, daß der Richter per Vertragskorrektur die Interessen des Arbeitnehmers angemessen berücksichtigen darf.

[95] Vgl. *Janicki*, 64 hinsichtlich der Gefahrenabwehr dienender *Arbeitszeit*regeln.

demgegenüber einer staatlichen Bevormundung des Arbeitnehmers gleich, ihm a priori die nötige Urteilsfähigkeit für die Beurteilung der Günstigkeit arbeitsvertraglicher Regelungen absprechen zu wollen; dies würde über das – zweifellos berechtigte – Anliegen des sozialen Schutzes des Arbeitnehmers hinausschießen.[96]

Im Zusammenhang mit dem Günstigkeitsprinzip ist auch der Hinweis auf *§ 4 Abs. 4 Satz 1 TVG*, wonach der einzelne Arbeitnehmer auch auf bereits entstandene tarifliche Rechte nicht ohne Mitwirkung der Tarifvertragsparteien verzichten kann,[97] nicht in dem Sinne zwingend, daß damit der Schutz des Arbeitnehmers vor sich selbst postuliert worden sei. Vielmehr kann auch diese Bestimmung als eine generalisierende Reaktion auf die abstrakte Gefährdung der freien Entschließung des Arbeitnehmers durch die *soziale Übermacht des Arbeitgebers* interpretiert werden. Sie zwingt nicht zu der Konsequenz, für das Günstigkeitsurteil den Arbeitnehmerwillen für unbeachtlich zu erklären und auf eine einzelfallbezogene Würdigung der Umstände im Hinblick darauf, ob eine unbeeinflußte Entscheidung des Arbeitnehmers vorliegt, zu verzichten.[98] Anderenfalls wäre es die Bestimmung des § 4 Abs. 4 Satz 1 TVG, die ihrerseits auf ihre Vereinbarkeit mit dem durch Art. 2 Abs. 1 GG gewährleisteten Grundrecht auf freie Entfaltung der Persönlichkeit zu prüfen wäre, da sie dem Arbeitnehmer die Fähigkeit nimmt, ein ihm zustehendes Recht selbständig aufzugeben und ihm damit partielle Rechtsunmündigkeit attestiert.[99] Das verfassungsrechtliche Gebot zur Achtung der Menschenwürde und der freien Entfaltung der Persönlichkeit verbieten es, den Menschen dort zu entmündigen, wo er noch zur Selbsthilfe fähig und bereit ist.[100] Mit diesem Verbot wäre aber eine Bevormundung durch Richterspruch – darauf liefe eine Günstig-

---

[96] Vgl. *Schröter*, 104: es bestehe eine Vermutung für die Fähigkeit auch der Arbeitnehmer, eine richtige Einschätzung der Vertragsbedingungen vorzunehmen.

[97] *Joost*, ZfA 1984, 173 (178); *Mayer*, 113; *Wiedemann/Stumpf*, § 4 Rz. 240.

[98] Ähnlich *Krummel*, 236 f.: aus § 4 Abs. 4 Satz 1 TVG ließen sich keine Erkenntnisse für die Auslegung des Günstigkeitsprinzips gewinnen.

[99] Vgl. LAG Düsseldorf, BB 1954, 532. *Thomas*, 11 ff. kommt bei der Prüfung der Rechtsgültigkeit von § 4 Abs. 4 Satz 1 TVG im Hinblick auf Art. 2 Abs. 1 GG zu dem Ergebnis, daß diese Bestimmung im Hinblick auf das auch nach Beendigung des Arbeitsverhältnisses fortbestehende Schutzbedürfnis des Arbeitnehmers gegenüber der wirtschaftlichen Übermacht des Arbeitgebers durch das Sozialstaatsprinzip als Bestandteil der verfassungsmäßigen Ordnung im Sinne der Schrankentrias des Art. 2 Abs. 1 GG verfassungrechtlich gerechtfertigt sei. Dabei verdiene auch die Tatsache Berücksichtigung, daß kein absolutes Verzichtsverbot konstituiert, sondern die Zulässigkeit des Verzichts nur an gewisse Voraussetzungen geknüpft werde. Von einem notwendigen Schutz des Arbeitnehmers *vor sich selbst* ist also nicht die Rede. *Thomas*, 35 bezeichnet vielmehr die Formulierung, daß der Arbeitnehmer „vor sich selbst" geschützt werde, als „fragwürdig".

[100] *Belling*, Günstigkeitsprinzip, 87; *Benda*, RdA 1981, 137 (141).

keitsbewertung durch den Richter anhand vermeintlich „objektiver" Wertmaßstäbe hinaus – nicht vereinbar.[101]

Praktische Schwierigkeiten des Nachweises der Voraussetzungen freier Entscheidungsfindung sowie die Möglichkeit des Mißbrauchs durch den Arbeitgeber sind zwar nicht auszuschließen, vermögen jedoch ebenfalls keine grundsätzlichen Einwände zu liefern. Die Rechtsordnung bietet hinreichende Möglichkeiten, um diesbezüglichen Schwierigkeiten zu begegnen.[102] Vorbehalte im Hinblick auf latenten Druck oder Unzulänglichkeiten in der sozialen Gesamtsituation, die geeignet seien, die Entscheidungsfreiheit zu beeinflussen, bestreiten dem Arbeitnehmer pauschal die Fähigkeit, unter den allgemeinen Bedingungen und Zwängen des Lebens frei zu entscheiden und kämen in der Tat einer partiellen Entmündigung gleich.[103]

Eine auf die individuelle Sicht des betroffenen Arbeitnehmers abstellende Betrachtungsweise bei der Rechtsanwendung ist, wie Tech[104] zutreffend feststellt, dem geltenden Recht übrigens keineswegs so fremd, wie es in Anbetracht der Phalanx von Befürwortern einer „objektiven" Sicht den Anschein haben mag. Ungeachtet ihrer ablehnenden Haltung gegenüber einer subjektiven Beurteilungsperspektive im Rahmen der Günstigkeitsbeurteilung nach § 4 Abs. 3 TVG[105] läßt die Rechtsprechung – aber auch der staatliche Gesetzgeber – in anderen Regelungskontexten punktuell durchaus Ansätze für eine Betrachtungsweise erkennen, die den vom Arbeitnehmer bekundeten Einschätzungen und Präferenzen in stärkerem Maße Rechnung zu tragen bereit ist.

Bekanntlich billigt die Rechtsprechung[106] eine *Befristung von Arbeitsverhältnissen* nur dann, wenn für sie ein hinreichender *sachlicher Grund* vorhanden ist. Als einen solchen die Befristung von Arbeitsverhältnissen rechtfertigenden Grund hat das BAG auch den *Wunsch des Arbeitnehmers* nach einer

---

[101] *Reuter*, JuS 1992, 105 (110): das Günstigkeitskeitsprinzip verhindere den „Umschlag von Schutz in Bevormundung".

[102] *Käppler*, NZA 1991, 745 (751); *Heinze*, NZA 1991, 329 (334).

[103] *Käppler*, NZA 1991, 745 (751).

[104] AaO, 125 ff.

[105] Vgl. etwa LAG Baden-Württemberg, DB 1989, 2028 (2029). *Hromadka* (DB 1992, 1042 (1047 Fn. 88)) erwähnt diese – von *Däubler* (DB 1989, 2534, (2537)) „überzeugend" genannte – Entscheidung als Beispiel dafür, wohin es führen könne, wenn man die Definition der Interessen des Arbeitnehmers einem Gericht überläßt. Kritisch zu dieser Gerichtsentscheidung auch *Leinemann*, DB 1990, 732 (733); *Bengelsdorf*, ZfA 1990, 563 (590); *Zöllner*, DB 1989, 2121.

[106] Vgl. nur BAG (GS), AP Nr. 16 zu § 620 BGB – Befristeter Arbeitsvertrag; zu den teilweise abweichenden Ansätzen in der Literatur siehe *Schröder*, 158 ff.

Befristung anerkannt.[107] Dieser vermag mithin zu entscheiden, ob sein Arbeitsverhältnis als unbefristetes den Kündigungsschutzbestimmungen untersteht und kann mit seiner Entscheidung für ein befristetes Arbeitsverhältnis über die Anwendbarkeit der kündigungsschutzrechtlichen Vorschriften disponieren. Als einschränkende Voraussetzung wird lediglich gefordert, daß zum Zeitpunkt des Vertragsschlusses objektive Anhaltspunkte für ein Interesse des Arbeitnehmers an einer befristeten Beschäftigung vorliegen.[108] Mit anderen Worten: erscheint die Freiheit des Entscheidungsprozesses gewährleistet, wird kein Anlaß gesehen, die autonome Entscheidung des Arbeitnehmers einer objektivierenden Wertung zu unterziehen und gegebenenfalls zu korrigieren.[109]

Eine durch den *Gesetzgeber* angeordnete subjektivierende Betrachtungsweise enthält § 3 Abs. 2, 2. Halbs. MuSchG. Demnach kann die Schwangere ungeachtet des in § 3 Abs. 2, 1. Halbs. MuSchG normierten Beschäftigungsverbotes weiterbeschäftigt werden, sofern sie sich ausdrücklich zur Arbeitsleistung bereiterklärt.[110] In ähnlicher Weise sieht § 105a Satz 1 GewO vor, daß die Arbeitnehmer zum Arbeiten an Sonn- und Feiertagen nicht *verpflichtet* werden können – solche Arbeiten mithin nicht geleistet werden müssen, aber durchaus geleistet werden *dürfen*.[111]

Die genannten Beispiele aus Rechtsprechung und Gesetzgebung können als Modell für eine praktische Handhabung des Günstigkeitsvergleichs dienen, die den persönlichen Präferenzen des betroffenen Arbeitnehmers größere Bedeutung als bisher beimißt.[112] Dem anzuerkennenden Interesse des Arbeitgebers an einer klaren Grundlage für seine unternehmerischen und betrieblichen Dispositionen im Hinblick auf die zunächst bestehende Ungewißheit, ob die tarifvertragliche oder die individualvertragliche Regelung für das Arbeitsverhältnis maßgeblich ist, kann dadurch angemessen Rechnung getragen werden, daß dem Arbeitnehmer eine klare und unmißverständliche Erklärung abverlangt wird, ob er sich auf die kollektivvertragliche oder die individualvertrag-

---

[107] BAG BAG (GS), AP Nr. 16 zu § 620 BGB – Befristeter Arbeitsvertrag; BB 1985, 2045 (2046) mwN.

[108] BAG, BB 1985, 2045 (2046).

[109] Vgl. *Tech*, 125.

[110] Eine inhaltlich entsprechende Regelung enthält auch § 1 Abs. 2 der Verordnung über den Mutterschutz für *Beamtinnen* – Mutterschutzverordnung (MuSchV) – idF der Bekanntmachung vom 11.1.1991 (BGBl. I, 125).

[111] Vgl. *Löwisch*, DB 1989, 1185.

[112] *Löwisch* (BB 1991, 59 (62)) betrachtet die gesetzliche Bestimmung des § 3 Abs. 2 MuSchG als geeignetes Vorbild für Vertragsgestaltungen, die durch Einräumung eines *Wahlrechts* zwischen tarifvertraglichen und davon abweichenden Arbeitsbedingungen günstiger wären als die kategorische Geltung der tariflichen Regelung (siehe unten S. 146 ff.).

liche Regelung als die ihm günstiger erscheinende Bestimmung berufen will.[113]

Allerdings erübrigt sich eine solche Erklärung nicht bereits im Hinblick darauf, daß der Arbeitnehmer durch den Abschluß der abweichenden Vereinbarung erkennen läßt, diese als die für ihn günstigere Regelung gelten lassen zu wollen. Es liegt auf der Hand, daß in diesem Fall die Maßgeblichkeit der individualvertraglichen Regelung nicht unbeschränkt gelten kann, ohne den mit der grundsätzlich zwingenden Geltung der Tarifnormen bezweckten Schutz des Arbeitnehmers vor der wirtschaftlichen Übermacht des Arbeitgebers unvertretbar zu gefährden. Jedenfalls bei offensichtlich ungünstigeren einzelvertraglichen Vereinbarungen bedarf es gewisser rechtlicher Sicherungen.[114]

Eine allgemein anerkannte absolute Obergrenze bildet zunächst selbstverständlich der Schutz wichtiger Rechtsgüter des Arbeitnehmers, insbesondere der Schutz seiner Gesundheit.[115] Im übrigen vermag die dargestellte Behandlung befristeter Arbeitsverhältnisse in Rechtsprechung und Literatur Anhaltspunkte zu geben. Hinsichtlich der ähnlich gelagerten Problematik, unter welchen Voraussetzungen der Wunsch des Arbeitnehmers nach einer Befristung seines Arbeitverhältnisses zu akzeptieren ist, besteht – wie bereits erwähnt – in Rechtsprechung und Literatur Einigkeit darüber, daß Befristungen „auf besonderen Wunsch des Arbeitnehmers“ zulässig sind.[116] Begründet wird die Zulässigkeit der Befristung in diesen Fällen damit, daß sich dann in der Befristungsfrage gleich starke Verhandlungspartner gegenüberständen, so daß es einer Hilfestellung durch die Gerichte in Gestalt des Sachgrunderfordernisses nicht bedürfe.[117]

---

[113] Im Rahmen der §§ 105a Satz 1 GewO, 3 Abs. 2 MuSchG wird eine Nebenpflicht des Arbeitnehmers bejaht, einen Widerruf seiner Bereitschaft zur Arbeitsleistung angemessene Zeit vorher zu erklären. Es ist allerdings fraglich, ob die Einräumung eines solchen Widerrufsrechts auch notwendige Voraussetzung dafür ist, ein Wahlrecht des Arbeitnehmers beinhaltende arbeitsvertragliche Vereinbarungen als gegenüber der tariflichen Regelung günstiger anzusehen (siehe unten S. 149 f.).

[114] *Löwisch*, BB 1991, 59 (63).

[115] Vgl. *Hromadka*, DB 1992, 1042 mwN; *Löwisch*, in: Münchener Handbuch zum Arbeitsrecht, § 265 Rz. 51 f.; *ders.*, BB 1991, 59 (62).

[116] BAG (GS) AP Nr. 16 zu § 620 BGB – Befristeter Arbeitsvertrag.

[117] Vgl. *Keyser*, 83. Dienen die Zulässigkeitsvoraussetzungen dem Schutz des Arbeitnehmers gegenüber vom Arbeitgeber vorgegebenen Vertragsbedingungen (BAG AP Nr. 35 zu § 620 BGB – Befristeter Arbeitsvertrag), so wäre daraus an sich folgerichtig abzuleiten, daß Befristungen nur darauf zu überprüfen wären, ob die rechtsgeschäftliche Entscheidungsfreiheit des Arbeitnehmers bei Vertragsschluß gegeben war (So *Wolf*, Anmerkung zu BAG AP Nr. 38 zu § 620 BGB – Befristeter Arbeitsvertrag; ähnlich *Schröter* 130, 139: eine gerichtliche Prüfung der Befristung auf ihre sachliche Berechtigung sei nur in den konkreten Einzelfällen nachgewiesener Abhängigkeit des Arbeitnehmers zulässig).

Des weiteren besteht ebenfalls Einigkeit dahingehend, daß allein aus der bloßen Tatsache des Abschlusses eines befristeten Arbeitsvertrags nicht auf einen dahingehenden Wunsch des Arbeitnehmers geschlossen werden darf,[118] da der Arbeitnehmer möglicherweise nur die Wahl zwischen Nichteinstellung bzw. Beendigung des bisherigen – bereits befristeten – Arbeitsverhältnisses und der befristeten Einstellung oder Fortsetzung gehabt hatte.[119] Das BAG verleiht der Bereitschaft des Arbeitnehmers zu einer Befristung seines Arbeitsverhältnisses daher nur dann die rechtliche Anerkennung, wenn objektive Anhaltspunkte für ein diesbezügliches Interesse des Arbeitnehmers vorliegen. Dieses Erfordernis findet seine Rechtfertigung darin, daß eine Befristung den Arbeitnehmer des Schutzes durch die Bestimmungen des KSchG beraubt und daher jedenfalls tendenziell ungünstiger für ihn ist. Zur Widerlegung dieser Ausgangsvermutung ist es sachgerecht, die Wirksamkeit der Befristung vom Vorliegen objektiver Umstände abhängig zu machen, die den Schluß auf einen vom Verhalten des Arbeitgebers unbeeinflußten Wunsch des Arbeitnehmers nahelegen.

Das Bedürfnis nach einer entsprechenden Korrektur der zunächst bestehenden Vermutung zugunsten des Vorliegens einer willensautonom getroffenen Entscheidung kann auch in jenen Fällen bestehen, in denen der Arbeitnehmer sich für die Geltung einer einzelvertraglichen Vereinbarung entscheidet, die nach „objektiven" Maßstäben evident ungünstiger als die einschlägige tarifliche Regelung erscheint. Die Berechtigung, in derart gelagerten Fällen ungeachtet des bei der Privatautonomie des Arbeitnehmers ansetzenden theoretischen Ausgangspunktes vom Votum des betroffenen Arbeitnehmers abzuweichen, mag darin gesehen werden, daß die Vereinbarung evident ungünstigerer Arbeitsbedingungen in aller Regel ein Indiz dafür darstellen wird, daß die Willensbildung des Arbeitnehmers nicht in dem Maße autonom gewesen ist, wie es für eine Wiederherstellung der – zum Schutz des Arbeitnehmers vor der Übermacht des Arbeitgebers durch die zwingende Wirkung der Tarifvertragsnormen suspendierten – individuellen Vertragsfreiheit der Arbeitsvertragsparteien zu fordern wäre. In den übrigen Fällen muß es hingegen bei der Ausgangsvermutung zugunsten der Privatautonomie verbleiben.

Wenn dies gleichwohl als „zu weit gehende Konsequenz" abgelehnt wird (*Keyser*, 83 Fn. 352), so offenbart sich darin eine ähnliche Inkonsistenz wie bei der Weigerung der objektiven Theorie, den Arbeitnehmerwillen als das maßgebliche Kriterium beim Günstigkeitsvergleich anzuerkennen. In beiden Fällen schreckt man vor den Konsequenzen der eigenen Prämissen zurück.

[118] BAG AP Nr. 38 zu § 620 BGB – Befristeter Arbeitsvertrag; KR-*Hillebrecht*, § 620 BGB Rz. 141; *Buschmann/Ulber*, 76; MK-*Schwerdtner*, § 620 BGB Rz. 51.

[119] *Keyser*, 85.

Die hier vertretene Auffassung weist – auch im praktischen Ergebnis – gewisse Berührungspunkte mit jener „modernen“ Variante der objektiven Beurteilungsperspektive auf, die zwar vom theoretischen Ansatz an einer objektiven Betrachtung festhält, diese Position aber zugleich insofern erheblich aufweicht, als sie einen großen Einschätzungsspielraum des Arbeitnehmers anzuerkennen bereit ist[120] und in non-liquet-Situationen der individualvertraglichen Regelung oder der Präferenz des Arbeitnehmers[121] den Vorzug einräumt. Die Differenzen in den praktischen Konsequenzen beider Auffassungen werden in dem Maße schwinden, wie man sich der Einsicht öffnet, daß jene Fälle, in denen eine objektive Beurteilung der Günstigkeit nicht möglich ist, nicht die Ausnahme bilden, sondern die *Regel* darstellen.

II. Grundlagen des Günstigkeitsprinzips im Verfassungsrecht

Das in § 4 Abs. 3, 2. Alt. TVG positivrechtlich normierte Günstigkeitsprinzip hat zwingenden Charakter;[122] auf seinen Ausschluß gerichtete tarifliche Vereinbarungen, die es den Tarifparteien erlauben würden, Höchstarbeitsbedingungen festzuschreiben, sind – anders als unter der Geltung der 1918 in Kraft getretenen Tarifvertragsverordnung (TVVO), die das Günstigkeitsprinzip in § 1 TVVO ausdrücklich tarifdispositiv gestaltete – nach geltendem Recht unwirksam.

Unabhängig von seiner gegenwärtigen einfachgesetzlichen Normierung könnte die Geltung des Günstigkeitsprinzips als Kollisionsnorm aber möglicherweise auch aus verfassungsrechtlichen Erwägungen, namentlich im Hinblick auf die Grundrechte der gewerkschaftlich organisierten und damit der tariflichen Normsetzungsmacht unterworfenen Arbeitnehmer geboten sein.

Von der Beantwortung der Frage nach der verfassungsrechtlichen Fundierung des Günstigkeitsprinzips hängt nicht zuletzt dessen Bestandskraft und Wertigkeit ab. Ohne verfassungsrechtliche Bewehrung stünde § 4 Abs. 3,

---

[120] *Joost* (ZfA 1984, 173 (183 mwN)) will der Einschätzungsautonomie des Arbeitnehmers den Vorrang einräumen, wenn – „wie häufig“ – die Beurteilung weder ganz eindeutig die Günstigkeit noch die Ungünstigkeit ergibt; *Hromadka*, DB 1992, 1042 (1047).

[121] *v.Hoyningen-Huene/Meier-Krenz*, ZfA 1988, 293 (313); *Joost*, ZfA 1984, 173 (183).

[122] BAG AP Nr. 6 zu § 611 BGB - Gratifikation; AP Nrn. 2 und 3 zu § 4 TVG - Angleichungsrecht; Nr. 8 zu § 4 TVG - Günstigkeitsprinzip; *Biedenkopf*, 75; *Courth*, 83 ff.; *Däubler*, DB 1989, 2534 (2536); *Isele*, JZ 1964, 113 (117); *Joost*, ZfA 1984, 173 (185 f.); *Kreis*, RdA 1961, 97 (98); *Löwisch/Rieble*, § 4 Rz. 169; *Richardi*, Kollektivgewalt, 365; *Schmidt*, 25 f.; *Stahlhacke*, Anm. zu BAG AP Nr. 4 zu § 4 TVG - Angleichungsrecht; *Stommel*, 110 f.; *Weismann*, 260; *Wlotzke*, Günstigkeitsprinzip, 24.

2. Alt. TVG zur Disposition des Gesetzgebers und könnte grundsätzlich jederzeit aufgehoben werden. Bei einer Anerkennung des Günstigkeitsprinzips als eines verfassungsrechtlichen Grundsatzes wäre hingegen dessen Änderung lediglich unter den erschwerenden Bedingungen des Art. 79 GG zulässig. Als verfassungsrechtlich unterfangener allgemeiner Rechtsgrundsatz könnte das Günstigkeitsprinzip zudem möglicherweise auch zur Lösung anderer Kollisionslagen als der durch die einfachgesetzliche Regelung in § 4 Abs. 3 TVG unmittelbar erfaßten Konkurrenz einzelvertraglicher Vereinbarungen und tariflicher Regelungen dienen und allgemein von Bedeutung für die Lösung von Konfliktfällen sein, in denen der Freiheitsanspruch des Arbeitnehmers und das Interesse der Kollektivmächte an einem wirksamen Schutz von Gemeinschaftsinteressen gegenläufig sind.

1. Meinungsstand

Die Frage einer verfassungsrechtlichen Gewährleistung des Günstigkeitsprinzips ist allerdings höchst umstritten.

Das BAG[123] sowie ein Teil der Lehre[124] sehen die in § 4 Abs. 3 TVG, 2. Alt. TVG aufgestellte Kollisionsregel als einfachgesetzlichen Ausdruck einer entsprechenden verfassungsrechtlichen Garantie an.

Zur Begründung wird zum einen geltend gemacht, daß sich aus Art. 9 Abs. 3 GG nicht nur eine institutionelle Garantie des Tarifvertrages ergebe,

---

[123] BAG AP Nrn. 2 und 3 zu § 4 TVG – Angleichungsrecht.

[124] *Belling*, Günstigkeitsprinzip, 86 f.; *ders.*, Anm. zu BAG AP Nr. 2 zu § 4 TVG – Angleichungsrecht; *Bengelsdorf*, ZfA 1990, 563 (590 u. 595): § 4 Abs. 3 TVG als Ausprägung des Grundrechtsschutzes des Arbeitnehmers aus den Art. 12, 1 und 2 GG; *Buchner*, DB 1989, 1185 (1186); *ders.*, DB 1990, 1715 (1719); *Däubler/Hege*, Rz. 115; *Heinze*, NZA 1991, 329 (332); *Nipperdey* in Hueck/Nipperdey, Grundriß, § 46 II (S. 202 f.); *Nipperdey* in Hueck/Nipperdey, Arbeitsrecht II/1, § 30 I 3 (S. 573), § 13 VII 2 c (S. 232 f.); *Kauffmann*, NJW 1966, 1681 (1683); *Knigge*, 132 ff.; *Kreis*, RdA 1961, 97 (98 f.), der einschränkend darauf hinweist, daß das Günstigkeitsprinzip als gesetzliche Verwirklichung des Grundrechts auf freie Entfaltung der Persönlichkeit (Art. 2 Abs. 1 GG) auch den Beschränkungen durch die Schrankentrias unterliege; *Küchenhoff*, AuR 1963, 321 (323); *ders.*, Anm. zu BAG AP Nr. 2 zu § 4 TVG – Angleichungsrecht; *ders.*, Nipperdey-FS II, 317 (343); *ders.*, Rechtsgutachten, 8; *Löwisch*, BB 1991, 59 (60); *Papritz*, 52; *Reuß*, AuR 1958, 321 (326); wohl auch *Roos*, 25 f.: § 4 Abs. 3 TVG bringe das Tarifrecht in Übereinstimmung mit dem Verfassungsrecht; *Schelp*, DB 1962, 1242; *Schnorr*, AuR 1963, 136 (138); *Stommel*, 14; *Zöllner/Loritz*, § 38 III 6 (S. 387 f.): „jedenfalls in normalen Zeiten", in denen keine schwerwiegenden übergeordneten Allgemeininteressen eingreifen, werde der durch das Günstigkeitsprinzip geschaffene Freiraum zur eigenverantwortlichen Gestaltung der Arbeitsbedingungen durch das Prinzip der Vertragsfreiheit verfassungsrechtlich gefordert; nach *Zöllner* (DB 1989, 2121 (2125)) entspricht die Auffassung von der verfassungsrechtlichen Gewährleistung des Günstigkeitsprinzips der ganz h.M.

sondern auch bestimmte Merkmale des überkommenen Tarifvertragsbegriffs an dessen verfassungsrechtlicher Gewährleistung partizipierten;[125] zu diesen Elementen gehöre auch das Günstigkeitsprinzip.

Die genannte Auffassung beruft sich mitunter auch auf einen Passus der Entscheidung des BVerfG vom 18.11.1954[126]. Demnach habe die historische Entwicklung dazu geführt, daß zur Gestaltung der Löhne und Arbeitsbedingungen Gesamtvereinbarungen zwischen Arbeitnehmer- und Arbeitgeberverbänden in Gestalt geschützter Tarifverträge mit Normativcharakter sowie Unabdingbarkeit abgeschlossen werden und Art. 9 Abs. 3 GG – solle die Koalitionsfreiheit nicht ihres historisch gewordenen Sinnes beraubt werden – auch gewährleisten müsse, daß ein Tarifvertragssystem „im Sinne des modernen Arbeitsrechts" staatlicherseits überhaupt bereitzustellen sei.[127]

Nach einem weiteren Argumentationsmuster folgt aus der Tatsache, daß Art. 9 Abs. 3 GG der Förderung der Arbeits- und Wirtschaftsbedingungen zu bedienen bestimmt ist, eine dahingehende *immanente Zweckbestimmung der Koalitionsfreiheit*. Die Funktion der verfassungsrechtlichen Gewährleistung mache eine Zuordnung von Koalitions- und individueller Vertragsfreiheit in einer Weise erforderlich, durch die letztere nicht völlig ausgeschlossen wird, sondern neben einem Tarifvertrag immer noch die Möglichkeit einer individualvertraglichen Verbesserung gewährleistet ist.[128]

Die Gegenmeinung leugnet hingegen den Verfassungsrang des Günstigkeitsprinzips.[129]

---

[125] *Nipperdey* in Hueck/Nipperdey, Grundriß, § 46 II (S. 202 f.); *ders.* in Hueck/Nipperdey, Arbeitsrecht II/1, § 13 VII 2 c (S. 232 f.).

[126] BVerfGE 4, 96 (106).

[127] Vgl. etwa *Nipperdey* in Hueck/Nipperdey, Arbeitsrecht II/1, § 30 I 3 (S. 573 Fn. 2b), der dem Einwand, das BVerfG habe in dieser Entscheidung das Günstigkeitsprinzip gerade nicht erwähnt, mit der Ansicht begegnet, unter der vom BVerfG angesprochenen *Unabdingbarkeit* habe man das Verbot der Abdingung *zuungunsten*, nicht aber zugunsten der Arbeitnehmer zu verstehen.

[128] *Däubler/Hege*, Rz. 115; *Nipperdey* in Hueck/Nipperdey, Arbeitsrecht II/1, § 13 VII 2 c (S. 232 f.).

[129] BVerwG AP Nr. 4 zu § 4 TVG – Angleichungsrecht mit zust. Anm. *Stahlhacke*; *Bieback*, ZfA 1979, 453 (477); *Nikisch*, Rechtsgutachten, 8; *ders.*, DB 1963, 1254 (1255), der allerdings in Widerspruch dazu in seinem Lehrbuch (Arbeitsrecht, § 82 I 3, (S. 420 f.)) darlegt, daß die Vertragsfreiheit des Arbeitnehmers sich Einschränkungen nur insoweit gefallen lassen müsse, wie es der soziale Schutz erfordere, und tarifliche Höchstsätze durch den Zweck des Tarifvertrages nicht gerechtfertigt seien. Wegen des Zusammenhangs des Günstigkeitsprinzips mit dem seiner Meinung nach verfassungsrechtlich gewährleisteten Leistungsprinzip sei eine Regelung, die dem Arbeitnehmer keinen Raum ließe, durch Leistungssteigerung seine wirtschaftliche Lage zu verbessern, nur in vorübergehenden Ausnahmefällen zu rechtfertigen (vgl. dazu auch *Nipperdey* in Hueck/Nipperdey, Arbeitsrecht II/1, § 30 I 3 (S. 573 Fn. 2b); *Dietz*, DB 1965, 591 (592 f.)); *Richardi* (Kollektivgewalt, 367 f.;

Gegenüber der Ableitung einer verfassungsrechtlichen Qualität des Günstigkeitsprinzips aus der *institutionellen Gewährleistung eines* staatlicherseits bereitgestellten *Tarifvertragssystems* macht sie geltend, daß nach Art. 9 Abs. 3 GG – insbesondere in der Auslegung, die diese Bestimmung durch das BVerfG erfahren hat[130] – die verfassungsrechtliche Garantie eines Tarifvertragssystems ganz allgemeiner Natur sei und nicht die besondere Ausprägung umfasse, die das Tarifvertragsrecht in dem zur Zeit des Inkrafttretens des Grundgesetzes geltenden Tarifvertragsgesetz erhalten habe. Das in § 4 Abs. 3 TVG normierte Günstigkeitsprinzip gehöre nicht zu dem durch das Grundrecht der Koalitionsfreiheit mitgewährleisteten Kernbereich eines Tarifvertragssystems. Letzterer umfasse nur die unmittelbare Gestaltung der Lohn- und Arbeitsbedingungen durch die Verbände. Das Günstigkeitsprinzip hingegen stehe zur Disposition des staatlichen Gesetzgebers.

Der Begründung einer verfasssungsrechtlichen Gewährleistung des Günstigkeitsprinzips aus der *Zweckbestimmung* der Koalitionsfreiheit wird entgegengehalten, daß die Grenzziehung zwischen Koalitions- und individueller Vertragsfreiheit keineswegs notwendigerweise in jener Weise vorzunehmen sei, wie sie der Gesetzgeber in § 4 Abs. 3 TVG vollzogen habe. Der Arbeitnehmer unterwerfe sich mit dem Beitritt zur Koalition freiwillig der verbindlichen Geltung der Tarifnormen. Solange die Tarifgebundenheit auf der freiwilligen Mitgliedschaft zur Koalition beruhe, könne die Tarifautonomie daher nicht als Konkurrenz oder gar Einschränkung der Individualvertragsfreiheit verstanden, sondern müsse vielmehr als deren Fortsetzung mit anderen Mitteln auf anderer, eben kollektiver Ebene angesehen werden.[131]

Das in § 4 Abs. 3 TVG normierte Günstigkeitsprinzip sei daher zwar mit der Verfassung vereinbar, durch sie aber nicht geboten.

---

zustimmend *Clausen*, 178 Fn. 359), der wegen des faktischen Einflusses tarifvertraglicher Regelungen auf die Arbeitsverhältnisse nichtorganisierter Arbeitnehmer das Günstigkeitsprinzip auch gegenüber diesen als durch Art. 9 Abs. 3 GG gewährleistet betrachtet, sieht eine verfassungsrechtliche Gewährleistung des Günstigkeitsprinzips nur gegenüber für allgemeinverbindlich erklärten Tarifverträgen als gegeben an; *ders.*, RdA 1983, 201 (216) mwN; *Schmidt*, 26 ff.; *Schulze*, 47 ff. *Weismann*, 265 ff.; *Wiedemann/Stumpf*, § 4 Rz. 218; *Zeuner*, DB 1965, 630 (632).

[130] Vgl. etwa BVerfG, BB 1966, 1267.

[131] *Bieback*, ZfA 1979, 453 (477); *Zachert*, DB 1990, 986 (987): der Tarifvertrag könne als „gebündelter Ausdruck individueller Selbstbestimmung" bezeichnet werden; *Zöllner/Loritz*, § 7 III (S. 93): Tarifautonomie als „eine von unten auf die höhere Ebene der Koalitionen heraufgehobene Privatautonomie".

2. *Stellungnahme*

Zunächst ist darauf hinzuweisen, daß der Versuch einer historisch-institutionellen Ableitung der verfassungsrechtlichen Gewährleistung des Günstigkeitsprinzips keineswegs notwendig in einem Widerspruch zu der These steht, das von der Verfassung in seinem Kernbereich gewährleistete Tarifvertragssystem müsse nicht stets dem zur Zeit geltenden entsprechen. Wohl trifft es zu, daß eine „institutionelle Deutung“ des Art. 9 Abs. 3 GG nicht dazu führen darf, den augenblicklichen gesetzlichen status quo festzuschreiben und dadurch dem Gesetzgeber jede Möglichkeit zu nehmen, das gegenwärtige Tarifvertragssystem zu ändern.[132] Andererseits ist bei der Bestimmung der Tragweite des Art. 9 Abs. 3 GG nach den Ausführungen des BVerfG auch die historische Entwicklung zu berücksichtigen.[133] Das Gericht nennt in diesem Zusammenhang zwar nicht das Günstigkeitsprinzip als eines jener Elemente, die sich im Laufe der geschichtlichen Entwicklung als für ein Tarifvertragssystem essentiell herauskristallisiert haben. Aus der fehlenden Erwähnung des Günstigkeitsprinzips durch das BVerfG kann indessen nicht geschlossen werden, daß dieses an der verfassungsrechtlichen Gewährleistung nach Auffassung des Gerichts nicht teilnimmt. Eine Würdigung der Stellungnahmen des BVerfG zu Inhalt und Reichweite der Koalitionsfreiheit muß nämlich berücksichtigen, daß es bei den einschlägigen Entscheidungen des Gerichts regelmäßig um die Bestimmung der Reichweite dieses Grundrechts im Hinblick auf das Recht der koalitionsmäßigen Betätigung, also um den Wirkungskreis der Koalitionen, nicht aber um etwaige der Koalitionsfreiheit immanente Grenzen zugunsten der Privatautonomie des Arbeitnehmers ging.[134] Das BVerfG hatte mithin aufgrund der ihm zur Entscheidung unterbreiteten Sachverhalte keinen Anlaß gehabt, dezidiert zu der Frage Stellung zu nehmen, ob zugleich auch das Günstigkeitsprinzip – als *Schranke* der Kollektivmacht und Vorbehalt zugunsten der Privatautonomie des Arbeitnehmers – durch die Verfassungsgarantie des Art. 9 Abs. 3 GG mitumfaßt ist.[135]

Auch die Aussage, daß die Gewährleistung des Kernbereichs eines Tarifvertragssystems dem Gesetzgeber einen weiten Spielraum zur Ausgestaltung der Tarifautonomie lasse[136] und das Grundrecht nicht den Bestand des Tarif-

---

[132] *Bieback*, ZfA 1979, 453 (476).

[133] BVerfGE 19, 304 (314).

[134] Wie hier *Krummel*, 197 f.; Gegenstand der auch zur verfassungsrechtlichen Gewährleistung eines Tarifvertragssystems Stellung nehmenden Entscheidungen (BVerfGE 4, 96 ff.; 18, 18 ff.; BB 1966, 1267) war jeweils die Tariffähigkeit von Verbänden.

[135] *Krummel*, 197 f.

[136] BVerfGE, 20, 312 (317); 50, 290 (369); BB 1966, 1267.

vertragssystems in seiner konkreten gegenwärtigen Gestalt garantiere.[137] steht der Annahme einer verfassungsrechtlichen Verbürgung des Günstigkeitsprinzips nicht unbedingt entgegen. Das BVerfG hat offengelassen. welche Elemente des Tarifvertragssystems als Fixpunkte diesem Gestaltungsrahmen entzogen sind und daher nicht zur Disposition des Gesetzgebers stehen. Sofern – was die Entscheidung des Bundesverfassungsgerichts vom 18.11.1954[138] nahelegt – das Gericht dazu die *Unabdingbarkeit* tariflicher Normen zählt. kann dem aus den genannten Gründen nicht entnommen werden. daß das Günstigkeitsprinzip als Komplementärinstitut der Unabdingbarkeit und Korrektiv der Kollektivmacht nicht ebenfalls verfassungsrechtlich gefordert ist.

Andererseits zeigt sich im historischen Rückblick. daß während der drei Jahrzehnte von den Anfängen des Tarifrechts bis zum Inkrafttreten des TVG nur vier Jahre lang – nämlich vom Inkrafttreten des AOG im Jahre 1934 bis zur LohnstoppVO von 1938 – die Festsetzung von Höchstarbeitsbedingungen in Tarifverträgen ausgeschlossen. die gesetzliche Normierung des Günstigkeitsprinzips vor diesem Hintergrund mithin keineswegs selbstverständlich war.[139]

Aus diesem Grund sowie in Anbetracht der Konturenlosigkeit des vom BVerfG eingeführten Kriteriums der staatlichen Gewährleistung eines Tarifvertragssystems „im Sinne des modernen Arbeitsrechts"[140] läßt sich die Frage nach der verfassungsrechtlichen Verbürgung des Günstigkeitsprinzips nur unter Besinnung auf die *Funktion* des Grundrechts der Koalitionsfreiheit beantworten.[141]

Dabei erweist sich als wesentlich, daß der Koalitionsfreiheit und der aus ihr abgeleiteten Tarifautonomie – anders als der klassischen Vereinigungsfreiheit – ein *sozialer Schutzzweck* innewohnt.[142]

Geschichtlich hervorgegangen aus dem sozialen Konflikt zwischen Arbeitnehmer und Arbeitgeber,[143] ist die Koalitionsfreiheit ihrerseits ebenfalls nur aus einem bestimmten historischen und sozialpolitischen Kontext verständlich.[144] Ihre historische und funktionale Legitimation erhält sie vor allem

---

[137] BVerfGE 50, 290 (371).

[138] BVerfGE 4, 96 (106).

[139] *Stommel*, 13.

[140] *Belling*, Günstigkeitsprinzip, 64.

[141] *Belling*, Günstigkeitsprinzip, 64.

[142] *Biedenkopf*, 75; *Bulla*, RdA 1962, 6 (12); *Scholz* in Maunz/Dürig, Grundgesetz, Art. 9 Rz. 158: „Freiheitsrecht mit sozialer Zwecksetzung".

[143] *Scholz* in Maunz/Dürig, Grundgesetz, Art. 9 Rz. 155.

[144] *Schnorr*, Molitor-FS, 242 ff.

durch die mangelnde Funktionsfähigkeit der individuellen Arbeitsvertragsfreiheit bei der Regelung der Arbeitsbedingungen.[145] Wie insbesondere die sozialgeschichtlichen Erfahrungen des 19. Jahrhunderts gelehrt haben, kann die ausschließlich individualvertragliche Regelung der Arbeitsbedingungen zu sozialpolitisch unerträglichen Konsequenzen führen. Der für seinen Lebensunterhalt auf die wirtschaftliche Verwertung seiner Arbeitskraft angewiesene einzelne Arbeitnehmer sieht sich einem wirtschaftlich stärkeren Unternehmer gegenüber, der seinerseits grundsätzlich nicht auf einen bestimmten Arbeitnehmer angewiesen ist.[146] Diese aus sozialer Abhängigkeit resultierende Unterlegenheit des Arbeitnehmers auszugleichen und die gestörte Vertragsfreiheit wiederherzustellen, war und ist Zweck der durch Art. 9 Abs. 3 GG gewährleisteten kollektiven Interessenwahrnehmung.[147]

Angesichts der Angewiesenheit des einzelnen Arbeitnehmers auf kollektive Geltendmachung und Wahrung seiner Interessen will die Koalitionsfreiheit die kollektive Wahrung und Förderung der Arbeits- und Wirtschaftsbedingungen garantieren. Sie steht damit in enger Beziehung zum Verfassungsprinzip des sozialen Rechtsstaates[148] und der daraus resultierenden sozialstaatlichen Verpflichtung zur Schaffung und Erhaltung von Arbeitsplätzen sowie allgemein zu dem Problem der privatwirtschaftlichen Aneignung des Arbeitsproduktes durch den Eigentümer der Produktionsmittel und der nur mittelbaren Beteiligung des Arbeitnehmers an dem Arbeitsprodukt.[149]

Die durch das Grundrecht der Koalitionsfreiheit zugleich verbürgte Betätigungsfreiheit der Koalitionen,[150] welche auch die staatliche Gewährleistung eines Tarifvertragssystems umfaßt, ist demnach nicht um ihrer selbst willen garantiert. Sie soll den Machtunterschied zwischen Kapital und abhängiger Arbeit überbrücken, indem sie die individuelle Unterlegenheit des Arbeitnehmers auf kollektiver Ebene kompensiert.

Vor dem beschriebenen Hintergrund muß auch die grundsätzlich *zwingende* Wirkung der tariflichen Normen gesehen werden. Als Einschränkung der individuellen Vertragsfreiheit kann auch sie nicht Selbstzweck sein. Der der Erhaltung der Vertragsfreiheit übergeordnete Zweck ist der sozialstaatlich

---

[145] Insoweit zutreffend *Bieback* (ZfA 1979, 453 (477)), der aber meint, es müsse deshalb zulässig sein, daß der Gesetzgeber den Tarifparteien überläßt, ob überhaupt und wie der Individualvertrag den Kollektivvertrag ergänzen soll.

[146] *Stommel*, 13.

[147] *Biedenkopf*, 75; v. *Hoyningen-Huene/Meier-Krenz*, ZfA 1988, 293 (311).

[148] *Scholz* in Maunz/Dürig, Grundgesetz, Art. 9 Rz. 10, 155 mwN: das Sozialstaatsprinzip finde eine maßgebende Konkretisierung im Grundrecht der Koalitionsfreiheit.

[149] *Badura*, RdA 1974, 129 (132).

[150] BVerfGE 4, 96 ff.

gebotene Schutz des Arbeitnehmers vor Mißbrauch der Vormachtstellung des Arbeitgebers,[151] welcher die mit der Unabdingbarkeit der tariflichen Normen verbundene Beschränkung der individuellen Vertragsfreiheit legitimiert. Der Schutzzweck der zwingenden Wirkung der Tarifnormen bildet jedoch zugleich die Grenze der Beschränkung[152]: ist der Schutzzweck erfüllt, so endet die Legitimation der Tarifparteien zur zwingenden Gestaltung der Einzelarbeitsverhältnisse.[153] Angesichts der zentralen Stellung des Individuums in der Werteordnung des Grundgesetzes, wie sie in der grundrechtlichen Garantie der individuellen Menschenwürde und des Rechts auf freie Entfaltung der Persönlichkeit (Art. 1 Abs. 1, Art. 2 Abs. 1 GG) zum Ausdruck kommt,[154] besteht eine Ausgangsvermutung für den einzelnen Menschen, daß dieser in zureichender Weise für sich selbst sorgen werde[155]. Diese verfassungsmäßige Wertentscheidung muß auch innerhalb des Arbeitslebens Geltung haben.[156]

Dem nach diesen Grundsätzen gebotenen Ausgleich von Individual- und Kollektivrecht dient das Günstigkeitsprinzip.[157] Es verbietet den Tarifparteien, die Vertragsfreiheit der Parteien des Arbeitsvertrags weitergehend einzuschränken, als es zur Erfüllung des Schutzzwecks erforderlich ist[158], und wirkt somit als Vorbehalt zugunsten der individuellen Vertragsfreiheit der Parteien des Arbeitsvertrages.[159] Durch die einfachgesetzliche Regelung des § 4 Abs. 3 TVG wird das Spannungsverhältnis zwischen individueller Entfaltungsfreiheit und sozialer Bindung in einer Weise gelöst, die den aus den Freiheitsgrundrechten einerseits und dem Sozialstaatsprinzip andererseits resultierenden verfassungsrechtlichen Anforderungen Rechnung trägt.[160]

---

[151] *Nikisch*, Arbeitsrecht II, § 82 I 3 (S. 420); *Schnorr*, Molitor-FS, 250; *Biedenkopf*, 75.

[152] *Biedenkopf*, 75; *Nipperdey* in Hueck/Nipperdey, Arbeitsrecht II/1, § 13 VII 2 c (S. 232 f.); *Joost*, ZfA 1984, 173 (175).

[153] *Papritz*, 25 mwN, 52; *Weismann*, 218.

[154] *Bulla*, RdA 1962, 6 (12).

[155] *Schneider*, 280; *Biedenkopf*, 75.

[156] *Bulla*, RdA 1962, 6 (12).

[157] *Biedenkopf*, 75.

[158] *Biedenkopf*, 75; *v. Hoyningen-Huene/Meier-Krenz*, ZfA 1988, 293 (311); *Kreis*, 42 ff.; *Nikisch*, Arbeitsrecht II, § 82 I 3 (S. 420 f.); *Stommel*, 14.

[159] *Jacobi*, 232 f. und 236 (zu § 1 Abs. 1 Satz 2 TVVO vom 23.12.1918 (RGBl., S. 1456)); *Säcker*, Gruppenautonomie, 293; einschränkend *Wlotzke* (Günstigkeitsprinzip, 16 f.), insofern, als die kollektiven Regelungen nicht die Vertragsfreiheit ausschlössen, sondern der Grundsatz der Vertragsfreiheit durch den Tarifvertrag lediglich einen Funktionswandel erfahren habe. Sowohl bei der Regelung der tarifvertraglichen wie auch der übertariflichen Arbeitsbedingungen bestehe eine echte Vertragsfreiheit, ohne daß gerade erst der Günstigkeitsgrundsatz sie wiederherstellen müßte.

[160] *Buchner*, DB 1990, 1715 (1719); *Weismann*, 218 f.

Ein etwaiger Vorrang des Kollektivwillens läßt sich auch nicht mit dem Hinweis auf das im Beitritt zur Koalition liegende Moment der *Freiwilligkeit* und der privatautonomen Willensbindung des Einzelnen an die Kollektivautonomie sowie dessen Möglichkeit der innerverbandlichen Interessenverfolgung oder notfalls des Austritts aus dem Verband legitimieren.[161]

Von freiwilliger Selbstbindung kann nur gesprochen werden, wenn das einzelne Mitglied jederzeit ohne schwerwiegende wirtschaftliche oder soziale Nachteile aus dem Verband austreten kann.[162] Die Charakterisierung des Koalitionsbeitritts als „freiwillig" verstellt aber den Blick für die Tatsache, daß es für die tarifgebundenen Arbeitgeber und Arbeitnehmer keine taugliche Alternative gibt, da sie als nichtorganisierte Arbeitnehmer den mächtigeren Arbeitgebern, die Arbeitgeber den mächtigeren Gewerkschaften ausgeliefert wären.[163] Insofern ist insbesondere die Kollektivmacht der – über eine außerordentliche Machtstellung verfügenden[164] – Gewerkschaften nicht mit der Verbandsmacht eines gewöhnlichen privatrechtlichen Vereins vergleichbar[165]; sie verbietet es, den Einzelnen vor die Alternative zu stellen, entweder dem Verband beizutreten oder sich gleichsam als „Einzelkämpfer" durchzusetzen,[166] zumal die faktischen Möglichkeiten einer Teilhabe am innerverbandlichen Willensbildungsprozeß beschränkt sind.[167] Die mit dem Beitritt privatautonom bewirkte Willensbindung des Arbeitnehmers an die Willensbildung der Koalition vermag keine schrankenlose Unterwerfung zu rechtfertigen; sie ist eben nicht Selbstzweck, dem sich zu entziehen nur die Ausübung der negativen Koalitionsfreiheit bliebe, sondern führt zur Rückdrängung privatautonomer Vertragsgestaltung nur insoweit, als die Kollektivregelung die Arbeitsvertragsgerechtigkeit umfassender verwirklicht. Hingegen stößt die Kollektivautonomie ihrerseits dort an ihre verfassungsrechtliche Grenze, jenseits derer die durch Beitritt vollzogene Willensbindung des Arbeitnehmers endet und die individuelle Privatautonomie ihren verfassungsmäßigen Vorrang zurückge-

---

[161] So aber *Zachert*, DB 1990, 986 (987); Hagemeier/*Kempen*/Zachert/Zilius, Einl., Rz. 127 f.; *Weismann*, 267; *Bieback*, ZfA 1979, 453 (477); *Richardi*, Kollektivgewalt, 367; *ders.*, RdA 1983, 201 (216); *Clausen*, 177.

[162] *Rieble*, ZTR 1993, 54 (59).

[163] *Rieble*, ZTR 1993, 54 (59); *Badura*, RdA 1974, 129 (133 Fn. 25); *Papritz*, 72; *Richardi*, RdA 1983, 201 (216), der sich allerdings dennoch gegen die Annahme einer verfassungsrechtlichen Gewährleistung des Günstigkeitsprinzips ausspricht.

[164] *Scholz*, RdA 1992, 343.

[165] *Papritz*, 72.

[166] *Waltermann*, 91; *Rieble*, ZTR 1993, 54 (58).

[167] Vgl. *Schüren*, RdA 1988, 138 ff.; *ders.*, Tarifliche Normsetzung, passim; *Scholz*, RdA 1992, 343: die einzelnen Gewerkschaftsmitglieder hätten heute kaum eine reale Chance, die Tarifpolitik ihres Verbandes inhaltlich zu beeinflussen.

winnt, wenn der Schutzzweck erreicht ist und durch die privatautonome Vertragsgestaltungsfreiheit dem Arbeitnehmer die individuelle Interessenwahrnehmung gelingt.[168]

Die aus dem Zweck der Gewährleistung der Koalitionsfreiheit abgeleitete Harmonisierung mit der individuellen Vertragsfreiheit des Arbeitnehmers erweist sich zugleich als Anwendungsfall des zur Lösung von Grundrechtskollisionen dienenden *Prinzips der praktischen Konkordanz*[169]. Es gebietet, die widerstreitenden Geltungsansprüche von Individual- und Tarifautonomie in einer Weise aufeinander abzustimmen, daß sie sich *im Lichte ihrer Zwecke* möglichst wenig beschränken und im Ergebnis ein Optimum realer Autonomie für Arbeitnehmer und Arbeitgeber verwirklichen. Hierzu müssen den konkurrierenden Rechtsgütern in der Weise geeignete Grenzen gezogen werden, daß beide zu optimaler Wirksamkeit gelangen können.[170] Das Günstigkeitsprinzip ist Bestandteil der Vertragsfreiheit, deren allgemeine Gewährleistung durch Art. 2 Abs. 1 GG[171] im Arbeitsrecht durch Art. 12 Abs. 1 GG ihre speziellere Ausprägung erfährt. Die Individualvertragsfreiheit des Arbeitnehmers unterliegt in dem Maße, wie es durch das sozialstaatlich verankerte Schutzprinzip geboten ist, Beschränkungen durch die grundsätzliche Unabdingbarkeit tariflicher Regelungen. Hingegen tritt die kollektivrechtliche Regelung insoweit zurück, wie der Arbeitnehmer ihres Schutzes nicht bedarf und in Ausübung seiner Individualautonomie in der Lage ist, günstigere Arbeitsbedingungen zu vereinbaren.[172]

In dem durch das geltende Tarifrecht zwingend ausgestalteten Günstigkeitsprinzip ist mithin ein verfassungsrechtlich geschützter Grundsatz zu

---

[168] *Heinze*, NZA 1991, 329 (331).

[169] Vgl. dazu *Hesse*, § 2 III 2 (Rz. 72); § 10 II 2 (Rz. 317 f.); für die Lösung konkurrierender Geltungsansprüche von Individual- und Tarifautonomie nach dem Prinzip der praktischen Konkordanz: *Däubler/Hege*, Rz. 115; *Löwisch*, DB 1989, 1185 (1186); *ders.*, BB 1991, 59 (60 f.); *Reuter*, RdA 1991, 193 (203).

[170] *Reuter*, RdA 1991, 193 (203).

[171] Vgl. BVerfGE 8, 274 (328); 12, 341 (347); 21, 87 (90 f.); *Laufke*, 145 (162 f.). Gegen die Annahme einer selbständigen Grundrechtsverbürgung der Vertragsfreiheit: *Kreutz*, Betriebsautonomie, 116 ff.; *Richardi*, Kollektivgewalt, 50 ff.; *Scholz*, Koalitionsfreiheit, 10 f.; *Roscher*, 46 ff.: die Vertragsfreiheit sei qua definitione auf die Selbstgestaltung von Privat*rechts*verhältnissen angelegt, setze daher die Privatrechtsordnung als Korrelat voraus und könne daher nur nach deren Maßgabe bestehen. Entscheidend sei demgegenüber die grundrechtliche Gewährleistung der allgemeinen Handlungsfreiheit und damit der Selbstbestimmung des Einzelnen, während die Privatautonomie letztlich dessen privatrechtliche Ausübungsform darstelle (vgl. *Kreutz*, Betriebsautonomie, 123).

[172] *Papritz*, 52.

sehen,[173] dessen Grundlagen in der Funktion und dem Zweck der Koalitionsfreiheit nach Art. 9 Abs. 3 GG und der durch Art. 2 Abs. 1 GG geschützten allgemeinen Handlungsfreiheit liegen und der unter Anwendung des Grundsatzes der praktischen Konkordanz auch gegenüber konfligierenden tarifpolitischen Interessen der Verbände jedenfalls solange Respektierung genießt, wie der Bestand der Koalitionen durch die Partikularinteressen seiner Mitglieder nicht ernsthaft gefährdet wird.[174]

III. Das Günstigkeitsprinzip im Verhältnis zwischen Arbeitsvertrag und Betriebsvereinbarung

Aufgrund der ausdrücklichen Normierung in § 4 Abs. 3 TVG gilt das Günstigkeitsprinzip zunächst nur im Verhältnis zwischen Tarifvertrag und Individualvertrag. Historisch ist dies der ursprüngliche Anwendungsbereich des Günstigkeitsprinzips.[175]

Seine verfassungsrechtlich gewährleistete Funktion, der Privatautonomie des Arbeitnehmers wieder Geltung zu verschaffen, soweit dieser der kollektiven Interessenwahrnehmung nicht bedarf, legt es indessen nahe, das Günstigkeitsprinzip auch zur Lösung anderer Regelungskonkurrenzen zwischen individualrechtlichen und kollektivrechtlichen Gestaltungsfaktoren heranzuziehen.

---

[173] *Belling*, Günstigkeitsprinzip, 86; *ders.*, Günstigkeitsprinzip, in: Scholz, (Hrsg.), Wandel der Arbeitswelt, 119 (120); *Nipperdey* in Hueck/Nipperdey, Arbeitsrecht II/1, § 13 VII 2 c (S. 232 f.); *Küchenhoff*, Rechtsgutachten, 8; *ders.*, Nipperdey-FS Bd. II, 317 (343).

[174] Daneben findet sich eine Reihe weiterer Ansätze für die dogmatische Grundlegung des Günstigkeitsprinzips als eines allgemeinen Rechtssatzes; es wird u.a. als Ausprägung des *arbeitsrechtlichen Schutzprinzips* (*Boerner*, 215; *Herrmann*, ZfA 1989, 577 (619 f.); *Mayer-Maly*, 176; *Wiedemann/Stumpf*, § 4 Rz. 214), als Ausdruck des *Sozialstaatsprinzips* (*Fitting/Auffarth*, § 77 Rz. 44; *Müller*, DB 1967, 903 (905 f.)), als ein den *freiheitlich-rechtsstaatlichen* Elementen der geltenden Wirtschafts- und Sozialverfassung zuzuordnendes Prinzip (*Säcker*, Gruppenautonomie, 293 f.), oder als ein in Beziehung zum *Leistungsprinzip* (*Nipperdey* in Hueck/Nipperdey, Arbeitsrecht Bd. II/1, § 30 I 2 (S. 572); *Nikisch*, Arbeitsrecht, § 82 I 3 (S. 420 f.); einschränkend *Siebert* (Nipperdey-FS, 119, 126): die Begründung des Günstigkeitsprinzips mit dem Leistungsprinzip sei „etwas zu eng"; dem Günstigkeitsprinzip unterfielen vielmehr alle Einzelabreden die irgendwelche *individuellen Umstände* des einzelnen Arbeitsverhältnisses berücksichtigen). – *Gegen* eine Begründung aus dem Leistungsprinzip: *Richardi*, Kollektivgewalt, 368 ff.; *Wlotzke*, Günstigkeitsprinzip, 46 f.; *Magis*, 29 ff.; *Wiedemann/Stumpf*, § 4 Rz. 217: das Günstigkeitsprinzip erfasse *alle* übertariflichen Arbeitsbedingungen ohne Rücksicht auf die besonderen Motive, die ihrer Vereinbarung zugrundeliegen; derartige Absprachen würden daher nicht durch das Leistungsprinzip, sondern durch die Anerkennung der Privatautonomie getragen; zudem sei der normative Inhalt des Leistungsprinzips ungeklärt) stehender Grundsatz bewertet.

[175] Dazu *Joost*, RdA 1989, 7 (15). Zur geschichtlichen Entwicklung eingehend auch *Mayer*, 9 ff.; *Krummel*, passim; *Stommel*, 2 ff.

Neben dem Abschluß von Tarifverträgen ist der von *Betriebsvereinbarungen* ein weiteres kollektivrechtliches Instrument, rechtliche Regelungen mit normativer Wirkung für Arbeitsverhältnisse zu treffen. Ebenso wie Tarifverträge enthalten sie Rechtsnormen, die unmittelbar und zwingend wirken (§ 77 Abs. 4 Satz 1 BetrVG). Es stellt sich daher die Frage, ob das Günstigkeitsprinzip auch im Verhältnis zwischen dem Arbeitsvertrag und den Normen einer Betriebsvereinbarung Anwendung findet.

1. Geltung des Günstigkeitsprinzips bei individuell ausgehandelten Arbeitsbedingungen

a) Meinungsstand in der Literatur

Eine Vorschrift nach dem Vorbild von § 4 Abs. 3 TVG, aus der zu folgern wäre, daß auch die Betriebsvereinbarung wie der Tarifvertrag nur insoweit auf die Arbeitsverhältnisse einwirkt, als sie für den Arbeitnehmer günstigere Regelungen enthält als der Arbeitsvertrag, fehlt.[176]

Gleichwohl wird die Anwendbarkeit des Günstigkeitsprinzips im Betriebsverfassungsrecht jedenfalls für den individuell ausgehandelten Arbeitsvertrag ganz überwiegend befürwortet.[177]

Die fehlende Erwähnung des Prinzips in § 77 Abs. 4 BetrVG solle lediglich auf einem legislatorischen Versehen[178] oder aber darauf beruhen, daß dem

---

[176] Im Verhältnis zwischen Richtlinien nach dem Sprecherausschußgesetz vom 20.12.1988 (SprAuG) und arbeitsvertraglichen Abreden gilt hingegen aufgrund der ausdrücklichen Regelung in § 28 Abs. 2 Satz 2 SprAuG das Günstigkeitsprinzip. Der Große Senat des BAG (DB 1990, 1724 (1725)) sieht in dieser Bestimmung eine nachträgliche Bestätigung seiner Entscheidung vom 16.9.1986 (BAG AP Nr. 17 zu § 77 BetrVG) durch den Gesetzgeber, wonach auch im Verhältnis zwischen einzelvertraglichen Abreden und Betriebsvereinbarungen als maßgebliche Kollisionsnorm das Günstigkeitsprinzip gelte. Für die Annahme, daß der Gesetzgeber die Anwendung des Günstigkeitsprinzips nur auf die Arbeitsverhältnisse der leitenden Angestellten habe beschränken wollen, gebe es nämlich keine Anhaltspunkte.

[177] *Belling*, DB 1982, 2513 (2514 ff.); *ders.*, Diskussionsbeitrag in Scholz, (Hrsg.), Wandel der Arbeitswelt, 119 (120); *ders.*, DB 1987, 1888 (1892); *Boerner*, 214; *Brox*, Arbeitsrecht, Rz. 46 und 403; *Däubler*, AuR 1984, 1 (10 f.); *Löwisch*, § 77 Rz. 35; *Martens*, RdA 1983, 217 (222 f.); *Säcker*, Gruppenautonomie, 355; *Schulze*, 167; *Söllner*, Arbeitsrecht, § 22 IV (S. 202); *Weismann*, 240 ff.; *Zöllner/Loritz*, § 6 I 5 (S. 65).

[178] *Dietz/Richardi*, § 77 Rz. 91 und 98; *Richardi*, RdA 1983, 201 (216): „Redaktionsversehen"; GK-*Kreutz*, § 77 Rz. 200 f.; *Kreutz*, Betriebsautonomie, 224: „wohl einfach übersehen"; *Fitting/Auffarth*, § 77 Rz. 40: „Ungenauigkeit"; *Kreutz*, Betriebsautonomie, 224; *Raatz*, DB Beilage 1/1972, 1 (4).

Gesetzgeber angesichts der bis dahin unbestrittenen Geltung des Günstigkeitsprinzips im Betriebsverfassungsrecht die Normierung einer dem § 4 Abs. 3 TVG entsprechenden Vorschrift entbehrlich erschienen sei.[179]

Da der Gesetzgeber also in Wahrheit die Geltung des Günstigkeitsprinzips in seinen Willen aufgenommen und es lediglich versäumt habe, diesem Willen Ausdruck zu verleihen, sei wegen der zwischen Tarifvertrag und Betriebsvereinbarung vor allem in den Rechtswirkungen bestehenden Rechtsähnlichkeit[180] die in § 77 Abs. 4 BetrVG bestehende planwidrige Regelungslücke durch eine *analoge Anwendung des § 4 Abs. 3 TVG* zu schließen.

Demgegenüber wird die grundsätzliche Geltung des Günstigkeitsprinzips im Verhältnis zwischen Individualvertrag und Betriebsvereinbarung nur vereinzelt bestritten.

Hess[181] nimmt an, eine § 4 Abs. 3 TVG entsprechende Regelung habe der Gesetzgeber bewußt nicht in § 77 Abs. 4 BetrVG aufgenommen. Er verbindet seine Feststellung allerdings zugleich mit der rechtspolitischen Mißbilligung, daß der Gesetzgeber mit dieser Entscheidung ohne anerkennenswertes rechtspolitisches Bedürfnis von dem bis dahin im Betriebsverfassungsrecht anerkannten Günstigkeitsprinzip abgerückt sei.

Leinemann[182] hält Günstigkeitsüberlegungen prinzipiell für ungeeignet, um die Einwirkung von Betriebsvereinbarungen auf das Arbeitsverhältnis rechtlich zu beurteilen. Ausschlaggebend für diese Wirkung sei allein die Beurteilung der *Normsetzungsmacht*, die das BetrVG den Parteien der Betriebsvereinbarung zugewiesen habe. Die differenzierte Regelung der Aufgaben des Betriebsrates, soweit es um die Wahrnehmung der Mitbestimmung geht, gebiete eine ebenso differenzierte Beurteilung der Wirkungen von Betriebsvereinbarungen auf das Arbeitsverhältnis.

Demnach sei zwischen den *freiwilligen* und *erzwingbaren* Betriebsvereinbarungen zu unterscheiden. Die vergleichsweise schwache Ausgestaltung der

---

179 *Säcker*, ZfA Sonderheft Mai 1972, 54; *Däubler*, AuR 1984, 1 (10); *Weismann*, 240 f.; *Zöllner* (Arbeitsrecht, 2. Aufl. (1979), § 46 II 3 (S. 351)) nennt dies eine im Grunde schon nicht mehr interpretative, sondern korrigierende Anwendung des BetrVG. *Belling* (Günstigkeitsprinzip, 120; *ders.*, Diskussionsbeitrag in: Scholz, Wandel der Arbeitswelt, 119 (122)) und *Buchner* (Die AG 1971, 189 (196)) plädieren dafür, zur Klarstellung das Günstigkeitsprinzip in § 77 Abs. 4 BetrVG zu positivieren.

180 Vgl. *Kreis*, RdA 1961, 97 (98): Betriebsvereinbarungen seien gewissermaßen „kleine Tarifverträge"; gegen die Auffassung, die Betriebsvereinbarung sei „ein auf die Stufe des Betriebes projizierter Tarifvertrag", allerdings *Kreutz* (Betriebsvereinbarung, 201).

181 *Hess* in Hess/Schlochauer/Glaubitz, § 77 Rz. 51.

182 DB 1985, 1394; BB 1989, 1905 (1909); DB 1990, 732 (737).

Mitwirkung nach § 88 BetrVG und der darauf beruhenden Normsetzungsbefugnis der Betriebspartner könne keinen Eingriff in die Einzelarbeitsverträge legitimieren. Sie rechtfertige nur Regelungen über die *Gewährung*, nicht aber die *Beendigung* von auf einzelvertraglichen Abmachungen beruhenden Arbeitgeberleistungen. Demgegenüber sei die Normsetzungmacht im Bereich der erzwingbaren Mitbestimmung nach § 87 BetrVG ungleich stärker ausgestaltet. Hier bestehe keine Möglichkeit der Arbeitsvertragsparteien, sich durch einzelvertragliche Erklärungen der kollektivrechtlichen Normsetzungsbefugnis zu entziehen.

Die Auffassung Leinemanns läuft zwar zumindest im Ergebnis auf eine – allerdings auf den Bereich der freiwilligen Betriebsvereinbarungen beschränkte – Geltung des Günstigkeitsprinzips hinaus.[183] Leinemann betont jedoch, daß die Bestandskraft von vertraglichen Vereinbarungen gegenüber verschlechternden betrieblichen Regelungen nicht etwa darauf beruhe, daß sie „günstiger" sind, sondern auf die bei freiwilligen Betriebsvereinbarungen nach § 88 BetrVG nur beschränkt gegebene Normsetzungsbefugnis der Betriebsparteien zurückzuführen sei. In der Tat handelt es sich nicht lediglich um eine terminologische Differenz. Im Vergleich zur Wirkungsweise des Günstigkeitsprinzips ergibt sich ein erheblicher Unterschied insofern, als der Ansatz Leinemanns die Gültigkeit *nachfolgender* günstigerer Einzelregelungen nicht erlaubt, da diese von der zwingenden Wirkung der Betriebsvereinbarung verdrängt werden.[184]

Für Herrmann[185] gilt das Günstigkeitsprinzip bei der Kollision von Individualarbeitsvertrag und verschlechternden Betriebsvereinbarungen weder positivrechtlich noch als übergeordneter Rechtsgrundsatz. Auszugehen sei vielmehr von § 77 Abs. 4 Satz 1 BetrVG, der die Bindungswirkung von Betriebsvereinbarungen ausdrücklich anordnet und Eingriffe in arbeitsvertragliche Abreden ermögliche. Da es an einer gesetzlichen Einschränkung fehle, seien diese Eingriffe grundsätzlich unabhängig davon zulässig, ob sie zu einer Verbesserung oder Verschlechterung der bereits erworbenen Rechtsstellung der Arbeitnehmer führen.

Die Legitimation zum Eingriff in individualrechtlich begründete Positionen gelte uneingeschränkt allerdings nur gegenüber den Gestaltungsfaktoren mit *Kollektivcharakter*. Diese Vereinbarungskategorie stehe der Art der Rechtsquelle nach insoweit mit der Betriebsvereinbarung auf einer Ebene, als

---

[183] So auch *Lieb* (SAE 1983, 130 (131)) zur Entscheidung des 6. Senats des BAG vom 12.8.1982 (AP Nr. 4 zu § 77 BetrVG), der sich die Auffassung seines Vorsitzenden *Leinemann* zu eigen gemacht hat.

[184] Dies wird von *Lieb* (SAE 1983, 130 (131)) als „unhaltbares Ergebnis" bezeichnet.

[185] ZfA 1989, 577 (630).

beiden Gestaltungsmitteln ein kollektiver Bezug zu eigen sei. Deshalb komme hier das – aus § 77 Abs. 4 Satz 1 BetrVG sich ergebende – Prinzip zum Zuge, daß eine (Kollektiv-)Norm grundsätzlich durch eine spätere (Kollektiv-)Norm ersetzt werden könnte.

Grenzen der Eingriffsmöglichkeiten seien allerdings auch hier im Hinblick darauf zu ziehen, daß ein Eingriff in bereits erworbene Rechtspositionen der Rechtfertigung bedarf. Sie ergäbe sich aus den aus dem Öffentlichen Recht geläufigen Rückwirkungsgrundsätzen, deren Anwendung im Hinblick auf die – wegen der gesetzesähnlichen Qualität der Betriebsvereinbarung und dem Kollektivcharakter der in Rede stehenden Gestaltungsfaktoren gegebenen – Vergleichbarkeit der Kollisionslagen geboten sei. Die Heranziehung der Rückwirkungsgrundsätze versage hingegen bei der Kollision zwischen Betriebsvereinbarung und Individualvertrag. Da die Individualvereinbarung nicht kollektiver Qualität sei, finde hier die Regel, daß eine Kollektivnorm eine andere Kollektivnorm ablösen könne, keine Anwendung. Der *Grundsatz der Vertragstreue* erweise sich als ein derart fundamentales und darüber hinaus gegenüber § 77 Abs. 4 Satz 1 BetrVG spezielleres Prinzip, daß er auch von dieser Bestimmung nicht durchbrochen werden könne. Im übrigen bestehe keine völlige Kongruenz in den Wirkungen des Günstigkeitsprinzips und dem bei einer Kollision von Betriebsvereinbarung und Individualvertrag geltenden Grundsatz des pacta sunt servanda; letzterer führe – anders als bei der Geltung des Günstigkeitsprinzips – dazu, daß die Bestandskraft von Individualverträgen sich auch gegenüber die Position des Arbeitnehmers *verbessernden* Betriebsvereinbarungen durchsetze, da auch ein Eingriff zum Besseren eine Durchbrechung des Prinzips der Vertragstreue darstelle.

b) Die Rechtsprechung des BAG

Entscheidungen des BAG, denen sich Aussagen zu dem hier behandelten speziellen Fall einer Kollision von – echten – Individualabreden und verschlechternden Betriebsvereinbarungen entnehmen lassen, sind relativ selten anzutreffen. Die weitaus meisten der an das Gericht herangetragenen Fälle betreffen das Verhältnis *vertraglicher Einheitsregelungen* zu ablösenden Betriebsvereinbarungen.

In dem vom 6. Senat am 12.8.1982[186] entschiedenen Fall vertritt das Gericht den bereits dargestellten Ansatz Leinemanns, wonach im Bereich der erzwingbaren Mitbestimmung nach § 87 BetrVG die Betriebsvereinbarung

---

[186] AP Nr. 4 zu § 77 BetrVG mit Anm. *Hanau*.

den arbeitsvertraglichen Regelungen vorgehe, soweit nicht die Betriebsvereinbarung „arbeitsvertragsoffen" sei. Obwohl nicht völlig klar ist, ob dem vom 6. Senat entschiedenen Fall eine Einheitsregelung oder Einzelarbeitsverträge zugrundelagen,[187] liegt es jedenfalls in der Konsequenz dieses – unter dem Stichwort des Prinzips der Normsetzungsprärogative bekannt gewordenen – Ansatzes, das Günstigkeitsprinzip auch bei Eingriffen in einen *Individualarbeitsvertrag* auszuschließen.

c) Stellungnahme

Das Schweigen des Gesetzes zur Geltung des Günstigkeitsprinzips im Betriebsverfassungsrecht kann zunächst in verschiedener Richtung interpretiert werden. Einerseits ist denkbar, daß der Gesetzgeber des § 77 BetrVG 1972 das Günstigkeitsprinzip als einen selbstverständlichen Grundsatz angesehen hat, dessen ausdrückliche Erwähnung im Gesetz er für überflüssig hielt. Die Nichtaufnahme einer dem § 4 Abs. 3 TVG entsprechenden Vorschrift könnte aber auch – im Sinne eines „beredten Schweigens"[188] – als eine bewußte Entscheidung gegen das Günstigkeitsprinzip zu deuten sein. Schließlich kommt auch die weitere Möglichkeit in Betracht, daß der Gesetzgeber sich mit der Frage der Geltung des Günstigkeitsprinzips gar nicht beschäftigt und ihm deshalb keine Aufmerksamkeit geschenkt hat, weil er das Günstigkeitsprinzip „schlicht nicht im Blickfeld hatte".[189]

Unter Berücksichtigung der *Entstehungsgeschichte* des § 77 BetrVG erweist sich als am wenigsten überzeugend die Annahme, das Fehlen einer dem § 4 Abs. 3 TVG entsprechenden Regelung sei als bewußte Entscheidung gegen die Geltung des Günstigkeitsprinzips im Betriebsverfassungsrecht zu werten.[190] Vorbild für die Normierung der Wirkungen der Betriebsvereinbarung war das Tarifvertragsgesetz. Ausweislich der Gesetzesmaterialien[191] hat der Gesetzgeber des § 77 BetrVG 1972 in den Absätzen 4 bis 6 dieser Vorschrift sich bewußt an die nach dem TVG für Tarifverträge getroffenen Regelungen angelehnt. Diente mithin die Vorschrift des § 4 TVG erklärtermaßen als

---

[187] *Herrmann*, ZfA 1989, 577 (609); *Lieb*, SAE 1983, 130 (131).

[188] Vgl. *Larenz*, Teil II Kap. 5, 2 a (S. 370).

[189] *Herrmann*, ZfA 1989, 577 (628).

[190] Gegen eine dahingehende Deutung u.a. *Richardi*, RdA 1983, 201 (216); *Herrmann*, ZfA 1989, 577 (628); *Säcker*, ZfA Sonderheft Mai 1972, 41 (54): eine solche Interpretation würde den Willen des Betriebsverfassungsgesetzgebers zu Vollständigkeit und Systemstrenge weit überschätzen.

[191] BT-Drucks. VI/1786; RegE zu § 77 IV BetrVG.

Vorbild, so wäre angesichts der zentralen Bedeutung des § 4 *Abs. 3* TVG eine Aussage dazu zu erwarten gewesen, warum gerade eine dieser Bestimmung entsprechende Vorschrift nicht in das BetrVG aufgenommen werden soll. Da eine Auseinandersetzung mit dieser Frage fehlt, kann schwerlich angenommen werden, daß der Gesetzgeber die Geltung des Günstigkeitsprinzips im Betriebsverfassungsrecht bewußt hat ausschließen wollen.[192]

Für die gegenteilige Hypothese, der Gesetzgeber habe die Geltung des Günstigkeitsprinzips als derart selbstverständlich angesehen, daß er dessen ausdrückliche Normierung für überflüssig hielt, spricht immerhin der Stand der rechtswissenschaftlichen Diskussion zu dieser Frage bei der Beratung des BetrVG 1972. Die seinerzeit nahezu allgemeine Meinung ging jedenfalls für individuell ausgehandelte Arbeitsbedingungen von der Geltung des Günstigkeitsprinzips aus. Andere – nunmehr in § 77 BetrVG geregelte – Fragen wie etwa die zwingende Wirkung der Betriebsvereinbarung oder die Nachwirkung von Betriebsvereinbarungen waren hingegen unter der Geltung des BetrVG 1952 höchst umstritten. Damit würde erklärlich, daß diese Fragen in § 77 Abs. 4 bis 6 BetrVG eine Regelung erfahren haben, während die ausdrückliche Anordnung der Geltung des Günstigkeitsprinzips unterblieben ist. Das Abweichen von der bis dahin allgemein anerkannten Geltung eines Rechtsprinzips hätte jedenfalls eher einer besonderen Hervorhebung bedurft als die explizite Anordnung seiner Geltung.[193]

Dennoch bleiben auch gegenüber einer solchen Deutung gewisse Zweifel, da in diesem Fall ebenfalls ein Hinweis in den Beratungen zu erwarten gewesen wäre.[194] Es ist daher nicht auszuschließen, daß es der Gesetzgeber nicht nur – absichtlich oder unbewußt – versäumt hat, das Günstigkeitsprinzip als einen nach seinem Willen auch im Betriebsverfassungsrecht Gültigkeit beanspruchenden Rechtsgrundsatz ausdrücklich zu normieren, sondern daß er sich mit der Frage des Günstigkeitsprinzips gar nicht beschäftigt hat.

Liefert mithin die Entstehungsgeschichte keine sichere Gewähr dafür, daß die Geltung des Günstigkeitsprinzips gesetzgeberisch gewollt war und dieser Wille lediglich keinen Niederschlag in § 77 BetrVG gefunden hat, so sind es jedoch aus der *Systematik* und der *Teleologie* des Betriebsverfassungsrechts resultierende Erwägungen, die gegen eine uneingeschränkt zwingende Wirkung der Betriebsvereinbarung sprechen und die Anwendbarkeit des Günstigkeitsprinzips gebieten:

---

[192] *Herrmann*, ZfA 1989, 577 (628).

[193] *Däubler*, AuR 1984, 1 (10 f.).

[194] *Herrmann*, ZfA 1989, 577 (628).

Die unmittelbare und zwingende Wirkung der Betriebsvereinbarung ohne Einschränkung durch das Günstigkeitsprinzip würde unauflösbare *Wertungswidersprüche* provozieren,[195] weil der Betriebsvereinbarung damit eine stärkere normative Wirkung als den Normen des Tarifvertrages zukäme, deren zwingende Wirkung gem. § 4 Abs. 3 TVG unter dem Vorbehalt des Günstigkeitsprinzips steht. Ein solches Resultat würde weder dem verfassungsrechtlichen Stellenwert der Tarifautonomie gerecht, noch trägt es der Tatsache Rechnung, daß die Betriebsautonomie in verschiedener Hinsicht von anderer Qualität als die Tarifautonomie ist[196]:

Anders als die durch Art. 9 Abs. 3 GG verfassungsrechtlich verbürgte Tarifautonomie ist die Autonomie der Betriebspartner nicht von der Verfassung gewährleistet, sondern wird erst durch das BetrVG eröffnet.[197] Der geringeren rechtlichen Wertigkeit der Betriebsautonomie würde es widersprechen, auf ihrer Grundlage weitergehende Einschränkungen der Privatautonomie der Arbeitsvertragsparteien zuzulassen als es dem – dem Günstigkeitsprinzip unterworfenen – Tarifvertrag möglich ist.[198] Dies gilt um so mehr, als nach der hier vertretenen Auffassung dem Günstigkeitsprinzip *Verfassungsrang* beizumessen ist. Vermag schon die – ebenfalls verfassungsrechtlich gewährleistete – Tarifautonomie nicht, Höchstarbeitsbedingungen festzulegen, so muß diese Möglichkeit erst recht der durch das Grundgesetz nicht abgesicherten Betriebsautonomie verschlossen bleiben.[199]

Des weiteren weist der Betriebsverband in verschiedener Hinsicht einen *Zwangscharakter* auf, der sich von der Bindung aufgrund einer Koalitionszugehörigkeit signifikant unterscheidet und es ebenfalls verbietet, der Betriebsvereinbarung eine stärkere normative Wirkung beizulegen als dem Tarifvertrag.[200] Während die Normunterworfenheit der tarifgebundenen Arbeitnehmer

---

[195] BAG (GS), NZA 1987, 168 (173); *Ahrend/Förster/Rühmann*, BB Beil. 7/1987, 1 (9); *Säcker*, ZfA Sonderheft Mai 1972, 41 (55): „teleologisch ungereimt"; ähnlich GK-*Kreutz*, § 77 Rz. 201.

[196] *Belling*, Günstigkeitsprinzip, 113; *Canaris*, AuR 1966, 129 (139 f.); *Weismann*, 244 f.

[197] *Belling*, Günstigkeitsprinzip, 113; *Säcker*, AR-Blattei (D) Tarifvertrag I, C Das Verhältnis des Tarifvertrages zu den übrigen arbeitsrechtlichen Rechtsquellen (VIII.2); *ders.*, Gruppenautonomie, 357; *Konzen*, BB 1977, 1307; *Bakopoulos*, 47 ff. entnimmt hingegen den Art. 2 Abs. 1, 20 Abs. 1 und 28 Abs. 1 GG eine auch verfassungsrechtliche Gewährleistung der kollektiven Interessenwahrnehmung durch den Betriebsrat.

[198] *Belling*, Günstigkeitsprinzip, 113; *Weismann*, 245; *Schulze*, 167.

[199] *Boerner*, 215; *Däubler*, AuR 1984, 1 (11).

[200] *Belling*, Günstigkeitsprinzip, 113 f.; *Canaris*, AuR 1966, 129 (139), der ebenso wie *Kreutz* (Betriebsautonomie, 224 Fn. 136 und S. 248) an die – umstrittene – Unterscheidung von formellen und materiellen Arbeitsbedingungen anknüpfend, eine Gestaltung materieller Arbeitsbedingungen durch Betriebsvereinbarung zuungunsten der Arbeitnehmer für unzulässig hält; *Richardi*, Kollektiv-

durch den Beitritt zum Berufsverband legitimiert ist, knüpft die Geltung der durch eine Betriebsvereinbarung geschaffenen Normen allein an die Betriebszugehörigkeit des Arbeitnehmers an. Sie kann sich lediglich auf die Wahl des Betriebsrates durch die betriebsangehörigen Arbeitnehmer stützen, in der jedoch kein auf den individuellen Willen des einzelnen Arbeitnehmers zurückführbarer Unterwerfungsakt gesehen werden kann.[201] Dies gilt bereits deshalb, weil die Wahlentscheidung für alle Arbeitnehmer des Betriebes verbindlich ist, unabhängig davon, ob der einzelne sich überhaupt an der Wahl beteiligt und wie er gewählt hat.[202] Anders als der Gewerkschaftsbeitritt, der nach seiner Intention darauf abzielt, sich in den Schutzbereich der tariflichen Normsetzung zu begeben, ist der Eintritt in den Betrieb nicht darauf gerichtet, sich den dort gegenwärtig oder künftig geltenden Betriebsvereinbarungen zu unterwerfen; vielmehr beruhen die Mitbestimmungsrechte des Betriebsrates auf einer „Vertretung kraft Gesetzes".[203] Ebensowenig, wie es der Arbeitnehmer in der Hand hat, sich willentlich der Geltung der betrieblichen Normen – diese ist lediglich eine akzessorische Nebenfolge der Betriebszugehörigkeit[204] – zu unterwerfen, vermag er sich seiner Vertretung durch den Betriebsrat zu entziehen, ohne zugleich seinen Arbeitsplatz zu verlieren. Demgegenüber kann der tarifunterworfene Arbeitnehmer die normative Geltung eines Tarifvertrages für seine Person ohne weiteres durch die Ausübung seines durch das Grundrecht auf negative Koalitionsfreiheit gewährleisteten Austrittsrechts beenden und

---

gewalt, 317 und 368. – AA *Bakopoulos*, 51: die Betriebsverfassung enthalte keinerlei Zwangselemente, da sowohl der Zugehörigkeit der Belegschaft als auch der Errichtung und der Tätigkeit des Betriebsrates „weitgehend Konsens zugrundeliegt"; ebenso *Jahnke*, 37 f.

[201] *Richardi*, Kollektivgewalt, 317; *Kreutz*, Betriebsautonomie, 68 ff.

[202] *Kreutz* (Betriebsautonomie, 68), der auch einer möglichen Deutung der Betriebsratwahl als *kollektivem* Unterwerfungsakt unter den Gestaltungswillen des Betriebsrates, etwa nach dem Vorbild gesellschaftsrechtlicher Überlegungen, ebenfalls eine Absage erteilt, da im BetrVG im Gegensatz zum Gesellschaftsrecht die rechtsgeschäftliche Billigung des Wahlmodus und damit die vorgängige Unterwerfung des Arbeitnehmers unter die Mehrheitsentscheidung fehle. – *Keuchel*, 52 sieht den von allen Arbeitnehmern des Betriebes gewählten Betriebsrat als eine legitimere Interessenvertretung als die Gewerkschaften an, denen nur ein Drittel aller Arbeitnehmer angehöre. Man mag Zweifel an der demokratischen Legitimation der Gewerkschaften im Hinblick auf die reale Struktur des innerverbandlichen Willensbildungsprozesses haben (dazu *Schüren*, RdA 1988, 138 ff.; *ders.*, Tarifliche Normsetzung, passim). Es geht hier jedoch nicht um eine etwaige Legitimation der Gewerkschaften als Repräsentanten der Arbeitnehmerschaft, sondern lediglich um die Vertretung der konkret normunterworfenen, organisierten Arbeitnehmer; diese aber haben die Geltung der Tarifnormen durch ihren Beitritt willentlich herbeigeführt.

[203] *Belling*, Günstigkeitsprinzip, 114.

[204] *Canaris*, AuR 1966 129 (139).

seine Arbeitsbedingungen mit dem Arbeitgeber selbständig zu regeln versuchen.[205]

Eine im Vergleich zum Tarifvertrag stärkere normative Wirkung der Betriebsvereinbarung stünde ferner im Widerspruch dazu, daß letztere aus verschiedenen Gründen eine *geringere inhaltliche Richtigkeitsgewähr* bietet[206], was die Rechtsprechung bekanntlich veranlaßt hat, Betriebsvereinbarungen im Gegensatz zu Tarifverträgen einer Billigkeitskontrolle zu unterziehen.[207] Die Verpflichtung des Betriebsrates zur vertrauensvollen Zusammenarbeit nach § 2 Abs. 1 BetrVG, die seiner völligen Unabhängigkeit von der Gegenseite entgegenstehende Doppelstellung seiner Mitglieder als Betriebsräte und als Arbeitnehmer, die Friedenspflicht gem. § 74 Abs. 2 BetrVG, die es dem Betriebsrat untersagt, sich an Arbeitskämpfen zu beteiligen, sowie die fehlende überbetriebliche Organisation schränken die Freiheit des Aushandelns und die den Betriebspartnern hierfür zur Verfügung stehenden Mittel weitaus stärker ein, als es bei den ausschließlich den Interessen ihrer Mitglieder verpflichteten Tarifpartnern der Fall ist.[208]

Im übrigen kommt auch hier der teleologische Aspekt zur Geltung, daß die Wirkung der Kollektivverträge nicht weiter gehen darf, als dies zur Erfüllung des mit ihnen verfolgten Schutzzwecks erforderlich ist.[209] Es würde – dies wird jedenfalls bei „echten" individualvertraglichen Abreden überwiegend anerkannt[210] – einen unverhältnismäßigen Eingriff in die Privatautonomie darstellen, wenn die Arbeitsvertragsparteien gehindert wären, für den Arbeitnehmer günstigere Vereinbarungen zu treffen.

Demgegenüber vermag auch das vom 6. Senat des BAG[211] betonte Interesse an einer einheitlichen betrieblichen Regelung der der zwingenden Mitbe-

---

[205] *Nebel*, 265 meint unter Hinweis auf die Schrankentrias des Art. 2 Abs. 1 GG, daß auch im Staat als dem allgemeinsten denkbaren Zwangsverband individuelle Positionen nicht schrankenlos gewährleistet seien und daher aus dem Zwangscharakter des Betriebsverbandes nicht unausweichlich folge, daß das Günstigkeitsprinzip unter gar keinen Umständen eingeschränkt werden dürfe. Diese Feststellung berührt indessen nicht die Tatsache, daß ein Wertungswiderspruch vorliegt, wenn das Günstigkeitsprinzip gegenüber der Betriebsvereinbarung nicht oder nur mit geringerer Intensität gelten würde als gegenüber dem Tarifvertrag.

[206] *Belling*, Günstigkeitsprinzip, 114; *Canaris*, AuR 1966, 129 (139 f.); *Weismann*, 45.

[207] BAG AP Nr. 142 zu § 242 BGB – Ruhegeld; Nrn. 1 und 9 zu § 1 BetrAVG – Ablösung; Nr. 5 zu § 57 BetrVG 1952; Nrn. 11 und 12 zu § 112 BetrVG; Nr. 84 zu § 611 BGB – Gratifikation.

[208] *Belling*, Günstigkeitsprinzip, 114 f.; *Däubler*, AuR 1984, 1 (11); *Canaris*, AuR 1966, 129 (139 f.); *Weismann*, 245.

[209] *Däubler*, AuR 1984, 1 (11); GK-*Kreutz*, § 77 Rz. 204.

[210] *Martens*, RdA 1983, 217 (222 f.); *Nebel*, 270; *Richardi*, RdA 1983, 211 (215).

[211] BAG AP Nr. 4 zu § 77 BetrVG mit Anm. *Hanau*.

stimmung nach § 87 Abs. 1 BetrVG unterworfenen Tatbestände nicht die Verdrängung des Günstigkeitsprinzips zu rechtfertigen.[212]

Zwar soll nicht in Abrede gestellt werden, daß die Betriebsvereinbarung gewisse Ordnungseffekte zeitigt. Diese dürfen allerdings nicht mit den Zwecken der Betriebsvereinbarung identifiziert werden. Die Betriebsvereinbarung bezweckt den Schutz der regelungsunterworfenen Arbeitnehmer, indem sie die bei der Regelung derselben Arbeitsbedingungen mittels Arbeitsvertrages oder des Direktionsrechts bestehende Unterlegenheit des Arbeitnehmers kompensiert. Daneben läßt sich, wie Kreutz[213] eingehend dargelegt hat, ein zusätzlicher und eigenständiger Ordnungszweck der Betriebsvereinbarung weder aus der Entstehungsgeschichte noch aus der Systematik des BetrVG nachweisen.[214]

Einen weiteren Wertungswiderspruch erblickt der Große Senat des BAG[215] darin, daß einerseits zwar durch betrieblich geregelte Arbeitsbedingungen günstigere individualvertragliche Abreden – im Unterschied zu einer tariflichen Regelung – verdrängt würden, andererseits die Verdrängung einer Betriebsvereinbarung durch den Tarifvertrag nach § 77 Abs. 3 BetrVG dazu führen könne, daß die Wirksamkeit der ursprünglichen individualvertraglichen Abrede wiederhergestellt wird.[216]

---

[212] *Weismann*, 241.

[213] Betriebsautonomie, S. 201 ff., 246 f.

[214] Ebenso *Belling*, Günstigkeitsprinzip, 115; *Tyska*, AuR 1985, 276 (279). – AA *Biberacher*, 120; *Canaris*, AuR 1966, 129 (30 f.); *Karakatsanis*, 33 f., 108 ff. *Nebel*, 260; *Nause*, 73 f.; *Siebert*, Nipperdey-FS, 119 (123).

[215] BAG (GS) AP Nr. 17 zu § 77 BetrVG.

[216] Dem hat *Nebel*, 265 zumindest für die Einheitsarbeitsbedingungen widersprochen. Würden arbeitsvertragliche Abreden durch eine Betriebsvereinbarung verdrängt und habe später ein thematisch einschlägiger Tarifvertrag gem. § 77 Abs. 3 BetrVG Vorrang, so gelte eben der Tarifvertrag; die individualvertraglichen Vereinbarungen seien „ein für alle Mal" abgelöst, könnten also nicht wiederaufleben. – Der Vorrang der Betriebsvereinbarung gegenüber der arbeitsvertraglichen Regelung hat jedoch keineswegs die Nichtigkeit der Bestimmungen des Arbeitsvertrags zur Folge, sondern verdrängt die latent fortbestehende individualvertragliche Abrede lediglich für die Dauer der Wirkung der Betriebsvereinbarung (BAG AP Nr. 43 zu § 77 BetrVG mit Anm. *Löwisch*; *Fitting/Auffarth*, § 77 Rz. 43). Es ist daher nicht ausgeschlossen, daß die arbeitsvertragliche Regelung wiederauflebt, und zwar unabhängig davon, ob es sich bei den Bestimmungen des Arbeitsvertrags um echte Individualabreden oder Allgemeine Arbeitsbedingungen handelt (*Richardi*, NZA 1990, 331 (332)).

2. Geltung des Günstigkeitsprinzips bei sog. Allgemeinen Arbeitsbedingungen

Individuell ausgehandelte Arbeitsbedingungen spielen im Normalfall des Arbeitsverhältnisses allerdings eine eher untergeordnete Rolle.[217] Besondere Rechtsprobleme ergeben sich in der rechtlichen Behandlung der vom Arbeitgeber oder vom Arbeitgeberverband festgelegten sog. *Allgemeinen Arbeitsbedingungen*. Unter diesem Oberbegriff werden jene arbeitsrechtlichen Gestaltungsfaktoren zusammengefaßt, die im Gegensatz zum „echten" Individualvertrag einen kollektiven Bezug hinsichtlich des Adressatenkreises und des Regelungsinhaltes insofern aufweisen, als sie sich an eine Vielzahl von Arbeitnehmern richten und gleichlautende Regelungen enthalten. Im einzelnen handelt es sich um die arbeitsvertragliche Einheitsregelung, die betriebliche Übung und die Gesamtzusage.

Während der Individualarbeitsvertrag die einzelnen Vertragsbestimmungen gesondert festlegt, werden bei einer *arbeitsvertraglichen Einheitsregelung* die Arbeitsbedingungen der Arbeitnehmer durch parallele, inhaltsgleiche Verträge nach Maßgabe eines abstrakt-generellen Vergütungs- oder Leistungssystems betriebs-, unternehmens- oder konzerneinheitlich festgelegt. Der Arbeitnehmer wird damit regelmäßig vor die Wahl gestellt, sich mit dem vorgegebenen Muster gegenseitiger Rechten und Pflichten einverstanden zu erklären oder vom Vertragsschluß Abstand zu nehmen.

Die *Gesamtzusage* erfolgt durch einseitige Erklärung des Arbeitgebers gegenüber der Gesamtheit der Arbeitnehmer oder einer bestimmten Arbeitnehmergruppe, z.B. durch Aushang am Schwarzen Brett oder durch Rundschreiben, ohne daß die Arbeitnehmer explizit zustimmen müssen.[218]

Bei der *Betriebsübung* handelt es sich um eine regelmäßige Wiederholung gleichförmiger Verhaltensweisen – namentlich die vorbehaltlose Gewährung

---

[217] Vgl. *Säcker*, Allgemeine Arbeitsbedingungen, 1 ff.

[218] *Zöllner/Loritz*, § 6 I 6 e (S. 66). Die Gesamtzusage stellt allerdings nach zutreffender Ansicht keine selbständige rechtliche Kategorie dar; ihre verbindliche Wirkung ergibt sich nicht schon daraus, daß der Arbeitgeber einseitig entsprechende Zusagen macht (so aber BAG AP Nr. 90 zu § 242 BGB – Ruhegehalt; ähnlich *Herschel*, AuR 1984, 204 (205): eigenständige Rechtsfigur), sondern lediglich dann, wenn sich eine wenigstens stillschweigende Annahme der Zusage durch die Arbeitnehmer feststellen läßt (*Brox*, Rz. 47; *Canaris*, RdA 1974, 18 (19); *Lieb*, Arbeitsrecht, § 3 I 3 (S. 46); *Richardi*, RdA 1983, 201 (208 f.); *Zöllner/Loritz*, aaO). *Hilger*, 58 ff., 70 will die Gesamtzusage als weiteren *kollektivrechtlichen* Gestaltungsfaktor auf betrieblicher Ebene neben der Betriebsvereinbarung anerkennen; hiergegen eingehend *Richardi* (Kollektivgewalt, 302 ff.).

von Sozialleistungen – im Betrieb, durch die bei den Betriebsangehörigen der Eindruck eines Brauches oder einer Gesetzmäßigkeit entsteht.[219]

Gemeinsames Merkmal dieser Gestaltungsmittel ist ihre betriebseinheitliche Geltung für alle Arbeitnehmer oder bestimmte Arbeitnehmergruppen. Unabhängig davon, ob man ein enges oder weiteres Begriffsverständnis zugrundelegt, ist den Allgemeinen Arbeitsbedingungen jedenfalls ein kollektiver Bezug eigen.[220] Die aus ihnen erwachsenden Ansprüche der Arbeitnehmer beruhen nicht auf einem individuellen Aushandeln zwischen Arbeitgeber und dem einzelnen Arbeitnehmer, sondern lediglich auf der Zugehörigkeit des Arbeitnehmers zum begünstigten Personenkreis. Ebenso haben Änderungen, insbesondere der Abbau der Leistungen, ihre Ursache nicht im einzelnen Arbeitsverhältnis, sondern macht der Abbau erst durch die Summe der dadurch erzielten Einsparungen Sinn.[221] Auf der anderen Seite handelt es sich insofern nicht um kollektivrechtliche Normen, als ihre Geltung nicht auf Tarifvertrag oder Betriebsvereinbarung, sondern auf dem Individualarbeitsvertrag beruht.[222]

Diese beiden Aspekte Allgemeiner Arbeitsbedingungen – Individualität des Ursprungs einerseits und Kollektivität der Wirkung andererseits – werden in ihrem rechtlichen Gewicht unterschiedlich bewertet.

Während eine Reihe von Autoren die individualrechtliche Rechtsposition des Arbeitnehmers höher bewertet als die Einheitlichkeit der kollektiv-betrieblichen Ordnung, aus der Kollektivität des Adressatenkreises keine Rückschlüsse auf die Zulässigkeit einer Umgestaltung durch Rechtsquellen kollektiven Ursprungs zieht und daher auch hier zu einer weitgehenden Anwendbarkeit des Günstigkeitsprinzips gelangt, wird von einer anderen Gruppe die Abänderbarkeit betriebseinheitlicher Arbeitsbedingungen durch verschlechternde Betriebsvereinbarung mit unterschiedlicher Begründung für möglich gehalten. Dabei bilden die genannten kollektiven Eigenschaften Allgemeiner Arbeitsbedingungen den Ansatzpunkt für die befürwortete abweichende Be-

---

[219] *Hilger*, 53; *Karakatsanis*, 47; *Zöllner/Loritz*, § 6 I 7 (S. 67).

[220] Ein Teil der Lehre sieht bereits diese Eigenschaft als konstituierend für den Begriff der Allgemeinen Arbeitsbedingungen an; mitunter wird dieser Begriff hingegen auf jene Arbeitsbedingungen verengt, die für die gesamte Belegschaft oder auch Gruppen von Arbeitnehmern innerhalb der Belegschaft einen generellen Leistungsplan aufstellen, der die den einzelnen Arbeitnehmern zukommenden Leistungen zueinander in Beziehung setzt und dadurch eine betriebliche Ordnung begründet (vgl. *Hilger/Stumpf*, 209).

[221] Vgl. *Mayer*, 24.

[222] *Zöllner/Loritz*, § 6 II 3 (S. 71) fassen Einheitsarbeitsvertrag, Gesamtzusage und betriebliche Übung als „kollektive Gestaltungsmittel nicht-kollektiven Ursprungs“ zusammen.

handlung gegenüber „echten“ Individualverträgen im Falle einer Konkurrenz mit Betriebsvereinbarungen.

Die eine Ablösbarkeit von Ansprüchen aus Einheitsarbeitsbedingungen durch Betriebsvereinbarung befürwortenden Literaturstimmen lassen sich wiederum kategorisieren in jene, die mit dem Hinweis auf den „quasi-kollektivrechtlichen Charakter“ der Einheitsarbeitsbedingungen deren Ablösbarkeit durch eine Betriebsvereinbarung als kollektivrechtlichen Gestaltungsfaktor befürworten und solche, die unter stärkerer Betonung des individualrechtlichen Charakters Allgemeiner Arbeitsbedingungen die Anpassung an geänderte Rahmenbedingungen mit Hilfe des individualrechtlichen Regelungsinstrumentariums ermöglichen wollen.[223]

a) Kollektivrechtliche Ansätze

Der überwiegende Teil der Literatur favorisiert einen kollektivrechtlichen Lösungsansatz. Danach werden Einheitsregelungen entweder als kollektivrechtliche Normen behandelt oder als Individualnormen minderer rechtlicher Dignität diesen zumindest gleichgestellt.

Die Auffassung, ein Eingriff in Allgemeine Arbeitsbedingungen durch Betriebsvereinbarung sei grundsätzlich möglich, und zwar unabhängig davon, ob er verbessernd oder verschlechternd auf die Rechtsstellung des Arbeitnehmers einwirkt, vertreten u.a. die Anhänger des sog. *Ordnungsprinzips*.

Das von Nipperdey 1937 unter der Geltung des AOG begründete,[224] von ihm dann erweiterte und von Siebert 1942 aufgegriffene[225] Ordnungsprinzip bezeichnet den Grundsatz, nach welchem eine kollektive Ordnung durch ein gleichrangiges kollektives Gestaltungsmittel abgelöst wird. Das AOG hat den Tarifvertrag durch die Tarifordnung ersetzt und neben ihr die Betriebsordnung als vom Arbeitgeber einseitig zu erlassene autonome Satzung, welche objektives Recht für die Arbeitsverhältnisse erzeugt, eingeführt. Tarif- und Betriebsordnung waren in besonderem Maße vom Ordnungsgedanken beherrscht, weil sie nicht als Ausgleich eines Interessengegensatzes, sondern als Bestandteile einer konkreten Gemeinschaftsordnung angesehen wurden. Diese Ordnungsfunktion sollte es gebieten, daß neue Tarif- oder Betriebsordnungen auch dann an die Stelle bisher geltender Ordnungen treten, wenn die bisherigen Arbeits-

---

[223] Zweifel an der Berechtigung einer solchen Rubrizierung bei *Herrmann*, ZfA 1989, 577 (604).

[224] *Nipperdey*, Lehmann-FS, 257 (261 ff.).

[225] *Nipperdey*, Lehmann-FS, 257 (261 f.); *Siebert*, Nipperdey-FS, 119, 126 f.

bedingungen günstiger waren.[226] Blieben nämlich die vorteilhaften Bedingungen der bisher geltenden Ordnung bestehen, würde dies zur weitgehenden Beseitigung des Ordnungsprinzips führen.

Über die Kollision gleichrangiger kollektiver Regelungen hinaus hat Nipperdey die Geltung des Ordnungsprinzips auch auf die Kollision zwischen *Allgemeinen Arbeitsbedingungen* und einer nachfolgenden Betriebsordnung erstreckt. Nipperdey begründet seine Auffassung damit, daß das AOG die Allgemeinen Arbeitsbedingungen und die Betriebsordnung in gleicher Weise als „Ordnungen" ansehe, deren Ablösbarkeit daher auch gleichermaßen durch das Ordnungsprinzip beherrscht werde. Allerdings sollte nach Nipperdey das Ordnungsprinzip nicht den Anwendungsbereich des Günstigkeitsprinzips beschränken, sondern lediglich als Auslegungsgrundsatz dienen, der die Geltung des Ordnungsprinzips in gewissem Umfang der Disposition der Arbeitsvertragsparteien überließ. Für den Fall nämlich, daß die Bestimmungen einer Betriebsordnung arbeitsvertraglich für einen Beschäftigten festgelegt wurden, um ihnen unabhängig von Änderungen der Betriebsordnung einzelvertragliche Geltung zu verschaffen, sollten diese Arbeitsbedingungen gegenüber einer ungünstigeren neuen Betriebsordnung Bestand haben.[227]

Siebert[228] verallgemeinerte schließlich das Ordnungsprinzip zu einer Kollisionsnorm für kollektivrechtliche und individualrechtliche Gestaltungsmittel und grenzte Ordnungs- und Günstigkeitsprinzip funktional gegeneinander ab. Während der Tarifvertrag die Funktion habe, eine gleichmäßige Regelung der Arbeitsbedingungen zu schaffen (Ordnungsfunktion) und den Schutz der Arbeitnehmer durch Festlegung von Mindestarbeitsbedingungen zu gewährleisten (Schutzfunktion), weist er dem Individualvertrag die Aufgabe zu, den Leistungsgedanken, den Gedanken der Bedürftigkeit oder andere individuelle Umstände des einzelnen Arbeitsverhältnisses zur Geltung zu bringen.[229] Dementsprechend dürfe das Günstigkeitsprinzip nur dort zur Anwendung kommen, wo es sich tatsächlich um individuelle Sondervereinbarungen handelt. Es sollte hingegen nicht dann gelten, wenn wegen des generellen Charakters einer einzelvertraglichen Ordnung weder der Leistungs- noch der Bedürftigkeitsgedanke oder ein sonstiges individuelles Moment berücksichtigt sei. In diesem Fall hätte die Ordnungsfunktion des Tarifvertrages bzw. der Betriebsvereinbarung den Vorrang, für deren Geltung nicht die Form des Individualvertrages, sondern allein der kollektiv bestimmte Charakter der Regelung

---

226 *Nipperdey*, Lehmann-FS, 261 f.

227 *Nipperdey* in Hueck/Nipperdey/Dietz, § 30 Rz. 18e.

228 Nipperdey-FS, 119 (126 ff.).

229 *Siebert*, Nipperdey-FS, 119 (127).

maßgebend sei.[230] Siebert unterscheidet mithin kollektivrechtliche und individualrechtliche Positionen des Arbeitnehmers, für deren Abgrenzung weniger das gewählte – individual- oder kollektivrechtliche – Gestaltungsmittel, als vielmehr inhaltliche Kriterien ausschlaggebend sind.[231]

Auch Hilger[232] und Karakatsanis[233] sehen nicht die Form des Einzelvertrages, sondern den *Regelungsinhalt* als entscheidend an, so daß sich auf individualrechtlicher Grundlage Rechtsansprüche sowohl individualrechtlicher als auch kollektivrechtlicher Natur ergeben können. Individualrechtlichen Charakter sollen lediglich solche Ansprüche haben, die dem Arbeitnehmer um seiner Person willen eingeräumt sind. Nur diese seien dem kollektiven Zugriff entzogen. Demgegenüber müßten Rechtspositionen mit kollektivem Charakter unabhängig von ihrer Rechtsgrundlage einer nachfolgenden kollektiven Regelung aufgrund des Ordnungsprinzips weichen.

Reuter[234] betrachtet ebenfalls den kollektiven Charakter von Einheitsregelungen als den tragenden dogmatischen Aspekt, der ihre Ablösung durch Betriebsvereinbarung auch zuungunsten des Arbeitnehmers ermöglichen soll. Bei der Schaffung betriebseinheitlicher Regelungen handele es sich nicht nur um die Festlegung von Leistung und Gegenleistung im Rahmen eines Austauschverhältnisses, sondern um einen Vorgang der *Normsetzung*, und zwar unabhängig davon, ob die durch betriebseinheitliche Regelungen errichtete Ordnung die Form einer arbeitsvertraglichen Einheitsregelung oder die einer Betriebsvereinbarung erhalte.[235] Die vertragliche Einheitsregelung stelle gegenüber der Betriebsvereinbarung als dem primären Regelungsinstrument nichts anderes als eine „Ersatzform“ der Betriebsvereinbarung von minderer Legitimität dar. Die Gleichsetzung der Einheitsregelung und der Betriebsvereinbarung sei wegen des – zumindest faktischen – Normcharakters der Allgemeinen Arbeitsbedingungen gerechtfertigt. Dieser entspreche demjenigen von Betriebsvereinbarungen, da der Arbeitgeber an den Gleichheitssatz gebunden

---

[230] *Siebert*, BB 1953, 241 (242 Fn. 12).

[231] Diese funktionelle Gleichsetzung von formeller Kollektivnorm und Allgemeinen Arbeitsbedingungen hat *Nipperdey* später übernommen (vgl. *Mayer*, 34); danach gelte das Ordnungsprinzip immer dann, wenn eine bestehende allgemeine gesamtheitliche betriebliche Ordnung mit einer neuen formell kollektivrechtlichen Ordnung des gleichen Bereichs zusammentrifft; vgl. *Nipperdey* in Hueck-Nipperdey, Arbeitsrecht II/1, § 30 VII 3 (S. 593).

[232] BB 1958, 418; Ruhegeld, 228 ff.

[233] AaO, 41 ff., 115.

[234] SAE 1983, 202; RdA 1991, 198; ähnlich *Löwisch*, DB 1983, 1709 (1710); *ders.*, SAE 1987, 185 (186).

[235] Ebenso *Nebel*, 208 ff., 223: bei Allgemeinen Arbeitsbedingungen handele es sich um *Normen*, weil sie einen abstrakt-generellen Inhalt haben; sie erfüllen die gleiche Funktion wie Betriebsvereinbarungen, ohne jedoch deren Form einzuhalten.

sei, wenn er in einem dem Mitbestimmungsrecht unterliegenden Regelungsbereich einseitig tätig werde.

Aus dem Verständnis der Betriebsvereinbarung als der primären Regelungsform folge u.a. ein genereller Vorrang der Betriebsvereinbarung vor kollidierenden Allgemeinen Arbeitsbedingungen. Der Versuch, diesen Vorrang durch das Günstigkeitsprinzip zu durchbrechen, verfehle dessen Sinn, dem einzelnen Arbeitnehmer gegenüber kollektiven Regelungen die Chance zu wahren, seinen Wünschen entsprechende Sonderregelungen zu erreichen bzw. zu behaupten. Da Allgemeine Arbeitsbedingungen solche an den Wünschen und persönlichen Verhältnissen des einzelnen Arbeitnehmers orientierte Regelungen genausowenig vorsehen wie die Betriebsvereinbarung, fehle für ein Eingreifen des Günstigkeitsprinzips der sachliche Ansatzpunkt. Die Gegenmeinung führe zu einem Wertungswiderspruch, weil sie den „irregulären“ Allgemeinen Arbeitsbedingungen im Konflikt mit einer nachfolgenden Betriebsvereinbarung einen stärkeren Bestandsschutz einräume als der regulären inhaltsgleichen Betriebsvereinbarung

Müller[236], der die Möglichkeit einer Ablösung betrieblicher Einheitsregelungen durch *Tarifvertrag* untersucht hat, betrachtet Allgemeine Arbeitsbedingungen als eine „kollektivrechtliche Größe eigener Art“. Zwar kämen betriebliche Einheitsregelungen durch ein Angebot des Arbeitgebers sowie eine „gebündelte individualrechtliche Annahme“ seitens der Arbeitnehmer zustande und wiesen insoweit zunächst individualrechtlichen Charakter auf. Die Arbeitnehmer erklärten die Annahme aber auch mit Blick auf den Betriebsverband als Belegschaftsmitglieder und nähmen die Allgemeinen Arbeitsbedingungen als Regelungen an, die einheitlich für Betrieb und Unternehmen gelten sollen. Da die Arbeitnehmer beim Zustandekommen Allgemeiner Arbeitsbedingungen primär als Belegschaftsmitglieder tätig würden, seien die Regelungen nicht auf konkrete Personen bezogen, sondern enthielten abstrakt-generelle Aussagen. Die demnach durch die Einheitsregelung für die Arbeitnehmer erkennbar gewollte betriebliche Ordnung habe zwar „keine Normenwirkung im strengen Sinne“[237], trage aber immerhin einen „schwachen normähnlichen Charakter“[238]. Gegenüber dem Tarifvertrag, aber auch im Verhältnis zur Betriebsvereinbarung, deren Fundierung in der gesetzlich institutionalisierten Betriebsverfassung ihr ein besonderes Gewicht verleihe, stellten betriebliche Einheitsregelungen das rangniedere Regelwerk dar, das von Normen oder Normkomplexen gleicher oder ranghöherer Qualität – also auch von Betriebsvereinbarungen – abgelöst werden könne.

---

[236] AaO, 28 ff.,36 ff., 56 ff.

[237] *Müller*, 37.

[238] *Müller*, 56.

Säcker[239] hat, zunächst für das Verhältnis zwischen Allgemeinen Arbeitsbedingungen und *tariflichen* Regelungen, die Ablösungsproblematik als eine Frage der Regelungskompetenz gedeutet. Er leitet aus Art. 9 Abs. 3 GG eine Normsetzungsprärogative der Tarifvertragsparteien gegenüber staatlichen und privaten Regelungen Allgemeiner Arbeitsbedingungen ab. Da Allgemeine Arbeitsbedingungen ebenso wie die Inhaltsnormen einer Kollektivvereinbarung eine allgemeine betriebliche Ordnung herbeiführten, bei der wegen ihres abstrakt-generellen Charakters weder die individuelle Leistung des Arbeitnehmers noch dessen persönliche Bedürftigkeit berücksichtigt würden, bestehe bei funktioneller Betrachtung – abgesehen von der Unabdingbarkeit – kein wesentlicher Unterschied zu einer kollektivrechtlichen Regelung.[240] Aus der Funktion und Ordnungsaufgabe der Tarifautonomie ergebe sich, daß die Regelungszuständigkeit der Tarifpartner nicht an eine bestimmte formalrechtliche Beschaffenheit der Allgemeinen Arbeitsbedingungen, sondern an das empirische Faktum anzuknüpfen hätte, daß die Allgemeinen Arbeitsbedingungen abstrakt-generelle, betriebs- oder gruppeneinheitliche Regelungen darstellen. Daraus sei zu folgern, daß auch deren Abänderbarkeit nach den gleichen Grundsätzen zu erfolgen hätte wie im Falle kollektivvertraglicher Bestimmungen.[241]

Diesen Ansatz hat Säcker später auf die rechtliche Behandlung ablösender Betriebsvereinbarungen übertragen. Zwar sei der Vorrang der Betriebsvereinbarung – anders als jener der tarifvertraglichen Regelung – nicht von Verfassungs wegen geboten. Eine abweichende Handhabung wäre jedoch sachlich nicht sinnvoll, da sie Wertungswidersprüche zum Tarifrecht zeitigen würde. Das Regelungsinstrument der Betriebsvereinbarung würde stumpf, wenn die Betriebspartner nicht das Recht hätten, Allgemeine Arbeitsbedingungen in ihr gewünschtes Konzept einzubeziehen und gegebenenfalls abzuändern.[242]

Schulin[243] stellt auf das kollektive Erscheinungsbild arbeitsvertraglicher Einheitsregelungen ab. Dieses rechtstatsächliche Moment nötige dazu, die Anwendbarkeit der Grundsätze anderer normativer Regelungen – Betriebsvereinbarung bzw. Tarifvertrag – auf betriebliche Einheitsregelungen als quasi-kollektive Regelungen auch rechtsdogmatisch für möglich zu halten. Die Ablösbarkeit betrieblicher Einheitsregelungen durch eine Betriebsvereinbarung sei um so mehr anzuerkennen, als die Aufgabe des Günstigkeitsprinzips, oberhalb des durch die Kollektivnormen garantierten Niveaus der Mindestar-

---

239 Gruppenautonomie, 253 ff.

240 *Säcker*, Gruppenautonomie, 309 f.

241 *Säcker*, Gruppenautonomie, 313.

242 *Säcker*, AR-Blattei (D) Betriebsvereinbarung I Übersicht II. 4 d) bb).

243 DB Beilage 10/1984, 1 (10).

beitsbedingungen die individuelle Vertragsfreiheit zu schützen, im Verhältnis vertraglicher Einheitsregelungen zur Betriebsvereinbarung keine Funktion habe, da solche Regelungen gerade keine Realisierung der individuellen Vertragsfreiheit darstellten.

Martens[244] erblickt den sachlichen Grund für die unterschiedliche Behandlung von betrieblichen Einheitsregelungen und Individualvereinbarungen in der unterschiedlichen *Vertrauensinvestition*. Während die durch eine individualrechtliche Vereinbarung geschützten Arbeitnehmer auf ihre sonderrechtliche Behandlung vertrauen könnten, müßten diejenigen Arbeitnehmer, die lediglich durch eine Einheitsregelung begünstigt werden, davon ausgehen, daß ihre Rechte durch den regelungstechnischen Gesamtzusammenhang limitiert seien und somit auch zukünftig einer einheitlichen Veränderung unterliegen. Die durch eine Gesamtregelung begünstigten Arbeitnehmer könnten lediglich auf die kollektivautonomen Regelungsgrenzen vertrauen.

Auch Falkenberg[245] will die Geltung des Günstigkeitsprinzips im Betriebsverfassungsrecht auf echte Individualvereinbarungen beschränken. In Anbetracht der grundsätzlich gebotenen „einheitlichen betrieblichen Ordnung“ sei es anders als im Tarifvertragsrecht nicht angängig, sämtlichen einzelvertraglichen Bestimmungen den Vorrang gegenüber späteren (ungünstigeren) Betriebsvereinbarungen zuzugestehen. Vertragliche Einheitsregelungen könnten durch nachfolgende Betriebsvereinbarungen auch dann wirksam abgelöst werden, wenn die neue Regelung für die betroffenen Arbeitnehmer ungünstig ist.

Für Moll[246] läßt sich eine aufgrund ihres Kollektivcharakters vorgenommene Gleichstellung Allgemeiner Arbeitsbedingungen mit Betriebsvereinbarungen und die damit verbundene Reduktion des Geltungsbereichs des Günstigkeitsprinzips teleologisch begründen. Sinn des Günstigkeitsprinzips sei es, den Arbeitsvertragsparteien – oberhalb des kollektivrechtlich gewährleisteten Minimums – Freiheit zu eigener Initiative zu belassen. Dieser Sinn werde dann nicht erfüllt, wenn der Arbeitgeber eine Ordnung schafft, in die der Arbeitnehmer lediglich hineingenommen wird. Die Freiheit, die zugunsten des Arbeitnehmers außerhalb des Kollektivvertrages ausgeübt werden kann und soll, habe sich im Fall Allgemeiner Arbeitsbedingungen nicht aktualisiert.

Hromadka[247] hält für den Kollisionsfall zwischen vertraglichen Einheitsarbeitsbedingungen und Betriebsvereinbarungen eine teleologische Reduktion

---

[244] RdA 1983, 217 (224).

[245] DB 1984, 875 (881).

[246] NZA Beil. 1/1988, 17 ff.

[247] DB 1985, 864 ff.

deshalb für geboten, weil mit dem Erlaß des KSchG im Jahre 1951 eine verdeckte *Regelungslücke* entstanden sei. Während der Arbeitgeber vor Inkrafttreten dieses Gesetzes die Anpassung von Einheitsarbeitsbedingungen an geänderte Verhältnisse im Wege der Änderungskündigung durchsetzen konnte, seien Einheitsarbeitsbedingungen seit 1951 zwar noch einseitig zu begründen, nicht aber ohne weiteres einseitig veränderbar. Die Lücke sei zu schließen, indem man die Änderung vertraglicher Einheitsarbeitsbedingungen durch Betriebsvereinbarung zuläßt. Belastende Betriebsvereinbarungen ersetzten damit die Möglichkeit zur Änderungskündigung kollektiver Arbeitsbedingungen und seien deshalb an einem verallgemeinernden Maßstab der §§ 1, 2 KSchG zu messen. Das Günstigkeitsprinzip beschränke sich auf das Verhältnis zwischen Betriebsvereinbarung und individueller Arbeitsvertragsregelung.

Eine andere Begründung der Ablösungsmöglichkeit wird aus den *Mitbestimmungsrechten des Betriebsrates* nach § 87 Abs. 1 BetrVG abgeleitet.[248]

In Angelegenheiten, die nach § 87 BetrVG unter das Mitbestimmungsrecht des Betriebsrates fallen, betrachtet mit dem BAG[249] der überwiegende Teil des Schrifttums[250] die Beteiligung des Betriebsrates als *Wirksamkeitsvoraussetzung* für Maßnahmen im Bereich der Mitbestimmung. Dies soll auch dann gelten, wenn die Regelung auf einer einzelvertraglichen Abrede zwischen Arbeitgeber und Arbeitnehmer beruht, sofern solche arbeitsvertraglichen Gestaltungsakte *kollektiven Charakter* aufweisen, d.h. über die individuelle Gestaltung einzelner Arbeitsverhältnisse hinausgehen und einem unabhängig von der Person und den individuellen Wünschen einzelner Arbeitnehmer bestehenden Regelungsbedürfnis Rechnung tragen.[251]

Auf der Grundlage dieser Konzeption bestünde bei ohne Beteiligung des Betriebsrates zustandegekommenen Allgemeinen Arbeitsbedingungen keine Vertragsbindung, die einer Ablösung durch eine Betriebsvereinbarung entgegensteht. Das Mitbestimmungsrecht würde also ermöglichen, eine einzelvertragliche Regelung durch Betriebsvereinbarung auch zum Nachteil der Arbeitnehmer zu ändern, da wegen der Unwirksamkeit der einzelvertraglichen Regelung zwischen ihr und entgegenstehenden Betriebsvereinbarungen eine Kolli-

---

[248] *Blomeyer*, NZA 1985, 641 (645 f.), *ders.*, DB 1987, 634 (638); *Buchner*, DB 1983, 877 (883 ff.); *Hanau*, Gemeins. Anm. zu BAG AP Nrn. 4 und 6 zu § 77 BetrVG; *Leinemann*, DB 1985, 1394 (1395 f.); *Löwisch*, DB 1983, 1709 (1710); *Jobs*, DB 1986, 1120 ff.; ebenso bereits *Hilger/Stumpf*, 215.

[249] AP Nrn. 2, 4, 6 und 22 zu § 56 BetrVG 1952; AP Nrn. 70 und 71 zu Art. 9 GG - Arbeitskampf mit Anm. *Richardi*; AP Nr. 84 zu § 611 BGB - Urlaubsrecht.

[250] *Fitting/Auffarth*, § 87 Rz. 23 f.; *Galperin/Löwisch*, § 87 Rz. 16 ff.; weitere Nachweise bei *Dietz/Richardi*, § 87 Rz. 80.

[251] *Buchner*, DB 1983, 877 (882).

sionslage nicht aufträte. Die Betriebsvereinbarung könnte vielmehr an die Stelle der einzelvertraglichen Vereinbarung treten, weil eine rechtsgeschäftlich begründete Verpflichtungswirkung wegen fehlender Beteiligung des Betriebsrates nicht entstanden wäre.

Eine Anwendung der Theorie der Wirksamkeitsvoraussetzung führte mithin im Ergebnis zu den gleichen Konsequenzen wie die vom 6. Senat in seiner Entscheidung vom 12.8.1982[252] vertretene Auffassung: im Bereich der notwendigen Mitbestimmung nach § 87 BetrVG würde eine wirksame Regelung nur im Wege einer Betriebsvereinbarung getroffen werden können. Es wäre rechtlich nichts vorhanden, was abgelöst oder verschlechtert werden könnte.

Blomeyer[253] entnimmt dem § 87 Abs. 1 Nrn. 8 und 10 BetrVG einen kollektivrechtlichen Änderungsvorbehalt gegenüber Einheitsregelungen für die diesen Bestimmungen unterfallenden Regelungsgegenstände, also insbesondere die freiwilligen Sozialleistungen des Arbeitgebers.

Das in den durch diese Vorschriften geregelten Angelegenheiten bestehende Initiativrecht der Betriebsrates würde mit dem Vorrang des Günstigkeitsprinzips praktisch beseitigt, da es jede Änderung zu Lasten einzelner oder einer Gruppe von Arbeitnehmern verhinderte. Angesichts des Initiativrechts des Betriebsrates könne auch kein Arbeitnehmer darauf vertrauen, daß eine kollektive Regelung zu seinen Gunsten auf Dauer erhalten bleibt. Anderenfalls würde die Einheitsregelung sogar eine größere Bestandskraft genießen als die mitbestimmungspflichtige Form der Betriebsvereinbarung. Dem mit dem Mitbestimmungsrecht des Betriebsrates kollidierenden Günstigkeitsprinzip könne kein Vorrang eingeräumt werden, weil der Gesetzgeber des BetrVG seine Geltung nicht ausdrücklich angeordnet und damit den Vorrang des Mitbestimmungsrechts bestätigt habe.

Löwisch[254] geht ebenfalls davon aus, daß §§ 87, 88 BetrVG den Betriebspartnern auch die Befugnis zuweisen, bestehende arbeitsvertragliche Einheitsregelungen einer solchen sozialen Angelegenheit auch zuungunsten des Arbeitnehmers abzuändern. Die Unterstellung bestimmter sozialer Angelegenheiten unter die Mitbestimmung des Betriebsrates diene nicht nur dem Schutz des Arbeitnehmers, sondern auch der Herbeiführung einheitlicher Regelungen. Diesem Zweck sowie der Absicht des Gesetzes, die Betriebsvereinbarung zur bestimmenden Form der Regelung mitbestimmungspflichtiger sozialer Angelegenheiten zu machen, liefe die Anwendbarkeit des Günstigkeitsprinzips zuwider. Gegen eine Zulässigkeit verbösernder Betriebsvereinbarungen bestün-

---

[252] DB 1982, 1775.

[253] NZA 1985, 641 (645 f.); DB 1987, 634 (637).

[254] DB 1983, 1709 (1710).

den überdies um so weniger Bedenken, als ein verschlechternder Eingriff unbestritten zulässig ist, wenn bereits die abzuändernde Regelung durch Betriebsvereinbarung erfolgt ist. Aus der Sicht der Arbeitnehmer mache es keinen rechten Sinn, ihnen einen unterschiedlichen Schutz gegen eine Verschlechterung ihrer einheitlichen Arbeitsbedingungen in Abhängigkeit davon zu gewähren, ob diese nun zufällig durch Betriebsvereinbarung oder durch vertragliche Einheitsregelungen festgelegt worden sind. Der Vertrauensschutzgedanke trage im letzten Falle nicht weiter als im ersten. Diesem sei in beiden Fällen dadurch genügt, daß der Arbeitgeber für eine Verschlechterung auf die Mitwirkung des Betriebsrates angewiesen ist.

Einer auf das Mitbestimmungsrecht des Betriebsrates abstellenden Argumentation bedient sich auch Joost[255]. Die unbeschränkte Anerkennung des Günstigkeitsprinzips harmoniere nicht mit den gesetzlich zwingend vorgesehenen mitbestimmungsrechtlichen Kompetenzen des Betriebsrates. Diese seien unter Bindung an vorgegebene und bestandsfeste vertragliche Einheitsregelungen nicht sinnvoll ausübbar. Das Bestehen einer vertraglichen Einheitsregelung würde bei uneingeschränkter Anwendung des Günstigkeitsprinzips den Betriebsrat hindern, seine abweichenden Vorstellungen in einer neuen Regelung zur Geltung zu bringen. Der Arbeitgeber wäre in der Lage, die Durchführung jeder kollektiven Regelung mit dem Betriebsrat dadurch unmöglich zu machen, daß er vor oder nach Abschluß der Betriebsvereinbarung eine Einheitsregelung vereinbart, die eine andere Verteilung der Gesamtmittel im Hinblick auf das Günstigkeitsprinzip verhindert. Die Regelungskompetenzen des Betriebsrates könnten durch eine Einheitsregelung aber nicht beseitigt werden. Wolle man daher arbeitsvertragliche Einheitsregelungen nicht schon im Sinne der Theorie der Wirksamkeitsvoraussetzung für unwirksam halten, so gelte jedenfalls als Kollisionsregel nicht das Günstigkeitsprinzip, sondern das Ablösungsprinzip.

Joost sieht im Hinblick auf die zwingenden gesetzlichen Mitbestimmungsrechte des Betriebsrates sogar Anlaß, die bislang weitgehend unangefochtene Geltung des betriebsverfassungsrechtlichen Günstigkeitsprinzips im Bereich echter individualvertraglicher Abreden ebenfalls zu überdenken mit der möglichen Konsequenz, das Günstigkeitsprinzip von vornherein nicht im Bereich des mitbestimmungsrechtlichen Regelungsregimes anzuerkennen.[256]

---

[255] RdA 1989, 7 (24).

[256] *Joost*, RdA 1989, 7 (24); *ders.*, Anm. zu BAG AP Nr. 2 zu § 620 BGB – Altersgrenze.

b) Individualrechtliche Ansätze

Den Vertretern eines individualrechtlichen Lösungseinstiegs ist zunächst ihre ablehnende Haltung gegenüber der Möglichkeit einer Ablösung vertraglicher Einheitsordnungen durch Betriebsvereinbarung gemeinsam. Sie leugnen im Rahmen von § 4 Abs. 3 TVG die Notwendigkeit einer Differenzierung zwischen Einheitsvertrag und individueller Vereinbarung und befürworten jedenfalls grundsätzlich die Geltung des Günstigkeitsprinzips auch bei einer Regelungskollision zwischen Einheitsvertrag und Betriebsvereinbarung.[257]

Während jedoch ein Teil der Stellungnahmen insoweit einen rechtlichen Sonderstatus der Allgemeinen Arbeitsbedingungen konsequent ablehnt und für deren Beurteilung keine anderen Maßstäbe als die für Individualvereinbarungen allgemein Anwendung findenden gelten läßt, erkennen andere Autoren an, daß die Einheitsregelung sich in gewissen Aspekten von der Individualabrede unterscheidet und diese Unterschiede schwächend auf ihre rechtliche Bestandskraft zurückwirken können.

Zur erstgenannten Gruppe zählt Belling.[258] Seiner Ansicht nach widerspricht eine Beschränkung des Günstigkeitsprinzips auf individuelle Vereinbarungen und auf solche Einheitsregelungen, die einer kollektiven Ordnung nachfolgen, bereits dem Wortlaut des § 4 Abs. 3 TVG, vor allem aber dem Sinn und Zweck sowie dem Verfassungsrang des Günstigkeitsprinzips.

Das Institut der ablösenden Betriebsvereinbarung leide zudem an der dogmatischen Schwäche seiner Konzeption. So sei es mit geltenden Rechtsgrundsätzen schwerlich zu vereinbaren, daß die Einschaltung des Betriebsrates als eines Repräsentanten der betriebsangehörigen Arbeitnehmer es dem Arbeitgeber ermöglichen soll, bestehende Verträge mit den Arbeitnehmern ohne Kündigung und selbst gegen den erklärten Willen auch zu deren Nachteil abzuändern, obwohl derselbe Vorgang im unmittelbaren Verhältnis zwischen den Arbeitsvertragsparteien rechtlich unmöglich wäre. Das Bedürfnis, jedenfalls bestimmte arbeitsvertragliche Einheitsregelungen – vor allem Ruhegeldordnungen – betriebseinheitlich abändern zu können, sei zwar anzuerkennen. Ebenso lasse sich kaum bestreiten, daß die Wirksamkeit des individualrechtlichen Instruments der Änderungskündigung zur Durchsetzung einer sachlich gebotenen und möglicherweise eilbedürftigen Neuregelung durch Kündi-

---

[257] *Boerner*, 218; *Brox*, BB 1966, 1190 (1191) mwN; *Dietz/Richardi*, § 77 Rz. 124; *Gramm*, AuR 1961, 353 (355); G. *Hueck*, Molitor-FS, 222 (224); *Isele*, JZ 1964, 113 (119); *Neumann-Duesberg*, 397 f.; *Nikisch*, Arbeitsrecht II, § 82 III 5 (S. 429 f.): „Überspannung des Ordnungsprinzips"; *Schulze*, 168; *Weismann*, 240 ff.; ebenso für das Verhältnis von Einheitsarbeitsbedingungen zu *Tarifverträgen*: *Wlotzke*, Günstigkeitsprinzip, 48.

[258] Günstigkeitsprinzip, 146 f. mwN.

gungsschutzverfahren gemindert werde und die Änderungskündigung gegenüber besonders geschützten Arbeitnehmern gänzlich versage. Gleichwohl sei es fehlsam, aus diesen Unzulänglichkeiten der Änderungskündigung auf eine Regelungslücke zu schließen, die eine Restriktion hinsichtlich des Anwendungsbereichs des Günstigkeitsprinzips rechtfertigen könne. Der Arbeitgeber habe es in der Hand, arbeitsvertragliche Einheitsregelungen unter den ausdrücklichen *Vorbehalt* einer günstigkeitsunabhängigen Modifizierung durch Betriebsvereinbarung zu stellen und damit die Ausbildung eines schutzwürdigen Vertrauens bei den Arbeitnehmern in den unveränderten Fortbestand einer Einheitsregelung von vornherein eindeutig auszuschließen. Für arbeitsvertragliche Einheitsregelungen, die im Vertrauen auf eine die Zulässigkeit ablösender Betriebsvereinbarungen anerkennende Rechtsprechung vorbehaltlos abgeschlossen worden sind, bestehe die Möglichkeit einer interessengerechten Anpassung darin, daß für die „alten" arbeitsvertraglichen Einheitsregelungen ein Änderungsvorbehalt *fingiert* wird.

Canaris[259] betont, daß – entsprechend der Lehre vom actus contrarius – für die Änderung oder Aufhebung einer Regelung grundsätzlich nur diejenigen Rechtssubjekte zuständig seien, die sie geschaffen haben. Eine abweichende Kompetenzverteilung sei die Ausnahme und bedürfe stets einer besonderen Rechtsgrundlage. Gegen die Zulässigkeit ablösender verschlechternder Kollektivvereinbarungen sprächen auch Gesichtspunkte des Vertrauensschutzes. Erteile der Arbeitgeber den Arbeitnehmern ein Leistungsversprechen, so müßten diese, auch wenn es sich um eine allgemeine Regelung handelt, wohl kaum damit rechnen, daß ihnen diese Zusage durch an ihrem Zustandekommen unbeteiligte Dritte wieder genommen werden kann, sondern könnten darauf vertrauen, daß ihnen das Versprechen des Arbeitgebers erhalten bleibe, solange ihr Arbeitsverhältnis mit diesem fortbesteht und ihnen nur unter den besonderen Voraussetzungen der Änderungskündigung genommen werden kann. Für die Problematik der Verschlechterung Allgemeiner Arbeitsbedingungen bedeute dies, daß sie nur durch die Parteien des Arbeitsvertrags erfolgen könne und dementsprechend der Änderungsvertrag nach § 305 BGB und, zu seiner Erzwingung, die *Änderungskündigung* das richtige Mittel zu deren Abbau sei.

Däubler[260] geht ebenfalls von der uneingeschränkten Geltung des Günstigkeitsprinzips im Verhältnis arbeitsvertraglicher Einheitsregelungen zu einer nachfolgenden verschlechternden Betriebsvereinbarung aus. § 4 Abs. 3 TVG unterscheide nicht zwischen individuell ausgehandelten und betriebseinheitlichen Abmachungen. Gründe, die eine Sonderbehandlung einheitsvertraglicher

[259] RdA 1974, 18 (25).

[260] AuR 1984, 1 (22).

Arbeitsbedingungen im Verhältnis zu individuellen Sondervereinbarungen gebieten würden, lägen nicht vor. Insbesondere sei das geltende Recht nicht etwa deshalb lückenhaft, weil es keine Lösung für ein unabweisbares praktisches Bedürfnis nach einer betriebseinheitlichen Abänderbarkeit einheitsvertraglicher Arbeitsbedingungen biete. Bei gravierenden Änderungen der bei der einheitsvertraglichen Gewährung sozialer Leistungen – insbesondere Gratifikations- und Versorgungsordnungen – gegebenen Umstände (Ertragslage des Unternehmens, Änderung der rechtlichen Rahmenbedingungen) stünden hinreichend effektive indidualrechtliche Mittel zur Verfügung, um unerträgliche Ergebnisse zu vermeiden. Ohnehin sei das Anpassungs- und Veränderungsbedürfnis nicht besonders hoch einzuschätzen, weil der Arbeitgeber bei der Einführung entsprechender Vergünstigungen in voller Freiheit gehandelt habe. Ein rechtlich relevantes Bedürfnis nach Anpassung könne daher nur in besonderen Situationen angenommen werden, die sich mit Hilfe des überkommenen individualrechtlichen Instrumentariums unschwer bewältigen ließen. Sollte weder der Abschluß von Änderungsverträgen noch die Ausübung eines Vorbehalts möglich sein, so könne der Arbeitgeber in den meisten Fällen sein Ziel mit Hilfe einer *Massenänderungskündigung* erreichen.[261] In wirtschaftlichen Notsituationen des Unternehmens ermögliche der Rückgriff auf die Lehre vom Wegfall der Geschäftsgrundlage eine flexible Anpassung an die veränderten Umstände.[262]

Die kategorische Ablehnung einer rechtlichen Sonderbehandlung Allgemeiner Arbeitsbedingungen wird nicht von allen Vertretern eines individualrechtlichen Ansatzes geteilt. Teilweise ist man – im Rahmen des überkommenen zivilrechtlichen Instrumentariums – um Modifikationen bemüht, die den Besonderheiten Allgemeiner Arbeitsbedingungen und den praktischen Erfordernissen gleichermaßen Rechnung tragen sollen.

Coester[263] zufolge ist vertraglichen Einheitsordnungen eine rechtliche Bestandsschwäche immanent. Soweit Leistungswerke wie Ruhegeldordnungen u.ä. auf vertraglichen Einheitsregelungen beruhten, sei das Vertrauen der begünstigten Arbeitnehmer in den unveränderten Fortbestand der Leistungsordnung in dem Maße weniger ausgeprägt, als den Arbeitsvertragparteien der ständige Wandel des sozio-ökonomischen Umfeldes und dessen Einfluß auf die Leistungskraft des Arbeitgebers bewußt sei. Zum anderen kenne jeder Arbeitnehmer den kollektiven Charakter der Zusage und wisse seinen Anspruch in ein großflächiges Leistungssystem eingebunden, dessen stärkere Anfälligkeit bei Veränderungen der wirtschaftlichen oder unternehmensstruk-

---

[261] *Däubler*, AuR 1984, 1 (16 f.).

[262] *Däubler*, AuR 1984, 1 (18).

[263] BB 1984, 797 (799); kritisch zur Auffassung *Coesters*: *Blomeyer*, NZA 1985, 644.

turellen Grundlagen im Vergleich zu rein individuellen Ansprüchen offenkundig sei. Der sachbedingten Bestandsschwäche eines Einheitsvertrages korrespondiere als Rechtsfolge ein einseitiges *Anpassungs-* oder *Widerrufsrecht* des Arbeitgebers, das methodisch im Wege der ergänzenden Vertragsauslegung oder als Rechtsfolge eines Wegfalls der Geschäftsgrundlage gewonnen werden könne. Das Umgestaltungsrecht sei gegeben, wenn dem Arbeitgeber ein Festhalten am bisherigen System unzumutbar geworden sei.

Den Schwellenwert für die Anerkennung eines Widerrufsrechts sieht Coester indessen nicht erst bei einer wirtschaftlichen Notlage des Unternehmens erreicht. Die der vertraglichen Einheitsregelung von vornherein innewohnende Bestandsschwäche führe zu einer gewissen Vorverlagerung der kritischen Grenze, so daß aus der Änderung der Rahmenbedingungen folgende schwerwiegende Unzuträglichkeiten für das Leistungssystem oder das Unternehmen ausreichten.

Auf der so geschaffenen individualvertraglichen Grundlage baue dann zwar die betriebsverfassungsrechtliche Mitbestimmung zwanglos auf, sofern die nach der Widerrufsentscheidung des Arbeitgebers erforderliche Anpassung der zwingenden Mitbestimmung durch den Betriebsrat, etwa nach § 87 Abs. 1 Nr. 10 BetrVG, unterliegt. Die eigentliche Eingriffsquelle für Veränderungen der vorhandenen Einheitsordnung bilde aber nicht die ablösende Betriebsvereinbarung, sondern die ursprüngliche Kürzungsentscheidung des Arbeitgebers. Für eine Betriebsvereinbarung, die bezüglich der Verschlechterung über das individualrechtliche Widerrufsrecht des Arbeitgebers hinausgeht, bestehe keine betriebsverfassungsrechtliche Legitimation.[264] Die ablösende Betriebsvereinbarung sei insoweit nicht eigenständiges Institut, sondern kollektivvertragliche Ausübung oder Ausgestaltung eines vertragsimmanenten Änderungsvorbehaltes.

Lieb[265] leitet mit Hilfe des methodischen Instruments der ergänzenden Vertragsauslegung bzw. im Hinblick auf den kollektiven Gehalt der zu verschlechternden Regelung aus dem Aspekt der unvermeidbaren Ungewißheit einer weit in die Zukunft reichenden kollektiven Zusage ebenfalls ein *Widerrufsrecht* des Arbeitgebers ab, das von den bisher bekannten Widerrufsrechten, insbesondere wegen wirtschaftlicher Notlage des Unternehmens, streng zu unterscheiden sei. Mit der Zulässigkeit ablösender Betriebsvereinbarungen sei die Verschlechterung vertraglicher Einheitsregelungen hingegen nicht zu rechtfertigen, da die Mitbestimmung bei der Herabsetzung oder gar Beseitigung der bisher gewährten Leistungen als dem actus contrarius nicht weiter zu

---

[264] *Coester*, BB 1984, 797 (802 f.).

[265] AuR 1985, 48 (49); *ders.*, SAE 1983, 130 (132).

reichen vermöge als bei der Zusage. Das individualrechtliche Widerrufsrecht des Arbeitgebers könne allerdings „formal" nur in Verbindung mit der – mitbestimmungspflichtigen – Neuregelung und damit durch die – insoweit – ablösende Betriebsvereinbarung ausgeübt werden. Dabei sei jedoch die Entscheidung über das Ausmaß der – zulässigen – Verschlechterung dem Betriebsrat durch die Reichweite des dem Arbeitgeber zustehenden Widerrufsrechts vorgegeben.

Richardi[266] betrachtet ebenfalls im Ausgangspunkt die Kompetenz des Betriebsrates zur Ablösung einer einzelvertraglichen Regelung durch Betriebsvereinbarung als durch das Günstigkeitsprinzip begrenzt. Für dessen Geltung sei es kollektivrechtlich unerheblich, ob die Ansprüche der Arbeitnehmer auf einer vertraglicher Einheitsregelung beruhen, sofern nur der rechtsgeschäftliche Tatbestand einer arbeitsvertraglichen Vereinbarung vorliege. Deren Geltungsgrund sei nämlich nicht der Gesichtspunkt des Vertrauensschutzes, sondern die Anerkennung der Privatautonomie.

Auch das Mitbestimmungsrecht des Betriebsrates umschließe keine Ablösungskompetenz. Dies ergebe sich aus der Teleologie der Mitbestimmung. Die erzwingbare Mitbestimmung ziele auf eine paritätische Beteiligung der Arbeitnehmer an der Regelung und Gestaltung der in § 87 Abs. 1 BetrVG enumerativ aufgeführten Angelegenheiten. Sie bezwecke aber nicht eine Beseitigung der Vertragstreue des Arbeitgebers im Verhältnis zu dem einzelnen Arbeitnehmer.[267] Da das Mitbestimmungsrecht nicht die Vertragsfreiheit des einzelnen Arbeitnehmers absorbiere, hätten die Betriebspartner nicht die Kompetenz, die vertragsrechtlich festgelegten individuellen Besitzstände zu beseitigen.

Allerdings sei das Mitbestimmungsrecht des Betriebsrates nicht ohne jeden Einfluß auf den Bestand Allgemeiner Arbeitsbedingungen. Die Arbeitsvertragsparteien dürften nämlich zwar von einer Betriebsvereinbarung zugunsten des Arbeitnehmers abweichen, dabei jedoch nicht die im Mitbestimmungsverfahren getroffene Regelung konterkarieren. Dementsprechend könnten Betriebsvereinbarungen insoweit in die Vertragsrechtspositionen eingreifen, als eine Anpassung notwendig ist, damit die mitbestimmte Regelung durchgeführt werden kann. Komme beispielsweise zwischen den Betriebsparteien im Rahmen der zwingenden Mitbestimmung nach § 87 Abs. 1 Nr. 10 BetrVG eine Einigung über ein neues System der Entgeltfindung zustande, so dürfe eine für einzelne Arbeitnehmer nachteilige Auswirkung nicht dazu führen, daß es beim bisherigen System bleibt. Der Arbeitgeber sei vielmehr verpflichtet, die Ent-

---

[266] RdA 1983, 201 (211, 217).

[267] *Richardi*, RdA 1983, 201 (202).

geltleistungen nach dem im Mitbestimmungsverfahren festgelegten System zu bemessen. Sei eine einzelvertragliche Regelung mit ihm vereinbar, so habe sie nach dem Günstigkeitsprinzip Vorrang vor einer abweichenden Vereinbarung. Der Arbeitnehmer könne sich hingegen nicht auf die einzelvertragliche Abmachung berufen, wenn das ihr zugrundeliegende System der Entgeltfindung sich für ihn im konkreten Fall vorteilhafter auswirke als die Regelung in der Betriebsvereinbarung. Er müsse eine Anpassung seiner Arbeitsbedingungen hinnehmen, weil die betriebliche Mitbestimmung sonst nicht funktionieren könne.

Diese immanente Begrenzung seiner Rechtsposition reiche aber andererseits nur so weit, wie das Mitbestimmungsrecht des Betriebsrates besteht. Letzteres beinhalte keine umfassende Ablösungskompetenz, sondern rechtfertige eine Anpassung nur insoweit, als die im Mitbestimmungsverfahren festgelegte Regelung sie erfordert, damit sie als Grundsatz für die Entgeltbemessung Anwendung findet. Der Arbeitgeber dürfe daher das Mitbestimmungsrecht nicht instrumental einsetzen, um etwa eine generelle Herabsetzung der Entgeltleistungen herbeizuführen. Eine nur diesen Zweck verfolgende Betriebsvereinbarung betreffe ausschließlich den Bereich der freiwilligen Mitbestimmung des Betriebsrates und vermöge deshalb entgegenstehende einzelvertragliche Abreden nicht zu Lasten der Arbeitnehmer zu verdrängen. Deshalb könne im Mitbestimmungsverfahren keine Regelung erzwungen werden, durch die beispielsweise ein Leistungssystem einer veränderten wirtschaftlichen Lage des Unternehmens angepaßt werden soll.[268]

Damit stehe jedoch nicht fest, daß eine einzelvertragliche Regelung stets erhalten bliebe, soweit sie für den Arbeitnehmer günstiger als die Betriebsvereinbarung ist. Lediglich der Kollektivwille könne darüber nicht entscheiden. Die Parteien des Arbeitsvertrages seien hingegen nicht gehindert zu vereinbaren, daß ihre einzelvertragliche Vereinbarung zur Disposition einer abweichenden kollektivvertraglichen Regelung steht oder entsprechend geändert werden kann. Die Auslegung der arbeitsvertraglichen Abrede könne deshalb ergeben, daß ihre Ablösung durch Betriebsvereinbarung auch zum Nachteil des Arbeitnehmers möglich ist. Dies sei der Fall, wenn die arbeitsvertragliche Regelung unter einen entsprechenden *Vorbehalt* gestellt ist. Lasse sich ein eindeutiger Vorbehalt der vertraglichen Einheitsregelung nicht entnehmen, seien die Grundsätze der ergänzenden Vertragsauslegung anzuwenden. Maßgeblich sei, ob die Arbeitnehmer sich nach Treu und Glauben auf einen Vorbehalt des Inhalts hätten einlassen müssen, daß eine einzelvertragliche Regelung durch Betriebsvereinbarung abgelöst oder zu ihrem Nachteil verschlechtert werden kann.

---

[268] *Richardi*, RdA 1983, 201 (205); *ders.*, NZA 1987, 185 (190).

Pfarr[269] geht von der grundsätzlichen Geltung des Günstigkeitsprinzips im Bereich der Betriebsverfassung aus. Hinsichtlich der Wirkungsweise des Günstigkeitsprinzips sei allerdings eine differenzierte Betrachtung im Hinblick darauf geboten, daß die dem einzelnen Arbeitnehmer zukommenden Leistungen häufig zueinander in Bezug gesetzt seien und dadurch eine betriebliche Ordnung begründet werde. Anknüpfend an die bei der Bestimmung von Inhalt und Umfang des Mitbestimmungsrechts nach § 87 Abs. 1 Nr. 10 BetrVG vom BAG[270] vorgenommene Unterscheidung zwischen Dotationsentscheidung und mitbestimmungspflichtigem Leistungsplan gibt Pfarr dem Günstigkeitsprinzip in diesem Bereich einen kollektiven Inhalt. Wenn Ansprüche von Arbeitnehmern dergestalt in Beziehung zueinander stehen, daß die Begünstigung des einen Arbeitnehmers notwendig die Benachteiligung anderer nach sich zieht, schütze das Günstigkeitsprinzip das Gesamtvolumen der Leistungszusage, nicht aber die Ansprüche einzelner Arbeitnehmer. Dies gelte unabhängig davon, ob die Ansprüche auf Allgemeinen Arbeitsbedingungen oder auf einzelvertraglicher Vereinbarung beruhten.[271] Stelle daher eine Betriebsvereinbarung einen an Gerechtigkeitskriterien orientierten Leistungsplan für Arbeitgeberleistungen im Rahmen des durch die Summe der einzelvertraglichen Ansprüche konkretisierten Dotierungsrahmens auf, so verbiete das Günstigkeitsprinzip nicht die Kürzung einzelner Ansprüche, die – von anderen Verteilungskriterien ausgehend – einzelne Arbeitnehmer günstiger im Vergleich zu den neuen Verteilungsgrundsätzen stellen. Demgegenüber sei eine Betriebsvereinbarung, die zumindest auch den Zweck verfolge, Leistungen aus Allgemeinen Arbeitsbedingungen insgesamt zu kürzen (verschlechternde Betriebsvereinbarungen), unzulässig, da den Betriebspartnern für verschlechternde

[269] BB 1983, 2001 (2003 ff.).

[270] BAG AP Nrn. 1-3 zu § 87 BetrVG – Altersversorgung; st. Rspr. seit BAG, DB 1975, 1559. Das BAG entwickelte zunächst für den Bereich der betrieblichen Altersversorgung bezüglich der nach § 87 Abs. 1 BetrVG bestehenden Mitbestimmungskompetenz des Betriebsrates die Differenzierung zwischen mitbestimmungsfreier Grundlagenentscheidung des Arbeitgebers und mitbestimmungspflichtiger Ausgestaltung des Verteilungssystems. Danach ist der Arbeitgeber frei in der Entscheidung, ob und in welchem Umfang er finanzielle Mittel für den Zweck der betrieblichen Altersversorgung zur Verfügung stellt. Zu der mitbestimmungsfreien unternehmerischen Grundsatzentscheidung wurde sodann auch die Wahl der Form der Versorgungsleistungen sowie die abstrakte Abgrenzung des begünstigten Arbeitnehmerkreises gerechnet. Innerhalb des durch diese Vorgaben gesteckten Rahmens wurde dem Betriebsrat jedoch nach § 87 Abs. 1 Nr. 10 BetrVG ein Mitbestimmungsrecht bei der Gestaltung der betrieblichen Altersversorgung, insbesondere bei der Gestaltung des „Leistungsplans" eingeräumt. Die Unterscheidung zwischen der mitbestimmungsfreien Grundsatzentscheidung über die Leistungsgewährung und der mitbestimmungspflichtigen Ausgestaltung des Leistungssystems hat das BAG in der Folgezeit auf alle Leistungen des Arbeitgebers ausgedehnt und sogar darüber hinaus auf sonstige in § 87 BetrVG angesprochene Angelegenheiten (arbeitskampfbedingte Betriebseinschränkung, Anordnung von Überstunden) erweitert.

[271] BB 1983, 2001 (2005).

Betriebsvereinbarungen die Regelungskompetenz fehle. Eine teleologische Reduktion des Günstigkeitsprinzips zur Ermöglichung verschlechternder Betriebsvereinbarungen sei nicht zu begründen, da genügend individualrechtliche Regelungsinstrumente zur Verfügung stünden, um rechtlich gebilligte Reduzierungen von Leistungsverpflichtungen durchzusetzen. Dazu sei allerdings die Änderungskündigung wegen des einzelfallbezogenen Prüfungsmaßstabs und der unterschiedlichen Betroffenheit der Arbeitnehmer kein geeignetes Instrument.

c) Die Entwicklung der Rechtsprechung des Bundesarbeitsgerichts

aa) Die Rechtsprechung bis zum Urteil des 6. Senats vom 12.8.1982

Die Frage der Ablösbarkeit betriebseinheitlicher Regelungen durch Kollektivvertrag war seit 1957 wiederholt Gegenstand höchstrichterlicher Entscheidungen. Das BAG hat in ständiger Rechtsprechung die Änderbarkeit durch kollektivvertragliche Vereinbarungen anerkannt und sich dabei ursprünglich auf das *Ordnungsprinzip* gestützt.[272]

Den in der Literatur gegen das Ordnungsprinzip vorgebrachten Bedenken hat der 3. Senat in seiner Grundsatzentscheidung vom 30.1.1970[273] Rechnung getragen und das Ordnungsprinzip als dogmatische Grundlage für die Abänderbarkeit betriebseinheitlicher Regelungen aufgegeben. Stattdessen hat sich das Gericht im Wege der Rechtsfortbildung auf das *Ablösungsprinzip* gestützt. Die Regelungslücke soll nach Meinung des 3. Senats darin zu sehen sein, daß die individualrechtlichen Gestaltungsmöglichkeiten der Notwendigkeit der Anpassung an geänderte Zeitumstände nicht ausreichend gerecht würden. In Anlehnung an die anerkannte Möglichkeit, eine Betriebsvereinbarung durch eine andere zu ersetzen, betrachtet das Gericht auch vertragliche Einheitsregelungen als durch eine nachfolgende Betriebsvereinbarung ablösbar und stellt die vertraglichen Einheitsregelungen der Betriebsvereinbarung insoweit gleich.

Die Gleichartigkeit von Einheitsregelung und Betriebsvereinbarung ist auch der argumentative Ausgangspunkt der Entscheidung vom 8.12.1981.[274]

---

[272] BAG, BB 1962, 1286.

[273] AP Nr. 142 zu § 242 BGB – Ruhegehalt.

[274] BAG AP Nr. 1 zu § 1 BetrAVG – Ablösung.

Das Gericht führt aus, daß zwar auch die Einheitsregelung durch Angebot und Annahme zustande komme. Sie sei jedoch mit vertragsrechtlichen Begriffen nicht vollkommen zu erfassen, sondern trage einen kollektivrechtlichen Charakter. Deshalb könne eine Betriebsvereinbarung auch dann in eine Einheitsregelung eingreifen, wenn dies zuungunsten des Arbeitnehmers geschieht. Für die Anwendung des Günstigkeitsprinzips sei danach kein Raum.

Das Rechtsinstitut der ablösenden Betriebsvereinbarung hat das BAG in der Folgezeit durch weitere Entscheidungen[275] bestätigt und die maßgebenden Erwägungen in der Entscheidung des 3. Senats vom 30.1.1976[276] zusammengefaßt.

In der letztgenannten Entscheidung stellt das Gericht zum konkreten Fall *betrieblicher Ruhegeldordnungen* darauf ab, daß solche Ordnungen auf lange Zeit angelegt seien und deshalb auch durch Anpassung an geänderte Umstände korrigierbar sein müßten. Aus den großen Schwierigkeiten des – rechtlich immerhin möglichen – Abschlussses eines Änderungsvertrages mit jedem einzelnen Arbeitnehmer folgert das Gericht das „unabweisbare Bedürfnis der Praxis", eine durch Gesamtzusage erlassene betriebliche Ruhegeldordnung betriebseinheitlich zu ändern, indem die Ablösung einer solchen auf einer vertraglichen Einheitsregelung beruhenden Ordnung im gleichen Umfang zulässig sein soll wie die Ablösung einer entsprechenden in der Rechtsform einer Betriebsvereinbarung erlassenen Ruhegeldordnung. Dadurch sei nach Ansicht des Gerichts nicht nur dem Gesichtspunkt der Praktikabilität, sondern zugleich dem *Mitbestimmungsgedanken* in besonderer Weise entsprochen. Die Interessen der Arbeitnehmer sah das BAG angesichts der Stärke des Betriebsrates als kollektivem Repräsentanten der Belegschaft, im übrigen durch die vom BAG für Betriebsvereinbarungen ohnehin vorgesehene *Billigkeitskontrolle* gesichert. Durch letztere sei sichergestellt, daß von einer Gefährdung von Rechtspositionen der Arbeitnehmer nicht gesprochen werden könne. Würden ablösende Betriebsvereinbarungen zu Lasten arbeitsvertraglicher Einheitsregelungen nicht zugelassen, hätte der Arbeitnehmer letztlich keine stärker gesicherte Rechtsstellung, da er in diesem Fall mit einer Änderungskündigung zu rechnen hätte und im Rahmen eines Kündigungsschutzprozesses auch nur die sachliche Rechtfertigung des Änderungsbegehrens geprüft werden könne. Die gleiche gerichtliche Kontrolle beansprucht das BAG aber im Rahmen der Billigkeitsprüfung gegenüber Betriebsvereinbarungen, mithin auch gegenüber jenen, mit denen arbeitsvertragliche Einheitsregelungen abgelöst werden.

---

[275] BAG AP Nr. 3 zu § 87 BetrVG – Altersversorgung; BB 1980, 941; BB 1981, 431; BB 1981, 555; DB 1982, 46; DB 1982, 50; BB 1971, 871; BB 1983, 250.

[276] BAG AP Nr. 142 zu § 242 BGB – Ruhegehalt.

bb) Das Urteil des 6. Senats vom 12.8.1982

Nach der Phase einer gewissen Konsolidierung löste sich das bereits erwähnte Urteil des 6. Senats vom 12.8.1982[277] von der bisherigen, insbesondere vom 1. und 3. Senat des BAG getragenen rechtlichen Beurteilung und ging sowohl im Ergebnis wie vor allem in der rechtlichen Argumentation erheblich in Distanz zur bisherigen Rechtsprechung des BAG.

Der Senat hat sich dabei der bereits dargestellten Lösung bedient, die unter dem Stichwort des *Prinzips der Normsetzungsprärogative* bekannt geworden ist und das Problem der Ablösbarkeit arbeitsvertraglicher Ansprüche mittels einer neuen Grenzziehung bewältigen will.

Danach sei ein Eingriff in individualvertragliche Ansprüche durch Betriebsvereinbarungen im Bereich der *erzwingbaren* Mitbestimmung nach 87 Abs. 1 BetrVG möglich. Einer *freiwilligen* Betriebsvereinbarung nach § 88 BetrVG soll hingegen eine günstigere einzelvertragliche Regelung vorgehen. Letzteres beruhe allerdings nicht auf der Geltung des Günstigkeitsprinzips, sondern folge daraus, daß der Arbeitgeber im Bereich der freiwilligen Mitbestimmung keine Kompetenz besitze, gegen den Willen des Betriebsrates eine für den Arbeitnehmer belastende Regelung zu treffen.

Während der 3. Senat seine Grundsätze zur ablösenden Wirkung von Betriebsvereinbarungen explizit im Bezug auf arbeitsvertragliche Einheitsregelungen postulierte, beansprucht der Ansatz des 6. Senats Geltung unabhängig davon, ob die individualvertraglichen Ansprüche auf echten individuellen Abreden oder auf einer vertraglichen Einheitsregelung beruhen.

Der 5. Senat, der im Jahre 1982 ebenfalls über die Zulässigkeit der Veränderung einer betriebseinheitlichen Regelung über Jubiläumszuwendungen zu entscheiden hatte,[278] legte wegen der unterschiedlichen Auffassung der Senate gem. § 45 Abs. 2 Satz 2 ArbGG die Frage der Zulässigkeit ablösender Betriebsvereinbarungen dem Großen Senat zur Entscheidung vor. Mit Beschluß vom 2.11.1983[279] bejahte der Große Senat die Zulässigkeit der Anrufung wegen der grundsätzlichen Bedeutung der aufgeworfenen Frage. Da die Parteien des anhängigen Rechtsstreites jedoch nach dem Zulassungsbeschluß in Vergleichsverhandlungen eintraten, hatte der Große Senat zunächst keine Möglichkeit, die Rechtsfrage zu entscheiden. Daraufhin sah sich der 3. Senat genötigt, durch Beschluß vom 30.4.1985[280] ebenfalls den Großen Senat zur

---

[277] AP Nr. 4 zu § 77 BetrVG.

[278] BAG AP Nr. 1 zu § 1 BetrAVG – Ablösung.

[279] BAG AP Nr. 1 zu § 45 ArbGG 1979.

[280] BAG, BB 1983, 2239.

Entscheidung anzurufen. Durch eine vergleichsweise Einigung der Parteien erledigte sich dieser Vorlagebeschluß ohne ein Tätigwerden des Großen Senats. Die Vergleichsverhandlungen in dem Verfahren, das zum Vorlagebeschluß des 5. Senats geführt hatte, scheiterten hingegen, so daß der Große Senat sich schließlich doch mit der Vorlage vom 8.12.1982[281] auseinanderzusetzen hatte.

cc) Der Beschluß des Großen Senats vom 16.9.1986

Der Große Senat hat in seinem Beschluß vom 16.9.1986[282] keines der in der Literatur oder der Rechtsprechung gängigen Lösungsmodelle übernommen, sondern seinem Beschluß einen neuartigen Ansatz zugrundegelegt, der individualrechtliche Änderungsvoraussetzungen und kollektivrechtliche Zuständigkeit für die Vornahme der Änderung miteinander zu verbinden sucht.

Das Gericht bestätigt zunächst ausdrücklich die Geltung des Günstigkeitsprinzips im Betriebsverfassungsrecht als der maßgeblichen, § 77 Abs. 4 Satz 1 BetrVG ergänzenden Kollisionsnorm und betont, daß dieses Prinzip keiner ausdrücklichen Regelung bedürfe, da es als „verfassungsmäßig anerkannter Grundsatz des Arbeitsrechts“ gelte. Das Günstigkeitsprinzip finde auch dann Anwendung, wenn eine arbeitsvertragliche Regelung sich auf einen Gegenstand beziehe, der unter das Mitbestimmungsrecht des Betriebsrates fällt. Nicht maßgebend sei dabei, ob die geregelten Tatbestände der erzwingbaren oder der freiwilligen Mitbestimmung zuzuordnen sind; der Schutzzweck der in § 87 BetrVG geregelten Mitbestimmung rechtfertige „nicht generell Eingriffe in günstigere vertragliche Abreden“.

Nach einem Bekenntnis zu der individualrechtlichen *Rechtsnatur* betrieblicher Einheitsregelungen stellt der Große Senat jedoch sodann die Besonderheiten des *Inhalts* der aus Allgemeinen Arbeitsbedingungen resultierenden Ansprüche in den Vordergrund seiner rechtlichen Betrachtungen und leitet aus ihnen die Möglichkeit einer Einschränkung individualvertraglicher Ansprüche durch das kollektivrechtliche Instrument der Betriebsvereinbarung ab.

Das Gericht führt aus, daß zwischen den leistungsberechtigten Arbeitnehmern ein Bezugssystem bestehe, das auf der Entscheidung des Arbeitgebers über die Höhe der einzusetzenden finanziellen Mittel einerseits und auf der Festlegung der Verteilungsgrundsätze andererseits aufbaue. Die Interdepen-

[281] BAG AP Nr. 1 zu § 1 BetrAVG – Ablösung.

[282] BAG AP Nr. 17 zu § 77 BetrVG.

denz der den Arbeitnehmern jeweils gemachten Leistungszusagen verbiete eine isolierte Betrachtung der Ansprüche des einzelnen begünstigten Arbeitnehmers. Durch den „kollektiven Bezug" der Zusage, der jedem Arbeitnehmer bewußt sein müsse, werde die Prüfung nahegelegt, ob sich der Arbeitgeber in der von ihm formulierten Einheitsregelung oder Gesamtzusage das Recht vorbehalten wollte, die vertraglichen Zusagen durch später nachfolgende Betriebsvereinbarungen in den Grenzen von Recht und Billigkeit abändern zu können. Ein diesbezüglicher Vorbehalt könne bei entsprechenden Begleitumständen auch stillschweigend erfolgen und sei gegebenenfalls im Wege der Auslegung zu ermitteln.

An diese Ausführungen schließt der Große Senat seine Unterscheidung einer individuellen und einer *kollektiven* Ausprägung des Günstigkeitprinzips an. Dem Schutzzweck des Günstigkeitsprinzips bei kollektiv geprägten Ansprüchen entspreche nur ein kollektiver Günstigkeitsvergleich. Entscheidend komme es auf den wirtschaftlichen Wert der Zusage *insgesamt* an.

Auf dieser Grundlage differenziert der Große Senat sodann zwischen lediglich umstrukturierenden und verschlechternden Betriebsvereinbarungen. Von einer *verschlechternden* Betriebsvereinbarung im Sinne eines solchermaßen kollektiv verstandenen Günstigkeitsprinzips könne nur die Rede sein, wenn sie das Ziel habe, die wirtschaftliche Gesamtlast des Arbeitgebers ganz oder teilweise abzusenken. Einer Neuregelung durch lediglich *umstruktierende* Betriebsvereinbarungen, welche die Leistungen des Arbeitgebers insgesamt nicht verringern, stehe das Günstigkeitsprinzip auch dann nicht entgegen, wenn einzelne Arbeitnehmer schlechter gestellt werden sollten. Wegen der individualrechtlichen Natur auch der auf Allgemeinen Arbeitsbedingungen beruhenden Ansprüche brauche der Arbeitnehmer sich auf den kollektiven Günstigkeitsvergleich allerdings nur einzulassen, „wenn für ihn die kollektive Ausgestaltung der Leistung erkennbar war".

Unter Zugrundelegung des vom Großen Senat entwickelten Ansatzes würde sich der Günstigkeitsvergleich im Rahmen der Regelungstatbestände des BetrVG grundlegend von seinem in § 4 Abs. 3 TVG normierten, auf die individuelle Rechtsposition des einzelnen Arbeitnehmers abstellenden Pendant unterscheiden. Zur Rechtfertigung dieses unterschiedlichen Ergebnisses verweist der Große Senat darauf, daß auf Tarifverträgen beruhenden Ansprüchen der Arbeitnehmer regelmäßig kein Verteilungskonzept zugrundeliege. Im Bereich der Betriebsverfassung sei der Betriebsrat hingegen an den vom Arbeitgeber mitbestimmungsfrei vorgegebenen Dotierungsrahmen gebunden. Dies habe zur Folge, daß eine für die Gesamtbelegschaft vorteilhafte Leistungsveränderung vom Betriebsrat nicht erzwungen und notwendige Neuordnungsmaßnahmen dadurch zwangsläufig – unter Inkaufnahme von Nachteilen im Einzelfall – nur durch Umstrukturierung des Leistungssystems vorgenommen werden können.

Die Betriebspartner könnten allerdings auch im Rahmen einer solchen „umstrukturierenden Betriebsvereinbarung“ nicht in gewachsene Besitzstände eingreifen. Der Große Senat nimmt insoweit auf die Grundsätze der Rechtsprechung zu den Grenzen der abändernden Betriebsvereinbarungen und auf die gefestigte Rechtsprechung Bezug, die der 3. Senat hinsichtlich des Bestandsschutzes zur ablösenden Betriebsvereinbarung entwickelt hat.

Hinsichtlich der Zulässigkeit „verschlechternder“ Betriebsvereinbarungen verweist der Große Senat zunächst auf die Möglichkeit der Änderungskündigung, erkennt aber zugleich die mit dieser Vorgehensweise verbundenen praktischen Schwierigkeiten an, da gleichlautende Änderungskündigungen wegen des individuellen Prüfungsmaßstabs kaum zu einem geschlossenen neuen Regelungssystem führen könnten.

Auf das individualrechtliche Instrumentarium sei der Arbeitgeber dann nicht angewiesen, wenn die Allgemeinen Arbeitsbedingungen ausdrücklich den Vorbehalt einer Veränderung durch eine nachfolgende Betriebsvereinbarung vorsehen („Betriebsvereinbarungsvorbehalt“). Die „Offenheit“ Allgemeiner Arbeitsbedingungen für spätere Veränderungen könne sich auch ohne ausdrücklichen Vorbehalt aus den Umständen ergeben, was durch Auslegung der Zusage zu ermitteln sei. Lasse sich den Allgemeinen Arbeitsbedingungen ein solcher Änderungsvorbehalt auch im Wege der Auslegung nicht entnehmen, so bleibe dem Arbeitgeber, der aus wirtschaftlichen Gründen eine Entlastung von den Leistungszusagen anstrebt, nur noch die Berufung auf den Wegfall der Geschäftsgrundlage. Lägen die Voraussetzungen dieses Rechtsinstituts vor, so stünde das Günstigkeitsprinzip einer Anpassung der Leistungen nicht entgegen. Sofern der Wegfall der Geschäftsgrundlage nicht zu einer völligen Einstellung der Leistungen führe, habe der Betriebsrat bei der Errichtung eines neuen Leistungsplans mitzuwirken.[283]

[283] Nach dem Beschluß des Großen Senats vom 16.9.1986 hatte der nunmehr zuständige 8. Senat jenen Streitfall in der Sache zu entscheiden, aus dessen Anlaß dem Großen Senat vom seinerzeit zuständigen 5. Senat die mit dem genannten Beschluß beantworteten Fragen zur ablösenden Betriebsvereinbarung vorgelegt worden waren. – Anders als der Große Senat, der den zugrundeliegenden Sachverhalt dahingehend interpretiert oder als Auffassung des vorlegenden 5. Senats wiedergegeben hatte, daß dem Kläger ein vorbehaltlos gewährter Anspruch zustehe, entnimmt der 8. Senat in seinem Urteil vom 3.11.1987 (EzA § 77 Nr. 20 mit Anm. *Wank*) der Regelung des Arbeitgebers einen konkludenten *Vorbehalt* zugunsten einer Abänderbarkeit der kollektiv gewährten Arbeitgeberleistung durch Betriebsvereinbarung und brauchte daher seiner Entscheidung nicht die Anwendung des gemischt individualrechtlich-kollektivrechtlichen Ansatzes des Großen Senats zugrundezulegen.

d) Exkurs: Die Inhaltskontrolle verschlechternder Betriebsvereinbarungen durch die Arbeitsgerichte

Soweit in Rechtsprechung und Literatur die Verschlechterung Allgemeiner Arbeitsbedingungen für zulässig gehalten wird, soll ein Eingriff in individualrechtliche Rechtspositionen der Arbeitnehmer allerdings inhaltlich nicht uneingeschränkt möglich sein.

Das BAG vertritt in ständiger Rechtsprechung[284] die Auffassung, daß jedenfalls solche Betriebsvereinbarungen, durch die eine bisherige betriebseinheitlich geltende – auf Betriebsvereinbarung oder vertraglicher Einheitsregelung beruhende – Regelung abgelöst oder geändert wird, von den Gerichten daraufhin zu überprüfen seien, ob sie mit den Grundsätzen der Billigkeit im Einklang stehen.[285] Gegenstand der Billigkeitsprüfung sind Ziel und Mittel der Regelungen, Maßstab der Billigkeit der Vertrauensschutz der Arbeitnehmer.

Auf einer ersten Stufe wird eine *abstrakte* Billigkeitskontrolle vorgenommen, in deren Rahmen ein verallgemeinernder Maßstab anzulegen sei. Entsprechend den unterschiedlich stark ausgeprägten Vertrauensinvestitionen der Arbeitnehmer seien verdiente Versorgungsanwartschaften einer nachteiligen Änderung durch Betriebsvereinbarung grundsätzlich entzogen, während bei noch nicht verdienten Anwartschaften die sachlichen Gründe, die zur Änderung der Leistungsordnung geführt haben, und die von den Arbeitnehmern hinzunehmenden Einbußen gegeneinander abzuwägen seien.

In einem weiteren Schritt schließt sich eine *konkrete* Billigkeitskontrolle zugunsten der betroffenen Arbeitnehmer an. Durch sie wird geprüft, ob die Neuregelung im Einzelfall Wirkungen entfaltet, die „nach dem Regelungsplan nicht beabsichtigt sein können und unbillig erscheinen".[286] Sie greift demnach Platz, wenn die Neuregelung zwar generaliter nicht zu beanstanden ist, jedoch im Einzelfall für den betroffenen Arbeitnehmer eine unzumutbare Härte bedeutet.

Hinsichtlich der Grenzen, die das BAG unter dem Aspekt der Billigkeitskontrolle einer Betriebsvereinbarung zieht, die eine kollektive Ordnung betrieblicher Arbeitsbedingungen zum Nachteil der Arbeitnehmer verändert, unterscheidet das Gericht deutlich zwischen Anwartschaften, die vor Inkraft-

---

[284] BAG AP Nrn. 142 und 143 zu § 242 BGB – Ruhegehalt; Nr. 5 zu § 57 BetrVG 1952; Nr. 4 zu § 77 BetrVG Nr. 1 zu § 77 BetrVG – Auslegung.

[285] BAG AP Nr. 1 zu § 1 BetrAVG – Ablösung; bei *Tarifverträgen* nimmt das BAG eine solche Billigkeitskontrolle nicht vor (BAG DB 1983, 945).

[286] BAG AP Nr. 1 zu § 1 BetrAVG – Ablösung.

treten der Neuregelung bereits bestanden und solchen, bei denen dies nicht der Fall ist. Während bei den ersten eine Kürzung nur in seltenen Ausnahmefällen möglich sein soll, können im letzteren Fall nach Auffassung des BAG auch andere Erwägungen die Verkürzung als billig erscheinen lassen. Den besonderen Schutz der erdienten Anwartschaften begründet das Gericht mit der Erwägung, daß der Arbeitnehmer hier bereits Vorleistungen erbracht habe, für die ihm die Gegenleistung nicht nachträglich entzogen werden dürfe.

Das Rechtsinstitut der Billigkeitskontrolle von Betriebsvereinbarungen wird in der Literatur verschiedentlich als unzulässiger Eingriff in die Gestaltungsfreiheit der Betriebspartner kritisiert,[287] wobei zumeist auf das Fehlen einer dogmatischen Begründung für die Billigkeitskontrolle von Betriebsvereinbarungen sowie darauf hingewiesen wird, daß das Kriterium der Billigkeit – als Mittel zur Herstellung von Einzelfallgerechtigkeit – bereits seiner Natur nach nicht als Prüfungsmaßstab für Rechtsnormen geeignet sei. Teilweise hat die Rechtsprechung des BAG aber auch jedenfalls im Ergebnis Zustimmung erfahren.[288]

Eine weitgehend an der Rechtsprechung des BAG zur Billigkeitskontrolle angelehnte inhaltliche Überprüfbarkeit ablösender Betriebsvereinbarungen befürworten insbesondere die Vertreter einer kollektiv-rechtlichen Lösung. Zu ähnlichen Ergebnissen kommen aber ebenfalls diejenigen, die dem Arbeitgeber ein Widerrufsrecht zugestehen, das er nur gemeinsam mit dem Betriebsrat ausüben dürfe.[289]

---

[287] *Bakopoulos*, 87; *Boerner*, 288 ff.; *Joost*, RdA 1989, 7 (21) mwN: „Akt sozialer Entmündigung“, für den ein generell überzeugender Anlaß fehle; *Leinemann*, BB 1989, 1905 (1906); *Dietz/Richardi*, § 77 Rz. 77; *Kreutz* (ZfA 1975, 65 (84)) zufolge unterliegt die Betriebsvereinbarung keiner weitergehenden gerichtlichen Inhaltskontrolle als der Tarifvertrag. Die gerichtliche Kontrolle von Betriebsvereinbarungen sei auf Rechtskontrolle beschränkt und gestatte lediglich eine Überprüfung daraufhin, ob die Betriebsvereinbarung gegen die Verfassung, zwingendes Gesetzesrecht, die guten Sitten oder tragende Grundsätze des Arbeitsrechts verstößt. *Zöllner/Loritz*, § 46 II 8 (S. 486) halten eine Billigkeitskontrolle gegenüber Rechtsnormen für „jedenfalls ungewöhnlich“, dies um so mehr, wenn sie nur gegenüber der Betriebsvereinbarung, nicht aber gegenüber dem Tarifvertrag zulässig sein soll.

[288] *Löwisch*, DB 1983, 1709 (1711); *ders.*, SAE 1987, 185 (187); *Säcker*, ZfA Sonderheft 1972, 41 (48 f.); *Schumann*, ZIP 1987, 137 (148). *Hanau/Preis* (NZA 1991, 81 (83)) sehen es durchaus als zulässig an, Betriebsvereinbarungen einer intensiveren Inhaltskontrolle zum Schutz der Drittbetroffenen zu unterwerfen, als dies bei Tarifverträgen der Fall ist; die Betriebsvereinbarung enthalte nur „Quasi-Rechtsnormen“, die im Hinblick auf Grundrechtsbindung, die Bindung an zwingendes Arbeitsrecht sowie an die Grundsätze der Billigkeit der arbeitsvertraglichen Einheitsregelung näher stehen als den Tarifverträgen.

[289] Z.B. *Coester* (BB 1984, 797 (801)), der den Widerrufsvorbehalt zwar auf das Rechtsinstitut des Wegfalls der Geschäftsgrundlage stützt, die Kontrollkriterien aber den vom BAG zur „Billigkeitskontrolle“ entwickelten Grundsätzen entnehmen möchte; ähnlich *Lieb*, SAE 1983, 130 (132 f.).

Umstritten sind sowohl die rechtlichen Grundlagen als auch die inhaltlichen Maßstäbe der Billigkeitskontrolle. Das BAG scheint seine von ihm in Anspruch genommene Kompetenz zur gerichtlichen Billigkeitsprüfung auf § 75 Abs. 1 Satz 1 BetrVG stützen zu wollen, verzichtet indessen meist auf eine nähere dogmatische Begründung.

Gelegentlich wird in die Überlegungen zur inhaltlichen Kontrolle verschlechternder Betriebsvereinbarungen der gesetzliche Kündigungsschutz einbezogen. Für Blomeyer[290] und Hromadka[291] handelt es sich bei der arbeitsgerichtlichen – abstrakten – Billigkeitsprüfung im Prinzip um die aus dem Kündigungsschutzrecht bekannte und lediglich auf andere Rechtsgrundlagen gestützte (§§ 315 BGB, 75 Abs. 1 Satz 1 BetrVG) *Rechts*kontrolle am generalisierten Maßstab der §§ 1, 2 KSchG, die im Grunde eine Verhältnismäßigkeitsprüfung darstelle, in deren Rahmen sowohl die Verhältnismäßigkeit i.e.S. als auch die Erforderlichkeit der Änderung zu überprüfen seien. Die Prüfung am Maßstab des KSchG verhindere dessen Umgehung und sei gerechtfertigt, weil die verschlechternde Betriebsvereinbarung die Funktion der kollektiven Änderungskündigung übernehme. Aus diesem Grund sei auch die fehlende Identität der Vertragspartner bei der Begründung der Leistung einerseits und ihrem Abbau als dem actus contrarius andererseits in Kauf zu nehmen.

Ausgangspunkt für die Rechtfertigung einer Inhaltskontrolle von Betriebsvereinbarungen ist die These vom Schutzbedürfnis der von der Betriebsvereinbarung erfaßten Arbeitnehmer. Der Betriebsrat besäße nicht die erforderliche Stärke und Unabhängigkeit zur kraftvollen Wahrnehmung der Arbeitnehmerinteressen, weil die Abhängigkeit der Betriebsratsmitglieder als Arbeitnehmer trotz Kündigungsschutz nicht vollständig auszugleichen und darüber hinaus dem Betriebsrat der Arbeitskampf verwehrt sei.[292] Die Billigkeitskontrolle soll demnach als Mittel zur Kompensation gestörter Vertragsparität dienen.

Mit der Bindung der Betriebsparteien an Recht und Billigkeit nach § 75 BetrVG ist die Betriebsvereinbarung allerdings in erster Linie *rechtlichen* Kontrollmaßstäben unterworfen, die dem Verfassungsrecht unter Einbeziehung sowohl der Grundrechte als auch der Prinzipien des freiheitlichen und sozialen Rechtsstaates sowie dem einfachen Gesetzesrecht zu entnehmen sind. Insbesondere der durch das Grundgesetz gewährleistete Eigentumsschutz, die Grenzen für die Zulässigkeit rückwirkender Normen sowie der Verhältnis-

[290] NZA 1985, 641 (646 f.).

[291] DB 1985, 864 (866).

[292] BAG AP Nr. 142 zu § 242 BGB – Ruhegehalt.

mäßigkeitsgrundsatz im weiteren Sinne als Bestandteil des Rechtsstaatsprinzips gebieten den Schutz von Besitzständen der Arbeitnehmer. An diesen rechtlichen Prüfungskriterien orientiert sich letztlich auch die vom BAG vorgenommene Billigkeitskontrolle in ihrer abstrakten Komponente.[293] Ob darüber hinaus tatsächlich Fälle denkbar sind, in denen eine Betriebsvereinbarung sowohl verfassungs- als auch gesetzesrechtlichen Anforderungen standhält, gleichwohl aber einer Korrektur über die in § 75 Abs. 1 Satz 1 BetrVG genannte „Billigkeit" bedarf, erscheint zweifelhaft und allenfalls in extremen Ausnahmefällen denkbar, die durch außergewöhnliche persönliche Verhältnisse eines Arbeitnehmers gekennzeichnet sind.[294] Auch die genannten Argumente, die ein in der Betriebsverfassung angelegtes Machtungleichgewicht zwischen Arbeitgeber und Betriebsrat belegen sollen, sind angreifbar: das Arbeitskampfverbot des § 74 Abs. 2 Satz 1 BetrVG gilt nicht nur für den Betriebsrat, sondern gleichermaßen für den Arbeitgeber, die Abhängigkeit der Betriebsratsmitglieder von ihrem Arbeitgeber wird durch den Kündigungsschutz der §§ 15, 16 KSchG weitgehend ausgeglichen.[295]

e) Stellungnahme

Eine Restriktion des Günstigkeitsprinzips durch Beschränkung auf individuelle Sonderabmachungen sowie die Ablösbarkeit Allgemeiner Arbeitsbedingungen durch verschlechternde Betriebsvereinbarungen sind nach geltendem Recht nicht zu begründen.

(1) Das Bestehen einer Kollisionslage zwischen einer arbeitsvertraglichen Einheitsregelung und einer nachfolgenden Betriebsvereinbarung setzt begriffslogisch die Wirksamkeit der individualvertraglichen Regelung voraus. Es bedarf daher zunächst einer Auseinandersetzung mit der Theorie der Wirksamkeitsvoraussetzung.

---

[293] Die Bezeichnung durch das BAG als „Billigkeitskontrolle" wird daher von *Schulin* (DB Beilage 10/1984, S.1 (9)) und *Hanau/Preis* (NZA 1991, 84 f.) als terminologisch verfehlt angesehen. Gemeint sei, daß die geänderte Rechtslage – unabhängig von individuell schutzwürdigen Umständen einzelner Arbeitnehmer – der *Rechtskontrolle* standhalten müsse. *Schulin*, aaO und *Reuter* (SAE 1983, 201 (204)) halten die Differenzierung in abstrakte und konkrete Billigkeitskontrolle für verwirrend und entbehrlich; *v. Hoyningen-Huene* (Die Billigkeit im Arbeitsrecht, 27 f.) und *Boerner*, 292 weisen darauf hin, daß der Begriff der abstrakten Billigkeit letztlich ein Widerspruch in sich sei, da Billigkeit qua definitione ausschließlich im konkreten Einzelfall verwirklicht werden könne.

[294] *Moll*, NZA Beil. 1/1988, 17 (26); *Höfer/Küpper*, BB 1982, 565 (567).

[295] *Boerner*, 290 f., der das Institut der Billigkeitskontrolle von Betriebsvereinbarungen darüber hinaus unter dem Aspekt der Rechtssicherheit problematisiert.

Abgesehen von den Schwierigkeiten, praktikable Kriterien für die Annahme eines kollektiven Charakters individualvertraglicher Vereinbarungen zu entwickeln,[296] würde ein pauschales Unwirksamkeitsverdikt gegenüber ohne Beteiligung des Betriebsrates auf individualvertraglicher Ebene getroffenen Vereinbarungen dem Arbeitgeber eine Möglichkeit an die Hand geben, sich über das Mitbestimmungsrecht des Betriebsrates von ihn belastenden einzelvertraglichen Regelungen durch Betriebsvereinbarung lösen zu können. Eine solche Konsequenz widerspräche dem Grundgedanken der betrieblichen Mitbestimmung, die Macht des Arbeitgebers durch die Beteiligung des Betriebsrates in mitbestimmungspflichtigen Angelegenheiten zu beschränken. Sie läuft auch dem ursprünglichen Anliegen der Theorie der Wirksamkeitsvoraussetzung zuwider, nämlich zu verhindern, daß der Arbeitgeber dem Einigungszwang mit dem Betriebsrat durch Rückgriff auf die arbeitsvertragliche Gestaltungsmöglichkeit ausweicht. Diesem Ziel wird durch die Lehre von der Wirksamkeitsvoraussetzung nicht angemessen Rechnung getragen, weil sie dem Arbeitgeber ermöglicht, sich den aus einer arbeitsvertraglich vereinbarten Zusage resultierenden Verpflichtungen unter Berufung auf das Mitbestimmungsrecht des Betriebsrates zu entziehen.[297] Stattdessen sollte anstelle pauschal angeordneter Unwirksamkeit eine durch den Zweck der zugrundeliegenden Regelung beschränkte, differenzierte Unwirksamkeit nach Maßgabe der Überlegung treten, daß es sich letztlich um ein Problem der Gesetzesumgehung handelt und eine betriebsverfassungsrechtliche Pflichtwidrigkeit dem Arbeitgeber keinen Rechtsvorteil im Rahmen des Einzelarbeitsverhältnisses geben darf[298].

Anzuerkennen ist allerdings, daß die Geltung des – individuell verstandenen – Günstigkeitsprinzips auch im Verhältnis Allgemeiner Arbeitsbedingungen zu ablösenden Betriebsvereinbarungen mit dem Mitbestimmungsrecht des Betriebsrates, namentlich im Bereich des § 87 Abs. 1 Nrn. 8 und 10 BetrVG im Falle zusätzlicher Leistungen, kollidieren kann. Soweit daraus verschiedentlich die Notwendigkeit abgeleitet wird, das Günstigkeitsprinzip zurücktreten zu lassen,[299] ist es indessen gerade fraglich, ob der Mitbestimmungsge-

[296] *Dietz/Richardi*, § 87 Rz. 93: die Theorie der Wirksamkeitstheorie und die Beschränkung des Mitbestimmungsrechts auf Kollektivmaßnahmen führten dazu, daß es zum „Lotteriespiel" werde, wann eine einzelvertragliche Regelung das Mitbestimmungsrecht des Betriebsrates verletze; *Buchner*, DB 1983, 877 (882).

[297] AA *Jobs*, DB 1986, 1120 (1121).

[298] *Richardi*, RdA 1983, 278 (284); *ders.*, Anm. zu BAG AP Nrn. 70 und 71 zu Art. 9 GG – Arbeitskampf; *Zöllner/Loritz*, § 47 V 3 (S. 513 f.); *Belling*, Günstigkeitsprinzip, 119; *Däubler*, AuR 1984, 1 (12 f.); ferner BAG (GS) NZA 1987, 168 ff.; *Dietz/Richardi*, § 87 Rz. 103. Ablehnend gegenüber der Theorie der Wirksamkeitsvoraussetzung auch *Joost*, RdA 1989, 7 (16).

[299] *Blomeyer*, DB 1987, 634 (637); *Joost*, RdA 1989, 7 (17).

danke einen Eingriff in individuelle Rechtspositionen des Arbeitnehmers erlaubt. Entgegen der Annahme Blomeyers[300] muß das Günstigkeitsprinzip jedenfalls nicht bereits deshalb gegenüber dem Mitbestimmungsrecht des Betriebsrates zurückstehen, weil der Gesetzgeber des BetrVG die Geltung des Günstigkeitsprinzips in der Betriebsverfassung nicht angeordnet und damit den Vorrang des Mitbestimmungsrechts bestätigt habe. Als allgemeiner Rechtsgedanke beruht das Günstigkeitsprinzip auf dem Grundsatz der Privatautonomie und damit letztlich auf der Verfassung.[301] Das Mitbestimmungsrecht kann aber nur im Rahmen des Verfassungsrechts ausgeübt werden.[302] Die verfassungsrechtliche Verankerung des Günstigkeitsprinzips setzt daher dessen Relativierung durch einfaches Gesetzesrecht, insbesondere der – durch das Grundgesetz nicht gewährleisteten, sondern erst durch das BetrVG eröffneten – Betriebsautonomie ihrerseits Grenzen, so daß der Betriebsrat den Verfassungsrang des Günstigkeitsprinzips bei der Ausübung seiner Mitbestimmungsrechte zu respektieren hat. Für den Vorrang des Günstigkeitsprinzips sprechen im übrigen die bereits im Zusammenhang mit der Würdigung der Rspr. des 6. Senats angeführten Gründe[303]: wegen der schwächeren Legitimation der Betriebsvereinbarung und ihrer geringeren inhaltlichen Richtigkeitsgewähr im Verhältnis zum Tarifvertrag würde es einen Wertungswiderspruch darstellen, im Bereich der Betriebsverfassung die Anwendung des Günstigkeitsprinzips restriktiver zu handhaben als gegenüber tariflichen Regelungen. Wird dem Betriebsrat die Möglichkeit verwehrt, bestehende Arbeitsverträge der Arbeitnehmer selbst gegen deren erklärten Willen und zu deren Nachteil abzuändern, so kann dieser Sachverhalt nicht damit beschrieben werden, daß das Mitbestimmungsrecht des Betriebsrates „leerliefe“. Letzteres findet vielmehr seine Grenze am Selbstbestimmungsrecht des Arbeitnehmers.[304] Belling[305] ist daher darin zuzustimmen, daß eine verfassungskonforme Interpretation der §§ 77 Abs. 4, 87 Abs. 1 BetrVG nur darin bestehen kann, im Betriebsverfassungsrecht dem Günstigkeitsprinzip generell einen besonders hohen Stellenwert einzuräumen und seinen Bestand in jedem Fall vom Willen der Betriebspartner unabhängig zu machen.

---

[300] DB 1987, 634 (637).

[301] *Belling*, DB 1982, 2513; *ders.*, Günstigkeitsprinzip, 79; *Martens*, RdA 1983, 217 (222); *Richardi* (RdA 1983, 201 (216)) hält im Betriebsverfassungsrecht den Vorrang der individuellen Vertragsfreiheit durch Art. 12 Abs. 1 GG für gewährleistet.

[302] *Belling*, Günstigkeitsprinzip, 127.

[303] Siehe oben S. 69 ff.

[304] *Belling*, Günstigkeitsprinzip, 116.

[305] Günstigkeitsprinzip, 117.

Die These von der Zulässigkeit ablösender Betriebsvereinbarungen steht im übrigen auch in Widerspruch zum herrschenden Verständnis der Mitbestimmungszuständigkeit des Betriebsrates bei der Gewährung sozialer Leistungen durch den Arbeitgeber. Bezieht sich danach das Mitbestimmungsrecht nicht auf das „ob" der Gewährung und den Dotationsrahmen, so kann die Mitbestimmung beim actus contrarius, der Herabsetzung oder gar Beseitigung der bisher gewährten Leistungen, nicht weiter reichen als bei deren Zusage.[306] Die betriebliche Mitbestimmung bewirkt mithin keine partielle Beseitigung der Vertragsfreiheit[307] und rechtfertigt einen Einbruch in die individuelle Vertragsfreiheit nicht bereits deshalb, weil der Vertragsinhalt eine kollektive Regelung darstellt.[308] § 87 BetrVG gewährt dem Betriebsrat kein Recht zur Mitgestaltung der Arbeitsverträge und vermag den Geltungsanspruch des Günstigkeitsprinzips nicht zu beschränken.[309]

(2) Die Anerkennung eines *Ordnungs-* bzw. *Ablösungsprinzips*[310] als maßgeblicher Kollisionsnorm anstelle des Günstigkeitsprinzips zur Lösung der Konkurrenz von Einheitsregelungen und verschlechternden Betriebsvereinbarungen kann jedenfalls nach geltendem Recht nicht in Betracht kommen.

Das Ordnungsprinzip ist unter der Geltung des – den Ordnungsgedanken besonders betonenden – AOG von 1934 entwickelt worden und mag unter diesem Rechtszustand auch sachlich gerechtfertigt gewesen sein.[311] Die Arbeitsbedingungen sollten „in einer staatlichen bzw. staatlich zugelassenen und kontrollierten Ordnung nach sachlichen Gesichtspunkten wirtschaftlicher Vernunft und sozialer Gerechtigkeit geregelt werden".[312] An die Stelle des ausgehandelten oder im Arbeitskampf durchgesetzten Tarifvertrages und der Betriebsvereinbarung waren unter staatlicher Verantwortung Regelungen getreten, welche für sich in Anspruch nahmen, soziale Gerechtigkeit zu verwirklichen.

Mit den Grundlagen dieser Arbeitsordnung sind aber zugleich die Voraussetzungen für die Anerkennung des Ordnungsprinzips entfallen. Das geltende Recht kennt keine einseitig durch den Arbeitgeber gesetzten, für den Arbeit-

---

[306] *Lieb*, AuR 1985, 48 (49).

[307] *Belling*, Günstigkeitsprinzip, 119; *Dietz/Richardi*, § 87 Rz. 112.

[308] *Belling*, Günstigkeitsprinzip, 119.

[309] *Belling*, Günstigkeitsprinzip, 120.

[310] *Richardi* (RdA 1983, 201 (214)) zufolge wird lediglich der Begriff ausgetauscht, wenn man vom Ablösungs- statt vom Ordnungsprinzip spricht; bei letzterem handelt es sich nach *Weismann*, 237 im Grunde um „nichts anderes als ein mit einer Billigkeitskontrolle angereichertes Ordnungsprinzip".

[311] *Gramm*, AuR 1961, 353 (354); *Isele*, JZ 1964, 113; *Wlotzke*, Günstigkeitsprinzip, 46.

[312] *Nipperdey*, Lehmann-FS, 257 (262).

nehmer verbindlichen Ordnungen. Es entspricht dem Modell des Grundgesetzes, daß „gerechte" Arbeitsbedingungen im Verhandlungswege erzielt werden.[313] Durch Tarifvertrag oder Betriebsvereinbarung festgelegte Arbeitsbedingungen orientieren sich dementsprechend nicht an einem objektiven Leitbild des gerechten Lohnes – der von einer staatlichen Stelle festgelegt oder kontrolliert werden könnte –, sondern werden marktwirtschaftlich bestimmt.

Der *Tarifvertrag* weist zwar insoweit eine gewisse Tendenz zur Ordnung der Arbeitsverhältnisse auf, als er für die von ihm erfaßten Arbeitsverhältnisse einen Mindeststand gleichartiger Arbeitsbedingungen bietet. Er hat indessen nicht das Ziel, eine gleichmäßige Ordnung für alle Arbeitnehmer eines Betriebes zu schaffen. Das Tarifrecht ist ohnehin nicht in der Lage, eine einheitliche bzw. allgemeine Ordnung der Arbeitsbedingungen im Betrieb oder in den betreffenden Wirtschaftsbereichen zu gewährleisten. Zum einen werden von vornherein nur die gewerkschaftlich organisierten Arbeitnehmer von der neuen, durch einen Tarifvertrag begründeten Ordnung erfaßt[314]; zum anderen können die Tarifvertragsparteien stets nur Mindestarbeitsbedingungen schaffen und weder die bereits bestehenden günstigeren arbeitsvertraglichen Abreden beseitigen noch es den Arbeitsvertragsparteien verwehren, sich später auf günstigere Abmachungen zu einigen.

Auch die Geltung einer *Betriebsvereinbarung* erstreckt sich – wie § 5 Abs. 3 BetrVG belegt – keineswegs auf alle Arbeitsverhältnisse des Betriebs.[315] Zudem zielt die Betriebsvereinbarung nicht auf die „Einheitlichkeit in der Gestaltung der Arbeitsverhältnisse" im Betrieb ab. Als Gestaltungsmittel von Arbeitsbedingungen bezweckt sie allein, die bei der Regelung derselben Arbeitsbedingungen mittels Arbeitsvertrages oder Direktionsrechts bestehende Schutzbedürftigkeit der Arbeitnehmer zu kompensieren.[316] Daneben läßt sich, wie Kreutz[317] eingehend nachgewiesen hat, ein zusätzlicher und eigenständiger Ordnungszweck der Betriebsvereinbarung weder aus der Entstehungsgeschichte noch aus der Systematik der BetrVG ableiten.[318]

---

313 *Isele*, JZ 1964, 113.

314 *Däubler*, AuR 84, 1 (14); *Gramm*, AuR 1961, 353 (356); *Isele*, JZ 1964, 113 (117); *Nikisch*, SAE 1960, Nr. 63 (S. 146); *Stahlhacke*, RdA 1959, 266 (271); *Wlotzke*, Günstigkeitsprinzip, 48.

315 *Joost*, RdA 1989, 7 (14).– *Isele* (JZ 1964, 113) und *Wlotzke* (Günstigkeitsprinzip, 46) weisen allerdings darauf hin, daß das Ordnungsprinzip – anders als im durch die positive und negative Koalitionsfreiheit geprägten Tarifrecht – im Betriebsbereich eher seine Wirkung entfalten könne.

316 *Kreutz*, Betriebsautonomie, 246 f.

317 Betriebsautonomie, 201 ff.

318 Ähnlich *Tyska*, AuR 1985, 276 (279); *Canaris* (AuR 1965, 129 (130 f.)) erkennt zwar eine Ordnungsfunktion der Betriebsvereinbarung an, meint aber, daß im Bereich der materiellen Arbeits-

Zuzustimmen ist im übrigen der vom BAG in seiner Entscheidung vom 30.1.1970[319] getroffenen Feststellung, daß das Ordnungsprinzip in Anbetracht seiner kontroversen Erörterung im Schrifttum auch keine gewohnheitsrechtliche Geltung hat erlangen können.[320]

Eine gesetzliche Grundlage für die Anerkennung des Ordnungsprinzips als Kollisionsnorm besteht mithin nicht.[321]

(3) Die entscheidende Prämisse des Ordnungsprinzips wie auch der meisten kollektivrechtlichen Ansätze zur Frage der Zulässigkeit ablösender Betriebsvereinbarungen stellt die Würdigung vertraglicher Einheitsregelungen als *kollektivrechtliche*[322] oder *„quasi-kollektivrechtliche"* Regelungen und ihre damit gerechtfertigte Gleichstellung mit Betriebsvereinbarungen dar.

Angesichts der Tatsache, daß die Rechtsansprüche aus Allgemeinen Arbeitsbedingungen auf – wenn auch dem Inhalt nach weitgehend übereinstimmenden – Einzelarbeitsverträgen beruhen und daher zunächst alles dafür spricht, sie auch als individualvertragliche Ansprüche zu behandeln[323], bedarf es einer überzeugenden Begründung dafür, daß der Entstehungstatbestand der vertraglichen Einheitsregelung ignoriert, ein „qualitativer Umschlag vom Individuellen zum Kollektiven vollzogen und die Situation auf die Ebene kollektiver Betrachtung und kollektivrechtlicher Gestaltung erhoben"[324] werden kann. Praktische Schwierigkeiten bei der Ablösung vertraglicher Einheitsarbeitsbedingungen berechtigen jedenfalls für sich allein genommen nicht dazu, die Unterscheidung von individualrechtlichen und kollektivrechtlichen Gestaltungsmitteln aufzugeben.[325] Ebensowenig sind Betrachtungen, die vom Phänotyp der vertraglichen Einheitsregelungen ausgehen und deren „kollekti-

---

bedingungen diese Ordnungsfunktion hinter die Schutzfunktion zurückzutreten habe mit der Folge, daß in diesem Bereich nur für die Arbeitnehmer günstigere Regelungen zulässig seien. – AA *Nause*, Regelungsbefugnis, 75 ff., 80: *Gleichwertigkeit* der Schutz- und Ordnungszwecke.

[319] BAG AP Nr. 142 zu § 242 BGB – Ruhegehalt.

[320] Vgl. auch *Mayer*, 44 f.

[321] *Däubler/Hege*, Rz. 123; *Isele*, JZ 1964, 113 (116); *Papritz*, 29 ff.; *Vassilakakis*, 56; *Weismann*, 234.

[322] Als kollektivrechtliche Norm wird die vertragliche Einheitsregelung vor allem von *Reuter* (SAE 1983, 201 (202)) qualifiziert.

[323] Vgl. etwa *Leinemann* (BB 1989, 1905 (1910)), der an dem von ihm im übrigen abgelehnten Beschluß des Großen Senats vom 16.9. 1986 (AP Nr. 17 zu § 77 BetrVG) positiv würdigt, daß der Große Senat sich zu Recht von Versuchen distanziert, Einheitsregelungen als kollektivrechtliche Regelungsinstrumente neben der Betriebsvereinbarung aufzufassen.

[324] So die Formulierung von *Karakatsanis*, 115.

[325] BAG (GS) NZA 1987, 168 (172).

ves Erscheinungsbild" betonen,[326] dazu geeignet. Vielmehr gilt es gerade zu begründen, ob der – rechtstatsächlich zweifellos vorhandene – kollektive Bezug vertraglicher Einheitsregelungen auch zu kollektiv*rechtlichen* Konsequenzen führen muß.

Den Ausgangspunkt der Überlegungen bildet zunächst der rechtliche Befund, daß § 4 Abs. 3 TVG zwischen individuell ausgehandelten und betriebseinheitlichen Abmachungen keine Unterscheidung trifft, unter die „abweichenden Abmachungen" iSd § 4 Abs. 3 TVG mithin sowohl der individuell ausgehandelte Arbeitsvertrag als auch Abreden kollektiver Art wie Einheitsregelungen, Gesamtzusagen und betriebliche Übungen fallen.[327] Es ist daher zu fragen, ob die inhaltlichen Besonderheiten Allgemeiner Arbeitsbedingungen es gebieten, diese im Hinblick gerade auf das Günstigkeitsprinzip nicht wie einen gewöhnlichen Arbeitsvertrag zu behandeln, sondern den Geltungsbereich des Günstigkeitsprinzips insoweit zu beschränken. Dies gilt um so mehr, als die praktische Durchführung der Unterscheidung „echter" Individualzusagen und vertraglicher Einheitsregelungen mit erheblichen Schwierigkeiten verbunden ist.[328]

Die Befürworter einer Ablösbarkeit Allgemeiner Arbeitsbedingungen durch Betriebsvereinbarung machen u.a. geltend, daß nach der Gegenansicht sich die Anwendung des Günstigkeitsprinzips meist lediglich als formale Folge der vertragsrechtlichen Einordnung der Allgemeinen Arbeitsbedingungen ergebe und inhaltlich nicht begründet sei. Eine materielle Begründung müßte hingegen aufzeigen, warum es richtig sei, Allgemeine Arbeitsbedingungen wie einen Individualarbeitsvertrag zu behandeln.[329]

---

[326] *Schulin*, DB Beil. 10/1984, 10 f.

[327] BAG AP Nr. 1 zu § 4 TVG – Tariflohn und Leistungsprämie; *Herrmann*, ZfA 1989, 577 (584); Hueck/Nipperdey/Tophoven/*Stahlhacke*, § 4 Rz. 174, 176 (zur Betriebsübung); *Wiedemann/Stumpf*, § 4 Rz. 227; *Zöllner/Loritz*, § 36 III 5 (S. 360) zum Einheitsarbeitsvertrag; im Grundsatz auch *Müller*, 64 f.; der spätere Tarifvertrag schaffe nach seiner Auffassung aber eine Grundlagenordnung, deren Einheitlichkeit durch günstigere Allgemeine Arbeitsbedingungen nicht gefährdet werden dürfe. Letztere blieben daher nach § 4 Abs. 3 TVG nur bestehen, wenn und soweit sie für sich wirksam sein können und nicht in einem unaufhebbaren Zusammenhang mit Bestimmungen stünden, die infolge des neuen Tarifvertrags wegfallen würden.

[328] *Belling*, Günstigkeitsprinzip, 85 und 146: es lasse sich nicht ohne eine gewisse Willkür festlegen, von welchem Kumulierungsgrad an ein Bündel individueller Vereinbarungen nunmehr die Qualität Allgemeiner Arbeitsbedingungen erlangen soll. *Däubler*, AuR 1984, 1 (13): „schwer erträgliche praktische Schwierigkeiten". *Jobs* (DB 1986, 1120 (1123)) hält dem entgegen, daß Abgrenzungsschwierigkeiten in der Rechtsdogmatik eine geläufige Erscheinung seien und nicht zum Anlaß genommen werden könnten, unterschiedliche Rechtsinstitute gleich zu behandeln.

[329] Zur Entscheidung des Großen Senats AP Nr. 17 zu § 77 BetrVG: *Joost*, RdA 1989, 7 (15).

Die Gleichbehandlung echter individualvertraglicher Abreden und vertraglicher Einheitsregelungen im Hinblick auf die Unzulässigkeit ihrer Verschlechterung durch ablösende Betriebsvereinbarungen ist indes unter dem Gesichtspunkt der *Vertragstreue* geboten.[330] Ungeachtet ihrer inhaltlichen Identität oder Wechselbezüglichkeit handelt es sich auch bei Einheitsarbeitsverträgen um verschiedene Arbeitsverträge, die jeweils von einer entsprechenden Willenserklärung des Arbeitnehmers getragen sind. Allein der Umstand, daß es sich rechtstatsächlich um eine arbeitsvertragliche Einheitsregelung handelt,[331] stellt keine sachliche Rechtfertigung dafür dar, dem Konsens der Vertragsparteien im Arbeitsvertragsrecht gegenüber Allgemeinen Arbeitsbedingungen eine mindere rechtliche Legitimität beizumessen als demjenigen gegenüber Einheitsbedingungen in anderen Rechtsbereichen.[332] Gerade die von Buchner[333] gezogene Parallele zur rechtlichen Behandlung der ebenfalls nicht individuell ausgehandelten, sondern standardisierten und generell der Gegenpartei aufgedrängten Allgemeinen Geschäftsbedingungen, gebietet eine

---

[330] *Mayer*, 65 f.; *Schichtel*, 42 f.; *Weismann*, 233. – Für Arbeitsbedingungen, deren Geltung auf einer entsprechenden *betrieblichen Übung* beruht, kann ihre Resistenz gegenüber verschlechternden Betriebsvereinbarungen allerdings nicht mit dem Grundsatz der Vertragstreue begründet werden, sofern man in ihr nicht den Tatbestand einer vertraglichen Einigung erblickt (so vor allem A. *Hueck*, Lehmann-FS Bd. II, 633 (636 f.); *Hueck* in Hueck/Nipperdey, Arbeitsrecht I, § 25 V 1 (S. 150 f.)), sondern mit der im Vordringen begriffenen Lehre (*Seiter*, 92 ff., 101 ff.; *Canaris*, Vertrauenshaftung, 254 ff.; *Richardi*, RdA 1983, 278 (285 ff.); *Zöllner/Loritz*, § 6 I 7 (S. 67 f.)) eine *außerrechtsgeschäftliche*, in den Bereich der Vertrauenshaftung einzuordnende Bindung des Arbeitgebers annimmt. Entscheidend für die fortbestehende Bindungswirkung bei einer betrieblichen Übung ist dann die Frage, ob trotz der kollektivvertraglichen Regelung die bisherige Handhabung durch den Arbeitgeber deshalb maßgeblich bleibt, weil der Vertrauensschutz dies gebietet. Handelt es sich auch bei der betrieblichen Übung um einen von der arbeitsvertraglichen Einheitsregelung wesensverschiedenen Tatbestand, so kann gleichwohl im Ergebnis die Bindungswirkung einer betrieblichen Übung im Hinblick auf abweichende kollektivrechtliche Gestaltungen nicht anders beurteilt werden als bei einzelvertraglichen Abreden. Für die Einstellung oder Verschlechterung einer betriebsüblichen Leistung durch den Arbeitgeber bedarf es stets eines rechtfertigenden Grundes. Der Abschluß einer Betriebsvereinbarung stellt für sich genommen jedoch keine Rechtfertigung dafür dar, eine betriebliche Übung abzubrechen (*Richardi*, RdA 1983, 278 (287); *Weismann*, 236; *Zöllner/Loritz*, § 6 I 7 (S. 68)). Das Vertrauen der Arbeitnehmer in die Fortsetzung der vom Arbeitgeber praktizierten Übung wäre gegenüber verschlechternden Betriebsvereinbarungen lediglich dann nicht schützenswert, wenn dieses Vertrauen gleichsam in dem Sinne unter einem für den Arbeitnehmer erkennbaren „Kollektivvorbehalt" (*Weismann*, aaO) stünde, daß der Arbeitnehmer von vornherein mit der Beendigung dieser Übung durch eine Betriebsvereinbarung hat rechnen müssen. Letzteres wäre allenfalls anzunehmen, wenn die betriebliche Übung vom Betriebsrat angeregt und auf dessen Drängen vom Arbeitgeber unter Vorbehalt eingeführt worden wäre, der Arbeitgeber aber den Abschluß einer Betriebsvereinbarung abgelehnt hätte (*Weismann*, aaO).

[331] *Richardi*, RdA 1983, 201 (210), *ders.*, RdA 1983, 278 (287); *Wiedemann/Stumpf*, § 4 Rz. 318.

[332] *Zöllner*, AcP Bd. 176 (1976), 221 (235).

[333] DB 1983, 877 (885).

andere als die von ihm gezogene rechtliche Schlußfolgerung. Die wirtschaftliche Unterlegenheit des Vertragspartners, der nur die Wahl hat, die von der anderen Partei vorformulierten Geschäftsbedingungen zu akzeptieren oder vom Vertragsschluß gänzlich Abstand zu nehmen, hat im Bereich der Allgemeinen Geschäftsbedingungen den Gesetzgeber gerade veranlaßt, ihm durch das AGBG einen stärkeren rechtlichen Schutz angedeihen zu lassen, nicht aber dazu, seine Unterlegenheit auch noch dadurch rechtlich zu sanktionieren, daß er es der stärkeren Partei erleichert, sich von eingegangenen vertraglichen Verpflichtungen zu lösen.

Auch ist zu fragen, ob die Bagatellisierung der Rolle der Willensautonomie des Arbeitnehmers bei seiner rechtsgeschäftlichen Unterwerfung unter Allgemeine Arbeitsbedingungen als „rechtsgeschäftliche Rudimente"[334] den tatsächlichen Verhältnissen immer angemessen Rechnung trägt. Die Möglichkeit, daß der Arbeitgeber seine Arbeitnehmer verliert, weil die von ihm gebotenen Arbeitsbedingungen zu schlecht sind, scheint nicht von vornherein nur theoretischer Natur zu sein.[335]

Dem verschiedentlich unternommenen Versuch, die Rechtsfolgen nach dem Begründungstatbestand und dem *Grad des* vom Empfänger investierten *Vertrauens* – beispielsweise zwischen Bindungen aus ausdrücklichen Zusagen und leichter lösbaren Verpflichtungen aus tatsächlichen Übungen – zu differenzieren[336] oder generell Ansprüchen, die auf Allgemeinen Arbeitsbedingungen beruhen, eine geringere Bindungswirkung zuzuerkennen,[337] ist ebenfalls eine Absage zu erteilen.

Die Aussagen zur Intensität des vom Arbeitnehmer jeweils investierten Vertrauens tragen weitgehend spekulativen Charakter und sind unverkennbar vom jeweiligen rechtlichen Vorverständnis zur rechtlichen Behandlung Allgemeiner Arbeitsbedingungen geprägt. Ist man gleichwohl bereit, sich auf eine psychologisierende Betrachtung einzulassen, so kann ein Vertrauen des

---

[334] *Nebel*, 223.

[335] In diesem Sinne *Zöllner*, AcP Bd. 176 (1976), 221 (235 f.).

[336] So *Hromadka*, DB 1985, 864; *Zöllner/Loritz* (§ 6a II 2 b und c (S. 80)) für Ansprüche aus Gesamtzusagen und betrieblichen Übungen.

[337] *Joost*, RdA 1989, 7 (11). Vgl. auch *Säcker*, Gruppenautonomie, 89 f.; 313; 357: der Durchschnittsarbeitnehmer wisse in der Regel nicht, auf welcher Rechtsgrundlage ihm Leistungen gezahlt würden. Vertrauen darin, daß die Arbeitsbedingungen nicht einseitig zu seinen Ungunsten geändert würden, könne erst derjenige Arbeitnehmer entwickeln, der durch Zugang zum Arbeitgeber seine Position habe einzelvertraglich aushandeln können. Die Arbeitnehmer vertrauten auf den Fortbestand individualvertraglicher Allgemeinregelungen nicht mehr als auf den Bestand kollektivvertraglicher Allgemeinregelungen. Diese rechtstatsächliche Situation lege rechtspolitisch nahe, die Abänderbarkeit Allgemeiner Arbeitsbedingungen nach den gleichen Grundsätzen zu beurteilen wie die Abänderbarkeit kollektivvertraglicher Bestimmungen, die über ihren Beendigungszeitpunkt hinaus angewandt werden.

„Durchschnittarbeitnehmers“ wohl eher dahingehend vermutet werden, daß er nicht erwartet, die Beteiligung der von ihm gewählten Interessenvertretung ermögliche die Schmälerung seiner Ansprüche, welche zu verschlechtern dem Arbeitgeber allein rechtlich unmöglich wäre.[338] Der Wechsel der Parteien ist demnach nicht nur formaler Natur, sondern ein für die Frage der Aufhebbarkeit durchaus relevanter Umstand; die Verschlechterung Allgemeiner Arbeitsbedingungen muß bzw. kann grundsätzlich nur durch die Parteien der Arbeitsvertrages erfolgen.[339] Hat der Arbeitgeber seinen Arbeitnehmern eine Leistung versprochen, so müssen diese auch bei einer allgemeinen Regelung nicht damit rechnen, daß ihnen diese Zusage durch an ihrem Zustandekommen nicht Beteiligte wieder genommen werden kann, sondern können grundsätzlich auf den Bestand des Leistungsversprechens vertrauen.

Letztlich bedarf es aber gar nicht des Nachweises einer besonderen Vertrauensinvestition durch den Arbeitnehmer in den Fortbestand arbeitsvertraglicher Einheitsregelungen. Der Geltungsgrund einer vertraglichen Vereinbarung liegt nicht in Gesichtspunkten des Vertrauensschutzes, sondern eben in der Anerkennung der Privatautonomie.[340] Entscheidend für die Fortgeltung der getroffenen Vereinbarung ist mithin nicht ein darauf gerichtetes Vertrauen des Vertragspartners, sondern allein dessen etwaiges Einverständnis mit einer Abänderung. Deshalb darf der Arbeitnehmer auch erwarten, daß eine Zusage des Arbeitgebers – sofern sie nicht unter einem Widerrufsvorbehalt steht – für sein Arbeitsverhältnis maßgeblich bleibt und nicht ein an der Regelung Unbeteiligter zu ihrer Änderung berechtigt ist.

Bereits die Rechtsform des Individualvertrages begründet den einzelvertraglichen Charakter einer Regelung und rechtfertigt die Erwartung der Vertragspartner darauf, daß eine Lösung von den vertraglich eingegangenen Verpflichtungen nur im Wege der individualrechtlichen Lösungs- und Änderungsmöglichkeiten erfolgt.[341] Demgegenüber ist es unzulässig, unter Betonung des generellen Charakters der Regelung den Arbeitsvertrag auf eine bestimmte *Funktion* – etwa die Verwirklichung des Leistungsgedankens, die Berücksichtigung der Bedürftigkeit oder eines sonstigen individuellen Moments – festzulegen und dem Individualvertrag den Bestandsschutz nach dem Günstigkeitsprinzip nur bei funktionsgerechtem Einsatz der arbeitsvertraglichen Gestaltungsmittel einzuräumen. Als der maßgeblichen Gestaltungsform im System der Privatrechtsordnung für die privatautonome Regelung von Rechtsverhältnissen bestimmt der Arbeitsvertrag selbst, durch welche Zwecke

---

338 *Pfarr*, BB 1983, 2001 (2005).

339 *Canaris*, RdA 1974, 18 (24).

340 *Richardi*, RdA 1983, 201 (211).

341 *Richardi*, RdA 1983, 201 (211).

der Inhalt der Rechtsbeziehungen zwischen Arbeitgeber und Arbeitnehmer bestimmt wird.[342] Einer zusätzlichen Legitimation für seine Anerkennung dergestalt, daß die Vertragsparteien mit ihm eine bestimmte Funktion innerhalb der Arbeitsverfassung wahrnehmen müssen, bedarf es hingegen nicht.

Insbesondere die Beschränkung des Günstigkeitsprinzips auf die Verwirklichung und Gewährleistung des *Leistungsgedankens*[343] erweist sich in der geltenden Rechtsordnung als nicht haltbar. Das Leistungsprinzip mag die Motivation für eine entsprechende individualvertragliche Abrede zwischen Arbeitgeber und Arbeitnehmer darstellen; zwingend erforderlich ist dies indessen nicht, zumal es auch gegenüber einer *tarifvertraglichen* Regelung für die Gültigkeit einer individualvertraglichen Abrede unbestrittenermaßen keine Rolle spielt, ob dadurch eine besondere Leistung des Arbeitnehmers vergütet werden soll.

Auch unter *rechtspolitischen* Gesichtspunkten ist eine unterschiedliche Behandlung von „echten" Individualabreden und Allgemeinen Arbeitsbedingungen im Hinblick auf ihre Ablösbarkeit durch Betriebsvereinbarungen bedenklich.

Die vom BAG in seinem Urteil vom 30.1.1970[344] angestellte Erwägung, die Ablösbarkeit einer betrieblichen Ruhegeldordnung durch eine Betriebsvereinbarung verwirkliche „den Vereinbarungs- und Mitbestimmungsgedanken" und verdiene deshalb, „als Rechtsinstitut gefördert zu werden", begegnet Zweifeln. Die Einbindung in von den Belegschaften in erster Linie als nachteilig empfundene Maßnahmen drängt den Betriebsrat in die Rolle einer Instanz, die einen reibungslosen Abbau sozialer Leistungen des Arbeitgebers ermöglicht oder zumindest erleichtert, indem an die Stelle zahlreicher Aufhebungsverträge oder Änderungskündigungen die jedenfalls vom äußeren Ablauf her den einfacheren Weg darstellende Einigung mit dem Betriebsrat tritt.[345] Die von Gewerkschaftsvertretern geübte Kritik, der Betriebsrat sei kein Organ des Sozialabbaus, der einzusammeln helfe, was der Arbeitgeber allein mit segnender Hand ausgeteilt habe, erscheint daher nicht gänzlich unberechtigt.[346]

---

[342] *Richardi*, RdA 1983, 201 (211).

[343] *Nipperdey*, Lehmann-FS, S. 263; einschränkend *Siebert*, Nipperdey-FS, 126: die Begründung des Günstigkeitsprinzips mit dem Leistungsgedanken sei „etwas zu eng" und müsse auf Einzelabreden erweitert werden, die der sozialen Schutzbedürftigkeit des Arbeitnehmers Rechnung tragen sollen.

[344] AP Nr. 142 zu § 242 BGB – Ruhegehalt.

[345] *Däubler*, AuR 1984, 1 (21).

[346] Vgl. *Leinemann*, DB 1985, 1394.

Auch die aus der Zulässigkeit ablösender Betriebsvereinbarungen resultierende Konsequenz, daß im Ergebnis der Bestandsschutz in betriebsratlosen Betrieben unter Umständen größer wäre, weil dort die Möglichkeit einer verschlechternden Betriebsvereinbarung von vornherein nicht besteht, wird schwerlich als dem Mitbestimmungsgedanken zuträglich angesehen werden können.[347]

Es ist daher in der Tat zweifelhaft, ob die Anerkennung einer Kompetenz des Betriebsrates, gemeinsam mit dem Arbeitgeber die rechtliche Situation zum Nachteil der Arbeitnehmer zu verändern, der Mitbestimmung förderlich ist.[348]

Sozialpolitisch unbefriedigend erscheint schließlich auch die in der Befürwortung der Ablösbarkeit vertraglicher Einheitsregelungen durch verschlechternde Betriebsvereinbarungen liegende Konsequenz, daß diese Rechtsauffassung praktisch eine Benachteiligung derjenigen – ohnehin schlechter verdienenden – Arbeitnehmer bedeutet, deren Vertragsbedingungen nicht individuell ausgehandelt werden.[349]

Es bleibt daher zu fragen, ob die Anerkennung des Ablösbarkeit vertraglicher Einheitsregelungen durch verschlechternde Betriebsvereinbarungen mit dem Vorliegen einer *Regelungslücke* begründet werden kann, die im Wege richterlicher Rechtsfortbildung zu schließen ist.[350]

Ausschlaggebend für die Anerkennung des Instituts der ablösenden Betriebsvereinbarung waren – im Grundsatz unbestrittene – betriebliche Bedürfnisse nach Anpassung kollektiv zugesagter Arbeitgeberleistungen. Vertragsverhältnisse, die unter Umständen mehrere Jahrzehnte bestehen, bedürfen

---

347 *Wohlgemuth*, RdA 1983, 284 (288).

348 *Däubler*, AuR 1984, 1 (21); kritisch auch *Dietz/Richardi*, § 77 Rz. 123.

349 *Wohlgemuth*, AuR 1983, 284 (288)); vgl. auch *Dietz/Richardi*, § 77 Rz. 123 ff.; *Pfarr*, BB 1983, 2001 (2005): es sei eine „ebenso reiz- wie auch juristisch eindrucksvolle Argumentation, wenn für diejenigen, die als „Durchschnittsarbeitnehmer" der Chance entbehren müssen, Vertrauen in die Bestandskraft ihrer Ansprüche entwickeln zu können, auch eben diese Bestandskraft bestritten werde. – Einzuräumen ist freilich, daß dieser Einwand sich jedenfalls dann als zweischneidig erweist, wenn er mit dem Hinweis auf bestehende individualvertragliche Änderungsinstrumentarien und insbesondere mit der Empfehlung verbunden wird, Widerrufs- oder Änderungsvorbehalte in die Allgemeinen Arbeitsbedingungen aufzunehmen. Die bei der Ablösbarkeit Allgemeiner Arbeitsbedingungen durch Betriebsvereinbarung beklagte kollektivrechtliche Benachteiligung derjenigen Arbeitnehmer, die nicht in der Lage sind, ihre Arbeitsbedingungen individuell mit dem Arbeitgeber auszuhandeln, findet nämlich auf der individualrechtlichen Ebene ihre Entsprechung darin, daß der schwächere Arbeitnehmer die Aufnahme eines entsprechenden Vorbehaltes in die Allgemeinen Arbeitsbedingungen regelmäßig hinnehmen muß, während es Arbeitnehmern mit stärkerer Verhandlungsposition eher gelingen wird, die Aufnahme solcher Bestimmungen in den Arbeitsvertrag zu verhindern (vgl. *Nebel*, 247 f.).

350 So der 3. Senat des BAG, AP Nr. 142 zu § 242 BGB – Ruhegehalt.

gelegentlich der Anpassung an veränderte wirtschaftliche Verhältnisse und den Wandel der tatsächlichen und rechtlichen Rahmenbedingungen.

Eine Befugnis zur richterlichen Rechtsfortbildung besteht allerdings nicht bereits dann, wenn das geltende Recht für ein Bedürfnis der Praxis keine Lösung bereithält.[351] Für den Grenzverlauf zwischen einer Gesetzeslücke und einem Fehler des Gesetzes in rechtspolitischer Hinsicht kommt es vielmehr entscheidend darauf an, ob das Gesetz – gemessen an seiner eigenen Regelungsintention – unvollständig ist oder ob die in ihm getroffene Entscheidung sich lediglich rechtspolitisch als kritikwürdig erweist.[352]

Zweifel am Vorliegen einer Regelungslücke bestehen aber insofern, als mit dem Günstigkeitsprinzip eine Kollisionsnorm vorhanden ist, es daher im Hinblick auf das „unabweisbare Bedürfnis der Praxis“ in Wirklichkeit um die Frage einer rechtspolitischen Korrektur geht.[353] Langfristige Verbindlichkeiten sind kein Spezifikum des Arbeitsrechts; auch im allgemeinen Zivilrecht sind nicht selten auf Dauer angelegte Vertragsgestaltungen anzutreffen, ohne daß deshalb unter Berufung auf Bedürfnisse der Praxis über die gängigen zivilrechtlichen Gestaltungsmittel hinaus weitere Möglichkeiten der Vertragsaufhebung oder -umgestaltung rechtliche Anerkennung gefunden hätten.[354] Ebensowenig wie die zeitliche Dimension der eingegangenen Verpflichtungen des Arbeitgebers stellen bloße Änderungen der Ertragslage eines Unternehmens einen rechtlich anerkannten Grund für die Revision vertraglicher Vereinbarungen dar.[355] Zwar kann die rechtspolitische Berechtigung des Regelungsziels, durch die Reduzierung von Leistungspflichten in einer Notlage des Betriebes die Gefährdung von Arbeitsplätzen dauerhaft abzuwenden, nicht geleugnet werden.[356] Die Anerkennung der rechtlichen Befugnis einer Vertragspartei, ihre Leistungsverpflichtungen gegen den Willen des Vertragspartners und ohne Bestehen einer Notlage den wirtschaftlichen Gegebenheiten anzupassen, liefe hingegen Gefahr, die für Äquivalenzstörungen getroffene gesetzliche Wertentscheidung des § 279 BGB zu unterlaufen, derzufolge jeder Schuldner uneingeschränkt für seine finanzielle Leistungsfähigkeit einzuste-

---

[351] *Belling*, Günstigkeitsprinzip, 149; *Richardi*, RdA 1983, 201 (213); *ders.*, Anmerkung zu BAG AP Nr. 142 zu § 242 BGB – Ruhegehalt; *Wohlgemuth*, AuR 1983, 286 (287).

[352] *Larenz*, Teil II Kap. 5. 2 a) (373 f.); *Wohlgemuth*, AuR 1983, 286 (287).

[353] *Däubler*, AuR 1984, 1 (15); *Wohlgemuth*, AuR 1983, 286 (287); ähnlich *Mayer*, 43 f.

[354] *Wohlgemuth*, AuR 1983, 286, (287); ähnlich *Däubler*, AuR 1984, 1 (16); *Weismann*, 244 weist auf die ähnlich gelagerte Problematik bei Allgemeinen Versicherungsbedingungen in Versicherungsverträgen hin, die ebenfalls nur in eng begrenztem Umfang modifiziert werden können.

[355] *Däubler*, AuR 1984, 1 (16).

[356] BAG AP Nr. 154 zu § 242 BGB – Ruhegehalt; *Pfarr*, BB 1983, 2001 (2006).

hen hat und ihm die Berufung auf fehlende Geldmittel im Regelfall verwehrt ist.[357]

Daher erscheint beispielsweise auch der Versuch bedenklich, im Wege lückenfüllender Rechtsfortbildung aus der Zukunfts- und Systembezogenheit der auf Allgemeinen Arbeitsbedingungen beruhenden Leistungssysteme eine – über die bekannten Widerrufsrechte, insbesondere wegen wirtschaftlicher Notlage des Unternehmens, hinausgehende – *Widerrufs*möglichkeit unter Berufung darauf zu konstruieren, daß die zukünftige Entwicklung sich auch nicht einigermaßen hinreichend prognostizieren lasse und infolgedessen auch kein schutzwürdiges Vertrauen entstehen könne.[358] Im übrigen dürfte das Vorliegen des demnach maßgebenden Kriteriums – Vorliegen einer generell-abstrakten, weit in die Zukunft reichenden Regelung – häufig nicht eindeutig zu entscheiden sein und zu erheblichen Abgrenzungsschwierigkeiten führen.[359]

Einem rechtlich relevanten Bedürfnis nach Anpassung kann nicht generell, sondern nur in besonderen Situationen Rechnung getragen werden. Dazu erweist sich aber das überkommene zivilrechtliche Instrumentarium als hinreichend leistungsfähig.[360]

Einzuräumen ist freilich, daß die *Änderungskündigung* kein geeignetes individualrechtliches Mittel darstellt, die aufgrund Allgemeiner Arbeitsbedingungen geschuldeten Leistungen bei veränderten Rahmenbedingungen herabzusetzen.[361] Bedenken gegen die Zulässigkeit der Änderungskündigung bestehen bereits deshalb, weil sie das Arbeitsverhältnis in seinem Bestand in Frage stellt und daher gegenüber dem Widerruf[362] das schärfere Mittel dar-

---

[357] *Pfarr*, BB 1983, 2001 (2006).

[358] So *Lieb*, AuR 1985, 48; *ders.*, SAE 1983, 130 (132 f.).

[359] *Belling*, Günstigkeitsprinzip, 151.

[360] So auch *Weismann*, 234 und 243; *Schulze*, 170 ff.; ein Indiz für die Fähigkeit des Individualrechts, den „unabweisbaren Bedürfnissen der Praxis" gerecht zu werden, sieht *Däubler* (AuR 1984, 1 (19)) darin, daß der Rückgriff auf die Betriebsvereinbarung in Betrieben ohne Betriebsrat ausscheidet, dennoch aber bislang niemand behauptet habe, daß sich der Arbeitgeber dort in einer Situation befinde, die es ihm unmöglich mache, sich aus den Fesseln des Individualarbeitsrechts zu befreien.

[361] BAG AP Nr. 142 zu § 242 BGB – Ruhegehalt; BAG (GS) AP Nr. 17 zu § 77 BetrVG; *Mayer*, 73 f.; *Wank*, Anm. zu BAG EzA § 77 Nr. 20; *Wiedemann/Stumpf*, § 4 Rz. 236. Ohne Ausspruch einer Änderungskündigung dürfte die nach § 305 BGB erforderliche Willensübereinstimmung für einen *Änderungsvertrag* in der Praxis erst recht nur schwer zu erreichen sein, da bei einer Verschlechterung der Arbeitsbedingungen eine einheitliche Zustimmung der Arbeitnehmer allenfalls bei wirtschaftlicher Notlage des Arbeitgebers und entsprechendem Solidaritätsdruck zu erwarten ist (*Hilger/Stumpf*, 209 (212); *Hromadka*, NZA Beil. 3/1987, 2; *Wank*, aaO. – AA *Däubler*, AuR 1984, 1 (17); *Canaris*, RdA 1974, 18 (25); *Schulze*, 170: „kein gänzlich untaugliches Instrument".

[362] Zum Widerruf sogleich S. 115.

stellt.[363] Wegen des einzelfallbezogenen Prüfungsmaßstabs der Änderungskündigung sowie der unterschiedlichen Betroffenheit der Arbeitnehmer ist die Regelungswirkung und Bestandskraft eines – unter Beteiligung des Betriebsrates – neu erstellten Leistungsplans nicht gewährleistet. Wird die Änderungskündigung in einigen Kündigungsschutzprozessen für unwirksam erklärt, bricht notwendig das Regelungsgefüge des gesamten Leistungsplanes auseinander[364].

Wegen der Wechselbezüglichkeit der durch den Leistungsplan neu festgelegten Ansprüche liegen die Verhältnisse bei der Massenänderungskündigung zum Abbau Allgemeiner Arbeitsbedingungen auch anders als bei der von Däubler[365] herangezogenen Parallele zur Massen*entlassung*. Das auch hier nicht auszuschließende Zustandekommen unterschiedlicher gerichtlicher Entscheidungen führt zwar dazu, daß bestimmte Arbeitnehmer weiterbeschäftigt werden, während andere, aus demselben Anlaß gekündigte Belegschaftsmitglieder ihren Arbeitsplatz endgültig verloren haben. Indessen wird dadurch nicht dergestalt in ein ausbalanciertes Regelungsgefüge eingegriffen, daß dessen Bestandskraft mit jeder nachträglichen Änderung der zugrundegelegten Ausgangsbedingungen gefährdet wird.

Auch die als vorbeugendes Änderungsinstrument gelegentlich empfohlene[366] *Befristung einzelner Vertragsbedingungen* als Surrogat einer nach allgemeiner Ansicht[367] unzulässigen *Teilkündigung* sozialer Leistungen ist wegen ihrer reinen Zeitbezogenheit zur Bewältigung unvorhersehbarer Entwicklungen wenig geeignet.[368]

Eine flexible Anpassung an geänderte Verhältnisse gestattet hingegen grundsätzlich das Institut der Vertragsanpassung wegen *Wegfalls der Geschäftsgrundlage*. Auch hier gilt es allerdings zu beachten, daß die durch § 279 BGB gesetzlich vorgenommene Risikozuweisung nicht durch eine extensive Handhabung unterlaufen werden darf und ein Entfall der Geschäftsgrundlage wegen wirtschaftlicher Schwierigkeiten nur sehr eingeschränkt eintreten kann.[369] Die Voraussetzungen für einen Eingriff in die vertragliche

---

[363] BAG EzA § 2 KSchG Nr.4.

[364] BAG AP Nr. 154 zu § 242 BGB – Ruhegehalt; *Pfarr*, BB 1983, 2001 (2007); *Wank*, Anm. zu BAG EzA § 77 Nr. 20; *Wiedemann/Stumpf*, § 4 Rz. 236.

[365] AuR 1984, 1 (17); ähnlich *Canaris*, RdA 1974, 18 (25), der sich dafür ausspricht, wie bei der Massenentlassungskündigung auch bei der Massenänderungskündigung die Sozialadäquanz der Maßnahme durch das Gericht überprüfen zu lassen; hiergegen *Säcker*, Gruppenautonomie, 394.

[366] *Löwisch*, ZfA 1986, 5 ff., 17.

[367] BAG AP Nr. 5 zu § 620 BGB – Teilkündigung; AP Nr. 25 zu § 123 GewO.

[368] *Wank*, Anm. zu BAG EzA § 77 Nr. 20.

[369] *Ahrend/Förster/Rühmann*, BB Beilage 7/1987, 2 (15).

Austauschbeziehung dürften im allgemeinen nur bei einer schweren wirtschaftlichen Notlage des Arbeitgebers oder einer schwerwiegenden Äquivalenzstörung vorliegen.[370]

Im Falle einer wirtschaftlichen Notlage des Betriebes besteht ferner ein Recht des Arbeitgebers zum Widerruf von Leistungen.[371] Anders als im Falle einer kollektiven Änderungskündigung ist hier die erforderliche einheitliche Geltung der verbleibenden Regelung hinsichtlich Prüfungsmaßstab und Adressatenkreis bei Ausübung des Widerrufsrechts gewährleistet. Zum einen wirkt der Widerruf insofern einheitlich, als auch Arbeitnehmer mit besonderem Kündigungsschutz einbezogen werden können.[372] Zum anderen ist Prüfungsmaßstab nicht eine Abwägung der Interessen des einzelnen betroffenen Arbeitnehmers mit denen des Betriebes, sondern die Frage, ob die Beibehaltung der Verpflichtungen in voller Höhe zu einer Bestandsgefährdung des Unternehmens führt und die vorgesehene Leistungsminderung geeignet ist, die Erhaltung der Arbeitsplätze dauerhaft zu sichern.[373]

Liegt eine zum Widerruf von Leistungen berechtigende Notlage nicht vor, kann die Korrektur kollektiv gegebener Leistungsversprechen des Arbeitgebers dergestalt erfolgen, daß in den Einzelverträgen die *Ablösung* auch günstiger einzelvertraglicher Regelungen *durch* eine verschlechternde *Betriebsvereinbarung vorbehalten*, der Arbeitsvertrag also in diesem Sinne „betriebsvereinbarungsoffen" gestaltet wird. Es ist den Parteien des Arbeitsvertrages unbenommen, ihre einzelvertragliche Regelung zur Disposition einer abweichenden kollektivvertraglichen Regelung zu stellen. Auf diese Weise ließen sich vertragliche Einheitsregelungen in dogmatisch unbedenklicher Weise an geänderte Umstände anpassen.[374]

Ob eine Einheitsarbeitsregelung in diesem Sinne „betriebsvereinbarungsoffen" sein soll, ist durch Auslegung zu ermitteln.[375] Das Vorliegen eines solchen Vorbehalts kann sich ausdrücklich aus der arbeitsvertraglichen Regelung oder auch konkludent aus den Umständen ergeben. Es bedarf allerdings einer

---

[370] *Däubler*, AuR 1984, 1 (18); *Coester*, BB 1984, 797 (800): ein Festhalten am bisherigen System muß dem Arbeitgeber *unzumutbar* geworden sein; allerdings sei die Unzumutbarkeitsgrenze im Zusammenhang mit vertraglichen Einheitsbestimmungen nicht erst im Falle wirtschaftlicher Notlage des Unternehmens, sondern bereits bei „schwerwiegenden Unzuträglichkeiten" für Leistungssystem oder Unternehmen erreicht; *Löwisch*, SAE 1987, 185 (186).

[371] BAG AP Nr. 154 zu § 242 BGB - Ruhegehalt.

[372] AA *Herschel* (Anm. zu BAG AP Nr. 7 zu § 611 BGB - Lohnzuschläge), der den Widerruf mit der Kündigung gleichbehandelt und daher Kündigungsverbote auch für den Widerruf gelten läßt.

[373] BAG AP Nr. 51 zu § 611 BGB - Gratifikation.

[374] *Belling*, DB 1982, 2513 (2516); *ders.*, Günstigkeitsprinzip, 150; *Vassilakakis*, 143.

[375] BAG (GS) NZA 1987, 168 (171 f.).

sorgfältigen Untersuchung der Einzelumstände, ob ein derartiger Vorbehalt dem Willen der Arbeitsvertragsparteien entspricht. Anderenfalls wird sich die Berufung auf einen angeblich konkludent vereinbarten Vorbehalt häufig als Fiktion erweisen, mit der ein praktisch erwünschtes Ergebnis dogmatisch gerechtfertigt werden soll.[376] Allein die Tatsache, daß es sich um eine betriebliche Einheitsregelung handelt, rechtfertigt nicht die Annahme, daß sie unter dem Vorbehalt ihrer Ablösbarkeit durch Betriebsvereinbarung steht.[377]

Zurückhaltung geboten ist auch bei der verschiedentlich vorgeschlagenen[378] Anwendung der Grundsätze der *ergänzenden Vertragsauslegung* für den Fall, daß sich der vertraglichen Einheitsregelung ein eindeutiger Vorbehalt nicht entnehmen läßt. Durch die ergänzende Vertragsauslegung darf – wie auch Richardi[379] ausführt – der Grundsatz, daß für das Verhältnis einer Betriebsvereinbarung zu einer arbeitsvertraglichen Abrede das Günstigkeitsprinzip gilt, nicht in sein Gegenteil verkehrt werden. Das Instrument der ergänzenden Vertragsauslegung hat nämlich nicht die Funktion, die Vergeßlichkeit oder Unachtsamkeit eines Vertragspartners beim Abschluß eines Rechtsgeschäfts dadurch zu korrigieren, daß es zugunsten dieses Vertragspartners nachträglich diejenige Regelung in den Vertrag einführt, die er zwar bei größerer Aufmerksamkeit oder besserer Beratung zum Gegenstand des Vertrages gemacht hätte, aber eben nicht gemacht hat.[380] Die von Buchner[381] betonte Vergleichbarkeit Allgemeiner Arbeitsbedingungen mit den *Allgemeinen Geschäftsbedingungen* legt es eher nahe, den für die letzteren geltenden Auslegungsgrundsatz, wonach Zweifel bei der Auslegung zu Lasten des Verwenders gehen und ggf. der dem Vertragspartner des Anwenders günstigeren Auslegung der Vorzug zu geben ist,[382] auch auf die Allgemeinen Arbeitsbedingungen zu übertragen.[383] Für eine „Regelvermutung" zugunsten eines Widerrufvorbehaltes besteht jedenfalls keine Grundlage.[384]

Zusammenfassend läßt sich demnach feststellen, daß mit der Möglichkeit der Vereinbarung von Änderungsvorbehalten ein individualvertragliches In-

---

[376] *Wank*, Anm. zu BAG EzA § 77 Nr. 20.

[377] *Richardi*, RdA 1983, 278.

[378] *Ahrend/Förster/Rühmann*, BB Beil. 7/1987, 1 (14); *Coester*, BB 1984, 797 (800); *Kemper*, DB 1987, 986 (987 f.); *Richardi*, RdA 1983, 278 (287).

[379] RdA 1983, 278 (287 f.).

[380] *Flume*, 326 f.

[381] DB 1983, 877 (885); siehe oben S. 107 f.

[382] Vgl. §§ 5, 6 AGBG.

[383] *Mayer*, 56; *Säcker*, Gruppenautonomie, 301 f.

[384] *Däubler*, AuR 1984, 1 (22).

strument zur Verfügung steht, einem unabweisbaren Bedürfnis nach Anpassung einheitsvertraglich zugesagter Leistungen des Arbeitgebers Rechnung zu tragen. Das Vorliegen einer Lücke, die durch die Anerkennung der Ablösbarkeit Allgemeiner Arbeitsbedingungen zu schließen wäre, kann somit nicht festgestellt werden. Arbeitsvertragliche Einheitsregelungen sind daher grundsätzlich nicht anders zu behandeln als echte Individualarbeitsverträge.[385] Es verbleibt mithin auch im Verhältnis Allgemeiner Arbeitsbedingungen zu nachfolgenden Betriebsvereinbarungen bei der Geltung des Günstigkeitsprinzips.

Kollektivrechtlichen Ansätzen, die zur Lösung der Konkurrenz von Allgemeinen Arbeitsbedingungen und Betriebsvereinbarungen auf Kosten des Günstigkeitsprinzips das Institut der ablösenden Betriebsvereinbarung zu installieren versuchen, ist mithin eine Absage zu erteilen. Der zweifellos vorhandene kollektive Bezug Allgemeiner Arbeitsbedingungen rechtfertigt es nicht, ihnen auch einen kollektiv*rechtlichen* Charakter beizulegen.[386]

Findet demnach das Günstigkeitsprinzip auch im Verhältnis zwischen auf Allgemeinen Arbeitsbedingungen beruhenden Ansprüchen und Betriebsvereinbarungen Anwendung, so gelten für dessen Inhalt ebenfalls keine Besonderheiten.

Der Ansatz des Großen Senats des BAG mit der Schöpfung eines – bisher nur im Verhältnis zweier Kollektivregelungen zueinander bekannten – *kollektiven* Günstigkeitsprinzips erweist sich als nicht gangbar. Zu Recht ist kritisiert worden, daß die Mutation des Günstigkeitsprinzips, die es in der Deutung durch das BAG erfährt und erkennbar auf dem Bemühen des Gerichts gründet, ein Optimum zugleich an Arbeitnehmerschutz wie an Mitbestimmung miteinander zu verknüpfen,[387] der dogmatischen Grundlage entbehrt.[388]

---

[385] *Belling*, Günstigkeitsprinzip, 156; *Vassilakakis*, 147.

[386] *Leinemann*, DB 1985, 1394 (1395): „Begriffsvertauschung"; *Richardi*, NZA 1987, 185 (187) nennt die Gleichstellung Allgemeiner Arbeitsbedingungen einen „juristischen Trick"; *Vassilakakis*, 56 f.

[387] *Wank*, ZfA 1987, 355 (380).

[388] *Blomeyer*, DB 1987, 634 (638): „dogmatisch ... problematisch"; *Hromadka*, NZA Beil. 3/1987, 2 (5); *Joost*, RdA 1989, 6 (19): „Fremdkörper" im System der arbeitsrechtlichen Gestaltungsmittel; *Löwisch*, SAE 1987, 185 (186); *Reuter*, JuS 1987, 752 (753 f): „Potpourri aus miteinander unvereinbaren dogmatischen Einzelbestandteilen"; *Richardi*, NZA 1987, 185 (187); *Wank*, ZfA 1987, 355 (382); *ders.*, Anm. zu BAG EzA § 77 Nr. 20: es handele sich um einen „rechtsdogmatisch verunglückten und praktisch bedenklichen Beschluß"; *Weismann*, 251; *Zöllner/Loritz*, § 6a II 2 b (S. 80) sprechen von einer „frei erfundenen Version des Günstigkeitsprinzips". Ein kollektives Verständnis des Günstigkeitsprinzips wird ferner abgelehnt von *Ahrend/Förster/Rühmann*, BB Beil. 7/1987, 1 (9); *Lieb*, AuR 1985, 48 (49); zweifelnd auch *Moll*, NZA Beil. 1/1988, 17 (21); *Eich* (SAE

Soweit das Gericht zur Rechtfertigung für die Einschränkung des individuellen Günstigkeitsvergleichs auf den bei Allgemeinen Arbeitsbedingungen anzutreffenden Kollektivbezug abstellt und betont, es müsse die Möglichkeit erhalten bleiben, Grundsätze der Verteilungsgerechtigkeit einheitlich abzuändern, bleibt der Große Senat letztlich eine Erklärung dafür schuldig, warum die Mitbestimmungsbefugnis des Betriebsrates (hier aus § 87 Abs. 1 Nr. 10 BetrVG) gegenüber dem Günstigkeitsprinzip die Oberhand gewinnen kann.[389] Das Günstigkeitsprinzip ist ausschließlich individualrechtlich konzipiert; seine rechtssystematische Grundlage besteht in einer Einschränkung der kollektiven Regelungsmacht und der damit verbundenen Erhaltung der Privatautonomie.[390] Mit dem vom Großen Senat entwickelten kollektiven Günstigkeitsvergleich wird diese gedankliche Grundlage verlassen. Der Inhaltswandel zugunsten eines kollektiven Verständnisses verkehrt die eigentliche Funktion dieses Prinzips – Restituierung der durch die zwingende Wirkung der Kollektivnormen suspendierten Grundsatzes der Vertragsfreiheit und damit *Bewahrung* individualvertraglicher Vereinbarungen – in ihr Gegenteil, indem der Sache nach das Günstigkeitsprinzip als Ermächtigungsgrundlage zum Eingriff in bestehende Verträge verwendet wird.[391] Aus individualvertraglicher Sicht ist nicht einsichtig zu machen, weshalb ein Arbeitnehmer die Beseitigung oder Einschränkung seiner Ansprüche soll hinnehmen müssen, damit andere Arbeitnehmer neue oder höhere Ansprüche erhalten. Der vom Großen Senat hervorgehobene Aspekt des kollektiven Bezuges der Ansprüche vermag die Konstruktion des kollektiven Günstigkeitsvergleichs nicht zu tragen. Der Große Senat hat insoweit auch zu Recht kaum Gefolgschaft gefunden.[392]

Das Günstigkeitsprinzip erfährt mithin auch im Hinblick auf die Besonderheiten der unter dem Oberbegriff der Allgemeinen Arbeitsbedingungen zu-

---

1988, 315 (317)) sieht im Prinzip der kollektiven Günstigkeit lediglich einen möglichen Gesichtspunkt im Rahmen einer Billigkeitskontrolle.

[389] *Nebel*, 258 f.

[390] *Buchner*, RdA 1990, 1 (8); *Hromadka*, NZA Beil. 3/1987, 2 (5); *Joost*, RdA 1989, 6 (19); *Wlotzke*, Günstigkeitsprinzip, 77.

[391] *Belling*, Diskussionsbeitrag in: Scholz, R. (Hrsg.), Wandel der Arbeitswelt, 119 (121 f.); *ders.*, DB 1987, 1888 ff.; *Blomeyer*, DB 1987, 634 (637): der Schutzgedanke des individuellen Günstigkeitsprinzips werde durch das BAG nicht lediglich modifiziert, sondern fallengelassen und durch ein aliud – den Schutz der Belegschaft als Gesamtvertragspartner des Arbeitgebers – ersetzt; *Däubler*, AuR 1987, 349 (353 ff.); *Herrmann*, ZfA 1989, 577 (616); *Richardi*, DB 1990, 1613 (1616).

[392] Für die Günstigkeitsbeurteilung von Arbeitszeitverlängerungen hat der kollektive Günstigkeitsvergleich ohnehin keine Bedeutung, da er auf Sozialleistungen beschränkt ist, die auf eine vom Arbeitgeber gesetzte Einheitsregelung oder eine Gesamtzusage zurückgehen. Der 1. Senat des BAG hat in seinem Urteil vom 21.9.1989 (BAG DB 1990, 692 ff.; vgl. auch *Richardi*, NZA 1990, 331) klargestellt, daß der kollektive Günstigkeitsvergleich nicht für Fragen gelte, die den Inhalt des Arbeitsverhältnisses bestimmen, wie es bei der Dauer der wöchentlichen Arbeitszeit der Fall sei.

sammengefaßten individualvertraglichen Gestaltungsmittel keine Relativierung. Die Kommentierung Richardis[393] zu den in diese Richtung zielenden Bemühungen verdient Zustimmung: das Arbeitsrecht ist „kein Spukschloß, in dem Ordnungsprinzip, Ablösungsprinzip, quasikollektivrechtliche Gestaltungsmöglichkeiten, kollektivrechtliche und individualrechtliche Positionen des Arbeitnehmers ohne Rücksicht auf die Gestaltungsform eine Sonderordnung stiften"; statt mit derartigen Etikettierungen Allgemeiner Arbeitsbedingungen ein „juristisches Nebelfeld" zu schaffen, hat man sich der Regelungs- und Gestaltungsformen zu bedienen, die auch sonst in der Rechtsordnung, hier also – weil das Arbeitsrecht zum Bereich der Privatautonomie gehört – in der Zivilrechtsdogmatik Anerkennung gefunden haben.[394]

[393] NZA 1987, 185 (191).

[394] *Richardi*, NZA 1987, 185 (191).

C. Kollektivvertragliche Arbeitszeitregelungen im Lichte des Günstigkeitsprinzips

I. Die Verkürzung der tariflichen Wochenarbeitszeit und die Möglichkeit ihrer Verlängerung durch einzelvertragliche Vereinbarungen

Die Auseinandersetzung um die Länge der wöchentlichen Arbeitszeit blickt auf eine lange Tradition zurück.[1] In diesem Jahrhundert wurde vor allem während der Weltwirtschaftskrise gegen Ende der 20er und zu Anfang der 30er Jahre eine intensive – beschäftigungspolitische – Diskussion über dieses Thema geführt. Nach dem 2. Weltkrieg setzten neue Bemühungen zur Verkürzung der Wochenarbeitszeit ein und führten 1967 zur Einführung der 40-Stunden-Woche. Verlief der Prozeß der kontinuierlichen Arbeitszeitverkürzung danach zunächst weitgehend konfliktfrei, so geriet die Arbeitszeitverkürzung während der von hohen Arbeitslosenzahlen begleiteten Rezession in den 70er Jahren erneut als beschäftigungspolitisches Instrument in das Blickfeld des gewerkschaftspolitischen Interesses.

Das in den vergangenen Jahren in den Vordergrund der tariflichen Auseinandersetzungen gerückte und weitgehend auch realisierte[2] gewerkschaftspolitische Ziel einer weiteren – beschäftigungsstrategisch motivierten – Herabsetzung der tariflichen regelmäßigen Arbeitszeit gab vor dem Hintergrund des bereits erreichten Niveaus der Arbeitszeitverkürzung nunmehr Anlaß zu sozialpolitischen, aber auch arbeits*rechtlichen* Diskussionen. Besonders über die beschäftigungspolitischen Möglichkeiten und Grenzen der Arbeitszeitverkürzung ist im Verlauf der letzten Jahre eine bisweilen heftige Auseinandersetzung geführt worden. Das Interesse der Arbeitsrechtsdogmatik galt vornehmlich dem Problem, ob mittels individualvertraglicher Abrede die Wochenar-

---

[1] Zur Entwicklung der Arbeitszeitdiskussion eingehend *Vorkötter*, 30 ff.

[2] Die vom Wirtschafts- und Sozialwissenschaftlichen Institut des DGB (WSI) vorgelegte Bilanz der Tarifpolitik des Jahres 1993 ermittelt eine vereinbarte tarifliche Wochenarbeitszeit im gesamtwirtschaftlichen Durchschnitt von 37,4 Stunden (Handelsblatt, 11.8.1993). Nach dem Tarifvertragsbericht des Bundesministeriums für Arbeit und Soziales 1992 lag die durchschnittliche wöchentliche Regelarbeitszeit Ende 1992 bei 38,07 (1991: 31,14) Stunden; in den neuen Bundesländern betrug sie 40,12 (1991: 40,22) Stunden.

beitszeit über die tariflich festgelegte Arbeitszeit hinaus verlängert werden kann, insbesondere, inwieweit das *Günstigkeitsprinzip* eine einzelvertragliche Verlängerung der tariflichen Wochenarbeitszeit gestattet.

Die Beantwortung dieser Frage hat einen durchaus praktischen Hintergrund. Zum einen sind viele Arbeitgeber an einem Einsatz ihrer – vor allem der besonders qualifizierten – Arbeitnehmer über die tarifvertraglich vereinbarte Wochenarbeitszeit hinaus interessiert. Zum anderen wird vermutet, daß auf Seiten der Arbeitnehmer das Interesse an einer längeren wöchentlichen Arbeitszeit in dem Maße wachsen wird, wie die tariflich normierte Arbeitszeit die 40-Stundenwoche unterschreitet.

1. Verfassungsrechtliche Grenzen tariflicher Arbeitszeitregelungen

a) Überschreitung der Tarifmacht bei beschäftigungspolitisch motivierten tarifvertraglichen Arbeitszeitregelungen?

aa) Meinungsstand

Mit den jüngsten tariflichen Arbeitszeitverkürzungen sind – zumindest von seiten der Gewerkschaften – auch oder sogar in erster Linie *arbeitsmarktpolitische* Zielsetzungen verfolgt worden. Dies hat dazu geführt, daß – gleichsam im Vorfeld des Günstigkeitsvergleichs – die Frage nach der *Regelungszuständigkeit* der Tarifparteien für beschäftigungspolitisch motivierte Arbeitszeitverkürzungen gestellt – und zum Teil verneint – wird. Zwar besteht im Ausgangspunkt Einvernehmen darüber, daß auch die Dauer und Verteilung der Arbeitszeit zu den einer normativen Regelung durch Tarifvertrag zugänglichen Arbeitsbedingungen gehören.[3] Indessen darf nach Ansicht mancher Autoren die mit der tariflichen Regelung verfolgte Intention nicht außer acht bleiben. Beschäftigungspolitik, so wird argumentiert, sei Sache des Staates und – soweit sie durch den Erlaß von Normen erfolge – jene des staatlichen Gesetzgebers, nicht jedoch Angelegenheit der Verbände, die aus Art. 9 Abs. 3 GG kein beschäftigungspolitisches Mandat herleiten könnten und im übrigen auch gar nicht in der Lage seien, Beschäftigungspolitik sinnvoll und effektiv zu betreiben. Eine Instrumentalisierung der ihnen zur Wahrung und Förderung der Arbeits- und Wirtschaftsbedingungen verliehenen Normsetzungs-

---

[3] *Richardi*, ZfA 1990, 211 (218).

macht für beschäftigungspolitisch motivierte Ziele sei daher durch das Grundrecht der Koalitionsfreiheit nicht mehr verfassungsrechtlich gewährleistet.[4]

Nach der Gegenposition ist die Tarifautonomie hingegen nicht auf die Realisierung bestimmter vorgegebener Zwecke beschränkt, sondern wird ihr Wirkungsbereich allein vom *Regelungsgegenstand* her definiert. Art. 9 Abs. 3 GG mache insoweit keine Vorgaben, sofern nur der unmittelbare Gegenstand einer Vereinbarung eindeutig Arbeitsbedingungen betreffe.[5] Die Zuständigkeit zur Regelung der Arbeitszeit sei seit Beginn der Gewerkschaftsbewegung von den Tarifvertragsparteien in Anspruch genommen worden und gehöre „unzweifelhaft"[6] zu den Arbeits- und Wirtschaftsbedingungen iSd Art. 9 Abs. 3 GG.[7]

bb) Stellungnahme

Für die nähere Bestimmung der aus Art. 9 Abs. 3 GG abgeleiteten Koalitionsbetätigungsgarantie ist die Auslegung des Begriffspaares der „Wahrung und Förderung der Arbeits- und Wirtschaftsbedingungen" entscheidend.

Der bewußt weit gefaßte Wortlaut des Art. 9 Abs. 3 GG, der den Zuständigkeitsbereich der Koalitionen nicht – wie etwa § 152 Abs. 1 GewO – auf die Regelung der „Lohn- und Arbeitsbedingungen" beschränkt, spricht zunächst dafür, auch von einer prinzipiell *weiten* Regelungszuständigkeit der Koalitionen auszugehen.[8]

---

[4] *Bengelsdorf*, ZfA 1990, 563 (570 f.); *Loritz*, ZfA 1990, 133 (163 ff.); *Zöllner*, DB 1989, 2121 (2122); differenzierend *Rieble*, ZTR 1993, 54 (56 f.): zwar hätten die Tarifvertragsparteien kein beschäftigungspolitisches Mandat in dem Sinne, daß sie befugt wären, die Wettbewerbsordnung für den Arbeitsmarkt zu gestalten und Konflikte zwischen Arbeitnehmern und Arbeitssuchenden zu lösen; andererseits sei es unzulässig, Tarifnormen zur Regelung „gewöhnlicher" Arbeitsbedingungen – wie etwa der Arbeitszeit – einer rechtlichen Überprüfung im Hinblick auf die für die Tarifparteien maßgebenden *Beweggründe* zu unterwerfen. Der Tarifvertrag könne ausschließlich auf seinen *Inhalt* hin kontrolliert werden.

[5] *Däubler*, DB 1989, 2534 (2535); *Linnenkohl/Rauschenberg/Reh*, BB 1990, 628; *Käppler*, NZA 1991, 745 (748); *Richardi*, ZfA 1990, 211 (218 f.).

[6] *Peters/Ossenbühl*, 23.

[7] *Joost*, ZfA 1984, 173 (174); *Mayer*, 99; demgegenüber gibt *Waltermann* (Berufsfreiheit, 43) zu bedenken, daß bei der Forderung nach einer Verkürzung der Arbeitszeit früher keine *arbeitsverteilungspolitische* Motivation, sondern die Verbesserung der Lebensbedingungen im Vordergrund gestanden habe.

[8] *Badura*, Das Recht der Koalitionen, 17 (28); *Misera*, 31 f. und 46; *Waltermann*, NZA 1991, 754 (757); grundsätzlich auch *Zöllner/Loritz*, § 8 III 1 (S. 102): der Begriff der Arbeitsbedingungen dürfe „nicht zu eng verstanden werden". Für eine Beschränkung der tariflichen Regelungsmacht auf die unmittelbaren Arbeitsbedingungen, die in einer „engen Beziehung zum Arbeitsverhältnis" stehen:

Andererseits schließt die Funktion des Tatbestandsmerkmals „Arbeits- und Wirtschaftsbedingungen“ als einer verfassungsunmittelbaren Schranke für die tarifvertragliche Regelungsbefugnis es aus, den Koalitionen eine „Kompetenzkompetenz“ einzuräumen und den Grenzverlauf der tariflichen Regelungsmacht zur Disposition der Verbände zu stellen.[9]

Der Umfang der Gewährleistung kollektiver Koalitionsbetätigung durch Art. 9 Abs. 3 GG ist vielmehr aus dem *Zweck* der verfassungsrechtlichen Garantie abzuleiten, den das BVerfG dahingehend umschrieben hat, den Koalitionen die Aufgabe einer „sinnvollen Ordnung des Arbeitslebens“ zuzuweisen.[10] Vor dem Hintergrund dieser Ordnungsaufgabe kann sich der Zuständigkeitsbereich der Koalitionen nicht in der Gestaltung der Arbeitsverhältnisse und dem kollektiven Aushandeln der Arbeitsbedingungen erschöpfen. Auch in Anbetracht der Dynamik des technologischen und ökonomischen Wandels der Bedingungen, unter denen abhängige Arbeit erbracht wird, erscheint der Ordnungsfunktion der Koalitionen nur eine offene und variable Interpretation der „Arbeits- und Wirtschaftsbedingungen“ adäquat, die es den Tarifpartnern ermöglicht, mit den Mitteln des Tarifvertragsrechts auch auf neue soziale Probleme reagieren zu können.[11] Dem wird durch ein Normverständnis Rechnung getragen, das die Wahrnehmungszuständigkeit der Koalitionen allgemein durch die Gesamtheit der mit der Erbringung und Inanspruchnahme abhängiger Arbeit in Zusammenhang stehenden Interessen beschreibt.[12] Die Koalitionsbetätigungsgarantie ist damit nicht auf die „Arbeits- und Wirtschaftsbedingungen“ nur der aktiv Beschäftigten beschränkt. Auch Regelungen der Arbeitszeit, die das Ziel haben, die vorhandene Arbeit aus beschäftigungspolitischen Gründen auf eine größere Zahl von Arbeitskräften zu verteilen, beziehen sich im beschriebenen Sinne auf die Bedingungen und die Teilhabe der abhängigen Arbeit im Arbeits- und Wirtschaftsleben. Art. 9 Abs. 3 GG erlaubt den Tarifparteien daher auch eine gestaltende Tätigkeit im Hinblick auf den Arbeitsmarkt und die hiermit verbundene Verteilung des Gesamtvolumens der benötigten Leistung abhängiger Arbeit.

Durchgreifende Bedenken im Hinblick auf die negative Koalitionsfreiheit der koalitionsungebundenen Arbeitnehmer bzw. Arbeitgeber bestehen trotz des grundsätzlich auf die Mitglieder beschränkten Zwecks der Koalitionstätig-

---

Karakatsanis, 75 ff.; ähnlich *Nipperdey* in Hueck/Nipperdey, Arbeitsrecht II/1, § 19 G II 4 c (S. 408); *Hueck/Nipperdey/Tophoven/Stahlhacke*, § 1 Rz. 158.

9 *Säcker/Oetker*, 36.

10 BVerfGE 4, 96 (107); 18, 18 (27 f.); 20, 312 (317); 44, 322 (342); 50, 290 (372); 58, 233 (247 ff.).

11 *Säcker/Oetker*, 64 f.

12 *Säcker/Oetker*, 65; *Waltermann*, NZA 1991, 754 (757).

keit[13] und der Tatsache, daß eine Anerkennung der Gewerkschaften als Repräsentanten *aller* Arbeitnehmer aus dem geltenden Recht nicht ableitbar ist, jedenfalls insoweit nicht, als die Einflußnahme der Koalitionen sich lediglich als unvermeidlicher Reflex einer effektiven Interessenwahrnehmung durch die Koalitionen darstellt. Dies dürfte bei beschäftigungspolitisch motivierten tarifvertraglichen Arbeitszeitregelungen der Fall sein. Die Auswirkungen bei der Wahrnehmung beschäftigungs- und arbeitsmarktspezifischer Mitgliederinteressen durch die Koalitionen auch auf Koalitionsungebundene sind faktisch unvermeidbar. Sie müssen aber aufgrund des beim Ausgleich kollidierender Grundrechtspositionen geltenden Gebots praktischer Konkordanz deshalb hingenommen werden, weil der Ordnungsauftrag der Koalitionen anderenfalls effektiv nicht wahrgenommen werden kann[14] und zudem – worauf Schwerdtner[15] hingewiesen hat – ein Zusammenhang zwischen funktionsfähiger Tarifautonomie und ausgeglichener Beschäftigungslage besteht, das Ziel der Beseitigung von Arbeitslosigkeit mithin auch unter dem Gesichtspunkt der verfassungsrechtlichen Garantie des Koalitionsbestandes und der Einrichtungsgarantie für ein funktionsfähiges Tarifvertragssystem zu sehen ist.

Der sich aus Art. 9 Abs. 3 GG ergebenden Regelungszuständigkeit der Koalitionen unterfällt somit auch die Regelung der Arbeitszeit mit beschäftigungspolitischer Zielsetzung.[16] Damit kommt auch der im vorliegenden Zusammenhang mitunter für rechtlich relevant gehaltenen[17] Frage, ob die von den Gewerkschaften unzweifelhaft verfolgte arbeitsmarktpolitische Zielsetzung auch von den Arbeitgebern geteilt werden müßte,[18] um ihr – im Unterschied zu einer bloßen Motivation eines der Vertragspartner – die rechtliche

[13] BVerfGE 17, 319 (333); 18, 18 (26); 42, 133 (138); 44, 308 (344); 55, 7 (23); 57, 29 (37).

[14] *Säcker/Oetker*, 69 f.

[15] ZfA 1977, 47 (71 f.).

[16] *Säcker/Oetker*, 65 äußern im Hinblick auf das Günstigkeitsprinzip und das Verbot von Höchstarbeitsbedingungen zwar Zweifel an der Effektivität des Tarifvertrages zur Durchsetzung verteilungspolitischer Vorstellungen über eine Regulierung der Arbeitszeit, lassen die mangelnde Effektivität aber nicht als Einwand gegen die Legitimität des Regelungsziels gelten; vgl. *Wank*, Recht auf Arbeit, 94 f.: die Tarifparteien dürfen grundsätzlich unter Berücksichtigung der Bedürfnisse ihrer Mitglieder Regelungen auch im Hinblick auf beschäftigungspolitische Auswirkungen treffen; sie hätten gezeigt, daß sie in der Lage sind, einen sinnvollen, branchenspezifischen Ausgleich zwischen den Interessen der Beschäftigten an Lohnerhöhung und weiteren Leistungen sowie den beschäftigungspolitischen Interessen herbeizuführen.

[17] *Leinemann* (DB 1990, 732 (733)) unterscheidet zwischen den Zwecken, die *eine* Vertragspartei mit den Regelungen des Tarifvertrags anstrebt, und den Inhalten des Tarifvertrages, der von *beiden* Seiten vereinbart ist; von *Käppler* (NZA 1991, 745 (748)) problematisiert, aber letztlich offengelassen.

[18] Die Arbeitgeberseite hat sich eine entsprechende Intention nicht zu eigen gemacht; vgl. *Leinemann* DB 1990, 732 (733); *Hromadka*, DB 1992, 1042 (1043).

Qualität eines Regelungsziels zu verleihen, keine entscheidende Bedeutung zu.[19] Ebensowenig ist beachtlich, ob die mit der Verkürzung der Wochenarbeitszeit verfolgten beschäftigungspolitischen Zwecke im Vordergrund oder nur gleichrangig neben den traditionellen Funktionen des Gesundheitsschutzes und der Schaffung von mehr Freizeit stehen.[20]

Ob die Forderungen der Gewerkschaft oder die dem Tarifvertrag zugrundeliegenden und durch ihn realisierten wirtschaftspolitischen Entscheidungen der Tarifparteien gesamtökonomisch vernünftig sind und eine Verkürzung der Wochenarbeitszeit ein taugliches Mittel zur Bekämpfung der Arbeitslosigkeit darstellt,[21] ist nach geltendem Recht ebenfalls unerheblich.[22] Allein der Gesetzgeber ist befugt, die Normsetzungsbefugnis der Tarifparteien zum Wohl überwiegender Gemeinschaftsinteressen auch insoweit zu beschränken, als sie der Verwirklichung des Schutzzwecks dient.[23]

b) Kollision kollektivrechtlicher Arbeitszeitregelungen mit Art. 12 Abs. 1 GG?

aa) Meinungsstand

Neben einer vermeintlichen, aus Art. 9 Abs. 3 GG abzuleitenden immanenten Beschränkung der Regelungskompetenz der Tarifvertragsparteien auf die Verfolgung bestimmter Zwecke sollen weitere Schranken für kollektivvertragliche Arbeitszeitregelungen aus dem namentlich durch Art. 12 GG gebotenen Grundrechtsschutz der Arbeitsvertragsparteien abzuleiten sein. Eine Reihe von Autoren[24] stellt die Verfassungsmäßigkeit von tarifvertraglichen Arbeits-

---

[19] So auch *Hromadka*, DB 1992, 1042; *Käppler*, NZA 1991, 745 (748); zu den mit der Politik der Arbeitszeitverkürzung verfolgten gewerkschaftlichen Zielen: *Zimmermann*, WSI Mitteilungen 1991, 121 ff.; danach war und ist die Arbeitszeitverkürzungspolitik der Gewerkschaften einerseits eine „Politik der Solidarität mit den Arbeitslosen", gleichzeitig aber auch ein „Kampf für mehr Zeit zum Leben, für mehr Lebensqualität".

[20] Im letzteren Sinne *Däubler*, DB 1989, 2534 (2538); *Joost* (ZfA 1984, 173 (181)) sieht die heutige Forderung nach der Einführung der 35-Stunden-Woche eindeutig und erklärtermaßen als beschäftigungspolitisch begründet an.

[21] *Schwerdtner* (ZfA 1977, 47 (72)) betrachtet die Herabsetzung der Arbeitszeit als ungeeignetes Instrument der Arbeitsmarktpolitik, da auf diesem Wege lediglich notwendige Anpassungen verzögert würden.

[22] *Biedenkopf*, 81; vgl. *Säcker/Oetker*, 67 (Fn. 138).

[23] *Biedenkopf*, 83.

[24] *Zöllner*, DB 1989, 2121 (2122 ff.); *Bengelsdorf*, ZfA 1990, 563 (568 ff.); *Hromadka*, DB 1992, 1042 (1045).

zeitverkürzungen unter dem Gesichtspunkt in Frage, daß die Tarifvertragsparteien mit Regelungen zur Verkürzung der Arbeitszeit in die durch Art. 12 Abs. 1 GG geschützte[25] Berufsausübungsfreiheit sowohl der Arbeitnehmer als auch des Arbeitgebers eingriffen, ohne hierzu verfassungsrechtlich legitimiert zu sein.

Für Zöllner beinhaltet auf Seiten des *Arbeitgebers* die Statuierung von kürzeren Arbeitszeiten insofern eine erhebliche Beschränkung seiner wirtschaftlichen Betätigung, als sie diesen zur Beschäftigung einer größeren Anzahl von Arbeitnehmern und den damit verbundenen höheren Investitionen und laufenden Aufwendungen nötige. Die verfassungsrechtlichen Voraussetzungen für einen derartigen Eingriff in die Berufsausübungsfreiheit lägen nicht vor, da ein Gemeinschaftsinteresse, das die mit Arbeitszeitverkürzungen verbundene Grundrechtsbeschränkung rechtfertigen könnte, nicht ersichtlich sei: zur Verfolgung beschäftigungspolitischer Zielsetzungen sei – sofern ein arbeitsmarktpolitisches Mandat der Berufsverbände überhaupt anzuerkennen sein sollte – bereits die *Geeignetheit* von Arbeitszeitverkürzungen zweifelhaft, da meßbare arbeitsmarktpolitische Effekte der Arbeitszeitverkürzung wissenschaftlich nicht gesichert seien.[26] Jedenfalls erwiesen sich Verkürzungen der Wochenarbeitszeit als Maßnahme zur Hebung des Beschäftigtenstandes dann als *unverhältnismäßig*, wenn sie sich undifferenziert auf alle Arbeitnehmer der betreffenden Branche erstrecken und nicht jene Arbeitnehmergruppen ausnehmen, bei denen eine Knappheit an Arbeitsplätzen gar nicht besteht. Sehe man dagegen – in Übereinstimmung mit der traditionellen Gewerkschaftspolitik – den Gemeinwohlaspekt in einem mit der Arbeitszeitverkürzung verbundenen effektiveren Gesundheitsschutz der Arbeitnehmer, so sei die verfassungsrechtliche Zulässigkeit von Arbeitszeitverkürzungen ebenfalls nicht gegeben, weil gesundheitliche Aspekte bei Beschränkungen der Wochenarbeitszeit auf weniger als 40 Stunden allenfalls bei bestimmten, mit besonderen physischen oder

---

[25] Nach wohl überwiegend vertretener Ansicht ist die Vertragsfreiheit bei Höchstarbeitszeitregelungen allein im Hinblick auf ihre berufsfreiheitssichernde Funktion betroffen. Art. 2 Abs. 1 GG trete zurück, sofern der tangierte Freiheitsbereich gerade durch Art. 12 GG geschützt werden soll (vgl. BVerfGE 30, 292 (336)), so daß Art. 12 GG in diesem Bereich die Vertragsfreiheit notwendigerweise mitumfasse (*Scholz* in Maunz/Dürig, Grundgesetz, Art. 12 Rz. 49 mwN und 114 f.; vgl. *Weismann*, 110 f.). – aA *Nause*, 82 f.: Art. 2 Abs. 1 GG sei auch im Bereich der Arbeitsvertragsfreiheit das einschlägige Grundrecht.

[26] Zum Umfang der Entlastungswirkung für den Arbeitsmarkt eingehend *Vorkötter*, aaO. Nach Einschätzung der IG Metall werden durch die in der Metall- und Elektroindustrie vereinbarten Arbeitszeitverkürzungen bundesweit 50.000 Arbeitsplätze „geschaffen und gesichert" (Handelsblatt, 9.2.1993). Ihr amtierender Vorsitzender, Klaus *Zwickel*, warnte, bei der Rückkehr zur 40-Stunden-Woche seien zusätzlich 800.000 Arbeitsplätze gefährdet (Der Spiegel, Heft 26/1993, S. 94). Der Vorsitzende der IG Medien, Detlef *Hensche*, vertritt die Ansicht, bei Geltung der 32-Stunden-Woche könne in Deutschland jeder Arbeiten, der arbeiten wolle (Handelsblatt, 14./15.8.1993).

psychischen Belastungen verbundenen Tätigkeiten zum Tragen kämen und der Wunsch der Arbeitnehmer nach weiterer Vermehrung der Freizeit kein anerkennenswertes Gemeinwohlinteresse darstelle, das den Grundrechtsschutz des Arbeitgebers verdrängen könnte.

Auch die Berufsausübungsfreiheit des *Arbeitnehmers* wird nach Auffassung der genannten Autoren durch die Festlegung von Höchstarbeitszeiten tangiert, da letztere – auch im Hinblick auf die mit ihnen einhergehende Festlegung zwingender Einkommensobergrenzen – die eigenverantwortliche, selbstbestimmte Lebensgestaltung des Arbeitnehmers einenge. Das Grundrecht der Berufsausübungsfreiheit in Art. 12 Abs. 1 GG gebiete, dem natürlichen Streben des Arbeitnehmers Raum zu geben, durch Steigerung seiner Leistungen seine wirtschaftliche Lage zu verbessern, und erlaube Einschränkungen nur insoweit, wie es der soziale Schutz des Arbeitnehmers erfordere.[27] Gründe, die einen solchen Eingriff rechtfertigen könnten, lägen indessen – entsprechend den Ausführungen hinsichtlich der Berufsfreiheit des Arbeitgebers – nicht vor. Die Arbeitnehmer würden arbeitszeitrechtlich durch die Vorschriften der AZO vor einer gesundheitlichen Selbstausbeutung hinreichend geschützt.[28]

Sind tarifvertragliche Arbeitszeitverkürzungen nicht durch die Abwehr von Gefahren für wichtige Gemeinschaftsgüter – wie etwa der Gesundheit der Arbeitnehmer – gedeckt, kommt es demnach für die Vertreter der dargestellten Auffassung insoweit gar nicht auf das Günstigkeitsprinzip an. Den Tarifparteien fehle bereits die Tarifmacht für entsprechende Regelungen, die daher – soweit sie Höchstarbeitszeiten festlegen sollen – unwirksam sind.[29]

bb) Stellungnahme

Zutreffend an der von Zöllner vertretenen Auffassung ist zunächst, daß die Arbeitsvertragsfreiheit auch auf der Arbeitgeberseite dem Schutzbereich des

---

[27] *Bengelsdorf*, ZfA 1990, 563 (578) unter Berufung auf *Nikisch*, Arbeitsrecht II, § 82 I 3 (S. 420).

[28] *Bengelsdorf*, ZfA 1990, 563 (575 f.); *Zöllner* (DB 1989, 2121 (2123 f.)) hält es im Hinblick auf die mit der beruflichen Betätigung verbundene Möglichkeit der persönlichen Entfaltungsfreiheit sogar für denkbar, daß vertraglich vereinbarte längere Arbeitszeiten ohne Rücksicht auf einen damit verbundenen etwaigen Einkommenszuwachs bereits für sich genommen günstiger sein können als tarifvertraglich festgelegte kürzere Arbeitszeiten.

[29] *Hromadka*, DB 1992, 1042 (1045).

Art. 12 Abs. 1 GG unterfällt.[30] Ebenso kann nicht geleugnet werden, daß Regelungen zur Arbeitszeitverkürzung, würden sie durch den staatlichen Gesetzgeber vorgenommen, einen Eingriff in den Schutzbereich der durch Art. 12 Abs. 1 GG mitgewährleisteten Arbeitsvertragsfreiheit darstellen würden.

Eine Bewertung kollektivvertraglicher Arbeitszeitverkürzungen am Maßstab des Art. 12 GG wird aber zunächst zu berücksichtigen haben, daß es in erster Linie der Arbeitnehmer ist, der durch tarifliche Arbeitszeitbestimmungen in seinen beruflichen Entfaltungsmöglichkeiten beschränkt wird. Demgegenüber ist der Arbeitgeber nur mittelbar, nämlich insofern betroffen, als er sich entschieden hat, für seine unternehmerische Tätigkeit sich der Arbeitsleistung anderer zu bedienen, die ihrerseits Träger des Grundrechts aus Art. 12 Abs. 1 GG sind. Für den Arbeitgeber stellt sich die Beschränkung seiner Arbeitsvertragsfreiheit wirtschaftlich in erster Linie als kostensteigernde Änderung der Rahmenbedingungen seiner wirtschaftlichen Betätigung und damit gleichsam als Reflex jener Beschränkung dar, die das Grundrecht des Arbeitnehmers durch Arbeitszeitregelungen erfährt.[31] Auch hat die Arbeitsvertragsfreiheit für Arbeitgeber und Arbeitnehmer ein durchaus verschiedenes Gewicht. Während sie für den Arbeitnehmer die eigenständige Gestaltung seiner beruflichen Entfaltungsmöglichkeiten beinhaltet, stellt sie für den Arbeitgeber eines der Gestaltungsmittel für den wirtschaftlich sinnvollen Einsatz der Produktionsfaktoren im Hinblick auf das unternehmerische Ziel der Gewinnerzielung dar.[32] Letzteres ist daher als rein wirtschaftliche Komponente gleichsam lediglich am Rande der verfassungsrechtlichen Gewährleistung der Berufsfreiheit anzusiedeln.[33] Dieser unterschiedlichen Intensität und Nähe zum Schutzbereich des Grundrechts entspricht es, bei Eingriffen in die vertragliche Gestaltungsfreiheit eine Berufung des Arbeitgebers auf Art. 12 Abs. 1 GG in aller Regel dort auszuschließen, wo eine Grundrechtsbeschränkung seines Arbeitsvertragspartners verfassungsrechtlich legitimiert ist.[34]

---

[30] BVerfGE 21, 261 (267); BVerfG, BB 1981, 1034 (1035 ff.); *Scholz in* Maunz/Dürig, Grundgesetz, Art. 12, Rz. 132; MünchKomm-*Söllner*, § 611, Rz. 194, 271 ff.; vgl. dazu auch *Loritz*, ZfA 1990, 133 (145); dies gilt auch, soweit der Arbeitgeber eine juristische Person des Privatrechts ist (BVerfGE 30, 292 (312)).

[31] *Weismann*, 138.

[32] *Weismann*, 139.

[33] *Weismann*, 142, der zudem die maximale Kostenbelastung als wirtschaftlich marginal ansieht.

[34] *Buchner* DB 1990, 1715 (1718); die Eigentumsgewährleistung des Art. 14 Abs. 1 GG ist nach Auffassung *Weismanns*, 142 ff. nicht einschlägig, weil die Organisationsbefugnis hinsichtlich der Zahl der Beschäftigten keine Beschränkung der – durch Art. 14 Abs. 1 GG geschützten – Verfügungsbefugnis der Produktionsmittel darstellt, da die Zahl der Beschäftigten den Einsatz der Produktionsmittel nur mittelbar betreffe und die Verfügungsbefugnis des Eigentümers völlig unberührt bleibe.

Für die – organisierten – Arbeitnehmer ist es aber gerade das Günstigkeitsprinzip, das einer übermäßigen Beschränkung der Arbeitsvertragsfreiheit des Arbeitnehmers vorbeugt und das Spannungsverhältnis zwischen individueller Freiheit und kollektiver Bindung in einer dem Prinzip der praktischen Konkordanz entsprechenden Weise löst.[35] Wäre allerdings die Geltung des Günstigkeitsprinzips im Bereich kollektivvertraglicher Regelungen der Arbeitszeitdauer in Frage gestellt, so müßte – wie die Rechtsprechung des BAG zur Zulässigkeit von die Aufnahme von *Nebentätigkeiten* beschränkenden Arbeitsvertragsabreden bestätigt – abweichenden einzelvertraglichen Vereinbarungen einer längeren Arbeitszeit über Art. 12 Abs. 1 GG – oder wegen Überschreitung des Umfangs der Tarifautonomie über Art. 9 Abs. 3 GG – rechtliche Geltung verschafft werden. Dieser Rechtsprechung zufolge ist eine die Nebentätigkeit eines Vollzeitarbeitnehmers beschränkende arbeitsvertragliche Vereinbarung im Hinblick auf Art. 12 Abs. 1 GG unzulässig, soweit eine Beeinträchtigung von Arbeitgeberinteressen nicht zu erwarten ist.[36] Dann ist aber nicht einsichtig zu machen, daß eine Verlängerung der Arbeitszeit bei dem *gleichen* Arbeitgeber dem Arbeitnehmer wegen zwingender tariflicher Arbeitszeitvorgaben verwehrt sein soll.[37]

Kollektivvertragliche Arbeitszeitregelungen, die sich sachlich-gegenständlich im Rahmen der Gewährleistung der Tarifautonomie bewegen, sind somit jedenfalls im Hinblick auf Art. 12 Abs. 1 GG verfassungsrechtlich unbedenklich, wenn sie dem Korrektiv des Günstigkeitsprinzips unterworfen sind.[38]

2. Die Anwendbarkeit des Günstigkeitsprinzips auf kollektivvertragliche Arbeitszeitverkürzungen

Sind mithin auch beschäftigungspolitisch motivierte Verkürzungen der Wochenarbeitszeit einer tariflichen Regelung zugänglich, so stellt sich nun-

[35] Vgl. *Buchner*, DB 1990, 1715 (1719).

[36] BAG AP Nr. 68 zu § 626 BGB mit zust. Anm. von *Löwisch/Röder*.

[37] *Buchner*, DB 1990, 1715 (1719); ebenso *Richardi*, DB 1990, 1613 (1615); *Weismann*, 84 f. macht ferner geltend, daß eine Arbeitszeitregelung in der Regel viel freiheitsbeschränkender sein werde als das Verbot einer wirtschaftlichen Nebentätigkeit für jemanden, der schon einen Beruf ausübt.

[38] *Buchner*, DB 1990, 1715 (1719); *Käppler*, NZA 1990, 745 (750); offenbar auch BAG (SAE 1988, 97 ff.), das im Zusammenhang mit seinen Erwägungen zur Wahrung der Interessen derjenigen Arbeitnehmer, denen im Rahmen der Arbeitszeittarifverträge der Metallindustrie 1984 (dazu unten S. 207 ff.) eine individuelle Arbeitszeit von unter 40 Stunden zugeordnet wird, das Günstigkeitsprinzip anführt und erklärt, die betroffenen Arbeitnehmer könnten geltend machen, daß der Spruch der Einigungsstelle nicht in günstigere einzelvertragliche Rechte eingreifen könne.

mehr die Frage nach der Zulässigkeit einzelvertraglich vereinbarter Verlängerungen der tariflichen Wochenarbeitszeit in Anbetracht der Geltung des *Günstigkeitsprinzips*.

a) Begriffliche Zuordnung der tariflichen Arbeitszeitbestimmungen

Die überkommene Meinung leugnet bereits die Anwendbarkeit des Günstigkeitsprinzips auf Arbeitszeitregelungen.

Sie begründet ihre ablehnende Haltung mit der begrifflichen Erwägung, die tariflichen Arbeitszeitbestimmungen seien, sofern sie sich die Eigenschaft als tarifliche Höchstarbeitsbedingungen beilegten,[39] den Kategorien der sog. Abschluß-, negativen Inhalts- oder den Betriebsnormen iSd § 3 Abs. 2 TVG zuzuordnen, welche der Anwendbarkeit des Günstigkeitsprinzips a limine entzogen seien.

Die in § 1 Abs. 1 TVG als möglicher Gegenstand der tariflichen Regelung hervorgehobenen und den – den Inhalt des Arbeitsverhältnis regelnden – Inhaltsnormen gegenübergestellten Abschlußnormen sind Bestimmungen über das Zustandekommen von Arbeitsverträgen, namentlich Abschlußgebote und -verbote.[40] Abschlußverbote untersagen beispielsweise die Einstellung bestimmter Arbeitnehmergruppen.[41] Durch die tarifvertragliche Festlegung der wöchentlichen Arbeitszeit soll jedoch gerade nicht der Abschluß des Arbeitsvertrages verboten, sondern der Inhalt der Arbeitsverträge bestimmt werden. Entsprechende tarifliche Regelungen sind somit nicht als Abschluß-, sondern als *Inhaltsnormen* zu qualifizieren.[42]

Ebensowenig kann die Deutung tariflicher Arbeitszeitregelungen als sog. *negative Inhaltsnormen* zu der Konsequenz führen, daß für die Frage nach der

[39] Zu den möglichen Inhalten und dem daraus resultierenden Rechtscharakter tariflicher Arbeitszeitbestimmungen vgl. *Buchner*, DB 1990, 1715 f.; seiner Meinung nach führe eine Auslegung der bestehenden tariflichen Arbeitszeitbestimmungen dazu, sie als – positive – *Inhaltsnormen* zu bewerten; nach *Wiedemann/Stumpf*, § 4 Rz. 242 kann die Auslegung einer tariflichen Arbeitszeitregelung ergeben, daß sie ein *Abschlußverbot* enthält und keine bloße Inhaltsnorm darstellt.

[40] *Buchner*, RdA 1966, 208; *Joost*, ZfA 1984, 173 (187); *Nikisch*, Arbeitsrecht II, § 15 III (S. 296) mwN; *Nipperdey* in Hueck/Nipperdey, Arbeitsrecht II/1, § 15 III (S. 288 ff.).

[41] Vgl. *Nikisch*, Arbeitsrecht II, § 73 III 4 (S. 299); *Kahn-Freund*, 73.

[42] *Mayer*, 100 und 105 f.; *Joost*, ZfA 1984, 173 (187); *Löwisch*, DB 1984, 2457; *Weismann*, 224; *Zöllner*, DB 1989, 2121 (2124).

Günstigkeit entsprechender tariflicher Regelungen im Verhältnis zum Individualarbeitsvertrag von vornherein kein Raum ist.[43]

Unter negativen Inhaltsnormen werden dabei solche Bestimmungen des Tarifvertrages verstanden, die eine bestimmte individualvertragliche Vertragsgestaltung verbieten (z.B. Verbot von Nachtarbeit oder Akkordentlohnung). Mit der tarifvertraglichen Festlegung der Arbeitszeit im Sinne einer Höchstarbeitszeit hätten die Tarifpartner inzidenter die Vereinbarung längerer Arbeitszeiten durch den Einzelarbeitsvertrag untersagt und in diesem Sinne den Inhalt des Arbeitsvertrages – negativ – geregelt.

Die Unanwendbarkeit des Günstigkeitsprinzips bei negativen Inhaltsnormen wird damit begründet, daß durch letztere der Arbeitsvertrag hinsichtlich der jeweiligen Arbeitsbedingungen auf einen bestimmten Inhalt festgelegt werde, gegenüber dem kein Raum für etwas „Günstigeres" vorhanden sei.[44]

Dieser Auffassung ist allerdings einerseits zu Recht entgegengehalten worden, daß die Anwendbarkeit des Günstigkeitsprinzips nicht von der Ausgestaltung einer Tarifbestimmung als positiver oder negativer Inhaltsnormen abhängig gemacht werden kann[45], zumal positive Inhaltsnormen sich stets auch negativ formulieren lassen und negativ gefaßte Inhaltsnormen vielfach in Wahrheit positive Inhaltsbestimmungen sind.[46] Anderenfalls hätten es die Tarifvertragsparteien weitgehend in der Hand, über die Geltung des Günstigkeitsprinzips – das gerade die Funktion einer Schranke der Kollektivgewalt wahrnimmt – zu disponieren.[47] Des weiteren ist der Bestimmung des § 4

---

[43] So aber BAGE 4, 59 (61); LAG Düsseldorf, AP Nr. 1 zu § 4 TVG – Abschlußverbote; *Nikisch*, Arbeitsrecht II, § 82 II 1 (S. 423); *Nipperdey* in Hueck/Nipperdey, Arbeitsrecht II/1, § 30 I 2 (S. 572 Fn. 2); *Schulze*, 66; *Wiedemann/Stumpf*, § 4 Rz. 216, 224.

[44] Vgl. *Löwisch*, DB 1989, 1185 (1186); *Bötticher*, RdA 1968, 418 (419); *Nikisch*, Arbeitsrecht II/l, § 82 IV 4 (S. 433); für die prinzipielle Unterscheidung von positiven und negativen tariflichen Normen bereits *Kahn-Freund*, 51: die Unabdingbarkeit tariflicher Normen könne ihrem Wesen nach nur bei positiven Normen Platz greifen, da nur bei positiven, gebietenden Normen deren Inhalt in das Rechtsgeschäft eingehen könne, während die Rechtsfolge von individualvertraglichen Verstößen gegen tarifliche *Verbote* nur deren Nichtigkeit sein könne.

[45] *Bengelsdorf*, ZfA 1990, 563 (567); *Zöllner*, DB 1989, 2121 (2124); *Richardi*, Kollektivgewalt, 383; *Wlotzke*, Günstigkeitsprinzip, 28: zwar gäbe es gegenüber den negativen Inhaltsnormen nichts „Günstigeres" im Sinne einer Verbesserung der tariflichen Arbeitsbedingungen; wohl aber könnten die Verbotsklauseln den Günstigkeitsgrundsatz in einer unzulässigen Weise einschränken.

[46] *Bötticher*, RdA 1968, 418 (419); Joost, ZfA 1984, 173 (188); *Mayer*, 108; *Richardi*, Kollektivgewalt, 383; *Weismann*, 220 f.; *Wlotzke*, Günstigkeitsprinzip, 27.

[47] *Mayer*, 109; *Richardi*, Kollektivgewalt, 383; *Joost*, ZfA 1984 (188) im Anschluß an *Bötticher* (RdA 1968, 418 (419)), der darauf hinweist, daß von einer negativen Inhaltsnorm sinnvoll nur „bei *ersatzloser* Ausmerzung der arbeitsvertraglichen Abrede" gesprochen werden könne; ebenso *Weismann*, 222; dies ist bei Arbeitszeitregelungen indessen nicht der Fall; vgl. *Weismann*, 222; *Joost*, ZfA 1984, 173 (184).

Abs. 3 TVG eine unterschiedliche Geltung des Günstigkeitsprinzips nach Maßgabe der begrifflichen Unterscheidung zwischen positiven und negativen Inhaltsnormen nicht zu entnehmen.[48]

Schließlich kann dieser Auffassung auch deshalb nicht gefolgt werden, weil ein Günstigkeitsvergleich bei negativen Inhaltsnormen keineswegs im Hinblick darauf begriffsnotwendig ausgeschlossen ist, daß eine bestehende Regelung nur mit einer ebenfalls bestehenden Regelung verglichen werden könnte, eine solche Regelung bei negativen Inhaltsnormen aber gerade fehle. Auch bei der genannten Kategorie von Normen bezieht sich der Vergleich – wie stets beim Günstigkeitsvergleich – auf zwei vorhandene Regelungen. Zu vergleichen sind in diesem Fall die durch den Tarifvertrag untersagte Regelung im Arbeitsvertrag mit der fiktiven Regelung eines tarifvertragskonformen Arbeitsvertrages[49], der sich einer vom Tarifvertrag abweichenden Regelung der betreffenden Arbeitsbedingung enthält – oder konkret für den Fall der Arbeitszeitverkürzung: der nach dem Tarifvertrag untersagte Arbeitsvertrag mit vereinbarter längerer und der Arbeitsvertrag mit der tariflich gestatteten oder festgesetzten Arbeitszeit.[50] Der Günstigkeitsvergleich findet mithin dahingehend statt, ob nicht die verbotene Regelung in Wirklichkeit die für den Arbeitnehmer günstigere ist.[51]

Schließlich ist die begriffliche Unterscheidung von positiven und negativen Inhaltsnormen auch insofern inadäquat, als mit ihr nichts Wesensverschiedenes charakterisiert wird. Jede positive Inhaltsnorm ist im Umfang ihrer zwingenden Normwirkung zugleich auch Verbotsnorm in bezug auf abweichende Vereinbarungen, die negative Inhaltsnorm mithin ein Element – gleichsam die Kehrseite – jeder positiven Inhaltsnorm.[52] Umgekehrt definieren negative Inhaltsnormen den für die Arbeitsvertragsparteien verbleibenden Spielraum für die inhaltliche Gestaltung der Arbeitsbedingungen.

Ein die Nichtanwendung des Günstigkeitsprinzips rechtfertigender Unterschied zwischen positiven und negativen Inhaltsnormen besteht mithin nicht.[53] Die etwaige Kategorisierung tarifvertraglicher Arbeitszeitregelungen

---

[48] *Mayer*, 162.

[49] *Zöllner*, DB 1989, 2121 (2134): „Das tarifliche Verbot geht dann eben … ins Leere".

[50] *Joost*, ZfA 1984, 173 (189).

[51] *Löwisch*, DB 1989, 1185 (1186); *ders.*, in: Münchener Handbuch zum Arbeitsrecht, § 265 Rz. 17.

[52] *Joost*, ZfA 1984, 173 (188 f.); *Bengelsdorf*, ZfA 1990, 563 (567); *Mayer*, 162.

[53] *Joost*, ZfA 1984, 173 (190); *Weismann*, 223; *Krummel*, 229 spricht sich deshalb dafür aus, den Begriff der negativen Inhaltsnorm im Zusammenhang mit Tarifbestimmungen, die eine Höchstarbeitszeit festlegen, als Abgrenzungskriterium aufzugeben; *Zöllner*, DB 1989, 2121 (2124).

als Abschluß- oder negative Inhaltsnorm läßt daher die Notwendigkeit unberührt, abweichende einzelvertragliche Regelungen an den Kriterien des Günstigkeitsprinzips zu messen.[54]

b) Arbeitszeitbestimmungen als „günstigkeitsneutrale" Regelungen?

Erweisen sich demnach begriffliche Erwägungen als ungeeignet, das Erfordernis einer Günstigkeitsprüfung bei Arbeitszeitregelungen in Frage zu stellen, so sollen entsprechende Regelungen jedoch noch aus einem weiteren Grund einem Günstigkeitsvergleich nicht zugänglich sein.

Insbesondere Richardi[55] sieht Arbeitszeitregelungen als dem Anwendungsbereich des Günstigkeitsprinzips von vornherein entzogen an, da sich ein Günstigkeitsvergleich insoweit gar nicht sinnvoll anstellen ließe. Der beim Günstigkeitsvergleich anzulegende Vergleichsmaßstab könne sich nur auf das Verhältnis von Leistung und Gegenleistung beziehen. Eine Regelung sei beispielsweise für den Arbeitnehmer dann günstig, wenn er für dieselbe Arbeitsleistung ein höheres Arbeitsentgelt als Gegenleistung erhält. Vereinbarten hingegen die Arbeitsvertragsparteien eine längere als die kollektivvertraglich vorgesehene Arbeitszeit, versage dieser Maßstab. Die Dauer der Arbeitszeit sei nämlich nicht Teil der Leistung oder der Gegenleistung, sondern bestimme vielmehr den Umfang der Leistung und damit mittelbar – aufgrund des Synallagmas zwischen Arbeitsleistung und Arbeitsentgelt – auch der Gegenleistung. Die Verlängerung oder Verkürzung der Arbeitszeit beziehe sich dementsprechend nur auf den Umfang der geschuldeten Arbeitsleistung, lasse aber das Verhältnis von Leistung und Gegenleistung unverändert. Zwischen Arbeitszeit und Entgelt bestehe vielmehr eine konstante Proportionsbeziehung[56], die durch eine Veränderung der Arbeitszeit nicht beeinflußt werde.

Konsequenz dieser Auffassung soll es sein, daß Arbeitszeitregelungen nicht auf ihre Günstigkeit hin überprüft werden können. Während das Günstigkeitsprinzip die Frage der *Vertragsparität* betreffe und darauf abstelle, welche der konkurrierenden Regelungen die größere Gegenleistung gewähre,

---

[54] *Löwisch*, DB 1989, 1185 (1186); auch die Entscheidung des 1. Senats des BAG vom 13.1.1987 (AP Nr. 22 zu § 87 BetrVG – Arbeitszeit) kommt zu dem Ergebnis, daß abweichende einzelvertragliche Arbeitszeitabreden unter dem Aspekt der Günstigkeit zu beurteilen seien.

[55] ZfA 1990, 211 (232 ff.); *ders.*, Diskussionsbeitrag, 139; zustimmend *Neumann*, NZA 1990, 961 (965); *Glaubitz* in Hess/Schlochauer/Glaubitz, § 87 Rz. 136; ähnlich *Hromadka*, DB 1992, 1042 (1046).

[56] *Söllner*, Leistungsbestimmung, 51 ff., 91.

gehe es bei Regelungen der Arbeitszeit um das *rechtsgeschäftliche Leistungsversprechen* und damit um die Freiheit, sich rechtsgeschäftlich zu einer Leistung verpflichten zu können. Diese Frage sei aber günstigkeitsneutral, ja habe im Grunde mit Günstigkeit überhaupt nichts zu tun. Der Umfang der zugesagten Tätigkeit sei der kollektivvertraglichen Regelungskompetenz vorgegeben und dürfe nicht gegen den Willen des einzelnen Arbeitnehmers durch eine tarifvertragliche Regelung oder im Wege einer Betriebsvereinbarung ersetzt werden.[57] Erst durch den Abschluß des Arbeitsvertrages könne die kollektive Regelung normativ auf diesen einwirken. Ähnlich wie der Arbeitnehmer frei zu entscheiden vermag, ob, wo und bei wem er arbeitet, müsse er auch frei entscheiden können, wie lange und zu welcher Zeit er seine Arbeitsleistung erbringt.[58] Damit bleibe für die Anwendung des Günstigkeitsprinzips kein Raum.[59]

Es erscheint aber fraglich, ob eine Betrachtung der Arbeitszeit allein im Hinblick auf ihre Funktion als Maßstab für die Höhe des Arbeitsentgelts der Bedeutung gerecht wird, die der Dauer der Arbeitszeit als materieller Arbeitsbedingung zukommt. Die Differenzierung zwischen dem Arbeitsvertrag in seiner Eigenschaft als Gestaltungsfaktor für den Inhalt des Arbeitsverhältnisses und als Verpflichtungsgrund für den Leistungsaustausch der Arbeitsvertragsparteien, wie sie Richardi[60] vornimmt, ist zwar grundsätzlich berechtigt. Der Arbeitnehmer kann in der Tat frei entscheiden, ob er ein Arbeitsverhältnis eingehen, welche Tätigkeit er ausüben und ob er als Vollzeit- oder Teilzeitbeschäftigter arbeiten will. Damit ist aber nicht zugleich ausgeschlossen, den Umfang der Arbeitsleistung einer Günstigkeitsbeurteilung zu unterziehen. Das formale Verständnis einer vermeintlich konstanten Proportionalitätsbeziehung zwischen Arbeitsleistung und Entgelt läßt nämlich unberücksichtigt, daß diese Beziehung bei Extremwerten – sehr geringes Entgelt, sehr lange Arbeitszeit – durchaus eine andere Qualität erlangen kann. Letzteres wird – worauf Löwisch[61] zu Recht hinweist – mittelbar durch die Existenz eines staatlichen Arbeitszeitrechts bestätigt, was sich mit der angeblichen Günstigkeitsneutralität von Arbeitszeitregelungen nicht recht verträgt. Offenbar kann die Dauer der Arbeitszeit sich u.U. für den Arbeitnehmer als derart unvorteilhaft darstellen, daß der staatliche Gesetzgeber sich veranlaßt sieht, nicht nur individual-

---

[57] *Richardi*, DB 1990, 1613 (1618).

[58] *Hromadka*, DB 1992, 1042 (1046).

[59] *Richardi* scheint sogar den Tarifparteien generell die Befugnis absprechen zu wollen, Arbeitszeitregelungen mit normativer Wirkung zu treffen; damit würden tarifliche Höchstgrenzen für die Arbeitszeit selbst aus Gründen des Gesundheitsschutzes unmöglich. Gegen die Annahme, daß den Tarifvertragsparteien dazu bereits die Tarifmacht fehle, zutreffend *Hromadka*, DB 1992, 1042 (1043).

[60] DB 1990, 1613 (1618).

[61] BB 1991, 59 (60).

vertraglichen Vereinbarungen, sondern sogar kollektivvertraglichen Regelungen ungeachtet ihrer vergleichsweise höheren inhaltlichen Richtigkeitsgewähr im Wege gesetzlicher Mindeststandards zwingende Vorgaben zu machen.

Demgegenüber vertritt Hromadka[62] die Ansicht, die Entscheidung des Arbeitnehmers, in welchem Umfang er seine Arbeitsleistung anbieten wolle, sei eine vorarbeitsrechtliche, private Entscheidung, deren Freiheit durch kollektivvertragliche Arbeitszeitregelungen nicht beschränkt werden dürfe und die im übrigen im Hinblick auf die rechtlichen Sicherungen des gesetzlichen Kündigungsschutzes auch gar nicht gefährdet sei.

Als Einwand gegen die Anwendbarkeit des Günstigkeitsprinzips auf Arbeitszeitregelungen kann dies aber zumindest auf dem Boden der in dieser Untersuchung entwickelten Auffassung nicht geltend gemacht werden, der es gerade nicht um einen Eingriff in die private Entscheidungsfreiheit, sondern im Gegenteil um deren Gewährleistung geht. Die Besorgnis Hromadkas, durch die Anwendung des Günstigkeitsprinzips auf tarifliche Regelungen der Arbeitszeit werde dem Arbeitnehmer ggf. eine bestimmte Arbeitszeitdauer oktroyiert, wird nur auf dem Hintergrund der traditionellen Lehre verständlich, der er allerdings zu Recht entgegenhält, daß es ein *objektives* Günstiger oder Ungünstiger im Bereich des Arbeitszeitrechts nicht gebe.[63]

Die Betrachtung individualvertraglicher Vereinbarungen einer längeren als der tariflichen Wochenarbeitszeit unter Zugrundelegung des von der hM zugrundegelegten objektiven Beurteilungsmaßstabes ergibt demnach folgendes vorläufiges Bild:

Arbeitszeitverkürzungen – auch wenn sie beschäftigungspolitisch motiviert sind – liegen nicht außerhalb der Regelungsmacht der Tarifvertragsparteien. Bei abweichenden individualvertraglichen Abreden sind entsprechende Vereinbarungen aber einem Günstigkeitsvergleich zu unterziehen. Sie können der Anwendbarkeit des Günstigkeitsprinzips nicht mit begrifflichen Erwägungen zum Rechtscharakter tarifvertraglicher Arbeitszeitregelungen entzogen werden.

---

[62] DB 1992, 1042 (1046); ihm folgend *Boemke*, NZA 1993, 532 (536).

[63] *Hromadka*, DB 1992, 1042 (1046); zu weit geht *Hromadka* allerdings mit seiner Aussage, ein objektives Urteil sei nicht einmal in dem Bereich möglich, in dem der Gesetzgeber zum Schutz der Gesundheit des Arbeitnehmers tätig werden könnte. Ein Individualarbeitsvertrag, der eine gesundheitsgefährdende Arbeitszeitdauer vorsieht, könnte unabhängig von den zwingenden gesetzlichen Arbeitszeitvorschriften auch unter Günstigkeitsgesichtspunkten keinen Bestand haben.

3. *Arbeitszeitverkürzungen im Günstigkeitsvergleich*

Aber auch soweit einzelvertragliche Vereinbarungen über die Arbeitszeit als der Günstigkeitsbeurteilung nach § 4 Abs. 3 TVG zugänglich erachtet werden, finden sich nur vereinzelte Stimmen, die ein positives Günstigkeitsurteil über einzelvertragliche Arbeitszeitverlängerungen fällen.

Nach Auffassung mancher Autoren würde allerdings jede weitere Verkürzung der Arbeitszeit wegen ihres verdienstmindernden Charakters gegen das Günstigkeitsprinzip verstoßen. So hält Weismann[64] – aus Gründen zeitbedingter Verkehrsanschauung, in Anbetracht der Überstundenpraxis sowie im Hinblick auf die auch bei sog. „vollem Lohnausgleich" mit einer Arbeitszeitverkürzung einhergehenden Einkommensverluste für den Arbeitnehmer – eine einzelvertraglich vereinbarte Beibehaltung der 40-Stunden-Woche für die günstigere Regelung.

Andere Stellungnahmen sehen eine Beurteilung von Arbeitszeitverlängerungen als für den Arbeitnehmer günstiger jedenfalls grundsätzlich als denkbar an. Sie halten aber allgemeine Aussagen zum Günstigkeitsvergleich zwischen tariflicher Arbeitszeit und einzelvertraglicher Überschreitung nicht für möglich, sondern machen die Günstigkeitsbeurteilung von einer Prüfung der konkreten Arbeits- und Lebensumstände des einzelnen Arbeitnehmers abhängig.[65]

Das bisher wohl noch überwiegende arbeitsrechtliche Schrifttum steht hingegen der Möglichkeit, daß eine individualvertragliche Verlängerung der Arbeitszeit als für den Arbeitnehmer im Sinne dieser Vorschrift „günstiger" anzusehen sein könnte, ablehnend gegenüber.[66] Die tarifliche Arbeitszeit wird

---

[64] AaO, 256 ff.

[65] *Joost*, ZfA 1984, 173 (180); auch nach Auffassung von *Löwisch/Rieble* (SAE 1988, 103 (105)), *Heisig*, 367 und *Veit*, 134 (137 f.)) *kann* die Vereinbarung einer längeren Arbeitszeit wegen des mit der Arbeitszeitverlängerung verbundenen höheren Einkommens für den Arbeitnehmer günstiger sein. *Löwisch/Rieble*, aaO interpretieren auch die Entscheidung des BAG vom 18.8.1987 (SAE 1988, 97 ff.) als eine Abkehr des Gerichts von der überkommenen Vorstellung, daß eine Arbeitszeitverkürzung für den von ihr betroffenen Arbeitnehmer stets von Vorteil sei; für Maßgeblichkeit der *subjektiven* Betrachtungsweise bei Arbeitszeitverlängerungen auf bis zu 40 Wochenstunden *Kramer*, DB 1994, 426 (427).

[66] A. *Hueck*, Anm. zu RG JW 1927, 241 (242); *Courth*, 118; *Nipperdey* in Hueck/Nipperdey, Arbeitsrecht II/1, (S. 565 f. Fn. 12; 609); anders früher *Nipperdey* in Beiträge zum Tarifrecht (1924), 10 und 14; *Nikisch*, Arbeitsrecht II, § 82 IV 4 (S. 433); *Kaskel/Dersch*, § 14 IV 4 c) cc) (S. 82); *Richardi*, Kollektivgewalt, 383 f.; *Wlotzke*, Günstigkeitsprinzip, 80 mwN. – Andererseits war bereits A. *Hueck* (Handbuch des Arbeitsrechts Bd. III. Das Tarifrecht, S. 61) – obgleich Verfechter eines kollektiven Günstigkeitsmaßstabs – der Ansicht, daß bei einer Verlängerung der Arbeitszeit und gleichzeitiger Lohnerhöhung eine objektive Günstigkeitsfeststellung nicht möglich sei und es deshalb auf die subjektive Ansicht des betroffenen Arbeitnehmers von der Günstigkeit ankommen müsse.

– mit unterschiedlichen Begründungen – als eine zugunsten der Arbeitnehmer statuierte Höchstarbeitszeit angesehen, welche den gesetzlichen Minimalschutz der Arbeitszeitordnung bezüglich höchstzulässiger Arbeitszeit weiterentwickele. Sofern der Tarifvertrag die Dauer der Arbeitszeit festlegt, habe diese deshalb grundsätzlich maximalen Charakter. Sie sei für den Günstigkeitsvergleich *Mindestarbeitsbedingung*, so daß Mehrarbeit auch dann unzulässig sei, wenn durch sie der Verdienst erhöht werde.[67]

Die Charakterisierung tariflicher Arbeitszeitregelungen als Mindestarbeitsbedingungen ist indessen nur bei – auf den abzulehnenden Einzelvergleich[68] hinauslaufender – isolierter Betrachtung der Arbeitszeit zutreffend[69]. Die Ambivalenz von Arbeitszeitverkürzungen im Hinblick auf den Günstigkeitsvergleich erschließt sich hingegen unter Berücksichtigung der Tatsache, daß die Arbeitszeit Berechnungsfaktor für das Arbeitsentgelt ist und sich daher auch bei einer linearen Verdienststeigerung – also ohne überproportionale Vergütung bei Mehrarbeit – unmittelbar auf dessen Höhe auswirkt, so daß tarifliche Arbeitszeitregelungen hinsichtlich des Umfangs der Arbeitspflicht sich als Mindestarbeitsbedingungen darstellen, hinsichtlich des korrespondierenden Vergütungsanspruchs hingegen Höchstentgelte normieren würden.

Der Widerspruch löst sich dadurch auf, daß der Günstigkeitsvergleich nicht für isolierte Elemente des Tarif- bzw. Einzelarbeitsvertrags anzustellen ist, sondern *Sachgruppen* solcher Bestimmungen zu bilden sind, zwischen denen ein von den Arbeitsvertragsparteien hergestellter oder jedenfalls gewollter innerer Zusammenhang besteht.[70] Ein derartiger Zusammenhang ist im Verhältnis von Arbeitszeit und Arbeitsentgelt unzweifelhaft gegeben[71], da es sich bei der Arbeitsleistung und dem Arbeitsentgelt um die primären, im Austauschverhältnis stehenden Leistungspflichten der Arbeitsvertragsparteien handelt.[72] Der gebotene Gruppenvergleich ist somit zwischen kürzerer Ar-

---

[67] *Kaskel/Dersch*, § 14 IV 4 c) (S. 82); *Richardi*, Kollektivgewalt, 383 f.; eine weitere Variante steuert *Däubler* (DB 1989, 2534 (2537)) mit der Berufung auf den topos der „*inneren Einheit der Arbeitsrechtsordnung*" bei, die es gebieten soll, die arbeitsvertragliche Verlängerung der regelmäßigen wöchentlichen Arbeitszeit nicht als „günstiger" zu behandeln.

[68] Siehe oben S. 29.

[69] *Joost*, ZfA 1984, 173 (176 f.); *Richardi*, Kollektivgewalt, 383; *Weismann*, 217.

[70] Siehe oben S. 30 ff.

[71] *Joost*, ZfA 1984, 173 (177 mwN); *Zöllner*, DB 1989, 2121 (2125); *Richardi*, Kollektivmacht, 378; *Leinemann*, DB 1990, 732 (734); *Nipperdey*, Beiträge zum Tarifrecht (1924), S. 12 Fn. 14; *Bengelsdorf*, ZfA 1990, 563 (594).

[72] AA *Linnenkohl/Rauschenberg/Reh*, BB 1990, 628 (629 f.): keine gleichartigen Leistungen. Ähnlich LAG Baden-Württemberg DB 1989, 2029: Fehlen eines objektiven Sachzusammenhangs; zwar könne die Arbeitszeit in einen Entgeltanspruch umgerechnet werden, doch gebe das Umrech-

beitszeit und geringerem Arbeitsentgelt einerseits sowie längerer Arbeitszeit und höherem Arbeitsentgelt andererseits vorzunehmen.[73] Dieser Vergleich geht auch nicht etwa deshalb notwendig zu Gunsten der tariflichen Arbeitszeit aus, weil – jedenfalls bei linearer Vergütung der Mehrarbeit – höherer Lohn und entsprechende höhere Arbeitsbelastung einander kompensierten, die arbeitsvertragliche Arbeitszeitvereinbarung deshalb den Arbeitnehmer nicht besser stellen würde. Auch auf der Grundlage eines objektiven Beurteilungsmaßstabes müßten die Chance des weiteren Erwerbs sowie das resultierende höhere absolute Gesamteinkommen als den Arbeitnehmer begünstigend anerkannt werden.[74]

a) Die Argumente der traditionellen Auffassung zur Günstigkeitsbeurteilung individualvertraglicher Arbeitszeitverlängerungen und ihre Bewertung

aa) Gewerkschaftliche Zielsetzung

Die Beurteilung einzelvertraglicher Verlängerungen der tariflichen Arbeitszeit als für den Arbeitnehmer ungünstiger wird nicht selten mit der tarifgeschichtlichen Entwicklung begründet, wonach die Verkürzung der Arbeitszeit stets ein tarifpolitisches Ziel der Gewerkschaften gewesen sei.[75]

Indessen darf der Günstigkeitsvergleich nicht bereits aus diesem Grund pauschal zur Bewertung einer längeren als der tariflichen Arbeitszeit als für den Arbeitnehmer ungünstig führen. Die Wiedergabe der tarifpolitischen Zielsetzung vermag nicht die rechtliche Prüfung am Maßstab des gesetzlichen Günstigkeitsprinzips zu ersetzen, da die Gewerkschaften nicht zu einer authentischen Formulierung der Arbeitnehmerinteressen berufen sind.[76] Den Tarifvertragsparteien steht schon deshalb insoweit kein Beurteilungsmonopol

---

nungsergebnis nicht die Wertigkeit wieder, die die Arbeitnehmer üblicherweise diesem Entgeltanspruch zubilligen; hiergegen zu Recht *Bengelsdorf*, ZfA 1990, 563 (594).

[73] *Joost*, ZfA 1990, 173 (177).

[74] Vgl. *Buchner*, Arbeitszeit, 3 (17).

[75] *Richardi*, Kollektivgewalt, 383 (anders hingegen in ZfA 1990, 211 (233): auf das Selbstverständnis der Tarifvertragsparteien sei „keinesfalls" abzustellen); *Schmidt*, 68; *Wlotzke*, Günstigkeitsprinzip, 80; *Däubler*, DB 1989, 2534 (2535).

[76] *Bengelsdorf*, ZfA 1990, 563 (584); *Joost* (ZfA 1984, 173 (175 f.)) gelangt zu dem Urteil, die Rechtslehre scheine insoweit „im Banne eines historisch überkommenen Dogmas" zu stehen.

zu, weil das Günstigkeitsprinzip gerade eine Schranke der Kollektivmacht bildet.[77]

Aus dem gleichen Grund scheidet auch die Bezugnahme auf den aktuellen Willen der Tarifparteien beim Abschluß von Arbeitszeittarifverträgen aus: die einer tariflichen Regelung zugrundeliegende *Motivation* ist im Rahmen von § 4 Abs. 3 TVG unerheblich.[78]

bb) Gesundheitsschutz

Die kategorische Stellungnahme der bisher herrschenden Meinung, die einzelvertragliche Vereinbarung einer längeren Arbeitszeit zu einem höheren Arbeitsentgelt als für den Arbeitnehmer ausnahmslos ungünstiger und daher nach § 4 Abs. 1 TVG unzulässig anzusehen, erklärt sich nicht zuletzt aus der Tatsache, daß sich diese Anschauung während einer Entwicklungsphase gebildet hat, in der eine wöchentliche Arbeitszeit von 48 Stunden und mehr galt.[79]

Unter den damaligen Bedingungen konnte eine noch weitere Verlängerung der Arbeitszeit auch bei höherem Arbeitsentgelt unter dem Aspekt des *Gesundheitsschutzes* bei Zugrundelegung der für die objektive Beurteilung als

---

[77] *Heisig*, 281; *Joost*, ZfA 1984, 173 (190 Fn. 75); *Zöllner*, DB 1989, 2121 (2126); *Richardi* (Kollektivgewalt, 380) betont ebenfalls, daß für den Beurteilungsmaßstab der Wille der Kollektivvertragsparteien ohne Bedeutung sei, folgert daraus allerdings, daß nur *objektive* Merkmale maßgebend sein können; diese seien wiederum in erster Linie aus der *Verkehrsanschauung* zu gewinnen, welche wiederum dadurch entscheidend geprägt sei, daß die Verkürzung der Arbeitszeit seit Jahrzehnten Ziel der gewerkschaftlichen Tarifpolitik gewesen sei. *Richardi* gelangt auf dem Umweg über die Verkehrsanschauung auf diese Weise letztlich doch zur Maßgeblichkeit der Einschätzung durch die Tarifparteien.

[78] *Bengelsdorf*, ZfA 1990, 563 (590).– AA *Zachert*, Rechtsgutachten, 56; nach seiner Ansicht könne gegen die Ansicht, eine längere Arbeitszeit mit höherem Lohn sei günstiger als eine kürzere Wochenarbeitszeit mit Lohnausgleich (zur Unbeachtlichkeit eines etwaigen Lohnausgleichs für die Günstigkeitsbeurteilung siehe unten S. 144 f.) u.a. der *Wille beider Tarifvertragsparteien* sprechen; jener sei ersichtlich, wenn die Tarifpartner diesen Aspekt über die begrenzte Zulassung von Überstunden mitgeregelt haben.

[79] Bemerkenswerterweise hat aber A. *Hueck* bereits 1920 (Das Recht des Tarifvertrages, 119 f.) die Möglichkeit anerkannt, daß eine längere Arbeitszeit im Interesse einzelner Arbeitnehmer liegen könnte, die höheren Verdienst mehr schätzten als kürzere Arbeitszeiten. Seine gleichwohl ablehnende Haltung, diesem Interesse über das Günstigkeitsprinzip auch rechtliche Geltung zu verschaffen, beruht darauf, daß er im Rahmen des Günstigkeitsvergleiches vom Vorrang des *Gesamtinteresses* der Arbeitnehmerschaft gegenüber dem Einzelinteresse des Arbeitnehmers ausging. Durch die längere Beschäftigung der einen Arbeitnehmergruppe werde einer anderen diese Beschäftigungsmöglichkeit genommen, so daß vom Standpunkt der gesamten Arbeitnehmerschaft keine Verbesserung erzielt werde.

maßgeblich erachteten „Grundsätze der geltenden Arbeitsrechtsordnung"[80] oder des hypothetischen Urteils eines „verständigen Arbeitnehmers unter Berücksichtigung der Anschauungen seines Berufsstandes"[81] schwerlich als für den Arbeitnehmer günstiger angesehen werden. Immerhin räumen auch die Vertreter eines objektiven Beurteilungsmaßstabes die starke Abhängigkeit des Günstigkeitsurteils von den jeweiligen zeitbedingten Anschauungen ein[82], so daß auch das auf der Grundlage der objektiven Beurteilung unter bestimmten historischen Rahmenbedingungen ursprünglich möglicherweise gerechtfertigte Verdikt gegenüber einer einzelvertraglichen Verlängerung der Wochenarbeitszeit unter den gegenwärtigen, durch eine kontinuierliche Verkürzung der tariflichen Wochenarbeitszeit gekennzeichneten sozialen Realitäten nicht notwendigerweise auch heute noch Bestand haben muß. Vielmehr hat sich die Entwicklung der tariflichen Wochenarbeitszeit mittlerweile von dem gesundheitspolitischen Aspekt abgekoppelt. Zwar sind die Tarifvertragsparteien nicht gehindert, auch weiterreichende Freizeitinteressen der Arbeitnehmer zu berücksichtigen. Bei stetig sinkenden tariflichen Regelarbeitszeiten könnten aber weitere Arbeitszeitverkürzungen nicht mehr mit der Abwehr von Gesundheitsgefährdungen begründet werden.[83] Damit verliert jedenfalls die mit Gründen des Gesundheitsschutzes motivierte Auffassung von der Unabdingbarkeit tariflicher Arbeitszeitregelungen ihre rechtstatsächliche Basis.[84] Die Unbeachtlichkeit des Interesses einer mehr oder weniger großen Zahl von Arbeitnehmern an dem mit einer Verlängerung der Arbeitszeit verbundenen Mehrverdienst läßt sich mit dem arbeitsrechtlichen Schutzgedanken jedenfalls dann nicht mehr rechtfertigen, wenn und soweit die Überschreitung der tariflichen Arbeitszeit nicht mit gesundheitlichen Risiken verbunden und daher nicht mehr gesundheitspolitisch gefordert ist, sondern lediglich noch dem Freizeitinteresse einer Mehrheit von Arbeitnehmern entspricht oder mit der Verkürzung primär beschäftigungspolitische Anliegen verfolgt werden.[85] Die

---

[80] *Nikisch*, Arbeitsrecht II, § 82 IV 4 (S. 432).

[81] *Wiedemann/Stumpf*, § 4 Rz. 240.

[82] *Joost*, ZfA 1984, 173 (180).

[83] *Peters/Ossenbühl*, 26: die „Gefahrenzone" sei „längst verlassen"; „jedenfalls für die Mehrzahl der Berufe und Branchen" auch *Zöllner/Loritz*, § 7 II 9 (S. 92) und § 31 III (S. 316); *Weismann*, 214.

[84] *Bengelsdorf*, ZfA 1990, 563 (585); *Löwisch* (DB 1984, 2457 (2459); BB 1991, 59 (62)) macht darauf aufmerksam, die Tarifpartner hätten beim Tarifabschluß 1984 in der Metallindustrie – indem sie eine individuelle Festsetzung der regelmäßigen Arbeitszeit auf 40 Stunden zulassen – selbst zum Ausdruck gebracht, daß bei einer Arbeitszeit von 40 Stunden der Gesichtspunkt des Arbeitnehmerschutzes hinreichend gewahrt sei.

[85] *Buchner* (Arbeitszeit, 3 (14 f.)) meint deshalb, die Tarifvertragsparteien müßten im Grunde zwischen der gesundheitspolitisch bedingten Obergrenze zulässigen Arbeitseinsatzes und der Festlegung der vom Arbeitnehmer geschuldeten tariflichen Wochenarbeitszeit differenzieren.

Grenzziehung zwischen aus Gründen des Gesundheitsschutzes gebotenen und lediglich durch Freizeitinteressen motivierten Arbeitszeitverkürzungen mag schwierig sein. Zur Bestimmung ihres Verlaufs sind aber weder der Gesetzgeber[86] noch die Tarifvertragsparteien[87] berufen. Die Aussage, es müsse grundsätzlich davon ausgegangen werden, daß die Grenzen des zum Gesundheitsschutz Erforderlichen durch die AZO hinreichend gezogen seien,[88] ist daher unter den Vorbehalt zu stellen, daß die gesetzlichen Arbeitszeitregelungen dem jeweiligen Stand der arbeitsmedizinischen Erkenntnisse Rechnung tragen.[89]

Als Zwischenergebnis bleibt somit festzuhalten, daß die einzelvertragliche Vereinbarung über die tarifliche Arbeitszeit hinausgehender Arbeitszeiten hinsichtlich des Aspektes des *Gesundheitsschutzes* entgegen der bisher h.M. auch unter Zugrundelegung eines objektiven Beurteilungsmaßstabes nicht von vornherein als für den Arbeitnehmer ungünstiger angesehen werden kann.[90]

---

[86] So aber *Bengelsdorf*, ZfA 1990, 563 (591); *Biedenkopf*, 172 ff.; *Leinemann*, DB 1990, 732 (734); gegen eine Grenzziehung des günstigkeitsfesten tariflichen Arbeitnehmerschutzes parallel zum zwingenden gesetzlichen Arbeitnehmerschutz *Löwisch* (in: Münchener Handbuch zum Arbeitsrecht, § 265 Rz. 52); er erkennt einen Beurteilungsspielraum der Kollektivvertragsparteien an, der aber dort seine Grenzen habe, „wo der Schutz des Arbeitnehmers vor sich selbst nicht mehr einleuchtet".

[87] *Buchner* (Arbeitszeit, 3 (15)) geht offenbar von einer konkurrierenden Definitionskompetenz der Koalitionen aus, wenn er eine Revision der Höchstarbeitsgrenzen der AZO für denkbar hält, die auch in Tarifverträgen erfolgen könne.

[88] *Bengelsdorf*, ZfA 1990, 563 (590 f.); vgl. *Buchner*, Arbeitszeit, 3 (15).

[89] Vgl. den Entwurf der Bundesregierung für ein neues Arbeitszeitgesetz (BT-Drucks. 10/2706), der ungeachtet vieler Verbesserungen und Bereinigungen die werktägliche Arbeitszeit von 8 Stunden unter Berufung darauf beibehält, daß nach den bisherigen arbeitswissenschaftlichen und arbeitsmedizinischen Erkenntnissen und Erfahrungen die gesetzliche Regelung der täglichen Höchstarbeitszeit zum Schutz der Gesundheit der Arbeitnehmer im Regelfall ausreiche und für bestimmte Beschäftigungsbereiche oder für bestimmte Arbeiten zum Gesundheitsschutz als notwendig erweisende Einschränkungen im Wege einer Rechtsverordnung ermöglicht. Ein weiterreichender, auch arbeitsmarktpolitisch begründeter Gesetzentwurf der SPD-Fraktion (BT-Drucks. 10/121), der die Festschreibung einer wöchentlichen Höchstarbeitszeit von 40 Stunden vorsah, wurde vom Bundestag abgelehnt, da die gesetzliche Regelung des Arbeitsschutzes sich am notwendigen Gesundheitsschutz des Arbeitnehmers und nicht an beschäftigungspolitischen Zielsetzungen zu orientieren habe (vgl *Buchner*, Arbeitszeit, 3 (16 Fn. 24)). – *Bengelsdorf* (ZfA 1990, 563 (601)) will aus Gründen der Rechtssicherheit und Rechtsklarheit mangels anderweitiger objektiver rechtlicher Anhaltspunkte von der in der AZO festgesetzten 48-Wochenstunden-Schranke ausgehen, die dem Gesundheitsschutz des einzelnen Arbeitnehmers im Normalfall ausreichend Rechnung trage. Letzteres mag zutreffen, jedoch handelt es sich insoweit um eine außerrechtliche Frage, die nicht unter Rekurs auf positiv-rechtliche Regelungen beantwortet werden kann. Der Gesetzgeber hat keine Definitionskompetenz dafür, was gesundheitsschädlich ist, sondern allenfalls dafür, von welchem Grad der Gefährdung oder Schädigung an die Wirkung gesetzlicher Regelungen eingreift.

[90] Umgekehrt enthebt allerdings allein die Tatsache, daß für die Arbeitszeitverkürzungen der letzten Zeit fast ausschließlich beschäftigungspolitische Gründe angeführt worden sind, nicht von der

cc) Die Verkehrsanschauung im Arbeitsleben

Die These, einzelvertragliche Verlängerungen der tariflichen Arbeitszeit seien für den Arbeitnehmer stets als ungünstiger anzusehen, wird von der hM des weiteren unter Hinweis auf eine entsprechende *Verkehrsanschauung* vertreten.

In diesem Sinne beruft sich etwa das LAG Baden-Württemberg in seinem Urteil vom 22.3.1989[91] für seine These, für einen verständigen Arbeitnehmer habe eine verlängerte Freizeit einen in der Regel höheren Stellenwert als ein entsprechender Entgeltanspruch, auch auf eine diesbezügliche Verkehrsanschauung in der Metallindustrie, ohne allerdings diese Einschätzung zu begründen oder zu belegen.[92]

Durch die Zahlen der Arbeitszeitstatistiken werden hingegen andere Schlußfolgerungen nahegelegt:

Zunächst darf nicht völlig unberücksichtigt bleiben, daß bei den *Selbständigen* die durchschnittliche Wochenarbeitszeit nach wie vor deutlich über der 40-Stunden-Woche liegt.[93] Zwar mag sich die Stellung Selbständiger mit jener unselbständiger Arbeitnehmer auch hinsichtlich der Arbeitszeit nur bedingt vergleichen lassen.[94] Dennoch kann angesichts dieses empirischen Be-

---

Notwendigkeit der Prüfung, ob eine Arbeitszeitverkürzung möglicherweise nicht auch im Hinblick auf den Gesundheitsschutz des Arbeitnehmers geboten ist (so aber offenbar *Veit*, 134 (137)). Bei der Beurteilung der sachlichen Rechtfertigung einer kollektivvertraglichen Norm im Hinblick auf das Günstigkeitsprinzip können die *Motive*, die die Tarifvertragsparteien zu einer entsprechenden Regelung bewogen haben, letztlich nicht ausschlaggebend sein; *Bengelsdorf*, ZfA 1990, 563 (590)).

[91] DB 1989, 2028.

[92] *Buchner*, DB 1989, 2029: „recht leichthändig unterstellt"; *Hromadka* (DB 1992, 1042 (1047 Fn. 88)) betrachtet diese – von *Däubler* (DB 1989, 2534, (2537)) „überzeugend" genannte – Entscheidung als Beispiel dafür, wohin es führen könne, wenn man die Definition der Interessen des Arbeitnehmers einem Gericht überläßt. Nach *Krummel*, 248 versucht das LAG Baden-Württemberg, die persönlichen Verhältnisse und Wünsche des Arbeitnehmers mit einem objektiven Interesse aller Arbeitnehmer zu überlagern, um den individuell-subjektiven Günstigkeitsvergleich um jeden Preis zu verhindern. Kritisch zu dieser Gerichtsentscheidung auch *Leinemann*, DB 1990, 732 (733); *Bengelsdorf*, ZfA 1990, 563 (590); *Neumann*, NZA 1990, 961 (962); *Zöllner*, DB 1989, 2121 (2125): „schwer nachvollziehbar".

[93] *Buchner*, RdA 1990, 1 (8); im Jahre 1990 betrug nach dem Ergebnis einer Statistik der OECD das Wochenpensum der männlichen Selbständigen in Deutschland 51,8 Stunden (General-Anzeiger [Bonn], 16.1.1993); im gleichen Jahr hatten ca. 73% der männlichen selbständigen Erwerbstätigen im früheren Bundesgebiet eine Wochenarbeitszeit von mindestens 41 Stunden (Statistisches Jahrbuch 1992, 117).

[94] Darauf weist insbesondere *Däubler* (DB 1989, 2534 (2535 Fn. 31); DB 1993, 781 (787)) hin. Größere Selbständigkeit in der Arbeit mache diese weniger ermüdend; die längeren Arbeitszeiten von Selbständigen gäben nach seiner Auffassung daher allenfalls Anlaß zu der Frage, inwieweit die

fundes wohl kaum geleugnet werden, daß im Arbeits- und Wirtschaftsleben die Chance der Einkommenssteigerung durch längere Arbeitszeiten jedenfalls nicht schlechthin als nachteilig angesehen wird.

Aber auch im Bereich der *Arbeitnehmer* gibt es starke Indizien dafür, daß längere Arbeitszeiten bei entsprechendem Mehrverdienst in vielen Fällen als Begünstigung empfunden werden. Die betriebliche *Überstundenpraxis* belegt, daß im allgemeinen die Bereitschaft oder geradezu der Wunsch der Arbeitnehmer zur Mehrarbeit vorhanden ist, die Betriebsräte zum Teil sogar Probleme haben, die gewerkschaftliche Strategie des Abbaus von Überstunden in den Betrieben durchzusetzen.[95]

Schließlich übt unbestrittenermaßen eine nicht geringe Zahl von Arbeitnehmern neben dem Hauptarbeitsverhältnis noch *Nebentätigkeiten* aus. Die Tatsache, daß diese Nebenerwerbsverhältnisse teilweise im Bereich der Schwarzarbeit angesiedelt, der Wunsch nach weiterer Beschäftigung demnach mitunter so stark ausgeprägt ist, daß er sogar in den Bereich der Illegalität drängt, belegt die Fragwürdigkeit der These von einer Verkehrsanschauung des Inhalts, Arbeitszeitverkürzungen stets als günstiger für den Arbeitnehmer anzusehen.[96] Nimmt der Arbeitnehmer Tätigkeiten außerhalb des Hauptarbeitsverhältnisses auf, kann übrigens auch nicht mehr das traditionelle Argument gegen die Einräumung eines Wahlrechts zwischen mehr Freizeit und höherem Einkommen geltend gemacht werden, der Arbeitnehmer gebe mit seiner Bereitschaft zu längeren Arbeitszeiten nur einem Druck seines Arbeitgebers nach.[97]

Das Tatsachenmaterial legt mithin den Schluß nahe, daß eine Verkehrsanschauung des Inhalts, eine einzelvertragliche Verlängerung der tariflichen Arbeitszeit werde von den betroffenen Kreisen als ungünstig empfunden, zumindest als nicht gesichert gelten darf. Vielmehr scheint eine breite Bereitschaft zu einer die tariflichen Arbeitszeitgrenzen übersteigenden Erwerbstätigkeit vorhanden zu sein.[98] Demnach kann der von der hM in Bezug genommene „verständige Arbeitnehmer" unter Berücksichtigung der Anschauungen seines Berufsstandes und der Verkehrsanschauung eine längere Arbeitszeit als vorzugswürdig ansehen. Die Vorstellung, eine Verkürzung der Arbeitszeit sei

---

Schaffung von mehr Entscheidungsspielraum am Arbeitsplatz einen positiven Einfluß auf die gesundheitliche Verfassung von Arbeitnehmern haben könne.

[95] *Buchner*, Arbeitszeit, 3 (18); *ders.*, RdA 1990, 1 (8).

[96] Vgl. auch *Adomeit*, FS für Hilger/Stumpf, 4 (6).

[97] *Buchner*, DB 1990, 1715 (1719); *Bengelsdorf*, ZfA 1990, 563 (580 Fn. 77).

[98] Nach einer Umfrage des Forsa-Instituts sind 57% der berufstätigen Bundesbürger bereit, für mehr Geld länger zu arbeiten (General-Anzeiger [Bonn], 12.8.1992).

stets günstig und ihre Verlängerung stets ungünstig, läßt sich unter den heutigen Bedingungen nicht mehr mit einer entsprechenden Verkehrsanschauung begründen.[99]

b) Der Einfluß der Gewährung eines „Lohnausgleichs“ bei Arbeitszeitverkürzungen auf das Günstigkeitsurteil

Joost[100] hat zutreffend darauf hingewiesen, daß die in der wirtschaftspolitischen Diskussion besonders lebhaft diskutierte Frage eines *Lohnausgleichs* bei weiterer Verkürzung der tariflichen Wochenarbeitszeit sich für die Beurteilung der Günstigkeit einzelvertraglicher Arbeitszeitverlängerungen aus tarifrechtlicher Sicht insofern als Scheinproblem erweist, als sich der *tarifliche* Lohnausgleich auf den Günstigkeitsvergleich nicht unmittelbar auswirken kann.

Bezugspunkt des Günstigkeitsvergleichs mit der einzelvertraglichen Abrede ist nämlich der *geltende* Tarifvertrag, mithin der jeweils erreichte tarifliche Stand, nicht aber ein früherer tariflicher Ausgangspunkt. Auch gegenüber einer von vollem Lohnausgleich begleiteten tariflichen Verkürzung der Arbeitszeit führt die einzelvertragliche Verlängerung zu einer Lohnerhöhung, da dann eben dieser – tarifliche – Lohn wieder erhöht wird.[101] Dagegen ist

---

[99] *v. Hoyningen-Huene*, NZA 1985, 9 (14); *Reuter*, RdA 1991, 193 (202); *Zöllner*, DB 1989, 2121.

[100] ZfA 1984, 173 (182); ihm folgend *Weismann*, 249 f.

[101] Wird beispielsweise die tarifliche wöchentliche Arbeitszeit bei vollem Lohnausgleich von bisher 40 Stunden auf 38 Stunden verkürzt, so betrifft dieser Vorgang zunächst einmal nur die Ablösung eines früheren durch einen neuen Tarifvertrag. Der im Verhältnis zum früheren Tarifvertrag gewährte Lohnausgleich ist insoweit für die Beurteilung der Günstigkeit – die sich ja auf das Verhältnis der tariflichen zu einer abweichenden *individualvertraglichen* Abrede bezieht – nicht relevant. Soweit der Individualvertrag bisher eine längere Arbeitszeit als 38 Stunden vorgesehen hatte, wird diese Vereinbarung durch den neuen Tarifvertrag wegen der gem. § 4 Abs. 1 TVG zwingenden Wirkung der Tarifnormen bei tarifgebundenen Arbeitsvertragsparteien entweder verdrängt oder – wenn der Arbeitsvertrag nichttarifgebundener Arbeitnehmer den jeweils geltenden Tarifvertrag individualrechtlich in Bezug nimmt – entsprechend modifiziert. § 4 Abs. 3 TVG kommt – da bei gleichem Lohn eine kürzere Arbeitszeit zweifellos günstiger ist – nicht zum Zuge. In einem wie im anderen Fall gilt mithin die im neuen Tarifvertrag vorgesehene Regelung (38-Stunden-Woche bei gegenüber dem bisherigen Tarifvertrag gleichem Lohn). – Verlängern nun die Einzelarbeitsvertragsparteien – und darum geht es bei der Diskussion um den Einfluß des Lohnausgleichs auf das Günstigkeitsurteil – die verkürzte tarifliche Arbeitszeit, so ist die für den Günstigkeitsvergleich hinsichtlich der Lohnhöhe maßgebliche Bezugsgröße das durch den *neuen* Tarifvertrag festgelegte Niveau. Bei einem pro Zeiteinheit vereinbarten Arbeitsentgelt (Stundenlohn) führt die Verlängerung der Arbeitszeit in jedem Fall zu einem höheren Einkommen, so daß der durch den neuen Tarifvertrag – gegenüber dem alten Tarifvertrag – gewährte Lohnausgleich auf das Günstigkeitsurteil keinen unmittelbaren Einfluß hat. Die Frage, ob der tarifliche

selbstverständlich eine tarifvertragliche Verkürzung der individualvertraglich geschuldeten Arbeitsleistung bei vollem Lohnausgleich die für den Arbeitnehmer günstigere Regelung.[102] Darum geht es in der Diskussion um die Geltung und Reichweite des Günstigkeitsprinzips bei individualvertraglicher Verlängerung der tariflichen Arbeitszeit allerdings auch gar nicht. Immerhin macht die Frage des Lohnausgleichs den Eingriffscharakter tariflicher Arbeitszeitverkürzungen und die Notwendigkeit eines differenzierten Günstigkeitsurteils deutlich.[103]

c) Die Beurteilung beschäftigungsstrategisch motivierter Arbeitszeitverkürzungen

Nach Auffassung mancher Autoren sollen anders als sozialpolitisch, beispielsweise beschäftigungspolitisch begründete tarifliche Arbeitszeitverkürzungen für den Arbeitnehmer allgemein ungünstiger sein, da nicht zu erkennen sei, inwiefern diese in dessen persönlichem Einzelinteresse sollen liegen können.[104]

Die generalisierende Beurteilung insbesondere aus arbeitsmarktpolitischen Gründen vereinbarter tariflicher Arbeitszeitverkürzungen als die für den Arbeitnehmer ungünstigere Regelung ignoriert jedoch die individuellen Bedürfnisse jener Arbeitnehmer, die durchaus ein Interesse an dem mit – wie auch immer motivierten – Arbeitszeitverkürzungen verbundenen Gewinn an Freizeit haben. Dieses Interesse als „unverständig" zu qualifizieren – die objektive Beurteilung stellt ja auf das hypothetische Urteil eines „verständigen" Arbeitnehmers ab – käme der Mißachtung eines legitimen Bedürfnisses einer Vielzahl von Arbeitnehmern gleich.[105]

Lohnausgleich die bei einer einzelvertraglichen Arbeitszeitverlängerung eröffnete Chance zur Erzielung eines höheren Einkommens im Hinblick auf das Günstigkeitsprinzip neutralisiert, ist somit zu verneinen.

102 Vgl. *Linnenkohl/Rauschenberg/Reh*, BB 1990, 628.

103 Vgl. *Buchner*, RdA 1990, 1 (9).

104 *Joost*, ZfA 1984, 173 (181 f.); *Krummel*, 238 hält hingegen eine Unterscheidung nach dem Zweck der Arbeitszeitverkürzung für praktisch undurchführbar.

105 Die Frage, inwieweit eine weitere Verkürzung der Arbeitszeit mit den Freizeitpräferenzen der Bevölkerung übereinstimmt, war Gegenstand einer Reihe von demoskopischen Befragungen, aus denen – wie *Vorkötter*, 198 resümiert – „ein massiver Wunsch einer Mehrheit der Arbeitnehmer nach einer drastischen Verkürzung der Wochenarbeitszeit kaum abgeleitet werden" kann; vielmehr zeige sich in den Befragungen eine „Pluralität der Präferenzen", welche generell die ordnungspolitische Bedenklichkeit starrer Arbeitszeitregelungen aufzeige.

d) Die Bedeutung der Einräumung eines Wahlrechts des Arbeitnehmers für das Günstigkeitsurteil

Ein Kriterium, das im Rahmen einer objektiven Beurteilungsperspektive generelle Aussagen über die Günstigkeit von Arbeitszeitregelungen erlauben soll, wird im Anschluß an die Entscheidung des Großen Senats von 7.11.1989[106] zur Günstigkeit der einzelvertraglich vorgesehenen längeren Dauer der *Lebens*arbeitszeit von manchen darin gesehen, ob dem Arbeitnehmer ein *Wahlrecht* zwischen verschiedenen Arbeitszeitgestaltungen eingeräumt ist.[107] Werde dem Arbeitnehmer einzelvertraglich eine Option dergestalt eingeräumt, daß er frei zwischen der kürzeren tariflichen Wochenarbeitszeit und einer längeren individualvertraglichen Arbeitszeit wählen kann, so reichten allein dieses Wahlrecht und die Chance des Mehrverdienstes durch Einsatz der Arbeitskraft aus, auch bei nur proportionaler Vergütung der übertariflichen Arbeitszeiten die Günstigkeit einzelvertraglich vereinbarter Arbeitszeitverlängerungen zu bejahen.[108]

Eine solche Option sei jedenfalls dann günstigkeitsrelevant, wenn dem Arbeitnehmer nicht nur die Wahl offengestanden habe, die die Verlängerung der tariflichen Arbeitszeit vorsehende arbeitsvertragliche Vereinbarung abzuschließen oder nicht. Zumindest würde die Günstigkeitsbeurteilung „wesentlich erleichtert", wenn dem Arbeitnehmer für den weiteren Verlauf des Arbeitsverhältnisses die Möglichkeit gewährt werde, von der gewählten längeren wieder zur tariflichen Arbeitszeit – und zwar nicht nur im Wege der Änderungskündigung, weil der Arbeitnehmer damit gezwungen wäre, den Bestand seines Arbeitsverhältnisses zur Disposition des Arbeitgebers zu stellen – zurückzukehren. Die Option könnte etwa durch Einräumung eines – die Zusage der Leistung übertariflicher Arbeit betreffenden – Widerrufsrechts oder eines Teilkündigungsrechts[109] sichergestellt werden. Dadurch werde gewährleistet,

---

[106] DB 1990, 1724 ff.

[107] *Bauer*, Rechtliche Bedingungen einer Arbeitszeitverkürzung, Handelsblatt, 10.11.1993; *Bengelsdorf*, ZfA 1990, 563 (598 ff.); *Buchner*, DB 1990, 1715 (1720); *ders.*, RdA 1990, 1 (16); *Löwisch*, BB 1991, 59 (62); *ders.*, in: Münchener Handbuch zum Arbeitsrecht, § 265 Rz. 50; *Rieble*, ZTR 1993, 54 (61).

[108] *Buchner* DB 1990, 1715 (1721 f.); den Aspekt, ob dem Arbeitnehmer eine zusätzliche Option eingeräumt ist, sieht *Buchner* (RdA 1990, 1 (16)) als schlechthin für alle von tariflichen Vorgaben abweichenden Arbeitszeitvereinbarungen (z.B. ungleiche Verteilung von Arbeitszeit, Freischichten u.ä.) relevant an.

[109] Die grundsätzlich unzulässige Teilkündigung ist ausnahmsweise statthaft, wenn die Parteien sie für einzelne Vertragsteile ausdrücklich vorgesehen haben, so daß das Äquivalenzgefüge des Vertrages dadurch nicht gestört wird: *Linnenkohl/Rauschenberg/Reh*, BB 1990, 628 (630); Soergel-*Kraft*, vor § 620 Rz. 32; KR-*Wolf*, Grunds. Rz. 144.

daß der Arbeitnehmer geänderte Präferenzen bezüglich des Verhältnisses von Freizeit und Arbeit jederzeit durchsetzen könne.[110]

Von einem für die Günstigkeitsbeurteilung relevanten Wahlrecht kann allerdings – was aber offenbar von Bengelsdorf[111] erwogen wird – nicht gesprochen werden, soweit es allein um die Freiheit des Arbeitnehmers geht, sich für oder gegen das individualvertragliche Angebot einer längeren Wochenarbeitszeit zu entscheiden.[112]

Ein „Wahlrecht" besteht insoweit allenfalls im Sinne der von der subjektiven Lehre befürworteten, von der objektiven Theorie – zu der sich Bengelsdorf[113] zumindest verbal ausdrücklich bekennt – aber meist geleugneten Einschätzungsprärogative[114] des Arbeitnehmers, nach seinen persönlichen Präferenzen frei zwischen der tariflichen und der individualvertraglichen Regelung zu entscheiden. Das Günstigkeitsurteil betrifft den Vergleich zwischen einer tarifvertraglichen Regelung und einer hiervon abweichenden individualvertraglichen Abrede. Die einzelvertragliche Abmachung ist nun aber nicht bereits deshalb für den Arbeitnehmer günstiger, weil dieser die Freiheit hatte, sie abzuschließen oder davon Abstand zu nehmen. Vielmehr kann es nur darauf ankommen, ob die arbeitsvertragliche Abmachung selbst dem Arbeitnehmer eine Option zwischen verschiedenen Gestaltungen der Arbeitsbedingungen einräumt und deshalb – wegen *dieser* Wahlmöglichkeit – gegenüber der starren tarifvertraglichen Regelung günstiger ist. Mit anderen Worten: es geht nicht darum, ob sich die rechtliche Situation des Arbeitnehmers dadurch verbesssert, daß ihm der Arbeitgeber zur tariflichen Regelung die Offerte einer davon abweichenden Vereinbarung macht. Entscheidend ist, ob letztere für den Arbeitnehmer günstiger als die tarifliche Regelung ist. Die Aufnahme eines Wahlrechts zwischen der tariflichen und einer hiervon abweichenden Arbeitszeit *in den Arbeitsvertrag* ist demnach nicht lediglich „aus Gründen

---

[110] *Buchner*, DB 1990, 1715 (1722); *Linnenkohl/Rauschenberg/Reh* (BB 1990, 628 (630)) halten „allenfalls" unter diesen Voraussetzungen eine individualvertragliche Vereinbarung längerer Wochenarbeitszeiten für zulässig.

[111] ZfA 1990, 563 (598 ff.).

[112] *Bengelsdorf* (ZfA 1990, 563 (598 ff.)) sieht im Anschluß an *Buchner* in einer einzelvertraglichen Abmachung, die – innerhalb der durch die AZO gesteckten Grenzen – eine Verlängerung der tariflichen Wochenarbeitszeit vorsieht, eine Chance, über seine Freizeit zu bestimmen; diese zusätzliche Dispositionsmöglichkeit sei für den Arbeitnehmer günstiger.

[113] ZfA 1990, 563 (595).

[114] *Bengelsdorf* (ZfA 1990, 563 (597 f.)) ist allerdings bereit, die nach seiner Meinung mit der freien Entfaltung der Persönlichkeit im Bereich der Berufsausübung verbundene Einschätzungsautonomie bis zu den Schranken zu sichern, innerhalb derer der Arbeitnehmer vor sich selbst nicht geschützt werden müsse.

der besseren Akzeptanz"[115] erforderlich. Ein günstigkeitsrelevantes Wahlrecht besteht vielmehr nur dann, wenn dem Arbeitnehmer im Rahmen des Individualarbeitsvertrages die Alternative einer Entscheidung auch zugunsten der tariflichen Arbeitszeit eingeräumt ist.

Insofern liegen bei Vereinbarungen über die Wochenarbeitszeit die Dinge grundsätzlich anders als bei der *Lebens*arbeitszeit, dessen rechtliche Beurteilung durch den Großen Senat des BAG nach Buchner[116] und Bengelsdorf[117] auf die Wochenarbeitszeit übertragbar sein soll. Die vom Großen Senat vertretene Auffassung, eine Altersgrenzenregelung sei für den Arbeitnehmer um so günstiger, je länger er die Wahlmöglichkeit zwischen Arbeit und Ruhestand habe, kann nicht ohne weiteres auf die einzelvertraglich vereinbarte Verlängerung der Wochenarbeitszeit angewendet werden.[118] Bezüglich der Lebensarbeitszeit ist dem Arbeitsvertrag von vornherein eine Option zugunsten des Arbeitnehmers insofern immanent, als der Arbeitnehmer trotz der einzelvertraglich vereinbarten Arbeitspflicht jederzeit die Möglichkeit hat, das Arbeitsverhältnis – im Wege der ordentlichen Kündigung – einseitig zu lösen.[119] Der sich für die individualvertragliche Vereinbarung entscheidende Arbeitnehmer hat gegenüber der tarifvertraglichen Altersgrenze an Entscheidungsspielraum gewonnen, da er zwischen der Beendigung des Arbeitsverhältnisses bei Erreichung der im Tarifvertrag vorgesehenen Altersgrenze oder zu einem beliebigen späteren Zeitpunkt zu wählen vermag. Insbesondere kann er auch den von der kollektivvertraglichen Regelung angestrebten „Zustand" selbst herbeiführen.

Demgegenüber hat der Arbeitnehmer bei der einzelvertraglichen Verlängerung der *Wochen*arbeitszeit keine echte Wahlmöglichkeit in diesem Sinne. Er ist vielmehr permanent an die vertragliche Vereinbarung mit dem Arbeitgeber gebunden und könnte zum Zustand der kollektivvertraglichen Regelung nur durch Teilkündigung oder Ausübung des ggf. vertraglich vorbehaltenen Widerrufs zurückkehren. Nur für den Fall, daß dem Arbeitnehmer die Möglichkeit eingeräumt würde, sich von der individualvertraglich vereinbarten Regelung der Arbeitszeit wieder zu lösen, wäre die einzelvertragliche Verlängerung

---

[115] *Bengelsdorf*, ZfA 1990, 563 (599).

[116] DB 1990, 1755 (1720).

[117] ZfA 1990, 563 (598).

[118] *Linnenkohl/Rauschenberg/Reh*, BB 1990, 628 (630).

[119] Allerdings können, worauf *Löwisch* (BB 1991, 59 (62 f.)) hinweist, im Einzelfall die Kündigungsfristen sehr lang oder gar die Unkündbarkeit des Arbeitsverhältnisses individualvertraglich vereinbart sein.

der Wochenarbeitszeit den Verhältnissen bei den Altersgrenzenregelungen rechtlich vergleichbar.[120]

Daher liegt eine wirkliche Option nur dann vor, wenn der Arbeitnehmer *im Rahmen des Arbeitsvertrages* die Möglichkeit hat, zwischen der tariflichen und einer hiervon abweichenden Wochenarbeitszeit zu wählen. Unter der einschränkenden Voraussetzung, daß die durch die einzelvertragliche Option eingeräumte Alternative zur tariflichen Regelung nicht ihrerseits für den Arbeitnehmer evident ungünstig ist,[121] wäre eine solche Vertragsgestaltung für den Arbeitnehmer günstiger, da die Wahlmöglichkeit seinen Rechtskreis erweitert.

Andererseits wird die Günstigkeitsbeurteilung nicht davon beeinflußt, ob der Arbeitnehmer aufgrund der individualvertraglichen, ein Wahlrecht zwischen der tariflichen und einer hiervon abweichenden Arbeitszeit vorsehenden Vereinbarung seine einmal erklärte Entscheidung gegen die tarifvertragliche Arbeitszeit *widerrufen* kann.[122] Auch ohne eine solche durch den Arbeitsvertrag ggf. eingeräumte – weitere – Option des Arbeitnehmers, sich wieder unter die Geltung der tariflichen oder betrieblichen Regelung zu begeben, stellt sich die individualvertragliche Gestaltung als die für den Arbeitnehmer günstigere dar. Sicherlich können die subjektiven Interessen des Arbeitnehmers sich ändern. Gleichwohl ginge es zu weit, in der Bindung an die einmal getroffene Entscheidung einen Nachteil zu sehen, der den Vorteil der Lebensgestaltungsfreiheit aufzehrt und damit die arbeitsvertragliche Regelung nicht mehr als günstiger gegenüber der kollektiven Regelung erscheinen ließe. Die Gefahr, daß der Arbeitnehmer die einmal getroffene Entscheidung für die arbeitsvertragliche Abmachung später einmal bereut, gehört zu den Wagnissen seiner

---

[120] Vgl. *Linnenkohl/Rauschenberg/Reh*, BB 1990, 628 (630); *Bengelsdorf* (ZfA 1990, 563 (598 f.)) verfehlt den Bezugspunkt des Günstigkeitsvergleichs, wenn er auf die durch das Arbeitgeberangebot einer längeren Arbeitszeit eröffnete Wahlmöglichkeit abstellt. Der Hinweis, auch bei der Verkürzung der Wochenarbeitszeit könne der Arbeitnehmer wie bei Altersgrenzen den kollektivrechtlichen Zustand erreichen, und zwar, indem er einfach keine längere Arbeitszeit vereinbart, geht ebenfalls fehl. Die Vergleichbarkeit zu der bei Altersgrenzen bestehenden Situation wäre erst hergestellt, wenn der Arbeitnehmer von der einzelvertraglichen längeren Arbeitszeit einseitig zur kürzeren tariflichen Wochenarbeitszeit übergehen könnte.

[121] Vgl. etwa die von *Krummel*, 241 gebildeten Beispiele einer „Option“, freiwillig 48 Wochenstunden ohne Lohnausgleich zu arbeiten. *Krummels* in diesem Zusammenhang an *Löwisch* geübte Kritik, das alleinige Abstellen auf die zusätzliche Dispositionsmöglichkeit könne u.U. das Günstigkeitsprinzip in sein Gegenteil verkehren, ist jedoch unberechtigt. *Löwisch* sieht die Einräumung eines Wahlrechts keineswegs als hinreichend an, von einem Vergleich zwischen tariflichen und arbeitsvertraglichen Arbeitsbedingungen völlig abzusehen, sondern hält eine Mißbrauchskontrolle für notwendig (BB 1991, 59 (63)).

[122] So aber *Löwisch*, DB 1989, 1185; *ders.*, in: Münchener Handbuch zum Arbeitsrecht, § 265 Rz. 54 f.

mit der Wahlmöglichkeit gewonnenen Freiheit. Es hieße daher, den arbeitsrechtlichen Schutzgedanken überzustrapazieren, dem Arbeitnehmer auch dieses Risiko durch die obligatorische Einräumung eines Widerrufsrechts abnehmen zu wollen. Auch auf anderen Rechtsgebieten besteht für die Vertragspartner häufig keine Möglichkeit, sich von einmal willensautonom getroffenen vertraglichen Dispositionen einseitig zu lösen, auch wenn die eingegangene vertragliche Verpflichtung mit langfristigen Bindungen und/oder erheblichen ökonomischen Belastungen (z.B. Abschluß von Kreditverträgen) verbunden ist.

Dies gilt selbstverständlich nur unter dem Vorbehalt, daß der Arbeitnehmer sein Wahlrecht frei und unbeeinflußt von den Interessen des Arbeitgebers oder auch der Belegschaft auszuüben vermag. Etwaige Ausnahmen im Einzelfall rechtfertigen allerdings nicht, eine Fremdbestimmung des Arbeitnehmers pauschal zu unterstellen und ihm mit dieser Begründung die Gestaltung seiner Arbeitsbeziehungen gemäß seinen eigenen Präferenzen vorzuenthalten.[123]

Es steht allerdings zu bezweifeln, daß die dafür erforderliche spezifische Vertragsgestaltung – Einräumung eines Widerrufs- oder Teilkündigungsrechts für den Arbeitnehmer – in der Praxis größere Bedeutung erlangen wird. Zur Lösung der grundsätzlichen Problematik im Arbeitsrecht, deren Ursachen auch Buchner im Postulat eines objektiv-hypothetischen Maßstabes ausmacht, trägt sie allenfalls in Randbereichen bei.

Immerhin ist mit dem Aspekt der Einräumung eines Wahlrechts ein Kriterium gefunden, das auch unter Zugrundelegung einer objektiven Beurteilungsperspektive gewisse generalisierende Aussagen für das Günstigkeitsurteil gestattet.

e) Resümee

Jedenfalls unter Berücksichtigung des gegenwärtigen Niveaus der tariflichen Arbeitszeit ist unter Zugrundelegung des von der hM vertretenen objektiven Beurteilungsmaßstabs die überkommene Meinung nicht mehr aufrechtzuerhalten, daß eine einzelvertragliche Verlängerung der tariflichen Arbeitszeit stets als für den Arbeitnehmer ungünstiger anzusehen sei.

---

[123] So zutreffend *Buchner* (DB 1990, 1715 (1720) und RdA 1990, 1 (16)) entgegen *Zachert* (DB 1990, 986), demzufolge die Gefahr, daß auf den einzelnen Arbeitnehmer Druck ausgeübt wird, bei gebotener typisierender Betrachtung zu einer fremdbestimmten Entscheidung führe. Mit *Buchner*, aaO wäre demgegenüber zu fragen, ob eine solche Vorstellung noch den Realitäten des heutigen Arbeitslebens gerecht wird.

Andererseits kann in der entgegengesetzten Richtung auch nicht festgestellt werden, eine solche Vereinbarung sei innerhalb der durch die AZO gesteckten Grenzen generell günstiger.[124]

So ist etwa die These, eine 40 Wochenstunden nicht überschreitende individualvertragliche Arbeitszeit könnte im Hinblick auf die Verankerung der 40-Stunden-Woche im „sozialpolitischen Bewußtsein“[125] schwerlich als ungünstig angesehen werden, in ihrer Allgemeinheit bedenklich. Der Rekurs auf ein solches „allgemeines sozialpolitisches Bewußtsein“ erscheint als zu diffus, um daran ein allgemeines Kriterium für die Günstigkeitsbeurteilung knüpfen zu können.[126]

Für die Arbeitszeit läßt sich eben keine generelle Feststellung treffen, daß eine längere Arbeitszeit günstiger als eine kurze sei, ebensowenig, daß eine kürzere stets günstiger als eine längere wäre. Die Realitäten der Arbeitswelt sind einfach zu vielgestaltig, als daß sie eine rein quantitative Betrachtung der Arbeitszeit erlaubten. Vielmehr kann die für den Arbeitnehmer günstigste Gestaltung nur im Hinblick auf dessen persönliche Interessenlage und Einsatzwillen ermittelt werden.[127]

Die Vertreter des objektiven Prüfungsmaßstabes befinden sich damit in dem Dilemma, einerseits dem selbstgestellten Anspruch eines höheren Maßes an Rechtssicherheit und Vorhersehbarkeit richterlicher Entscheidungen gerecht werden zu müssen, andererseits aber „naturgemäß“[128] keine allgemeingültige Aussage zum Günstigkeitsvergleich zwischen tariflicher Höchstarbeitszeit und einzelvertraglicher Überschreitung bei Gewährung eines höheren

---

[124] *Linnenkohl/Rauschenberg/Reh*, BB 1990, 628 (630); *v. Hoyningen-Huene* (NZA 1985, 9 (14)) betrachtet die Vereinbarung einer längeren Arbeitszeit als 38,5 Wochenstunden bis zur Grenze von 48 Wochenstunden „in der Regel“ als günstiger, weil der Arbeitnehmer eine höhere Entlohnung erhalte; *Joost* (ZfA 1984, 173 (182)) beurteilt nicht sozial-, sondern beispielsweise beschäftigungspolitisch motivierte tarifliche Arbeitszeit*verkürzungen* offenbar generell als für den Arbeitnehmer *ungünstiger*, da nicht zu erkennen sei, inwiefern diese im persönlichen Einzelinteresse sollen liegen können; *Zöllner* (DB 1989, 2121 (2125)) sieht die individualvertragliche Verlängerung einer tariflichen Wochenarbeitszeit von 37 Stunden auf 40 Stunden auch bei nur linearem Lohnanstieg allgemein als für den Arbeitnehmer günstiger an.

[125] *Joost*, ZfA 1984, 173 (180); *Mayer*, 118; *Weismann*, 256 f.

[126] Kritisch dazu auch *Bengelsdorf*, ZfA 1990, 563 (601): mit der Einführung des außergesetzlichen, von den jeweiligen zeitbedingten Anschauungen geprägten Begriffs des sozialpolitischen Bewußtseins werde eine weitere Blankettformel geschaffen, über die wiederum beliebige Gesamtinteressen einbezogen werden könnten.

[127] *Buchner*, DB 1990, 1715 (1720).

[128] *Joost*, ZfA 1984, 173 (180).

Arbeitsentgelts machen zu können.[129] Es bedürfe vielmehr jeweils „einer genauen Prüfung der konkreten Arbeits- und Lebensumstände des einzelnen Arbeitnehmers", wobei besonders sein Alter und sein Gesundheitszustand, „möglicherweise" aber auch seine soziale Situation erheblich sein können und der Günstigkeitsvergleich auch berufsspezifisch unterschiedlich ausfallen könne je nach Art der geleisteten Tätigkeit und der durch die Arbeit eintretenden Belastung.[130]

So ist zwar Joost uneingeschränkt zuzustimmen, wenn er feststellt, privatautonome Gestaltung der Lebensverhältnisse beinhalte auch immer ein gewisses Maß an Einschätzungsautonomie.[131] Wenn er allerdings gleichwohl an einer objektiven Beurteilung festhalten und der Einschätzungsautonomie des Arbeitnehmers nur dann den Vorrang gewähren will, wenn – „wie häufig" – die Beurteilung weder ganz eindeutig die Günstigkeit noch die Ungünstigkeit ergebe,[132] so pflegt er damit die – irrige – Vorstellung weiter, im Zusammenhang mit dem Günstigkeitsvergleich jedenfalls prinzipiell allgemeinverbindliche Aussagen treffen zu können.

Der Anspruch der objektiven Theorie, zu einer eindeutigen Günstigkeitsbeurteilung in der ein oder anderen Richtung gelangen zu können, ist aber – von extrem gelagerten Fällen vielleicht abgesehen – gar nicht einzulösen und wird teilweise nur noch rhetorisch aufrechterhalten. Dies zeigt exemplarisch die Stellungnahme Bengelsdorfs[133], der auf der Grundlage einer objektiven Sicht ähnlich der hier vertretenen Auffassung zu dem Ergebnis gelangt, daß innerhalb der durch die AZO gesetzten Grenzen der Arbeitnehmer über seine Freizeit zu bestimmen vermag, und anschließend resümiert, *objektiv* sei bei der Anwendung des subjektiv-persönlichen Maßstabes allein die *Entscheidung des betroffenen Arbeitnehmers* im Rahmen der für ihn geltenden Schutzgesetze. Von der Anerkennung einer Einschätzungsprärogative des Arbeitnehmers ist es letztlich nur noch ein kleiner Schritt zu dem – verbal noch vermiedenen – Bekenntnis, daß die Beurteilung durch den betroffenen Arbeitnehmer nicht die Ausnahme, sondern den Grundsatz bei der Günstigkeitsbeurteilung bilden muß. Jedenfalls bei der Bewertung von Arbeitszeitregelungen kann – in

---

[129] *Joost*, ZfA 1984, 173 (180); *Mager*, 45 (50): „schwierig, in diesen Fällen eine abstrakte Grenze zu ziehen"; *Däubler/Hege*, Rz. 133: bei der Verbindung von Arbeitszeitverkürzungen und Lohnausfall sei es „schwer zu entscheiden", welche Regelung die günstigere ist. *Däubler/Hege*, aaO halten es offenbar für gangbar, entsprechende Zweifel durch eine Erklärung der Gewerkschaft oder (!) der betroffenen Arbeitnehmer aufzulösen.

[130] *Joost*, ZfA 1984, 173 (180); *Mayer*, 119; ähnlich *v. Hoyningen-Huene*, NZA 1985, 9 (14).

[131] ZfA 1984, 173 (178 und 183).

[132] ZfA 1984, 173 (183 mwN Fn. 41).

[133] ZfA 1990, 563 (598).

dem durch die Belange des Gesundheitsschutzes gesteckten Rahmen – kaum plausibel gemacht werden, warum dem Arbeitnehmer nicht ein eigenes Wahlrecht zwischen mehr Freizeit und höherem Einkommen zustehen soll.[134]

4. *Zusammenfassung*

Unter Zugrundelegung der hier vertretenen Auffassung, daß für die Beurteilung der Günstigkeit grundsätzlich die Sicht des betroffenen Arbeitnehmers maßgeblich ist, stellt lediglich das Vorhandensein einer Option zugunsten des Arbeitnehmers eine Gestaltung dar, bei der es wegen der mit der Einräumung eines Wahlrechts verbundenen Erweiterung des Rechtskreises des Arbeitnehmers ausnahmsweise nicht darauf ankommt, ob das – in diesem Fall in der Tat einmal objektivierbare – Günstigkeitsurteil auch vom Arbeitnehmer geteilt wird.

Andere Bemühungen um eine Objektivierung haben sich hingegen nicht als tragfähig erwiesen. Insoweit verbleibt es bei der Wertungsprärogative des Arbeitnehmers, die ihre Grenze lediglich am Gesundheitsschutz des Arbeitnehmers findet, deren Verlauf der Gesetzgeber – ohne damit indessen eine letztverbindliche Aussage treffen zu können[135] – durch die Bestimmungen der AZO markiert hat.[136] Innerhalb dieser Grenzen gilt eine von *Säcker*[137] bereits lange vor Einführung der 38,5-Stunden-Woche getroffene Feststellung: es muß, „wenn es für die herrschende Auffassung keine stichhaltigere Begründung gibt als den an den Arbeitszeitproblemen von gestern geschulten objektiven Geist und Maßstab der Arbeitsrechtsordnung, ... der freien, selbstverantwortlichen Entscheidung des einzelnen Beschäftigten überlassen bleiben, ob ihm mehr Freizeit oder mehr Geld gegen mehr Arbeit lieber ist."[138]

---

[134] *Buchner*, DB 1990, 1715 (1719); *Krummel*, 237: „Wer, wenn nicht der Arbeitnehmer selbst, soll denn entscheiden, ob in seiner individuellen Lebenssituation eine Verlängerung der Arbeitszeit bei entsprechender Lohnerhöhung in seinem Interesse liegt?"

[135] *Biedenkopf*, 172 will die Grenze des günstigkeitsfesten kollektivrechtlichen Arbeitnehmerschutzes parallel zum zwingenden gesetzlichen Arbeitnehmerschutz verlaufen lassen.

[136] Die Maßgeblichkeit jedenfalls dieser Grenze wird einmütig anerkannt; vgl. etwa *Hromadka*, DB 1992, 1042 (1045); *Buchner*, Arbeitszeit, 3 (14); Löwisch, DB 1991, 59 (62); siehe auch *Heinze*, NZA 1990, 329 (335).

[137] SAE 1968, 16 (20).

[138] Ähnlich *Buchner*, DB 1989, 2029 (2030): „woher nimmt man den Mut, den einzelnen Arbeitnehmer auf die tarifliche Arbeitszeit festzulegen?"

II. Rechtsprobleme der Tarifverträge über Arbeitszeitverkürzung und -flexibilisierung – Arbeitszeitregelungen im Spannungsfeld zwischen Tarifvertrag und Betriebsvereinbarung am Beispiel des sog. „Leber-Kompromisses"

Technische Innovationen haben in weiten Teilen der Industrie und des Dienstleistungssektors eine Flexibilisierung der Produktion und auch der Arbeitsorganisation mit sich gebracht. Neue Technologien erlauben die Aufrechterhaltung des Produktionsprozesses rund um die Uhr. Parallel dazu führten höhere Lohnkosten, die fortschreitende Verkürzung der tariflichen Wochenarbeitszeit sowie die immer kapitalintensivere Ausstattung der Betriebe auf seiten der Arbeitgeber zu dem Bestreben, die Betriebsnutzungszeiten von den regelmäßigen betrieblichen Arbeitszeiten abzukoppeln. Darüber hinaus machte die durch neue Techniken ermöglichte Abkehr von der strikten Aufgabenzuteilung an einzelne Arbeitnehmer eine gleichzeitige Anwesenheit aller Mitarbeiter entbehrlich und gestattete auch eine Abkopplung der individuell-persönlichen Arbeitszeit von der allgemeinen Betriebszeit sowie die Möglichkeit zu einer bedarfsgerechten Plazierung der Arbeitseinsätze durch die Festlegung differenzierter individueller Arbeitszeiten.

Während auf Betriebsebene flexible Arbeitszeitgestaltungen wie Schichtarbeit, gleitende Arbeitszeit, Wochenendarbeit oder Teilzeitarbeit bereits seit längerem praktiziert werden, zeichnete sich die *tarifliche* Arbeitszeitgestaltung bisher durch starre Arbeitszeitmuster aus. Bislang hatten sich die Tarifparteien meist darauf beschränkt, für die Dauer der Arbeitszeit durch tarifliche Inhaltsnormen eine Höchstgrenze zu setzen, die eine normative Geltung nur für die beiderseits tarifgebundenen Arbeitsvertragsparteien beanspruchen konnte. Maßgeblich waren brancheneinheitliche Standardregelungen dergestalt, daß unabhängig von der konkreten Situation des Betriebes (Kapazitätsauslastungen, Nachfrageschwankungen) und der dort Beschäftigten die Arbeitsverteilung regelmäßig gleichbleibend erfolgte.

Die Bedingungen einer veränderten, durch den Einsatz neuer Technologien gekennzeichneten technischen Arbeitswelt haben aber mittlerweile auch bei den Tarifparteien zu Überlegungen geführt, Alternativen zu den herkömmlichen starren Arbeitszeitsystemen zu entwickeln. Die Gewerkschaften lassen inzwischen, wenn auch nur zögernd, die Bereitschaft erkennen, den geänderten Rahmenbedingungen durch eine flexiblere Gestaltung der Arbeitszeitregelungen Rechnung zu tragen.[139]

---

[139] Vgl. etwa die Feststellung *Zimmermanns*, Mitglied des Geschäftsführenden Bundesvorstands des DGB (WSI Mitteilungen 1991, 121), die Sorge vor einer zu Lasten der Arbeitnehmer gehenden, das Normalarbeitsverhältnis zerstörenden und lediglich den Ausbeutungsprozeß optimierenden Flexibi-

Vor diesem Hintergrund ist der auf der Grundlage des von den Schlichtern Georg Leber und Bernd Rüthers entwickelten sog. *„Leber-Kompromisses"* 1984 in der südwestdeutschen Metallindustrie zustandegekommene Tarifabschluß zu sehen, mit dem die Koalitionen nicht nur tarifpolitisches, sondern auch rechtliches Neuland betreten haben.[140]

Im Tarifkonflikt 1984 waren die Arbeitgeber zu der von den Gewerkschaften aus beschäftigungspolitischen Gründen angestrebten weiteren Arbeitszeitverkürzung nur um den Preis betrieblicher Flexibilisierung der Arbeitszeit bereit. Beide Intentionen – Arbeitszeitverkürzung und verlängerte Maschinenlaufzeiten – konnten gemeinsam aber jedenfalls nur unbefriedigend erfüllt werden, wenn die getroffene Tarifregelung allein für tarifgebundene Arbeitnehmer gelten würde.[141] Das Ziel einer beschäftigungspolitisch motivierten Arbeitszeitverkürzung war vielmehr nur zu erreichen, wenn alle Arbeitnehmer erfaßt wurden, bei denen durch eine Arbeitszeitverkürzung ein Umverteilungseffekt eintreten kann.[142]

Der Tarifkompromiß in der Metallindustrie sah deshalb eine nicht mehr mitglieder-, sondern belegschaftsbezogene Regelung der Wochenarbeitszeit vor, die keine einheitliche wöchentliche Arbeitszeit für die – organisierten – Arbeitnehmer enthält, sondern stattdessen eine *betriebseinheitliche* Verkürzung der Durchschnittsarbeitszeit für nahezu alle Vollzeitbeschäftigten vorsieht. Dabei kann unter Wahrung einer regelmäßigen wöchentlichen Arbeitszeit im *Betriebsdurchschnitt* für die einzelnen Betriebsangehörigen eine *individuelle* Arbeitszeit innerhalb einer gewissen Bandbreite festgesetzt werden. Die Verteilung und Zuweisung dieses „Kollektiven Wochenarbeitszeitvolumens" auf betrieblicher Ebene soll durch Betriebsvereinbarungen vollzogen werden.[143] Ziel dieses Flexibilisierungsmodells ist es u.a., trotz Verkürzung der Arbeitszeit die Betriebsmittelnutzungszeit unverändert aufrecht zu erhalten.

Dieses Konzept enthält Neuerungen in mehrfacher Hinsicht. Ein grundlegendes Novum stellt zunächst die Einführung einer – nach der geltenden

---

lisierung habe den Gewerkschaften den Blick davor verstellt, daß es Formen der Flexibilisierung von Arbeitszeit geben könne, die den Bedürfnissen der Arbeitnehmer entgegenkommen und über solche Formen künftig verstärkt nachgedacht werden müsse.

[140] *Buchner* (DB 1985, 913 (914)) weist allerdings auf die im Manteltarifvertrag der Bayerischen Metallindustrie bereits vor Jahrzehnten vorgesehene Möglichkeit hin, die tarifvertragliche Arbeitszeit auf betrieblicher Ebene zu verlängern und im Falle der Nichteinigung zwischen den Tarifparteien die tarifliche Schlichtungsstelle entscheiden zu lassen.

[141] *Bender*, BB 1987, 1117.

[142] *Weismann*, 215.

[143] *Linnenkohl/Rauschenberg*, BB 1984, 2197 (2199).

Rechtslage nur für Teilzeitarbeitsverhältnisse bekannten – „individuellen" Arbeitszeit für Vollzeitbeschäftigte dar. Neu ist ebenfalls, daß die Tarifverträge keine abschließende Regelung über die Dauer der Arbeitszeit mehr enthalten und eine grundlegende Veränderung des Zuständigkeitsbereiches der Betriebspartner vorsehen,[144] was zu einer „Gemengelage"[145] tariflicher und betrieblicher Regelungen geführt hat. Das eigentlich Neue an dieser Tarifvertragsgestaltung stellt aber dar, daß die – vorbehaltlich § 5 TVG oder einer individualvertraglichen Übernahme – zunächst nur für die Tarifgebundenen geltende Verkürzung der tariflichen Arbeitszeit mittels Betriebsvereinbarung normative Wirkung für alle betriebsangehörigen Arbeitnehmer entfalten soll.[146]

Die rechtliche Problematik dieses Modells verdichtet sich im wesentlichen auf zwei Problemkreise.

Zum einen müssen Arbeitgeber und Betriebsrat den ihnen zugewiesenen Konkretisierungsauftrag erfüllen können; dies ist wegen der rechtlichen Begrenzung der dem Betriebsrat gesetzlich eingeräumten Mitbestimmungsrechte problematisch.

Zum anderen geht die tarifvertragliche Regelung davon aus, auch die *nichtorganisierten* Arbeitnehmer ihrem Regime unterstellen zu können. Wegen der grundsätzlichen Beschränkung der Tarifgeltung auf die Mitglieder der tarifschließenden Koalitionen bestehen Bedenken hinsichtlich der Regelungsmacht der Tarifpartner vor dem Hintergrund der durch Art. 9 Abs. 3 GG ebenfalls gewährleisteten negativen Koalitionsfreiheit der Nichtorganisierten, die neben der Freiheit des Austritts aus und des Fernbleibens von der Koalition auch die Freiheit umfaßt, sich der tariflichen Normsetzungsmacht zu entziehen[147] und durch die Instrumentalisierung der Betriebsvereinbarung zur Umsetzung tarifvertraglicher Vorgaben möglicherweise zumindest mittelbar verletzt ist.[148]

---

[144] *Küttner/Schlüpers Oehmen/Rebel*, DB 1985, 172.

[145] *Buchner*, RdA 1990, 1 (2).

[146] *Bender*, BB 1987, 1117.

[147] *Lücke*, ZRP 1991, 205; *Schüren*, RdA 1988, 138 (142); *Hueck/Nipperdey*, Arbeitsrecht II/1, § 10 III 3 (S. 167); *Zöllner*, RdA 1962, 453 (458).

[148] Kritik an der im Leber-Kompromiß konzipierten Erweiterung betrieblicher Regelungsbefugnisse ist ferner auch im Hinblick darauf geltend gemacht worden, daß die Tarifparteien mit der Bestimmung, wonach die betriebliche Arbeitszeit im Rahmen des durch die tarifliche wöchentliche Arbeitszeit vorgesehenen Volumens durch Betriebsvereinbarung geregelt wird, die ihnen von Verfassungs wegen zustehende Regelung der Arbeitszeit in rechtlich unzulässiger, zumindest aber rechtspolitisch bedenklicher Weise auf die betriebliche Ebene verlagert hätten (*Joost*, ZfA 1988, 489 (558 f.)). Insbesondere *Kissel* (NZA 1986, 73 (76 ff.)) moniert, daß die Tarifvertragsparteien damit auf die

1. Die Regelungsbefugnis der Betriebsparteien

Betriebsvereinbarungen zur Regelung der individuellen regelmäßigen wöchentlichen Arbeitszeit für Arbeitnehmer setzen die Befugnis der Betriebsparteien voraus, im materiellen Sinne über die Arbeitszeit zu bestimmen. Zwar besteht weitgehend Einigkeit darüber, daß der Betriebsrat hinsichtlich der *Dauer* der Arbeitszeit kein erzwingbares Mitbestimmungsrecht hat.[149] Die funktionelle Zuständigkeit des Betriebsrates geht aber über den Katalog der erzwingbaren Mitbestimmungsrechte des § 87 BetrVG hinaus. Der Bestimmung des § 77 Abs. 3 BetrVG, die Betriebsvereinbarungen über Arbeitsentgelte und sonstige Arbeitsbedingungen, die durch Tarifvertrag geregelt sind oder üblicherweise geregelt werden, für unzulässig erklärt, läßt sich entnehmen, daß der Gesetzgeber von der grundsätzlichen Regelungszuständigkeit der Betriebsparteien ausgeht.[150] Den Betriebsparteien steht mithin für den Bereich

---

Ausübung ihrer Regelungsbefugnis und Regelungszuständigkeit im tariflichen Kernbereich verzichtet hätten und wirft in diesem Zusammenhang die Frage auf, ob die Gestaltung der Arbeitsbedingungen von den Tarifparteien überhaupt ohne Beeinträchtigung des Sinnes von Art. 9 Abs. 3 GG auf die Betriebsebene übertragen werden könne oder sich nicht vielmehr aus § 77 Abs. 3 BetrVG für die Tarifvertragspartner eine Regelungs*pflicht* ergebe (für eine aus Art. 9 Abs. 3 GG abzuleitende Verpflichtung der Tarifvertragsparteien, die grundlegenden Fragen des Arbeitsverhältnisses über Lohn und Arbeitszeit in einem Tarifvertrag selbst zu regeln, auch *Meier-Krenz*, DB 1988, 2149 (2153)).

Dem Vorwurf einer unzulässigen Kompetenzverlagerung durch die Koalitionen auf die betriebliche Ebene wird allerdings zu Recht entgegengehalten (*Buchner*, NZA 1986, 377 (378 f.); *Säcker/Oetker*, 90 ff.), daß die Betriebspartner zur Regelung von Arbeitszeitfragen keiner Delegation von Rechtsetzungsbefugnissen seitens der Tarifvertragsparteien bedürften, sondern derartige Regelungen aufgrund einer originären, umfassenden funktionellen Zuständigkeit zur Normsetzung im Bereich der sozialen Angelegenheiten zu treffen vermögen. Auch aus Art. 9 Abs. 3 GG kann eine Pflicht der Koalitionen, die ihnen eingeräumten Normsetzungsbefugnisse auch auszuüben und damit eine Transformation eines Freiheitsrechts zu einer objektiv-rechtlichen Verpflichtung nicht abgeleitet werden, zumal das Grundgesetz ungeachtet der den Koalitionen zugedachten Ordnungsaufgabe keine Monopolisierung der Regelungszuständigkeit bei den Tarifvertragsparteien vorsieht, sondern die Ordnung des Arbeitslebens auch durch Gesetz und Betriebsvereinbarung gestaltet werden kann (*Säcker/Oetker*, 94 mwN; *Buchner*, NZA 1986, 377 (380)). Von daher läßt sich einer gewissen Verlagerung bei der Gestaltung der Arbeitsbedingungen vom Tarifvertrag auf die Betriebsvereinbarung nicht mit Hinweis auf Art. 9 Abs. 3 GG begegnen (*Buchner*, aaO; *ders.*, RdA 1990, 1 (2)); jedenfalls überschreitet der in den Manteltarifverträgen der Metallindustrie den Betriebsparteien zugestandene Spielraum insoweit nicht die Grenzen des Zulässigen (*Weyand*, AuR 1989, 193 (196 f.)).

[149] § 87 Abs. 1 Nr. 2 BetrVG bezieht sich nur auf die *Lage* der tarif- oder individualvertraglich vorgegebenen Arbeitszeit; BAG AP Nrn. 2 und 24 zu § 87 BetrVG – Arbeitszeit; AP Nr. 4 zu § 9 TVAL II; AP Nr. 23 zu § 77 BetrVG; *Dietz/Richardi*, § 87 Rzn. 205, 236, 239; GK-*Wiese*, § 87 Rz. 200 ff.; *Wiedemann/Moll*, Anm. zu BAG AP Nr. 1 zu § 87 BetrVG 1972 – Arbeitszeit; aA *Koch*, Mitbestimmungsrechte, 120; *Weiss*, § 87 Rz. 15; *Fitting/Auffarth*, § 87 Rz. 44; *Schaub*, § 235 II 2 (S. 1718).

[150] HL; einschränkend *Dietz/Richardi*, BetrVG, § 77 Rz. 54: der Umfang der Arbeitsleistung sei grundsätzlich einer Regelung durch Betriebsvereinbarung entzogen.

der sozialen Angelegenheiten eine unbeschränkte funktionelle Zuständigkeit zur Regelung auch der materiellen Arbeitsbedingungen zu.[151]

a) Öffnungsklausel nach § 77 Abs. 3 Satz 2 BetrVG?

Die Bedeutung der tarifvertraglichen Regelung, mittels der die Betriebsparteien in die Gestaltung der flexiblen Arbeitszeiten einbezogen werden, könnte sich darin erschöpfen, die Tarifsperre des § 77 Abs. 3 BetrVG zu beseitigen, welche die Betriebsparteien ohne eine entsprechende tarifliche Öffnungsklausel von Regelungen der Arbeitszeit ausschließt.[152]

Hinsichtlich der personellen Reichweite der dergestalt anzuerkennenden Regelungsbefugnis der Betriebspartner wäre dann die von der Tarifvertragsparteien intendierte Ausdehnung der tarifvertraglichen Arbeitszeitregelungen auf die nichtorganisierten Arbeitnehmer über die Umsetzung auf der Betriebsebene im Ausgangspunkt nicht problematisch. Da die Öffnungsklausel keine Delegation tariflicher Rechtsetzungsbefugnis enthält, sondern lediglich die Sperrwirkung nach §§ 87 Abs. 1, 77 Abs. 3 BetrVG beseitigt,[153] werden die Betriebsparteien, wenn sie im Rahmen des durch die tarifliche Öffnungsklausel eröffneten Spielraums betriebliche Regelungen treffen, innerhalb der ihnen zustehenden Autonomie tätig. Die Betriebspartner würden beim Abschluß von Betriebsvereinbarungen zur normativen Regelung der individuellen Dauer der Arbeitszeit sich originärer Rechtsetzungskompetenzen bedienen. Weil sie nicht etwa aus der tariflichen Rechtsetzungmacht abgeleitete Ausführungsvorschriften zu den Tarifrechtsnormen, sondern betriebliches Recht setzen, erfaßt ihre Rechtsetzung alle Arbeitsverhältnisse des Betriebs ohne Rücksicht auf die Tarifgebundenheit. Die Außenseiterproblematik wäre dann letztlich auf die gesetzliche Regelung des § 77 Abs. 3 BetrVG zurückgeführt, welche die betriebliche Rechtsetzung von der Zulassung durch die Tarifvertragsparteien abhängig macht.[154]

Eine Qualifizierung der hier in Rede stehenden tariflichen Bestimmungen als tarifvertragliche Öffnungsklausel würde demnach dazu führen, daß die Betriebsparteien in ihrer Entscheidung, ob sie in dem eröffneten Rahmen überhaupt betriebliche Arbeitszeitregelungen treffen wollen, frei sind. Der Betriebsrat muß prüfen, ob er dem tariflichen Volumen entsprechende Arbeits-

---

[151] BAG (GS) AP Nr. 1 zu § 57 BetrVG 1952.

[152] In diesem Sinne *Fitting/Auffarth*, § 87 Rz. 10c.

[153] LAG Düsseldorf, NZA Beilage 2/1986, 13; GK-*Kreutz*, § 77 Rz. 125; *v. Hoyningen-Huene/ Meyer-Krenz*, ZfA 1988, 293 (304); *Buchner*, NZA 1986, 377 (378); *ders.*, DB 1985, 913 (916).

[154] *Buchner*, RdA 1990, 1 (4).

zeiten mit einer betriebseinheitlichen Regelung festschreiben, also insbesondere auch nichttarifgebundene Arbeitnehmer daran binden will. Kann er sich nicht dazu entschließen, bleibt es bei der Geltung der tariflichen Bestimmungen für tarifgebundene Arbeitsverhältnisse bzw. bei den arbeitsvertraglichen Abreden für die Nichttarifgebundenen. Entscheidet er sich aber für eine betriebliche Regelung mit dem Arbeitgeber, so gilt diese mit der normativen Wirkung von Betriebsvereinbarungen, mithin auch für nichttarifgebundene Arbeitsverhältnisse.

Die Rechtswirksamkeit der tariflichen Bestimmungen ist daher nicht bereits deshalb zweifelhaft, weil den Betriebsparteien in den durch die tarifliche Regelung gezogenen Grenzen die Möglichkeit eröffnet wird, mit der Dauer der individuellen Arbeitszeit materielle Arbeitsbedingungen auch für nichttarifgebundene Arbeitsverhältnisse zu regeln. Den Tarifparteien kann es nicht verwehrt sein, im Interesse betriebsnaher und flexibler Arbeitszeitregelungen innerhalb eines tarifvertraglich gesteckten Rahmens der Betriebsautonomie Raum zu lassen.[155]

Indessen beschränken sich die tariflichen Arbeitszeitbestimmungen in der Metallindustrie nicht darauf, im Rahmen der tariflichen Vorgaben die Bestimmung der individuellen Arbeitszeit den Betriebsparteien zu überlassen. Das tarifliche Regelungsmodell wird nämlich durch die Bestimmung flankiert, daß die Einigung zwischen Arbeitgeber und Betriebsrat auf Antrag jeder Seite durch den Spruch einer Einigungsstelle iSd § 76 BetrVG ersetzt werden kann.[156]

Durch eine Öffnungsklausel iSd § 77 Abs. 3 Satz 2 BetrVG sind die Betriebsparteien nicht verpflichtet, entsprechende ergänzende Betriebsvereinbarungen zu treffen. Gerade diese autonome Entscheidung der Betriebsparteien stellt sicher, daß die Übernahme einer tariflichen Regelung und deren Ergänzung durch betriebliche Normsetzung die negative Koalitionsfreiheit der nichttarifgebundenen Arbeitnehmer des Betriebes nicht berührt. Verbindliche Entscheidungen der Einigungsstelle sind lediglich für den Bereich der erzwingbaren Mitbestimmung, nicht aber für den Gesamtbereich der den Betriebsparteien eröffneten Rechtsetzungszuständigkeit vorgesehen. Für die der freiwilligen Regelung durch die Betriebsparteien zugänglichen Festlegung der materiellen Arbeitsbedingungen hat der Gesetzgeber grundsätzlich[157] keine verbindliche Zwangsschlichtung vorgesehen.

---

[155] *Buchner*, DB 1985, 913 (921).

[156] Der Manteltarifvertrag für die Bayerische Metallindustrie sieht anstelle der Einigungsstelle die Entscheidung durch die tarifliche Schlichtungsstelle vor.

[157] Ausnahmen: § 87 Abs. 1 Nrn. 3, 5, 10 und 11 BetrVG.

Mit der Zuweisung der Entscheidungskompetenz an die Einigungs- bzw. Schlichtungsstelle kommt daher ein qualitativ neues Moment in die tariflichen Regelungen, das sich nicht mehr aus der originären Regelungskompetenz der Betriebsparteien rechtfertigen läßt.

§ 77 Abs. 3 Satz 2 BetrVG stellt für sich allein keine Ermächtigungsnorm zur Erstreckung der Normwirkung auf Außenseiter dar.[158]

b) Erweiterung der Mitbestimmungsrechte des Betriebsrates durch Tarifvertrag?

Erzwingbare Mitbestimmungsbefugnisse des Betriebsrates außerhalb der im BetrVG enumerativ aufgeführten Tatbestände kommen nur in Betracht, sofern durch Tarifvertrag über die im BetrVG bestehenden Mitbestimmungsrechte hinaus bislang nicht existierende Mitbestimmungsrechte geschaffen oder gesetzliche Mitwirkungstatbestände zu erzwingbaren Mitbestimmungsbefugnissen aufgewertet werden könnten.

Die tarifvertraglichen Bestimmungen, derzufolge die Arbeitszeit im Betrieb durch Betriebsvereinbarung geregelt und im Konfliktfall eine verbindliche Entscheidung durch den Spruch der Einigungsstelle getroffen wird, enthalten ihrer Struktur nach eine Erweiterung der Mitbestimmungstatbestände des § 87 BetrVG.[159] Wäre eine solche Erweiterung zulässig, so ergäbe sich die Zuständigkeit der Einigungsstelle zur verbindlichen Entscheidung mit normativer Wirkung auch für nichttarifgebundene Arbeitsverhältnisse ohne weiteres aus § 87 Abs. 2 BetrVG.

Die Erweiterbarkeit der in § 87 BetrVG aufgeführten Tatbestände erzwingbarer Mitbestimmungsrechte der Betriebsrates durch Tarifvertrag wird allerdings kontrovers erörtert.[160] Das BetrVG trifft keine Aussage dazu, ob durch Tarifvertrag die Mitbestimmungsrechte des Betriebsrates erweitert werden können. Der Gesetzgeber hat sich in dieser Frage bewußt nicht festlegen wollen, sondern ihre Beantwortung Rechtsprechung und Lehre überlassen.[161]

---

[158] *Weyand*, AuR 1989, 193 (197) mwN.

[159] *Buchner*, DB 1985, 913 (922); *Hanau*, NZA 1985, 73 (76); *Richardi*, NZA 1984, 387 (388).

[160] Zum Meinungsstand vgl. die Nachweise bei BAG DB 1987, 2260 sowie die eingehende Untersuchung von *Koch*, Mitbestimmungsrechte, passim.

[161] Vgl BT-Drucks. VI/1786, S. 36; *v. Hoyningen-Huene/Meier-Krenz*, ZfA 1988, 293 (318).

Gegen eine solche Möglichkeit wird unter anderem der Einwand geltend gemacht, das BetrVG enthalte eine ausgewogene und deshalb abgeschlossene Regelung der Mitbestimmungsrechte der Betriebsrates und sei deshalb einer Veränderung durch Tarifvertrag nicht zugänglich.[162]

Auch aus dem Befund, daß das BetrVG an mehreren Stellen Vorschriften darüber enthält, ob und in welchem Umfang betriebsverfassungsrechtliche Fragen durch Tarifvertrag geregelt werden können,[163] könnte der Umkehrschluß gezogen werden, daß in allen anderen Fällen die Regelungsbefugnisse der Tarifvertragsparteien für betriebsverfassungsrechtliche Fragen ausgeschlossen werden sollte.[164]

Auf der anderen Seite erkennt die positivrechtliche Regelung des *§ 1 Abs. 1 TVG* auch betriebsverfassungsrechtliche Normen als möglichen Inhalt von Tarifverträgen an; ein Teil des Schrifttums interpretiert diese Bestimmung im Sinne einer allgemeinen und umfassenden Befugnis der Tarifvertragsparteien, betriebsverfassungsrechtliche Fragen tarifautomom zu regeln.[165]

Schließlich wird geltend gemacht, daß der Tarifautonomie als verfassungsrechtlicher Grundentscheidung[166] der Rang eines allgemeinen Rechtsprinzips zukomme, das unangetastet bleiben müsse, solange sich eine Einschränkung der Tarifautonomie durch den Gesetzgeber nicht eindeutig aus dem konkurrierenden Gesetz ergibt. Die Tarifautonomie biete auch die Grundlage zur Regelung betriebsverfassungsrechtlicher Fragen durch die Tarifpartner. Die Regelungslücke des BetrVG hinsichtlich der Zulässigkeit einer Erweiterung der Mitbestimmungsrechte des Betriebsrates durch Tarifvertrag sei daher in der Weise zu schließen, daß eine Erweiterung der Mitbestimmungsrechte durch Tarifvertrag grundsätzlich möglich sei.[167] Das BetrVG enthalte insofern für

---

[162] *Hanau/Adomeit*, D I 5 f) (S. 126); *v. Hoyningen-Huene*, Anm. zu BAG AP Nr. 23 zu § 77 BetrVG; *ders.*, NZA 1985, 11 und 169; *ders.*, Betriebsverfassungsrecht, § 2 III (S. 17); *Buchner*, SAE 1991, 356 (361); *Dietz/Richardi*, § 1 Rz. 46; aA *Meier-Krenz*, DB 1988, 2149 (2150); BAG DB 1987, 2260.

[163] §§ 3; 38 Abs. 1; 47 Abs. 4; 56 Abs. 4; 117 BetrVG.

[164] In diesem Sinne *Hanau/Adomeit*, D I 5 f) (S. 125 f.); *Heckelmann*, Anm. zu BAG AP Nr. 7 zu § 87 BetrVG 1972 – Lohngestaltung; *Heinze*, Personalplanung, Rz. 166; aA *Meier-Krenz*, DB 1988, 2149 (2150); BAG DB 1987, 2260 und DB 1988, 1398: die ausdrücklichen Regelungen seien erforderlich gewesen, weil Tarifverträge in den genannten Fällen auch von der zwingenden Regelung des BetrVG abweichen können.

[165] *Wiedemann/Stumpf*, Einl. Rz. 165; *Beuthien*, ZHR 148 (1984), 95 (108); *Säcker/Oetker*, 128 ff. mit der Einschränkung, daß die unternehmerische Autonomie als solche unangetastet bleiben müsse.

[166] BVerfGE 44, 322 (350).

[167] *Meier-Krenz*, DB 1988, 2149 (2151).

die Beteiligung der Arbeitnehmer lediglich Mindestnormen, die durch Tarifvertrag in gewissem Umfang ausgeweitet werden dürften.[168]

Die Frage soll für den vorliegenden Zusammenhang keiner abschließenden Klärung zugeführt werden. Festzuhalten bleibt zunächst lediglich, daß die aus der Zuweisung der Entscheidungskompetenz an die Einigungs- bzw. Schlichtungsstelle sich ergebenden Legitimationsprobleme allenfalls unter der Annahme zu vermeiden sind, die erzwingbaren Mitbestimmungsrechte des Betriebsrates seien durch Tarifvertrag erweiterbar.

c) Ermächtigung zum Abschluß freiwilliger Betriebsvereinbarungen gem. § 88 BetrVG?

Sofern der Möglichkeit einer Erweiterung der Mitbestimmungsrechte des Betriebsrates durch Tarifvertrag die Anerkennung zu versagen ist, findet sich eine betriebsverfassungsrechtliche Rechtsgrundlage für Betriebsvereinbarungen über eine differenzierte individuelle Arbeitszeit mit normativer Wirkung auch gegenüber Außenseitern lediglich in § 88 BetrVG, der freiwillige Betriebsvereinbarungen in allen sozialen Bereichen zuläßt.

Indessen reicht diese Rechtsgrundlage nicht aus, eine tarifvertragliche Gesamtregelung zu legitimieren, die sich nicht auf eine Ermächtigung zu freiwilligen Betriebsvereinbarungen über die Dauer der individuellen Arbeitszeit beschränkt, sondern die *Erzwingbarkeit* entsprechender tariflicher Regelungen durch den Spruch einer Einigungsstelle vorsieht.

d) Tarifliche Bestimmungsklausel?

Soweit man die Mitbestimmungsrechte des Betriebsrates nicht für durch Tarifvertrag erweiterbar hält, kann die tarifvertragliche Zuweisung der Entscheidungskompetenz an die Einigungsstelle bzw. Schlichtungsstelle möglicherweise auch anders als betriebsverfassungsrechtlich, nämlich als Einräumung einer *individualrechtlichen Bestimmungsklausel iSd § 317 BGB* gedeutet werden.

Die Tarifvertragsparteien können im Rahmen einer Regelung materieller Arbeitsbedingungen die Zustimmung oder sonstige Mitwirkung eines Dritten,

---

[168] *Fitting/Auffarth*, § 1 Rz. 45 ff.; *Galperin/Löwisch*, § 87 Rz. 13; GK-*Wiese*, § 87 Rz. 9.

etwa des Betriebsrates oder auch der betrieblichen Einigungsstelle, als Gültigkeitsvoraussetzung einer Inhaltsnorm vorsehen.

So hat *Hanau* – wenn auch nur „hilfsweise“[169] – auf das im Tarifrecht anerkannte Institut der betrieblichen Bestimmungsklausel hingewiesen. Eine solche Klausel liegt vor, wenn der Tarifvertrag die Arbeitsbedingungen nicht abschließend und nicht in allen Einzelheiten festlegt, sondern nur Rahmenbedingungen oder Leitlinien aufstellt und die Konkretisierung der Arbeitsbedingungen innerhalb des durch den Tarifvertrag geschaffenen Spielraums den im Tarifvertrag bezeichneten Stellen oder Personen überläßt.[170]

Das Anliegen der Tarifvertragsparteien, durch die Einschaltung der betrieblichen Ebene mittelbar mit normativer Wirkung eine Einbeziehung auch der nichttarifgebundenen Arbeitnehmer in den Geltungsbereich der Tarifverträge zu ermöglichen, läßt sich jedoch über das Institut der tariflichen Bestimmungsklausel nicht verwirklichen.[171]

Da der Betriebsrat bzw. die Einigungsstelle als Dritte iSd § 317 BGB lediglich in der Funktion tätig werden, Rechtsfolgen aus einer tarifvertraglichen Inhaltsnorm in Wirksamkeit zu setzen oder zu konkretisieren, handelt es sich bei ihrer Tätigkeit nicht um eigene betriebliche Normsetzung. Die normative Wirkung geht ungeachtet dessen, daß sie gewisser Mitwirkungshandlungen des Betriebsrates oder der Einigungsstelle bedarf, allein von der tariflichen Norm aus, die nur tarifgebundene Arbeitsverhältnisse erfassen und für nichttarifgebundene Arbeitsverhältnisse allenfalls bei arbeitsvertraglicher Bezugnahme auf die Tarifregelungen Geltung erlangen kann.[172] Hinsichtlich der Metalltarifverträge ist nicht davon auszugehen, daß es dem Willen der Tarifvertragsparteien entsprechen würde, den Betriebsparteien lediglich ein tarifvertraglich begründetes Bestimmungsrecht mit Wirkung nur zu Lasten der tarifgebundenen Arbeitsverhältnisse einzuräumen.[173]

---

[169] NZA 1985, 73 (76).

[170] *v. Hoyningen-Huene/Meier-Krenz*, ZfA 1988, 293 (295) mwN.

[171] *Löwisch* (NZA 1985, 170) sieht die Deutung der tariflichen Bestimmungen zum Abschluß von Betriebsvereinbarungen über die individuelle Arbeitszeitdauer als tarifliche Bestimmungsklausel nicht als gangbar an, weil derartige Klauseln trotz ihrer grundsätzlichen Statthaftigkeit unzulässigerweise dem Betriebsrat ein bisher nicht bestehendes Mitbestimmungsrecht einräumen. Im übrigen könnten die Hauptleistungspflichten nur durch Tarifvertrag oder Arbeitsvertrag geregelt werden, während der Betriebsrat außerhalb der durch § 87 BetrVG gesetzlich vorgesehen Fälle kein Recht habe, in individuelle Arbeitsbedingungen einzugreifen.

[172] *Buchner*, DB 1985, 913 (923); *ders.*, RdA 1990, 1 (5); offengelassen von LAG Schleswig-Holstein, DB 1986, 2440.

[173] *Buchner*, DB 1985, 913 (918).

Als Zwischenergebnis ist somit festzuhalten, daß unter betriebsverfassungsrechtlichen Aspekten die tarifvertraglichen Regelungen der Metallindustrie, soweit sie einen Zwang zur betrieblichen Regelung der individuellen Arbeitszeit in dem durch den Tarifvertrag eröffneten Rahmen durch Rückgriff auf das für die betriebsverfassungsrechtliche Mitbestimmungsordnung geltende verbindliche Einigungsverfahren vorsehen, nur unter der Annahme rechtlich zu halten sind, daß die dem Betriebsrat durch das BetrVG eingeräumten Mitbestimmungsbefugnisse einer Erweiterung durch Tarifvertrag jedenfalls prinzipiell zugänglich sind.

2. Einbeziehung der nichttarifgebundenen Arbeitnehmer

Aber auch unter der Prämisse einer grundsätzlich möglichen Erweiterbarkeit der Mitbestimmungsrechte des Betriebsrates durch Tarifvertrag ist noch nicht entschieden, daß die in den Tarifverträgen der Metallindustrie vorgenommene spezifische Verschränkung tariflicher und betrieblicher Normsetzungsbefugnisse eine – mittelbare – Erweiterung ihrer normativen Wirkung über die tarifgebundenen Arbeitnehmer hinaus auf alle Belegschaftsangehörigen in Betrieben tarifgebundener Arbeitgeber ermöglicht.

Eine verfassungsrechtlich vorgegebene Legitimation der Koalitionen zur Normsetzung auch gegenüber Außenseitern, wie sie gelegentlich mit der Charakterisierung der Gewerkschaften als Repräsentanten aller Arbeitnehmer nahegelegt wird, besteht nicht.[174] Die Rechtswirksamkeit der tarifvertraglichen Flexibilisierungsregelungen mit Wirkung auch für nichttarifgebundene Arbeitsverhältnisse setzt deshalb den Nachweis einer entsprechenden tarifrechtlichen Regelungsbefugnis der Tarifvertragsparteien voraus.

a) Einbeziehung über § 3 Abs. 2 TVG?

Eine Erstreckung der normativen Wirkung der tarifvertraglichen Arbeitszeitregelung auch auf nichttarifgebundene Arbeitnehmer käme – abgesehen von der Möglichkeit der Allgemeinverbindlicherklärung gem. § 5 TVG – in Betracht, wenn die betreffenden Tarifbestimmungen als *betriebliche* oder *betriebsverfassungsrechtliche* Rechtsnormen iSd § 3 Abs. 2 TVG zu qualifizieren wären. Anders als Inhalts-, Abschluß- und Beendigungsnormen, die

---

[174] *Schwarze*, 150; *Wagenitz*, 15 ff.; dagegen kritisch *Otto*, RdA 1973, 398 (399).

ihre unmittelbare und zwingende Wirkung gem. § 4 Abs. 1 Satz 1 TVG nur zwischen den beiderseits tarifgebundenen Arbeitsvertragsparteien entfalten, gelten Rechtsnormen des Tarifvertrages über betriebliche und betriebsverfassungsrechtliche Fragen für alle Betriebe, deren Arbeitgeber tarifgebunden ist, so daß auf diesem Wege eine tarifliche Bestimmung gegebenenfalls betriebseinheitliche Geltung zu erlangen vermag.[175] Die Vorgaben des Tarifvertrages würden in diesem Fall nicht durch den Tarifvertrag, sondern gem. § 3 Abs. 2 TVG kraft gesetzlicher Regelung auf die Nichtorganisierten erstreckt.

aa) Meinungsstand

Die mit dem Hinweis auf § 3 Abs. 2 TVG begründete Auffassung von der tarifrechtlichen Zulässigkeit der in den Tarifverträgen der Metallindustrie vorgesehenen Regelungen zur Differenzierung von Dauer und Lage der Arbeitszeit hat nur vereinzelt Anhängerschaft gefunden.

Ohne weiteres zu bejahen wäre die Möglichkeit einer Einbeziehung Nichttarifgebundener in den Geltungsbereich der tariflichen Arbeitszeitregelung allerdings unter Zugrundelegung der Auffassung, daß alle Tarifvertragsbestimmungen, die *üblicherweise* betriebseinheitlich geregelt werden, als betriebliche Normen iSd § 3 Abs. 2 TVG anzusehen sind.[176] Da die Arbeitszeit in aller Regel betriebseinheitlich festgelegt wird, würden tarifliche Arbeitszeitregelungen stets alle Arbeitnehmer eines Betriebes erfassen, sofern nur der Arbeitgeber tarifgebunden ist.

Dieser Ansicht ist jedoch nicht zu folgen. Wären alle Regelungen, die üblicherweise oder erfahrungsgemäß betriebseinheitlich geregelt werden, über § 3 Abs. 2 TVG auf Nichtorganisierte zu erstrecken, so würde die gesetzgeberische Unterscheidung zwischen Inhalts-, Abschluß- und Beendigungsnormen einerseits – deren Geltung beiderseits Tarifgebundenheit voraussetzt – sowie betrieblichen und betriebsverfassungsrechtlichen Normen andererseits – für deren Geltung die Tarifgebundenheit lediglich des Arbeitgebers erforderlich ist – weitgehend beseitigt.[177] Der Schutz der negativen Koalitionsfreiheit der nicht tarifgebundenen Arbeitnehmer erfordert daher eine einschränkende Auslegung von § 3 Abs. 2 TVG[178] und rechtfertigt eine einheitliche Geltung

---

[175] *Säcker/Oetker*, 135 sprechen daher plastisch von einer „auf den Betrieb bezogenen Allgemeinverbindlichkeit".

[176] So *Wiedemann/Stumpf*, § 1 Rz. 244.

[177] *Jahnke*, 81 (Fn. 39); *Weismann*, 272.

[178] *Koller*, ZfA 1978, 45 (62); *Reiß*, 98 f.; *Säcker/Oetker*, 141.

der Betriebsnormen unabhängig von der Tarifgebundenheit der Betriebsangehörigen nicht bereits dann, wenn die entsprechende Materie üblicherweise betriebseinheitlich geregelt wird. Zu den Betriebsnormen gehören vielmehr nur solche Regelungen, die *sachlich notwendig* nur einheitlich getroffen werden können.[179]

Hanau[180] begegnet den im Hinblick auf die durch § 3 Abs. 2 TVG vermittelten Einbeziehung Nichtorganisierter in den Geltungsbereich tarifvertraglicher Regelungen geäußerten Bedenken[181] mit dem Hinweis darauf, daß der Betriebsrat von allen Arbeitnehmern gewählt oder doch zumindest wählbar ist und deshalb gegenüber allen Arbeitnehmern des Betriebs ohne Rücksicht auf die Gewerkschaftszugehörigkeit legitimiert sei. Die Außenseiter könnten darauf vertrauen, daß der Betriebsrat die ihm durch Tarifvertrag verliehenen Befugnisse auch in ihrem Interesse geltend machen werde.[182]

Für Linnenkohl/Rauschenberg[183] stellen die in Rede stehenden tarifvertraglichen Arbeitszeitnormen Inhalts-, zugleich aber auch Betriebsnormen dar. Außerdem enthielten sie die Regelung betriebsverfassungsrechtlicher Fragen, insoweit die Befugnis zur Regelung der individuellen regelmäßigen Wochenarbeitszeit zugleich eine Erweiterung der Beteiligungsrechte des Betriebsrates beinhalte. Soweit die tarifvertragliche Rechtsstellung der Arbeitnehmerschaft im Betrieb und deren Organe betroffen seien, handele es sich in jedem Falle um betriebsverfassungsrechtliche Fragen iSd § 3 Abs. 2 TVG, die bei Tarif-

---

[179] *Jahnke*, 81; *Koller*, ZfA 1978, 45 (62); *Zöllner/Loritz*, § 35 II (S. 348). Umstritten ist allerdings, nach welchen Kriterien die sachliche Notwendigkeit einer einheitlichen Regelung zu bestimmen ist, vgl. *Schwarze*, 155 mwN. *Säcker/Oetker*, 145 bejahen die Notwendigkeit einer einheitlichen Normierung bereits bei „evidenter sachlogischer Unzweckmäßigkeit einer individualvertraglichen Regelung". *Jahnke*, 81 betrachtet hingegen als betriebliche Fragen iSd § 1 Abs. 1 TVG ausschließlich solche Angelegenheiten, die Differenzierungen zwischen tarifgebundenen und nichttarifgebundenen Arbeitnehmern schlechthin und nicht lediglich aus Gründen der Gleichbehandlung oder Zweckmäßigkeit ausschließen. *Zöllner* (DB 1989, 2121 (2125)) sieht die individuelle Arbeitszeit als einen Tatbestand an, für den es keinen Grund für eine betriebseinheitliche Regelung gäbe und moniert den „teilweise schludrigen Umgang" mit dem Begriff der Betriebsnorm.

[180] NZA 1985, 73 (75 f.).

[181] Zum Meinungsstand hinsichtlich der Verfassungsmäßigkeit von § 3 Abs. 2 TVG vgl. *Reiß*, 82 f. mwN; *Wiedemann/Stumpf*, § 3 Rz. 67 mwN.

[182] Die Notwendigkeit einer einheitlichen Regelung begründet *Hanau* (NZA 1985, 73 (76)) damit, daß die tarifvertraglichen Regelungen an die durchschnittliche Betriebsarbeitszeit anknüpfen; seine Begründung überzeugt insofern nicht, als es in diesem Fall die Tarifpartner selbst sind, welche die Notwendigkeit für eine einheitliche, auch die tariflichen Außenseiter erfassende Regelung erst schaffen; ebenso *Schwarze*, 155 Fn. 119.

[183] BB 1984, 2197 (2202); ebenso *Fitting/Auffarth*, § 87 Rz. 10c; *Weyand*, AuR 1989, 193 (197).

bindung des Arbeitgebers gegenüber allen Belegschaftsmitgliedern Anwendung finden.

Auch das Bundesarbeitsgericht hat vor dem Hintergrund seiner Auffassung, die Mitbestimmungsrechte des Betriebsrates seien durch Tarifvertrag erweiterbar, in seinem Beschluß vom 18.8.1987[184] tarifliche Bestimmungen, die eine Ersetzung der Einigung zwischen Arbeitgeber und Betriebsrat durch den Spruch einer Einigungsstelle oder einer tariflichen Schlichtungsstelle vorsehen, als Rechtsnormen über betriebsverfassungsrechtliche Fragen iSd § 1 Abs. 1 TVG betrachtet, die nach § 3 Abs. 2 TVG in allen Betrieben tarifgebundener Arbeitnehmer Geltung beanspruchen könnten.

Das LAG Schleswig-Holstein klassifiziert in seinem Beschluß vom 27.8.1986[185] die tarifvertragliche Flexibilisierungsklausel ebenfalls sowohl als Inhaltsnorm wie auch als betriebsverfassungsrechtliche Norm (sog. Doppelnorm) und betrachtet daher die Tarifgebundenheit der Arbeitnehmer für die Befugnis der Betriebsparteien zur Regelung ihrer materiellen Arbeitsbedingungen als belanglos.[186]

Überwiegend ist der tarifvertraglichen Zulässigkeit des in den Tarifverträgen der Metallindustrie entwickelten Regelungsmodells zur Flexibilisierung von Dauer und Lage der Arbeitszeit jedoch – mit unterschiedlicher Begründung – widersprochen worden. Allen Stellungnahmen gemeinsam ist das Unbehagen an der mit dieser Konzeption beabsichtigten Einbeziehung der Tarifaußenseiter in den Geltungsbereich des Tarifvertrages, die dadurch in ihrer durch Art. 9 Abs. 3 GG gewährleisteten negativen Koalitionsfreiheit verletzt seien, welche auch die Freiheit umfaßt, sich der tariflichen Normsetzungsmacht zu entziehen.[187]

Bender[188] sieht in einer Tarifgestaltung, mit der einer – vorbehaltlich § 5 TVG bzw. einer individualvertraglich vereinbarten Übernahme – nur für die Tarifgebundenen geltenden tariflichen *Inhaltsnorm* – Verkürzung der Arbeitszeit auf 38,5 Std/Woche – mittels Betriebsvereinbarung für alle Betriebs-

---

[184] DB 1987, 2260.

[185] DB 1986, 2439 ff.

[186] Das Gericht geht – wie von *Hanau* „hilfsweise" erwogen – von einer Bewertung der tarifvertraglichen Flexibilisierungsklausel als tariflicher Bestimmungsnorm aus, ohne indessen den von *Buchner* (DB 1985, 913 (923)) im Hinblick auf die personelle Reichweite einer aus der tariflichen Normsetzungsbefugnis abgeleiteten Ermächtigung zum Abschluß einer die individuelle Arbeitszeit regelnden Arbeitszeit geäußerten Bedenken hinreichend Rechnung zu tragen.

[187] *Buchner*, RdA 1990, 1 (2); *Hueck/Nipperdey*, Arbeitsrecht II/1, § 10 III 3 (S. 67); *Lücke*, ZRP 1991, 205; *Zöllner*, RdA 1962, 453 (458).

[188] BB 1987, 1117 (1118).

angehörigen Geltung verschafft werden soll, einen Verstoß gegen die durch Art. 9 Abs. 3 GG gewährleistete negative Koalitionsfreiheit der Nichtorganisierten. Grundlage für die Einbeziehung nichtorganisierter Arbeitnehmer in die neue Arbeitszeitregelung sei nämlich die als tarifliche Inhaltsnorm zu qualifizierende Festlegung der wöchentlichen Arbeitszeit auf 38,5 Std/Woche. Demgegenüber solle die Betriebsvereinbarung lediglich auf betrieblicher Ebene umsetzen, was die Tarifpartner schon im Kern – die Verkürzung der Arbeitszeit – festgelegt haben.

Auch Löwisch[189] ist der Auffassung, daß es *der Sache nach* um eine Norm über den *Inhalt des Arbeitsverhältnisses* gehe.[190] Der Umstand, daß diese Inhaltsnorm in den Mantel einer betriebsverfassungsrechtlichen Norm gehüllt sei, könne ihr nicht die Wirkung des – verfassungsrechtlich ohnehin problematischen[191] – § 3 Abs. 2 TVG verschaffen. Dieser vermöge das Arbeitsverhältnis allenfalls in „Randbereichen"[192] zu erfassen, soweit das im Interesse einer generalisierenden Regelung betrieblicher Fragen notwendig sei. Von einem solchen Randbereich könne indessen nicht mehr gesprochen werden, wenn es um die Dauer der Arbeitszeit und damit auch das vom Arbeitnehmer erzielbare Arbeitsentgelt geht.

Für Richardi[193] handelt es sich bei der tarifvertraglichen Arbeitszeitregelung, soweit sie die Betriebspartner zur Festlegung der individuellen Arbeitszeit ermächtigt, zwar um eine tarifvertragliche Betriebsverfassungsnorm.[194] Gleichwohl sei damit keine Rechtsetzungsbefugnis gegenüber Außenseitern eröffnet. Der Sache nach hätten die Tarifvertragsparteien ihre *Befugnis zur Regelung* auf die Betriebspartner übertragen und den Zwang zur Regelung durch Rückgriff auf das für die betriebsverfassungsrechtliche Mitbestimmungsordnung vorgesehene *verbindliche Einigungsverfahren* gesichert. Indem die Tarifvertragsparteien an die Stelle einer *tarifautonomen Gestaltung* eine *betriebsverfassungsrechtliche Regelungskompetenz* gesetzt haben[195],

[189] DB 1984, 2457; siehe auch *Löwisch/Rieble*, SAE 1988, 103 (104).

[190] Hervorhebung im Original.

[191] Verfassungsrechtliche Bedenken werden geltend gemacht u.a. von *Scholz* in Maunz/Dürig, Grundgesetz, Art. 9 Rz. 236; *Richardi*, Kollektivgewalt, 229 ff. (237); *Zöllner*, RdA 1964, 443 (447): auch bei den Betriebsnormen seien nur solche Normen zulässig, die nicht gegenüber den Außenseitern wirken.

[192] So die Formulierung bei *Wiedemann/Stumpf*, § 3 Rz. 70.

[193] NZA 1984, 387 (388).

[194] *Richardi* hält es an anderer Stelle (NZA 1985, 172 (174)) für möglich, die tarifvertragliche Arbeitszeitregelung auch als Inhaltsnorm zu interpretieren.

[195] Hervorhebungen im Original.

hätten sie ihre durch das Prinzip der mitgliedschaftlich gebundenen Tarifautonomie festgelegten Legitimationsgrenzen überschritten.

Der Rechtsauffassung Richardis schließt sich Ziepke[196] an. Die den Tarifvertrag umsetzenden Betriebsvereinbarungen entfalten Bindungswirkung lediglich hinsichtlich der tarifgebundenen Arbeitsverhältnisse.

Schüren[197] betrachtet es als eine Umgehung des § 3 Abs. 1 TVG, wenn mittels der Rechtsetzungsbefugnis des § 3 Abs. 2 TVG durch Einräumung eines begrenzten Mitbestimmungsrechts des Betriebsrates über die Dauer der Arbeitszeit die Nichtorganisierten in den Kernbereich der tariflichen Regelung einbezogen werden sollen. § 3 Abs. 2 TVG habe lediglich die Funktion, über den Kreis der organisierten Arbeitnehmer hinaus flankierende Bestimmungen zur Durchführung des abgeschlossenen Tarifvertrags betriebseinheitlich treffen zu können, eröffne aber keine Regelungsbefugnis der Tarifvertragsparteien zur Ausdehnung der betrieblichen Mitbestimmungsrechte auf den Bereich der arbeitsvertraglichen Hauptleistungspflichten. Durch die gewählte tarifvertragliche Gestaltung werde jedoch indirekt – mit einer faktisch recht begrenzten, regelnden Zwischenschaltung des Betriebsrates – die Hauptleistungspflicht und das Einkommen aller Arbeitnehmer des Betriebes durch Tarifvertrag fixiert.

Buchner[198] äußert Zweifel daran, ob die Bestimmung des § 3 Abs. 2 TVG eine tarifvertragliche Regelung trage, die einer betrieblichen Einigungsstelle, welche sogar gegen den Willen eines der Betriebspartner eingesetzt werden kann, die verbindliche normative Regelung materieller Arbeitsbedingungen mit Wirkung gegenüber auch nicht tarifgebundenen Arbeitnehmern zuweist. Seine Bedenken, diese Gestaltung als Erweiterung des Mitbestimmungsrechts des Betriebsrates zu bezeichnen, gründen darin, daß durch die Entscheidung der Einigungsstelle die tarifliche Regelung auf alle Arbeitnehmer unabhängig von ihrer Tarifgebundenheit erstreckt würde, ohne daß noch eine autonome Prüfung und Entscheidung der Betriebsparteien gefordert wäre.[199]

v. Hoyningen-Huene[200] hält die Grenzen der Tarifautonomie ebenfalls insofern für überschritten, als die fragliche Tarifregelung einer tariflichen In-

[196] BB 1985, 281 (286).

[197] RdA 1985, 22 (27).

[198] DB 1985, 913 (922); nach der von *Buchner* an anderer Stelle (RdA 1990, 1 (3)) geäußerten Auffassung kann die Tarifklausel, wonach die tarifliche Wochenarbeitszeit 38,5 Stunden beträgt, sowohl als Inhaltsnorm wie auch als betriebliche Norm verstanden werden, die lediglich eine verbindliche Vorgabe für die erst von den Betriebsparteien zu setzenden Inhaltsnormen darstelle.

[199] RdA 1990, 1 (6).

[200] Anm. zu BAG AP Nr. 23 zu § 77 BetrVG.

haltsnorm durch die zusätzliche Beteiligung des Betriebsrates normative Wirkung auch gegenüber den nichttarifgebundenen Arbeitnehmern verschaffen soll. Zugleich werde durch die Tarifregelung über die Erzwingbarkeit von Arbeitszeitregelungen gegen den Grundsatz verstoßen, daß niemand mehr Rechte übertragen kann, als er selbst hat.[201]

bb) Stellungnahme

Für die systematische Einordnung der tarifvertraglichen Flexibilisierungsklauseln ist zunächst zwischen den verschiedenen Elementen der tariflichen Regelung zu differenzieren:

(1) Bei der Festlegung der tariflichen wöchentlichen Arbeitszeit handelt es sich um eine tarifliche *Inhaltsnorm*.[202] Der Umstand, daß die tarifliche Norm sich auf eine Rahmenregelung beschränkt, welche die Festlegung der *individuellen* Wochenarbeitszeit einer Betriebsvereinbarung überläßt und somit keine für das Arbeitsverhältnis unmittelbar vollziehbare Vorschrift enthält, hindert entgegen anderslautenden Stellungnahmen[203] eine solche Zuordnung nicht. Die Möglichkeit eines unmittelbaren Vollzugs stellt kein sachlogisches Erfordernis für die Charakterisierung einer Tarifbestimmung als Inhaltsnorm dar. Für die systematische Zuordnung ist vielmehr allein ihr Regelungsgegenstand maßgebend. Solange daher eine Tarifnorm die Arbeitszeit betrifft, ist diese ungeachtet ihrer konkreten Ausgestaltung als Inhaltsnorm zu klassifizieren.[204] Zudem läßt sich der Einfluß des Tarifvertrages auf das einzelne Arbeitsverhältnis nicht bestreiten: die tarifliche Norm entfaltet zwar nicht unmittelbar, wohl aber mittelbar Wirkung für das Arbeitsverhältnis, indem sie den Inhalt der unmittelbar wirkenden Betriebsvereinbarungsnorm vorbestimmt.

Inhaltsnormen gelten gem. §§ 3 Abs. 1, 4 Abs. 1 TVG mit normativer Wirkung nur für tarifgebundene Arbeitnehmer.

(2) Die *Ermächtigung der Betriebspartner zur Konkretisierung* der lediglich rahmenmäßig bestimmten individuellen Arbeitszeit ist nicht geeignet, über die Bestimmung des § 3 Abs. 2 TVG die Erstreckung der Normwirkung

---

[201] NZA 1985, 9 (11) und 165 (171).

[202] *Bengelsdorf*, ZfA 1990, 563 (587); *Bender*, BB 1987, 1117; *v. Hoyningen-Huene*, NZA 1985, 9 (14); *ders.*, Anm. zu BAG AP Nr. 23 zu § 77 BetrVG 1972; *Ziepke*, BB 1985, 281 (286); *Löwisch*, NZA 1985, 170; *ders.*, DB 1984, 2457.

[203] *Richardi*, NZA 1984, 387; *Säcker/Oetker*, 125.

[204] LAG Schleswig-Holstein, DB 1986, 2439.

der tariflichen Regelung auf die Nichtorganisierten zu bewirken. Auch die gelegentlich vorgenommene Kennzeichnung dieser tariflichen Gestaltung als „Tarifnorm mit Doppelcharakter"[205] darf nicht zu Schlußfolgerungen im Hinblick auf die Zulässigkeit der Einbeziehung tariflicher Außenseiter verleiten. Die beiden Regelungselemente – Verkürzung der tariflichen Wochenarbeitszeit einerseits sowie Verteilung des Arbeitszeitvolumens durch die Betriebspartner auf die Beschäftigten nach Maßgabe einer der tariflichen Arbeitszeit entsprechenden betriebsdurchschnittlichen Arbeitszeit andererseits – sind nämlich dergestalt aufeinander bezogen, daß die Regelung der individuellen Arbeitszeit im Wege der Betriebsvereinbarung sich lediglich als Annex einer unvollständigen tariflichen Inhaltsnorm darstellt. Der Sache nach handelt es sich um eine tarifliche Bestimmungsklausel, deren auf tarifgebundene Arbeitsverhältnisse beschränkte Geltung durch die betriebsverfassungsrechtliche Einkleidung auf die nichttarifgebundenen Arbeitsverhältnisse ausgedehnt werden soll.[206]

Die gegenteilige, insbesondere von Hanau vertretene Ansicht verkennt, daß die materielle Verkürzung der Arbeitszeit von bisher 40 Stunden auf einen Wert zwischen 37 und 40 Stunden trotz seines auf Ergänzung und Konkretisierung durch die Betriebsparteien angelegten Charakters bereits durch den Tarifvertrag selbst erfolgt.[207] Die dem Betriebsrat zugewiesene Aufgabe, dem einzelnen Arbeitnehmer unter Gesichtspunkten der Betriebsnotwendigkeit seine individuelle Wochenarbeitszeit zuzuweisen, führt wegen der Anbindung an die Vorgabe einer durchschnittlichen betrieblichen Arbeitszeit von 38.5 Stunden – da eine Differenzierung nach der Gewerkschaftszugehörigkeit gegen § 75 BetrVG verstoßen würde[208] – notwendig dazu, daß auch nichtorganisierte Arbeitnehmer eine Verkürzung ihrer Arbeitszeit unter 40 Stunden und die damit verbundenen Einkommenseinbußen hinnehmen müssen. Wegen der Anbindung an die Vorgabe einer durchschnittlichen betrieblichen Arbeitszeit von 38,5 Stunden regeln somit die Arbeitszeittarifverträge, indem sie sich formal einer betriebsverfassungsrechtlichen Gestaltung bedienen, unter Überschreitung der tariflichen Regelungsmacht einen wesentlichen Teil der materiellen Arbeitsbedingungen auch der Nichttarifgebundenen.[209] Die Bewertung der nach den Tarifverträgen vorgesehenen Beteiligung der Betriebspartner als

[205] LAG Schleswig-Holstein, DB 1986, 2439; *v. Hoyningen-Huene*, Anmerkung zu BAG AP Nr. 23 zu § 77 BetrVG; *Reiß*, 76.

[206] Ähnlich *v. Hoyningen-Huene*, Anm. zu BAG AP Nr. 23 zu § 77 BetrVG: die fragliche Tarifnorm sei als unvollständige tarifliche Inhaltsnorm, verbunden mit einer Bestimmungsklausel in Form einer betriebsverfassungsrechtlichen Norm zu klassifizieren.

[207] *Löwisch*, NZA 1985, 170 (171).

[208] *v. Hoyningen-Huene*, Anm. zu BAG AP Nr. 23 zu § 77 BetrVG.

[209] *v. Hoyingen-Huene*, Anm. zu BAG AP Nr. 23 zu § 77 BetrVG; *Weismann*, 276.

eine an § 3 Abs. 2 TVG zu messende tarifliche Erweiterung der betrieblichen Mitbestimmungsrechte geht somit fehl. Die Rolle der Betriebspartner ist durch die engen Vorgaben, die sie praktisch zum Vollzug der tariflichen Regelung auf der Betriebsebene zwingen, sowie durch den Zwang zur Einigung auf die eines Ausführungsorgans der Tarifparteien beschränkt.[210] Damit haben die Tarifvertragsparteien die Grenzen der Tarifautonomie überschritten und – mittelbar – die durch Art. 9 Abs. 3 GG gewährleistete negative Koalitionsfreiheit der Außenseiter verletzt, obwohl der Inhalt der Arbeitsverhältnisse der Nichttarifgebundenen nicht unmittelbar von den Normen des Tarifvertrags erfaßt, sondern durch eine – gem. § 77 Abs. 4 Satz 1 BetrVG grundsätzlich auch für sie unmittelbar und zwingend geltende – Betriebsvereinbarung geregelt wird.[211] Eine Verpflichtung zur Konkretisierung oder Modifizierung der Tarifnorm durch die Betriebspartner – und damit auch die Einschaltung der Einigungsstelle/Schlichtungsstelle für den Fall, daß eine Einigung zwischen Arbeitgeber und Betriebsrat nicht zu erzielen ist – konnten die Tarifparteien nur mit Wirkung für die tarifgebundenen Arbeitsverhältnisse vorsehen.

b) Einbeziehung über § 77 Abs. 3 Satz 2 BetrVG?

Nach verschiedentlich vertretener Ansicht kann die Erstreckung der tariflichen Rahmenregelung auf die nichttarifgebundenen Arbeitnehmer auch ohne Heranziehung von § 3 Abs. 2 TVG erklärt werden. Bei einem „richtigen Verständnis“[212] der in § 77 Abs. 3 Satz 2 BetrVG vorgesehenen Möglichkeit einer Öffnung tariflicher Regelungen für betriebliche Regelungen ließe sich – falls man nicht bereit sei, die Arbeitszeitrahmenregelung als Betriebsnorm einzuordnen – „hilfsweise“ auch über diese Bestimmung die Erweiterung der normativen Wirkung tariflicher Regelungen über die organisierten Arbeitnehmer hinaus begründen.[213]

---

[210] *Lücke*, ZRP 1991, 205 (206); *Löwisch/Rieble*, SAE 1988, 103 (104): „Verlängerter Arm“ der Tarifpartner; *Schüren*, RdA 1988, 138 (143): „Transmissionsriemen“ der Tarifregelung.

[211] *Lücke*, ZRP 1991, 205 (206); *Löwisch*, NZA 1985, 170 (171); *v. Hoyningen-Huene*, Anm. zu BAG AP Nr. 23 zu § 77 BetrVG; in seinem Beschluß vom 18.8.1987 (AP Nr. 23 zu § 77 BetrVG) sieht der 1. Senat des BAG hingegen wegen der Zwischenschaltung der Betriebsvereinbarung die negative Koalitionsfreiheit der nichtorganisierten Arbeitnehmer nicht verletzt. Diese Betrachtungsweise ist – da sie die „Fernwirkung“ der Tarifregelung (Lücke, aaO) außer acht läßt – zu Recht als formal kritisiert worden. *Lücke*, aaO, geht allerdings wohl zu weit, wenn er den Ansatz des BAG nur bei einem vollständigen Verzicht der Tarifvertragsparteien zugunsten der Betriebspartner auf eine Regelung der Wochenarbeitszeit und auf Vorgaben hinsichtlich der individuellen Arbeitszeit für tragfähig hält.

[212] *Heisig*, 358 f.

[213] *Heisig*, 358 f.

§ 77 Abs. 3 Satz 2 BetrVG ermögliche im Falle ausdrücklicher tariflicher Zulassung nach seinem Wortlaut zwar nur den Abschluß – bereits nach § 77 Abs. 4 BetrVG für alle Arbeitnehmer des Betriebes geltender – lediglich „ergänzender" Betriebsvereinbarungen. Bestimmungen einer Betriebsvereinbarung zur Ergänzung eines Tarifvertrages ergäben aber allein, ohne den Bezug auf die zu ergänzende Tarifregelung, oft keinen Sinn und seien gar nicht anwendbar, wenn nicht zugleich auch die Tarifnorm selbst Geltung erlangt.[214] Eine sinnvolle Wahrnehmung der durch § 77 Abs. 3 BetrVG geschaffenen Kompetenzzuweisung an die Betriebspartner setze daher notwendig voraus, daß die – ergänzte – Tarifregelung auch auf die Nichtorganisierten erstreckt werde.[215] § 77 Abs. 3 Satz 2 BetrVG enthalte daher nicht nur eine Tariföffnungsklausel, sondern sei auch als eine gesetzliche Zulassungsnorm zugunsten der Betriebspartner zur Einbeziehung eines Tarifvertrages durch Betriebsvereinbarung zu verstehen. Hierin soll weder ein Verstoß gegen die Tarifautonomie liegen noch dadurch eine Verletzung der negativen Koalitionsfreiheit der Außenseiter gegeben sein, da die durch Betriebsvereinbarung übernommene Tarifregelung letztlich nicht auf dem Tarifvertrag beruhe, sondern kraft der Betriebsvereinbarung gelte und die der betrieblichen Normsetzung unterworfenen Arbeitnehmer über den von ihnen gewählten Betriebsrat als ihres Repräsentanten an der Normsetzung beteiligt seien.[216]

Die aus der fehlenden Tarifbindung der nichtorganisierten Arbeitnehmer resultierenden Bedenken gegen das von den Tarifpartnern der Metallindustrie entwickelte Modell zur Einführung flexibler Arbeitszeiten können jedoch auch mit dem Hinweis auf § 77 Abs. 3 Satz 2 BetrVG nicht ausgeräumt werden. Der Abschluß von Betriebsvereinbarungen, mit denen eine tarifvertragliche Regelung auf die nichtorganisierten Arbeitnehmer des Betriebes erstreckt werden soll, ist durch § 77 Abs. 3 Satz 2 BetrVG nicht gedeckt.[217] Die gegenteilige Auffassung trägt dem Zusammenhang dieser Ausnahmevorschrift mit der Funktion der den Tarifparteien durch § 77 Abs. 3 Satz 1 BetrVG eingeräumten Vorrangkompetenz nicht hinreichend Rechnung. § 77 Abs. 3 Satz 1

---

[214] *v. Hoyningen-Huene/Meier-Krenz*, ZfA 1988, 293 (303); *Heisig*, 358 f., 360; *v. Stebut*, RdA 1974, 332 (341); *Küttner/Schlüpers Oehmen/Rebel*, DB 1985, 172 (173).

[215] *Heisig*, 360 mwN; *v. Stebut*, RdA 1974, 332 (341).

[216] *Heisig*, 361; *v. Hoyningen-Huene*, Anm. zu BAG AP Nr. 23 zu § 77 BetrVG; *v. Hoyningen-Huene/Meier-Krenz*, ZfA 1988, 293 (303).

[217] *Löwisch*, DB 1984, 2457 (2458); *ders.*, NZA 1985, 170 (171); *Löwisch/Rieble*, SAE 1988, 103 (104); *Schüren*, RdA 1985, 22 (27); aA *v. Stebut*, RdA 1974, 332 (341): es könne nur eine Auslegung von § 77 Abs. 3 Satz 2 BetrVG in Betracht kommen, die als „Ergänzung" im Sinne dieser Bestimmung alle Regelungen zuläßt, die der maßgeblichen Tarifregelung nicht widersprechen; *v. Hoyningen-Huene/Meier-Krenz*, ZfA 1988, 293 (303); *Küttner/Schlüpers Oehmen/Rebel*, DB 1985, 172 (173).

BetrVG soll auch sicherstellen, daß die Ausweitung des persönlichen Geltungsbereiches eines Tarifvertrages mit normativer Wirkung dem hierfür allein vorgesehenen Institut der Allgemeinverbindlicherklärung gem. § 5 TVG vorbehalten bleibt.[218] Als „ergänzende" Betriebsvereinbarungen iSd § 77 Abs. 3 Satz 2 BetrVG können daher nicht solche in Betracht kommen, die den Inhalt eines Tarifvertrages auf die Außenseiter erstrecken und damit *faktisch eine Allgemeinverbindlicherklärung auf der betrieblichen Ebene* herbeiführen.[219] Entgegen der Auffassung Hanaus[220] beschränken sich Betriebsvereinbarungen, die entsprechend der tarifvertraglichen Ermächtigung die individuelle Arbeitszeitdauer innerhalb der vorgegebenen Bandbreite festlegen, auch nicht darauf, eine tarifvertragliche Regelung lediglich iSd § 77 Abs. 3 Satz 2 BetrVG zu ergänzen. Seine Begründung, daß der Tarifvertrag doch gerade keine feststehende, abschließende Regelung der Arbeitszeitdauer enthalte, die durch Betriebsvereinbarung lediglich auf nicht organisierte Arbeitnehmer übertragen werden soll, sondern die Betriebspartner zur Ergänzung einer unvollständigen tarifvertraglichen Rahmenregelung ermächtige – so daß von einer Übernahme einer tariflichen Regelung nicht gesprochen werden könnte – läßt unberücksichtigt, daß die Tarifvertragsparteien mit ihren Vorgaben an die Betriebspartner zur Festlegung der individuellen regelmäßigen wöchentlichen Arbeitszeit die Dauer der Arbeitszeit im Kern selbst geregelt haben.[221] Die tarifliche Norm entfaltet zwar nicht unmittelbar, wohl aber mittelbar Wirkung für das einzelne Arbeitsverhältnis, indem sie den Inhalt der – unmittelbar wirkenden – Betriebsnormen weitgehend determiniert.[222] Wie das BAG[223] zutreffend feststellt, haben die Tarifvertragsparteien „die Fragen der Dauer der wöchentlichen Arbeitszeit so eingehend geregelt, daß Arbeitgeber und Betriebsrat nur ein relativ geringer Spielraum bei der Umsetzung der 38,5-Stunden-Woche verblieben ist." Da die Betriebspartner aufgrund des Gleichbehandlungsgrundsatzes des § 75 Abs. 1 BetrVG eine einheitliche Regelung für den gesamten Betrieb treffen müssen, sind sie gezwungen, die in der tariflichen Regelung liegenden Vorgaben schlicht nachzuvollziehen.[224] Die rechtliche Anerkennung einer solchen tarifvertraglichen Gestaltung würde es in das Belieben der Tarifparteien stellen, durch Offenlassen einzelner Regelungs-

---

[218] *Biedenkopf*, 282; *Fitting/Auffarth*, § 77 Rz. 34; *Galperin/Löwisch*, BetrVG, § 77 Rz. 85 mwN; *Gnade/Kehrmann*, § 77 Rz. 34; *v. Hoyningen-Huene*, Betriebsverfassungsrecht, § 77 Rz. 33; *Tyska*, AuR 1985, 278.

[219] *Löwisch*, DB 1984, 2457 (2458).

[220] NZA 1985, 73 (74); ebenso *Mayer*, 132.

[221] *Löwisch/Rieble*, SAE 1988, 103 (104).

[222] *Schwarze*, 148.

[223] SAE 1988, 97 ff.

[224] *Löwisch/Rieble*, SAE 1988, 103 (104).

aspekte auch Inhaltsnormen eines Tarifvertrags auf Außenseiter zu erstrecken.[225]

3. Konsequenzen der Nichtgeltung der tariflichen Regelung gegenüber Außenseitern für die tarifgebundenen Arbeitnehmer

Mit der im Hinblick auf die negative Koalitionsfreiheit der nichtorganisierten Arbeitnehmer zu ziehenden Konsequenz einer Unwirksamkeit der Bandbreitenregelung, soweit sie sich auf *Außenseiter* erstreckt, ist das rechtliche Schicksal der in den Manteltarifverträgen der Metallindustrie 1984 gewählten tariflichen Gestaltung allerdings noch nicht abschließend geklärt. Es erscheint immerhin denkbar, die tarifliche Arbeitszeitregelung wenigstens gegenüber den *tarifgebundenen* Arbeitnehmern aufrechtzuerhalten, da die aus dem – durch die negative Koalitionsfreiheit geforderten – Außenseiterschutz resultierenden rechtlichen Bedenken insoweit nicht zum Tragen kommen.

Die Geltung einer Betriebsvereinbarung, die aufgrund des Tarifvertrages die Dauer der individuellen Arbeitszeit innerhalb der vorgegebenen Bandbreite festlegt, kann jedoch nicht auf die tarifunterworfenen Belegschaftsmitglieder beschränkt werden. § 75 Abs. 1 BetrVG verbietet den Organen der Betriebsverfassung, bei ihren Maßnahmen eine Differenzierung nach der Gewerkschaftszugehörigkeit vorzunehmen.[226] Gleiches ergibt sich im Grunde bereits aus der zur Rechtfertigung des Tarifmodells ebenfalls in Anspruch genommenen Vorschrift des § 3 Abs. 2 TVG. Dieser Bestimmung, die den persönlichen Geltungsbereich betrieblicher und betriebsverfassungsrechtlicher Normen auch auf die nichttarifgebundenen Arbeitnehmer erstreckt, kommt nicht nur die Funktion einer Ermächtigung an die Tarifvertragsparteien zu; sie zieht zugleich die Konsequenz aus der Tatsache, daß im Rahmen der Betriebsverfassung die Tarifgebundenheit der Arbeitnehmer unmaßgeblich sein muß.[227]

Gegen die Wirksamkeit einer Betriebsvereinbarung, die in Vollzug der tariflichen Vorgaben die individuelle Wochenarbeitszeit für einzelne Arbeitnehmer unterschiedlich regeln würde, bestünden zudem Zweifel auch unter einem weiteren Gesichtspunkt. Der bereits angesprochene betriebsverfassungs-

---

[225] Vgl. auch *Mayer*, 135 (im Zusammenhang mit der Frage der Erweiterung der Mitbestimmungsrechte des Betriebsrates durch Tarifvertrag).

[226] *v. Hoyningen-Huene*, NZA 1985, 9 (11); Löwisch, DB 1984, 2457 (2458).

[227] *Dieterich*, 86; *Löwisch*, DB 1984, 2457 (2458); *Hueck/Nipperdey*, Arbeitsrecht II/1, § 15 IV 1 (S. 291); *Mayer*, 147.

rechtliche Gleichbehandlungsgrundsatz gestattet eine unterschiedliche Behandlung von Arbeitnehmern nur, wenn für die Differenzierung ein sachlich rechtfertigender Grund vorhanden ist. Die für die Zuweisung unterschiedlicher individueller Wochenarbeitszeiten ausschlaggebenden *betrieblichen Bedürfnisse* stellen jedoch kein zulässiges Differenzierungskriterium für die Festlegung unterschiedlich langer Arbeitszeiten und damit verbundene unterschiedliche Verdienstmöglichkeiten dar.[228]

Läßt sich eine Regelung gegenüber den Nichtorganisierten nicht aufrechterhalten, kann sie daher auch gegenüber den Tarifgebundenen keine Wirkung entfalten.[229] Tarifvereinbarungen nach dem Modell der Tarifabschlüsse in der Metallindustrie 1984 vermögen daher Geltung nur in solchen Betrieben zu erlangen, in denen die tarifliche Regelung hinsichtlich der Dauer der Arbeitszeit zumindest individualvertraglich in die Arbeitsverträge übernommen worden ist.[230]

III. Verlängerung der Wochenarbeitszeit nach dem Vorbild der Manteltarifverträge der Metallindustrie 1990 („Quotenmodell")

In den 1990 geschlossenen Manteltarifverträgen der Metallindustrie haben die Tarifpartner das Modell der Differenzierung und Flexibilisierung der Metalltarifverträge 1984/1987, insbesondere die Verlagerung der Arbeitszeitregelung auf die Betriebspartner, aufgegeben und abermals eine neue Konzeption entwickelt, die den unterschiedlichen Bedürfnissen der Betriebe Rechnung tragen soll, indem sie – allerdings nur innerhalb eines gewissen Rahmens – die tarifliche Wochenarbeitszeit zur Disposition der Einzelarbeitsvertragsparteien stellt.

---

[228] *Mayer*, 152 mwN; *v. Hoyningen-Huene*, NZA 1985, 169 (170); *Richardi*, NZA 1984, 387 (389).

[229] *Löwisch*, DB 1984, 2457 (2458); *Mayer*, 151.

[230] *Löwisch*, DB 1984, 2457 (2458); nach seiner Meinung sind die in den Tarifverträgen enthaltenen Arbeitzeitbestimmungen deshalb allerdings nicht insgesamt als unwirksam anzusehen, sondern können in der Weise aufrechterhalten werden, daß in Betrieben, in denen die Nichtorganisierten qua Arbeitsvertrag in die Tarifregelung einbezogen worden sind, die gesamte Regelung Anwendung findet, während in den übrigen Betrieben für alle organisierten Arbeitnehmer die durchschnittliche wöchentliche Arbeitszeit von 38,5 Stunden gilt.

Im Anschluß an die Festlegung der „tariflichen wöchentlichen Arbeitszeit“[231] bestimmen die Tarifverträge, daß die „individuelle regelmäßige wöchentliche Arbeitszeit“ der Vollzeitbeschäftigten grundsätzlich der tariflichen wöchentlichen Arbeitszeit entspricht. Die individuelle regelmäßige wöchentliche Arbeitszeit kann aber für einzelne Arbeitnehmer mit deren Zustimmung auf bis zu 40 Stunden verlängert werden, wobei die Zahl der Arbeitnehmer mit dergestalt verlängerter Arbeitszeit allerdings eine bestimmte *Quote* der Arbeitnehmer des Betriebs[232] nicht überschreiten darf.

Das beschriebene Modell zeichnet sich demnach dadurch aus, daß der Tarifvertrag selbst die Möglichkeit einer einzelvertraglichen[233] Verlängerung der individuellen Arbeitszeit über die tarifliche Wochenarbeitszeit hinaus vorsieht. Gleichwohl kann sich auch hier die Frage nach dem Verhältnis zwischen tariflicher und individualvertraglicher Arbeitszeitregelung im Hinblick auf das Günstigkeitsprinzip stellen. Für diejenigen Arbeitnehmer, deren individuelle wöchentliche Arbeitszeit im Rahmen der tarifvertraglich vorgegebenen Quote mit deren Zustimmung über die tarifliche wöchentliche Arbeitszeit hinaus verlängert wird, kommt das Günstigkeitsprinzip allerdings nur für den Fall zur Anwendung, daß der betreffende Arbeitnehmer mit dem Arbeitgeber eine Wochenarbeitszeit von über 40 Stunden vereinbaren möchte. Praktisch bedeutsam wird die Frage nach der Zulässigkeit einzelvertraglicher Vereinbarungen einer über die tarifliche Wochenarbeitszeit hinausgehenden Arbeitszeit jedoch vor allem dann, wenn die tarifliche Quote bereits erreicht ist, weitere Arbeitnehmer aber willens sind, mit dem Arbeitgeber längere Wochenarbeitszeiten zu vereinbaren.

Die Limitierung einzelvertraglicher Verlängerungen der Wochenarbeitszeit durch tariflich vorgegebene Quoten hätte indessen von vornherein keine unmittelbare und zwingende Wirkung auf das Einzelarbeitsverhältnis, wenn die

---

[231] Es ist eine stufenweise Reduzierung der Arbeitszeit in einem längerfristigen Zeitrahmen vorgesehen (1991: 37 Stunden; 1.4.1993: 36 Stunden; 1.10.1995: 35 Stunden). Die Tarifvertragsparteien haben sich allerdings verpflichtet, nach Maßgabe der Wirtschaftslage in Verhandlungen über die Durchführbarkeit einer solchen Arbeitszeitverkürzung einzutreten. Der Vorstand der Metallarbeitgeber von Nordrhein-Westfalen hat beschlossen, von dieser Verhandlungsklausel Gebrauch zu machen. Die IG Metall lehnt eine Verschiebung der vereinbarten Arbeitszeitverkürzung ab; sie schlägt demgegenüber eine sofortige Einführung der erst für April 1993 vorgesehenen Verkürzung auf 36 Stunden vor und bietet im Gegenzug Lohnzugeständnisse an.

[232] 13% nach § 2.1.3 des MTV der Bayerischen Metallindustrie; 18% gem. § 3 Zif. MTV NRW und § 7.1.4 MTV Nordwürttemberg/Nordbaden.

[233] § 7.1.1 MTV Nordwürttemberg/Nordbaden bestimmt insoweit lediglich, daß eine Verlängerung der individuellen wöchentlichen Arbeitszeit auf bis zu 40 Stunden der Zustimmung des Beschäftigten bedarf, läßt aber offen, wer die Befugnis zur Arbeitszeitverlängerung hat, und gibt dem Arbeitnehmer für die Arbeitszeitverlängerung offenbar lediglich ein Zustimmungs-, aber kein Initiativrecht; vgl. *Richardi*, DB 1990, 1613.

Quotenregelung gar nicht als eine zum normativen Teil des Tarifvertrages gehörende Bestimmung anzusehen wäre.

Richardi[234] ordnet die Quotenregelung dem *schuldrechtlichen* Teil des Tarifvertrages zu. Sie könne nämlich zum einen – im Gegensatz zu den aus anderen Tarifverträgen bekannten sog. Skalennormen, die die Einstellung von Arbeitnehmergruppen auf eine bestimmte Zahl oder einen bestimmten Prozentsatz beschränken – nicht als Betriebsnorm gedeutet werden. Eine dahingehende Zuordnung käme nur in Betracht, wenn die Quotierung dem Schutz der vorhandenen Belegschaft zu dienen bestimmt wäre.[235] Tatsächlich solle sie aber lediglich verhindern, daß die von den Tarifvertragsparteien angeordneten Arbeitszeitverkürzungen an der individuellen Selbstbestimmung der Arbeitsvertragsparteien scheitern. Aber auch eine Qualifizierung als Inhaltsnormen scheide aus, weil allein der Arbeitgeber, nicht aber ein Arbeitnehmer überprüfen könne, ob durch eine Verlängerung seiner Arbeitszeit die im Tarifvertrag festgelegte Quote überschritten werde.

Gegen die ausschließliche Deutung der Quotenregelung als *tariflicher Öffnungsklausel*, wie sie Buchner[236] vornimmt, ist in der Tat einzuwenden, daß eine solche Auslegung den der Quotierung innewohnenden beschränkenden Aspekt der Regelung vernachlässigt. Insoweit der Tarifvertrag außerhalb der durch die Quote gezogenen Grenzen allein die tarifliche Wochenarbeitszeit für zulässig erklärt, richtet er sich aber auch nicht ausschließlich an die Tarifvertragsparteien, sondern trifft mit der Statuierung von Höchstarbeitszeiten selbst *inhaltliche* Regelungen, die der Beurteilung nach Maßgabe des Günstigkeitsprinzips unterliegen. Wegen der mit der Dauer der Arbeitszeit korrespondierenden Höhe des Vergütungsanspruchs kann dabei nicht von vornherein ausgeschlossen werden, daß im Einzelfall die Vereinbarung einer längeren Arbeitszeit sich für den betreffenden Arbeitnehmer als günstiger darstellt. Die quotenmäßige Begrenzung einzelvertraglicher Verlängerungen der Arbeitszeit über die tarifliche wöchentliche Arbeitszeit hinaus ist deshalb nicht geeignet, nach Ausschöpfung der Quote den Abschluß entsprechender einzelvertraglicher Vereinbarungen zu unterbinden, sofern diese sich als die für den Arbeitnehmer günstigere Regelung darstellen.

Das Ergebnis stellt sich im übrigen auch dann nicht anders dar, wenn man die Quotenregelung mit Richardi nicht als Tarif*norm* ansieht, sondern dem schuldrechtlichen Teil des Tarifvertrages zuordnet. Als Begrenzung der kollektivrechtlichen Gestaltungsbefugnis fungiert das Günstigkeitsprinzip nicht

---

[234] DB 1990, 1613 (1614).

[235] Vgl. *Wiedemann/Stumpf*, § 1 Rz. 220: Skalen dienten im Zweifel dem Schutz der vorhandenen Belegschaft und seien mithin im Zweifel betriebliche Normen.

[236] DB 1990, 1715 (1720).

nur als Kollisionsregel zwischen einer Tarifnorm und einer von ihr abweichenden Vertragsabrede. Die Tarifvertragsparteien können sich auch nicht im Wege einer schuldrechtlichen Abrede wirksam verpflichten, den Geltungsbereich des Günstigkeitsprinzips dadurch einzuschränken, daß sie die tarifvertraglich gewährten Arbeitsbedingungen als Höchstbedingungen behandeln.[237] Dem kann nicht entgegengehalten werden, daß schuldrechtliche Absprachen nur die Tarifvertragsparteien beträfen und somit keinen Einfluß auf die Einzelarbeitsverträge hätten.[238] Der Schutzzweck des Günstigkeitsprinzips gebietet nicht nur, daß gerade auf normativem Weg keine Höchstarbeitsbedingungen vereinbart werden, sondern will schlechthin das Ergebnis vermeiden, daß die Tarifbedingungen auch nur faktisch den Charakter von Höchstarbeitsbedingungen annehmen.[239]

Die Tatsache, daß es der Tarifvertrag selbst ist, der – in begrenztem Umfang – den Abschluß individualvertraglicher Vereinbarungen einer über die tarifliche Wochenarbeitszeit hinausgehenden Arbeitszeit ermöglicht, schließt demnach die Anwendbarkeit des Günstigkeitsprinzips nicht aus. Die Tarifvertragsparteien können arbeitsvertragliche Gestaltungen, sofern diese gegenüber der tariflichen Regelung als günstiger zu beurteilen sind, nicht dadurch verhindern, daß sie selbst mittels einer Öffnungsklausel arbeitsvertraglichen Gestaltungen zwar einen gewissen Spielraum zubilligen, sie darüber hinaus aber zu unterbinden versuchen. Das Günstigkeitsprinzip wirkt unabhängig von einer solchen Öffnung.[240]

Die von den Tarifvertragsparteien in den Metalltarifverträgen 1990 gewählte Konstruktion vermag demnach die einzelvertragliche Vereinbarung längerer Arbeitszeiten nicht auf die tariflich vorgegebenen Quoten und Zeitrahmen zu beschränken.[241]

---

[237] BAG AP Nr. 13 zu Art. 9 GG; *Clausen*, 178 f.; *Nikisch*, Arbeitsrecht Bd. II, § 73 VII 3 (S. 309); *Hueck/Nipperdey*, Arbeitsrecht Bd. II/1, § 30 I 4 (S. 574 f.); *Richardi*, DB 1990, 1613 (1614); *ders.*, Kollektivgewalt, 373 mwN; *Weismann*, 260; *Stommel*, 46; *Papritz*, 35 ff.; *Biedenkopf*, 75 mwN; *Wlotzke*, Günstigkeitsprinzip, 24; aA *Magis*, 12 ff., 47; *Courth*, 114 ff.; *Wiedemann/Stumpf*, § 4 Rz. 221.

[238] So aber *Magis*, 13; *Courth*, 114 ff.

[239] *Clausen*, 179; *Papritz*, 36.

[240] *Bengelsdorf*, ZfA 1990, 563 (565); *Buchner* (DB 1990, 1715 (1720)) bildet zur Verdeutlichung das Beispiel einer tarifvertraglichen Regelung, derzufolge der im Tarifvertrag vorgesehene *Lohn* für eine bestimmte Quote von Arbeitnehmern um 10% überschritten werden darf. Es liegt auf der Hand, daß eine solche Regelung die Wirksamkeit individualvertraglich vereinbarter weitergehender übertariflicher Zahlungen nicht in Frage stellen kann. Gleiches gilt aber auch für die durch Tarifvertrag begrenzt eröffnete Möglichkeit der Vereinbarung über die tarifliche Regelung hinausgehender *Arbeitszeiten*, sofern diese sich als günstiger erweisen.

[241] *Bengelsdorf*, ZfA 1990, 563 (565).

IV. Die Zulässigkeit kollektivvertraglicher Altersgrenzenregelungen und ihre Beurteilung im Lichte des Günstigkeitsprinzips

In der arbeitszeitpolitischen Diskussion wird außer der Verkürzung der *Wochen*arbeitszeit auch eine Flexibilisierung der *Lebens*arbeitszeit erörtert. Neben Initiativen des staatlichen Gesetzgebers[242] – in der Vergangenheit allerdings meist im Sinne einer einseitig verstandenen Flexibilität „nach unten", d.h. im Sinne einer *Herabsetzung* der Altersgrenze für den Eintritt in den Ruhestand und nicht in Richtung auf eine *Verlängerung* der Berufstätigkeit – gibt es eine Anzahl tarifvertraglicher[243] oder durch Betriebsvereinbarungen[244] festgesetzter frühzeitiger Altersgrenzen. Dabei wird als maßgeblicher Zeitpunkt für die Beendigung des Arbeitsverhältnisses vielfach das 65. Lebensjahr, häufig aber auch ein früheres Datum festgelegt, dessen Wahl maßgeblich an den sozialversicherungsrechtlichen Gegebenheiten orientiert ist und in aller Regel an die Möglichkeit des Bezugs von Altersruhegeld anknüpft.

In der Privatwirtschaft stellt das Erreichen eines bestimmten Lebensalters von Gesetzes wegen grundsätzlich keinen Tatbestand dar, der die Beendigung des Arbeitsverhältnisses zur Folge hat. Ebensowenig ist – im Geltungsbereich des KSchG – die soziale Rechtfertigung einer Kündigung (§ 1 KSchG) allein mit dem Lebensalter des Arbeitnehmers zu begründen.[245] Im Gegenteil genie-

---

[242] Das Ende 1988 ausgelaufene *Vorruhestandsgesetz* (Gesetz zur Erleichterung des Übergangs vom Arbeitsleben in den Ruhestand vom 13.4.1984 – BGBl. I, S. 601 ff.) eröffnete die Möglichkeit, daß Arbeitnehmer, die 59 Jahre und älter waren, auf ihren Wunsch unter bestimmten Voraussetzungen in den vorzeitigen Ruhestand gehen und ein sog. Vorruhestandsgeld beziehen konnten.

[243] Z.B. den Manteltarifvertrag für die Arbeitnehmer der Zigarettenindustrie vom 3.7.1981, der in § 132 MTV ein – sozialpolitisch motiviertes – „Gleitphasen"-Modell vorsieht.

[244] Z.B. die Betriebsvereinbarung zwischen dem Vorstand und dem Gesamtbetriebsrat der Volkswagenwerk AG vom 20.12.1982, bekannt als sog. „58-er Regelung".

[245] Nach einhelliger Meinung stellt das Erreichen eines bestimmten Lebensalters – insbesondere des 65. Lebensjahres – für sich genommen keinen Grund für eine *personenbedingte* Kündigung iSd § 1 Abs. 2 KSchG dar (BAG AP Nr. 1 KSchG – Personenbedingte Kündigung; *Schröder*, 107). Die für die soziale Rechtfertigung einer *betriebsbedingten* Kündigung notwendigen dringenden betrieblichen Erfordernisse werden sich allenfalls in Ausnahmefällen mit dem Interesse des Arbeitgebers an einem zweckmäßigen Altersaufbau der Belegschaft begründen lassen (*Bauer/Lingemann*, NZA 1993, 625 (626)). Das Alter der von einer betriebsbedingten Kündigung betroffenen Arbeitnehmer kann daher lediglich bei einem aus anderen betrieblichen Erfordernissen (Betriebseinschränkungen, Rationalisierungsmaßnahmen) gebotenen Personalabbau im Rahmen der *Sozialauswahl* gem. § 1 Abs. 3 Satz 1 KSchG – nach bisher h.M. allerdings mit dem Ergebnis eines tendenziell höheren Bestandsschutzes der Arbeitsverhältnisse älterer Arbeitnehmer – sowie – sofern man bereit ist, zu den dort genannten *berechtigten betrieblichen Bedürfnissen* auch das Interesse an einer ausgewogenen Altersstruktur zu zählen – im Rahmen von § 1 Abs. 3 Satz 2 KSchG von Bedeutung sein (*Bauer/Lingemann*, aaO; *Hanau*, DB 1992, 2625 (2632); *Rumpenhorst*, NZA 1991, 214 (215 f.)).

ßen ältere Arbeitnehmer vor dem Erreichen des in der jeweiligen Altersgrenzenregelung vorgesehenen Lebensalters aufgrund tarifvertraglicher Regelungen häufig insofern sogar besonderen Kündigungsschutz, als Kündigungen durch den Arbeitgeber ab einer bestimmten Dauer der Betriebszugehörigkeit und/oder ab Erreichen eines bestimmten Lebensalters nur noch aus wichtigem Grund zulässig sind.

Demgegenüber haben Regelungen, nach denen das Erreichen eines bestimmten Lebensalters - ohne daß es einer Kündigung bedarf - zu einer „quasi-automatischen“[246] Beendigung des Arbeitsverhältnisses führt, für den betroffenen Arbeitnehmer die Wirkung einer Zwangspensionierung.[247] Der ältere Arbeitnehmer kann nicht nur wieder zu den allgemeinen Bedingungen entlassen werden, sondern muß seinen Arbeitsplatz definitiv aufgeben, wodurch in aller Regel zugleich das Ende seines Berufslebens markiert ist. Während das Ende der Berufstätigkeit von vielen älteren Arbeitnehmern als vorteilhaft empfunden wird, erfolgt für eine nicht unbeträchtliche Zahl[248] der

---

Im letztgenannten Zusammenhang könnte die am 1.1.1993 in Kraft getretene Neuregelung des *§ 128 AFG* erheblich werden (vgl. dazu *Buchner*, NZA 1993, 481 ff.). § 128 AFG regelt zwar nicht die Zulässigkeit der Kündigung älterer Arbeitnehmer nach dem KSchG, sondern die Erstattungspflicht des Arbeitgebers gegenüber der Bundesanstalt für Arbeit (BA) im Rahmen von Vorruhestandsregelungen. § 128 Abs. 1 Satz 1 AFG verpflichtet den Arbeitgeber gegenüber der BA zur Erstattung des ab Vollendung des 58. Lebensjahres des Arbeitslosen gewährten Arbeitslosengeldes, wenn das Arbeitsverhältnis vor Vollendung des 56. Lebensjahres des Arbeitslosen aufgelöst wurde. Gleichwohl sollen sich aus der Neuregelung auch kündigungsschutzrechtliche Folgerungen ziehen lassen. Gem. § 128 Abs. 1 *Satz 2 3. Alt. Nr. 6* AFG besteht bei größeren Personalfreisetzungen nämlich keine Erstattungspflicht, wenn u.a. der Anteil der über 56-jährigen unter den ausscheidenden Arbeitnehmern bestimmte Anteile an der Gesamtbelegschaft nicht überschreitet. Nach verschiedentlich vertretener Ansicht soll der Gesetzgeber damit erstmals eine Regelung geschaffen haben, die das Interesse an einer zweckmäßigen Altersstruktur im Betrieb anerkennt, so daß dieser Gesichtspunkt künftig auch im Kündigungsschutzprozeß bei § 1 Abs. 3 Satz 2 KSchG stärker zu beachten sei, der Arbeitgeber also die Weiterbeschäftigung eines älteren Arbeitnehmers mit Rücksicht auf das betriebliche Interesse an einer ausgewogenen Altersstruktur ablehnen könne (*Bauer/Lingemann*, NZA 1993, 625 (629); *Bauer/Diller*, BB 1992, 2283 (2286); *Hanau*, DB 1992, 2625 (2632)).

[246] *Kossbiel*, ZfB 1979, 127.

[247] *Stahlhacke*, DB 1989, 2329; *Hanau*, RdA 1976, 24 ff.; *Schröder*, 20 weist darauf hin, daß im Zusammenhang mit Arbeitnehmern genauer von Zwangsverrentung gesprochen werden müßte; der Ausdruck „Pensionierung“ zur Bezeichnung des Übergangs vom Erwerbsleben zum Ruhestand hat sich jedoch sowohl in der Umgangssprache als auch in der Literatur weitgehend eingebürgert; *Schönholzer*, 3.

[248] Ca. 5-10%, wobei der zeitliche Abstand zum vorgesehenen Pensionierungszeitpunkt die Einstellung zur Aufgabe der Berufstätigkeit in der Weise bestimmt, daß die Abneigung gegenüber der Beendigung der Berufstätigkeit mit dem Näherrücken des Ruhestandes zunimmt, vgl. *Lehr*, Psychologie des Alterns, 200 ff. mwN; zum quantitativen Aspekt eingehend *Schröder*, 26 ff.; *Schönholzer*, 21 ff.

Eintritt in den Ruhestand letztlich unfreiwillig,[249] wobei das Interesse an einer Weiterbeschäftigung vornehmlich durch immaterielle oder soziale Erwägungen und weniger durch finanzielle Überlegungen bestimmt wird.

Diese Praxis der Zwangspensionierung steht im Widerspruch zu neueren wissenschaftlichen Erkenntnissen hinsichtlich der Leistungsfähigkeit älterer Arbeitnehmer sowie den psychologischen, sozialen und ökonomischen Effekten starrer Altersgrenzenregelungen.

Die Ergebnisse der gerontologischen Forschung korrigieren die stereotype Vorstellung von einer abnehmenden beruflichen Leistungsfähigkeit älterer Arbeitnehmer und sprechen für eine Erweiterung des persönlichen Freiheitsspielraums bei der Bestimmung des eigenen Pensionierungsalters;[250] Altersforscher warnen daher vor einer starren Altersgrenzenregelung und plädieren für ein „Optionsrecht auf Weiterarbeit".[251] Unter psychologischen und medizinischen Aspekten ist es die Individualität der Alternsprozesse, die eine entsprechende Flexibilisierung hinsichtlich des für den Eintritt in den Ruhestand maßgeblichen Lebensalters nahelegt.[252] In ökonomischer Hinsicht erweist sich eine allgemeine Pensionierung bei Erreichen einer bestimmten Altersgrenze nur in Ausnahmefällen als die betriebswirtschaftlich optimale Strategie.[253] Schließlich wird aus demographischer sowie aus beschäftigungspolitischer Perspektive auf den stetigen Alterungsprozeß der Bevölkerung[254] und dessen negative Konsequenzen für das Potential an Erwerbspersonen sowie für die Finanzierung von Sozialleistungen insbesondere zur Alterssiche-

---

[249] *Waltermann*, Berufsfreiheit, 25; *Lehr*, Psychologie des Alterns, 198 ff. mwN; *Schönholzer*, 28, 140.

[250] *Lehr* (Pensionierung, in: Oswald et al. (Hrsg.), Gerontologie, 318) bezeichnet es als eine durch gerontologische Forschungen nachgewiesene Tatsache, daß die berufliche Leistungsfähigkeit nur sehr minimal vom Lebensalter bestimmt werde und der ältere Arbeitnehmer keineswegs grundsätzlich mit einem Leistungsabbau rechnen müsse.

[251] *Blume/Plum/Naegele*, III.

[252] *Lehr*, ZfB 1979, 137 (140). Angesichts der in jüngerer Zeit namentlich von Vertretern aus Politik und Wirtschaft vermehrt zu registrierenden Plädoyers für eine längere Lebensarbeitszeit warnen manche allerdings bereits vor einer überzogenen „Alten-Euphorie" und halten entgegen, daß die von Gerontologen gelegentlich beschworene Gefahr eines „Pensionsschocks" oder gar eines „Pensionstodes" sich in diversen wissenschaftlichen Untersuchungen als „Fiktion" erwiesen habe; nach neueren Untersuchungen sei auch die Vorstellung zu korrigieren, daß ältere Menschen ein ausgeprägtes Interesse an einer Berufstätigkeit bis in das siebente Lebensjahrzehnt hätten (vgl. *Kutscher/Hoff*, Längere Arbeitszeit – nur ein frommer Wunsch? in: Handelsblatt, 14.10.1993).

[253] ZfB-Diskussionsforum, Thema: Ist die altersbedingte Pensionierung sinnvoll? ZfB 1979, 126; *Sadowski*, Pensionierungspolitik, 97 f.

[254] Wie Teilnehmer eines Symposiums der SPD in Bonn am 4.2.1993 deutlich machten, werden in 40 Jahren bereits 35% der Bundesbürger über 60 Jahre und nur 17% unter 20 Jahre alt sein (General-Anzeiger [Bonn], 5.2.1993).

rung hingewiesen; diese Probleme könnten zumindest gemildert werden, wenn leistungsfähigen und arbeitswilligen Arbeitnehmern die Möglichkeit eingeräumt würde, auch über das 65. Lebensjahr hinaus erwerbstätig zu sein.[255]

Im Lichte dieser Erkenntnisse wird deshalb seit geraumer Zeit die Frage erörtert, ob eine Weiterbeschäftigung nach dem 65. Lebensjahr ermöglicht werden sollte. Eine Reihe internationaler Organisationen (Europarat, UNO, ILO)[256] haben sich für die Einräumung einer solchen Möglichkeit ausgesprochen. Im Ausland hat diese rechtspolitische Diskussion bereits zu gesetzgeberischen Konsequenzen geführt.[257]

Auch in der Bundesrepublik ist seit längerem eine Diskussion darüber im Gange, ob nicht den Arbeitnehmern, die über das 65. Lebensjahr hinaus beschäftigt bleiben wollen, diese Möglichkeit eröffnet werden sollte.[258] Gesetzliche Altersgrenzen für die Beendigung von Arbeitsverhältnisses gibt es im deutschen Arbeitsrecht – anders als im Beamten- oder Richterrecht[259] – ohnehin nicht. Auch das Kündigungsschutzgesetz kennt keine Altersgrenze. Im Recht der gesetzlichen Rentenversicherung[260] ist der Gesetzgeber inzwischen seit längerem bemüht, die für den Bezug von Altersruhegeld maßgebliche Altersgrenze auch „nach oben" – d.h. durch Einräumung der Möglichkeit, den Ruhestand hinauszuschieben – flexibler zu gestalten, um dem Versicherten einen möglichst großen Spielraum für die individuelle Gestaltung des Übergangs vom Arbeitsleben in den Ruhestand zu eröffnen; mit der zusammen mit der Einführung der flexiblen Altersgrenze durch das RRG 1972 geschaffenen Zuschlagsregelung[261] wurde sogar ein besonderer Anreiz für die Weiterbe-

---

[255] *Kossbiel*, ZfB 1979, 127.

[256] Die UN-Weltversammlung zu Fragen des Alterns (Wien 1982) hat einen von der UN-Vollversammlung im Dezember 1982 verabschiedeten Aktionsplan erarbeitet, in dem zur Frage der Beschäftigung älterer Arbeitnehmer aufgrund von Expertisen der ILO Stellung genommen wurde. Darin wird u.a. empfohlen, den Anspruch älterer Arbeitnehmer auf Beschäftigung nicht nach ihrem Alter, sondern nach ihrer Leistungsfähigkeit zu beurteilen und das Alter für den Eintritt in den Ruhestand nicht herabzusetzen, wenn der Arbeitnehmer dies nicht selber wünsche.

[257] Vgl. *Schröder*, 21. In den USA ist nach der Novellierung der Age Discrimination in Employment Act im Jahre 1978 die altersbedingte Entlassung von Arbeitnehmern vor Vollendung des 70. Lebensjahres unzulässig; vgl. auch *Sadowski*, ZfB 1979, 144 ff.

[258] Bundeskanzler Helmut *Kohl* hat in seiner anläßlich der parlamentarischen Debatte über den Bundeshaushalt 1993 am 25.11.1992 vor dem Deutschen Bundestag gehaltenen Rede ausgeführt, er halte es für eine „Fehlentwicklung ..., wenn jetzt im Westen ... Leute mit 55 Jahren in den Ruhestand gehen" (Bulletin Nr. 128 vom 27.11.1992, Seite 1173).

[259] § 41 BBG; § 48 DRiG (65 Jahre).

[260] Zur gegenwärtigen Rechtslage vgl. *Laux*, NZA 1991, 967 f.

[261] § 1254 Abs. 2 RVO (bis zur Vollendung des 67. Lebensjahres); eine frühzeitige Beendigung des Arbeitsverhältnisses (möglich ab Vollendung des 62. Lebensjahres) führt hingegen zu einer jährlichen Kürzung der Rente um 3,6%.

schäftigung nach Vollendung des 65. Lebensjahres geschaffen. Insgesamt lassen die Ruhegeldregelungen in der gesetzlichen Rentenversicherung eindeutig die gesetzgeberische Intention erkennen, den individuellen Fähigkeiten und Bedürfnissen des einzelnen Rechnung zu tragen und seine Entscheidungsfreiheit zu stärken. Es hieße, diesen Willen des Gesetzgebers zu konterkarieren, wenn die Beendigung bestehender Arbeitsverhältnisse durch arbeitsrechtliche Altersgrenzen unbeschränkt zulässig wäre.

Ungeachtet dessen schaffen die Sozialpartner über Tarifverträge und – allerdings seltener – durch Betriebsvereinbarungen die rechtlichen Grundlagen für eine Beendigung von Arbeitsverhältnissen auch gegen den Willen der betroffenen Arbeitnehmer, wofür auf seiten der Gewerkschaften beschäftigungspolitische Gründe, auf Arbeitgeberseite – vom Defizitmodell des Alterns geprägte – Vorbehalte gegenüber der Leistungsfähigkeit älterer Arbeitnehmer sowie der Wunsch nach festen Planungsgrößen für die betriebliche Personalpolitik ursächlich sind.[262] Namentlich in Zeiten hoher Arbeitslosigkeit werden Altersgrenzenregelungen als probates Mittel angesehen, mit dem „möglichst unkompliziert Arbeitsplätze von der älteren Generation für die jüngere freigemacht werden".[263]

Vor diesem Hintergrund stellt sich zwangsläufig die Frage nach der *rechtlichen Zulässigkeit* insbesondere kollektivvertraglicher Regelungen, welche die Beendigung des Arbeitsverhältnisses bei Erreichen eines bestimmten Lebensalters vorsehen.[264] Dabei ist zunächst die *Regelungsbefugnis* der Kollektivvertragsparteien festzustellen und anschließend die rechtliche Zulässigkeit der Festsetzung einer Altersgrenze sowohl an bestehenden gesetzlichen Vorschriften zu messen als auch auf verfassungsrechtlicher Ebene zu prüfen (I.).

Erst im Falle der Zulässigkeit einer Statuierung von Altersgrenzen in Tarifverträgen und Betriebsvereinbarungen ergibt sich unter dem Gesichtspunkt des *Günstigkeitsprinzips* die weitere Frage (II.) nach der Wirksamkeit individualvertraglicher Vereinbarungen, die abweichend von den einschlägigen Regelungen durch Tarifvertrag oder Betriebsvereinbarung eine Beschäftigung des Arbeitnehmers über die für ihn maßgebliche kollektivrechtliche Altersgrenze hinaus vorsehen. Dieser Aspekt gewinnt aktuelle Bedeutung vor dem Hintergrund der Tatsache, daß die Arbeitgeber – anders als bei der zwischen den Tarifvertragsparteien kontroversen Frage der Verkürzung der *Wochen*ar-

---

262 Vgl. *Schröder*, 23.

263 So *Sieg*, SAE 1978, 21.

264 Zur Zulässigkeit *individualvertraglich* vereinbarter Altersgrenzen ausführlich *Schröder*, 148 ff.

beitszeit[265] – einer Flexibilisierung der *Lebens*arbeitszeit grundsätzlich aufgeschlossen gegenüberstehen und nach eigenem Bekunden ggf. auch zum Anlaß von Neueinstellungen nehmen würden.[266]

1. Regelungsbefugnis der Kollektivvertragsparteien

a) Tarifvertragliche Altersgrenzenregelungen

Überwiegend wird ohne weiteres davon ausgegangen, daß die Tarifautonomie den Tarifpartnern auch die Befugnis verleiht, Altersgrenzen mit normativer Wirkung festzulegen.[267] Die jüngere Rechtsprechung des BAG und ein Teil des Schrifttums ordnen entsprechende tarifvertragliche Regelungen über die zeitliche Begrenzung von Arbeitsverträgen als Normen über die Beendigung von Arbeitsverhältnissen iSv § 1 Abs. 1 TVG ein.[268]

Die Regelungsmacht der Tarifpartner könnte allerdings – ähnlich wie bei entsprechenden Bestimmungen zur Verkürzung der Wochenarbeitszeit – im

---

[265] Auf der Grundlage zweier Unternehmensbefragungen versuchte das Ifo-Institut in Zusammenarbeit mit dem IAB und der Bundesvereinigung der Deutschen Arbeitgeberverbände die Beschäftigungswirkungen einer fünfprozentigen Verkürzung der Arbeitszeit abzuschätzen. Danach wurden von mehr als 40%, im Verwaltungsbereich sogar von durchweg mehr als 50% der befragten Unternehmen als vorrangige Reaktion auf die Arbeitszeitverkürzung die Absicht genannt, die Arbeitszeitverkürzung durch verstärkte Rationalisierungsinvestitionen zu kompensieren (vgl. *Nerb*, ifo-Schnelldienst 1977, 10 ff.).

[266] Vgl. *Linnenkohl/Rauschenberg/Schmidt* (BB 1984, 603) unter Bezugnahme auf die erwähnten, vom Ifo-Institut in den Jahren 1976/77 durchgeführten Unternehmensbefragungen; *Blume/Plum/Naegele*, 196 ff.

[267] Vgl. zuletzt BAG, Urteil vom 12.12.1992 – 7 AZR 100/91 (Leitsätze abgedruckt in RdA 1992, 399) im Anschluß an BAG AP Nr. 9 zu § 620 BGB – Bedingung und AP Nr. 1 zu § 620 BGB – Altersgrenze.

[268] BAG AP Nr. 9 zu § 620 BGB – Bedingung; AP Nr. 1 zu § 620 BGB – Altersgrenze; AP Nr. 19 zu § 611 BGB – Beschäftigungspflicht; *Boerner*, 32; *Gitter/Boerner*, RdA 1990, 129 (130 f.); KR-*Hillebrecht*, § 620 BGB Rz. 29a; nach der früheren Rspr. sollte es sich hingegen um *Inhaltsnormen* handeln: BAG AP Nr. 9 zu § 99 BetrVG; ebenso *Hueck/Nipperdey*, Arbeitsrecht II/1, § 15 II 8 a (S. 281); *Nikisch*, Arbeitsrecht II, § 73 I 2 (S. 286); *Zöllner*, Gutachten D für den 52. DJT, 95. – Der Umstand, daß Altersgrenzenregelungen – wie noch zu zeigen sein wird – mit Eingriffen in den Schutzbereich der durch Art. 12 Abs. 1 GG verfassungsrechtlich gewährleisteten Berufsfreiheit verbunden sind, steht der Regelungskompetenz der Tarifpartner nicht entgegen. Soweit die Koalitionen sich im Rahmen der ihnen eingeräumten Tarifautonomie bewegen, können sie auch Regelungen treffen, die zu Beschränkungen von Grundrechten der Tarifgebundenen führen, ohne den aus dem Demokratieprinzip abzuleitenden Vorbehalt zugunsten des staatlichen Gesetzgebers bei grundrechtsrelevanten Maßnahmen (vgl. BVerfGE 33, 125 (158)) zu verletzen; *Waltermann*, RdA 1990, 138 (142 f.).

Hinblick auf die mit der Statuierung von Altersgrenzen verfolgten *Zwecke* problematisch erscheinen.

Bei der Normierung von Altersgrenzen lassen sich die Tarifvertragsparteien von sehr unterschiedlichen Zielen leiten. Solche Zielsetzungen sind insbesondere die Beeinflussung der Altersstruktur von Betrieben oder Unternehmen, die Erleichterung von Personalplanungen und die Schaffung von Aufstiegsmöglichkeiten für Nachwuchskräfte. In jüngerer Zeit in den Vordergrund gerückt ist auch die beschäftigungsstrategische Motivation von Altersgrenzenregelungen mit dem Ziel der Bekämpfung von Arbeitslosigkeit.[269]

Zumindest die letztgenannte Kategorie von Altersgrenzenregelungen könnte ähnlichen Bedenken ausgesetzt sein wie die kollektivrechtlichen Regelungen zur Verkürzung der *Wochen*arbeitszeit mit entsprechender arbeitsmarktpolitischer Zielsetzung und bedarf jedenfalls dann einer näheren Begründung der Regelbarkeit durch Tarifvertrag, wenn für die Bestimmung der Regelungskompetenz der Tarifvertragsparteien nicht nur auf den Regelungsgegenstand, sondern auch auf das Regelungsziel abzustellen wäre.[270]

Wie aber bereits im Zusammenhang mit der Erörterung der tarifvertraglichen Normsetzungsbefugnis zur Verkürzung der tariflichen Wochenarbeitszeit ausgeführt worden ist,[271] erstreckt sich der durch Art. 9 Abs. 3 GG gewährleistete Zuständigkeitsbereich der Koalitionen nicht nur auf die Lohn- und Arbeitsbedingungen im engeren Sinne, sondern umfaßt den durch die Gesamtheit der mit der Erbringung und Inanspruchnahme abhängiger Arbeit in Zusammenhang stehenden Interessen definierten Lebensbereich. In diesem Sinne beziehen sich auch Arbeitszeitregelungen mit beschäftigungspolitischer Intention auf die Bedingungen und Teilhabe der abhängigen Arbeit im Arbeits- und Wirtschaftsleben und unterfallen der aus Art. 9 Abs. 3 GG sich ergebenden Regelungszuständigkeit der Koalitionen. Dies gilt mithin auch für Regelungen der *Lebens*arbeitszeit in Gestalt tarifvertraglicher Altersgrenzen. Arbeitsmarktstrategisch motivierte Altersgrenzenfestsetzungen zur breiteren Vertei-

---

[269] *Wank* (Recht auf Arbeit, 93) hat darauf aufmerksam gemacht, daß der Beschäftigungseffekt eines vorgezogenen Ruhestandes ungleich größer wäre als bei einer Verkürzung der *Wochen*arbeitszeit, da mit dem früheren Ausscheiden des Arbeitnehmers aus dem Unternehmen ein Arbeitsplatz in vollem Umfang frei wird. Eine sozial- und arbeitsmarktpolitisch positive Bewertung einer Vorverlegung der Altersgrenze nehmen *Blume/Plum/Naegele,* III auf der Grundlage einer in den Jahren 1978/79 durchgeführten empirischen Untersuchung vor, die auf der Befragung von älteren Arbeitnehmern sowie Betrieben in Nordrhein-Westfalen basiert. Kritisch zum arbeitsmarktpolitischen und gesamtökonomischen Entlastungseffekt eines früheren Eintritts in den Ruhestand hingegen *Zöllner,* Gutachten D für den 52. DJT, 45 ff.

[270] So insbesondere *Rüthers,* S. 16, 18.

[271] Siehe oben S. 122 f.

lung der Arbeit sind daher ebenfalls Regelungen von Arbeits- und Wirtschaftsbedingungen iSv Art. 9 Abs. 3 GG.[272]

b) Betriebsvereinbarungen über Altersgrenzen

Im Unterschied zu Regelungen durch die Tarifvertragsparteien ist die Befugnis der Betriebspartner zur Statuierung von Altersgrenzen im Hinblick auf den Vorbehalt des Gesetzes bei Regelungen im grundrechtsrelevanten Bereich hingegen zweifelhaft.

Das BAG und Teile des Schrifttums[273] sehen allerdings in der Regelung einer Altersgrenze durch die Betriebsparteien eine soziale Angelegenheit iSd §§ 87 ff. BetrVG, die durch eine freiwillige Betriebsvereinbarung nach § 88 BetrVG normiert werden könnte.

Indessen erscheint eine diesbezügliche Regelungsbefugnis der Betriebspartner weniger selbstverständlich als diejenige der Tarifparteien.

Die Tarifautonomie ist von Verfassungs wegen garantiert. Art. 9 Abs. 3 GG gewährleistet eine Ordnung des Arbeit- und Wirtschaftslebens, bei der der Staat seine Zuständigkeit zur Rechtsetzung weit zurückgenommen und die Bestimmung über die regelungsbedürftigen Einzelheiten des Arbeitsvertrags grundsätzlich den Koalitionen überlassen hat.[274] Damit verschafft diese Bestimmung den Koalitionen weiterreichende Normsetzungskompetenzen im Verhältnis zum Gesetzgeber als das BetrVG den Betriebspartnern.[275] Die mangelnde demokratische Legitimation, die darin zu sehen ist, daß Grundrechtseingriffe durch die Tarifvertragsparteien sich nicht auf parlamentsgesetzliche Vorgaben zurückführen lassen, ist hier eher als in anderen Autonomiebereichen hinnehmbar, weil die Rechtsmacht von vornherein nur diejenigen Grundrechtsträger betrifft, die sich mit ihrem Beitritt zu den Berufsver-

---

[272] *Waltermann*, Berufsfreiheit, 42.

[273] BAG AP Nrn. 11 und 46 zu § 77 BetrVG; BAG NZA 1992, 992 (993); aA *Boerner*, 185 ff. und *Joost*, Anm. zu BAG AP Nr. 2 zu § 620 BGB – Altersgrenze: Regelungen zur Beendigung von Arbeitsverhältnissen beträfen *personelle* Angelegenheiten, für die eine Mitbestimmungskompetenz des Betriebsrates nach § 88 BetrVG nicht gegeben sei; *Belling* (Anm. zu BAG EzA § 620 BGB – Altersgrenze Nr. 1) und *Steinmeyer* (RdA 1992, 6 (12)) zufolge beschränkt sich die den Betriebspartner eingeräumte Normsetzungskompetenz grundsätzlich auf Fragen der Berufsausübung und erstreckt sich nicht auf solche der Berufswahl.

[274] Vgl. BVerfGE 34, 307 (316 f.); 44, 322 (340, 345).

[275] *Belling*, Anm. zu BAG EzA § 620 BGB – Altersgrenze Nr. 1.

bänden bewußt für eine selbstverantwortliche Regelung ihrer Arbeits- und Wirtschaftsbedingungen durch die Koalitionen entschieden haben.[276]

Demgegenüber kommen die genannten Gesichtspunkte im Bereich der betrieblichen Mitbestimmung nicht zum Tragen:

Die Betriebsautonomie ist nicht verfassungsrechtlich gewährleistet, sondern beruht lediglich auf dem einfachen Gesetzesrecht des BetrVG.[277] Der bereits dargestellte Zwangscharakter der Betriebsvereinbarung, deren normative Wirkung gegenüber den betriebsangehörigen Arbeitnehmern eintritt, ohne daß diese sich willentlich der Geltung der betrieblichen Normen unterworfen hätten, legt die – hinsichtlich der Normsetzungsbefugnis der *Tarifpartner* unzutreffende – Parallele zur Normsetzungskompetenz öffentlich-rechtlicher Selbstverwaltungskörperschaften, insbesondere zur Selbstverwaltung der Berufsverbände und die Anwendung der hierzu vom BVerfG entwickelten Grundsätze nahe: der Gesetzgeber darf sich seiner Rechtsetzungsbefugnis nicht völlig entäußern und seinen Einfluß auf den Inhalt der zu erlassenden Norm nicht gänzlich preisgeben.[278] Insbesondere Regelungen, welche die Freiheit der Berufswahl tangieren,[279] müssen vom Gesetzgeber selbst getroffen werden. Das BetrVG oder ein anderes formelles Gesetz müßte daher die Voraussetzungen, unter denen Altersgrenzenregelungen zulässig sind, an inhaltliche Vorgaben binden.[280] Diesem Erfordernis ist durch die Bestimmungen der §§ 77 Abs. 3, 88 BetrVG keineswegs Rechnung getragen. Im Gegenteil sprechen die Vorschriften der §§ 75 Abs. 1 Satz 2 und 80 Abs. 1 Nr. 6 BetrVG eher *gegen* die Zulässigkeit von Altersgrenzenregelungen in Betriebsvereinbarungen.[281]

---

[276] *Waltermann*, RdA 1990, 138.

[277] Verschiedentlich wird allerdings in Art. 74 Nr. 12 GG auch eine materielle Wertentscheidung für eine Betriebsverfassung als Grundlage für innerbetriebliche Mitbestimmung gesehen; vgl. etwa *Kreutz*, Betriebsautonomie, 98 Fn. 137; *Scholz*, Koalitionsfreiheit, 7 f.

[278] BVerfGE 33, 125 (158).

[279] Dies ist bei Altersgrenzenregelungen wegen des mit dem Verlust des Arbeitsplatzes idR verbundenen faktischen Endes der Berufstätigkeit häufig der Fall, siehe unten S. 200.

[280] *Belling*, Anm. zu BAG EzA § 620 BGB – Altersgrenze Nr. 1; *Waltermann*, RdA 1990, 138 (143).

[281] *Linnenkohl/Rauschenberg/Schmidt*, BB 1984, 603 (606); *Waltermann*, ZfA 1990, 138 (143); *Kreutz* (Betriebsautonomie, 88 ff.) sieht die staatlich-demokratische Legitimation einer Rechtsetzung durch die Betriebspartner dadurch als gewährleistet an, daß der Gesetzgeber durch § 77 Abs. 4 Satz 1 BetrVG unmittelbar die Regelungsbefugnis auf die Betriebspartner übertragen habe und daher die Legitimationskette vom Gesamtvolk zu den Betriebsparteien geschlossen sei. Damit ist den vom BVerfG aufgestellten Erfordernissen indessen nicht Genüge getan. Im übrigen schenkt *Kreutz* der Tatsache, daß Betriebsvereinbarungen im konkreten Einzelfall – namentlich bei den hier in Rede stehenden Altersgrenzenregelungen – den Schutzbereich des Art. 12 Abs. 1 GG zu tangieren vermögen, zu

Es ist daher davon auszugehen, daß eine Festlegung von Altersgrenzen in Betriebsvereinbarungen – unabhängig von der weiteren Frage, ob entsprechende Regelungen *inhaltlich* den Anforderungen des Art. 12 Abs. 1 GG genügen – im Hinblick auf deren Eingriffscharakter wegen des aus dem Demokratieprinzip abzuleitenden Vorbehaltes zugunsten des parlamentarischen Gesetzgebers zur Vornahme grundrechtsrelevanter Regelungen *unzulässig* ist.[282]

2. Rechtliche Schranken kollektivvertraglicher Altersgrenzenregelungen

a) Auswirkungen des § 41 Abs. 4 Satz 3 SGB VI auf die Beurteilung kollektivvertraglicher Altersgrenzen

Die Rechtmäßigkeit kollektivvertraglicher Altersgrenzenregelungen könnte des weiteren nach Maßgabe von § 41 Abs. 4 Satz 3 SGB VI zu beurteilen sein.

Nach dieser – am 1.1.1992 aufgrund von Art. 25 des Rentenreformgesetzes 1992 an die Stelle des Art. 6 § 5 RRG 1972 getretenen – Bestimmung ist eine *„Vereinbarung"*, derzufolge ein Arbeitsverhältnis zu einem Zeitpunkt enden soll, in dem der Arbeitnehmer Anspruch auf eine Altersrente hat, nur wirksam, wenn die Vereinbarung innerhalb der letzten drei Jahre vor diesem Zeitpunkt geschlossen oder vom Arbeitnehmer bestätigt worden ist. Durch diese Regelung soll sichergestellt werden, daß die vom Gesetzgeber angestrebte

---

wenig Beachtung, wenn er (Betriebsautonomie, 115 Fn. 2) generell darauf abstellt, daß § 77 Abs. 4 Satz 1 BetrVG keine berufsregelnde Tendenz erkennen lasse und daraus folgert, daß für die grundrechtliche Kontrolle allein Art. 2 Abs. 1 GG in Betracht käme.

[282] *Belling* (Anm. zu BAG EzA § 620 BGB – Altersgrenze Nr. 1) zufolge „liegt es ... nahe", daß Altersgrenzenregelungen den Betriebspartnern entzogen und dem Gesetzgeber, „allenfalls noch den Tarifpartnern" vorbehalten seien. Gegen die Zulässigkeit der Vereinbarung von Altersgrenzen in Betriebsvereinbarungen auch *Leinemann*, BB 1989, 1905 (1912); *Steinmeyer*, RdA 1992, 6 (11 f.).

Das Resultat der Unzulässigkeit betrieblicher Altersgrenzenregelungen wird verschiedentlich bereits aus einer Auslegung der einschlägigen Bestimmungen des BetrVG gewonnen. Nach *Riedel*, 121 können dem Betriebsrat insofern „kaum Kompetenzen" zustehen, als das Mitbestimmungsrecht des Betriebsrates das Vorliegen eines *kollektiven* Tatbestandes voraussetzt und beim Erreichen einer Altersgrenze immer nur derjenige Arbeitnehmer betroffen sei, der das vorgesehene Alter erlangt; ähnlich *Boerner*, 189: betriebliche Altersgrenzenregelungen seien den *personellen* Angelegenheiten zuzuordnen; sie könnten daher nicht Gegenstand einer freiwilligen Betriebsvereinbarung gem. § 88 BetrVG sein und seien der Regelungskompetenz der Betriebsparteien entzogen. Der personale Bezug von betrieblichen Altersgrenzen wird auch von in Stellungnahmen betont, die entsprechende Regelungen nicht den personellen Angelegenheiten zuordnen; vgl. BAG AP Nr. 5 zu § 57 BetrVG 1952; BAG (GS) Nr. 46 zu § 77 BetrVG; *Galperin/Löwisch*, § 88 Rz. 3.

Flexibilisierung der Lebensarbeitszeit nicht durch entgegenstehende arbeitsrechtliche Vereinbarungen konterkariert wird.[283]

Bereits unter der Geltung der durch § 41 Abs. 4 Satz 3 SGB VI abgelösten Vorschrift des Art. 6 § 5 RRG 1972[284] war umstritten, ob sie sich nur auf individualrechtliche Altersgrenzen bezieht oder auch entsprechende kollektivvertragliche Regelungen erfaßt.[285] Da es der Gesetzgeber versäumt hat, die bei dieser Bestimmung aufgetretenen Auslegungsfragen einer Klärung zuzuführen[286], setzt sich der Meinungsstreit zu § 41 Abs. 4 Satz 3 SGB VI fort.

Die Befürworter einer Einbeziehung auch kollektivrechtlicher Altersgrenzenregelungen[287] machen zum einen geltend, daß § 41 SGB VI keinerlei Einschränkung treffe, welche die vertragliche Vereinbarung in ihrer Ausgestaltung auf einen bestimmten Rechtscharakter festlegt; daher sei davon auszugehen, daß sie sowohl durch Tarifvertrag als auch durch Betriebsvereinbarung oder aber durch Einzelarbeitsvertrag geschlossen werden könne[288]. Zum anderen wird daruf hingewiesen, daß der Zweck der Regelung, eine weitere Verlängerung und Flexibilisierung der Lebensarbeitszeiten zu ermöglichen und die Entscheidungsfreiheit des Arbeitnehmers hinsichtlich des Zeitpunkt seines Eintritts in den Ruhestand zu sichern, im Hinblick auf die überwiegend kollektivrechtliche Regelung der Lebensarbeitszeit nicht zu verwirklichen wäre,

---

[283] BT-Drucks. 11/1424, 163; *Bergner/Erdmenger/Fehn/Kallenbach/Kolb*, § 41 SGB VI Rz. 2.

[284] Nach Art. 6 § 5 Abs. 2 RRG 1972 (Rentenreformgesetz vom 16.10.1972, BGBl. I, S. 1965) galt eine Vereinbarung, die die Beendigung des Arbeitsverhältnisses eines Arbeitnehmers ohne Kündigung zu einem Zeitpunkt vorsieht, in dem der Arbeitnehmer vor Vollendung des 65. Lebensjahres Altersruhegeld der gesetzlichen Rentenversicherung beantragen kann, (...) dem Arbeitnehmer gegenüber als auf die Vollendung des 65. Lebensjahres abgeschlossen, es sei denn, daß dieser die Vereinbarung innerhalb der letzten drei Jahre vor dem Zeitpunkt, in dem er erstmals den Antrag stellen könnte, schriftlich bestätigt. Gegenüber dieser Vorschrift enthält die Neuregelung des § 41 Abs. 4 Satz 3 SGB VI sowohl eine Verschärfung auf der Rechtsfolgenseite als auch eine Erweiterung des Anwendungsbereiches, da Altersgrenzen, welche die tatbestandlichen Voraussetzungen der Norm nicht erfüllen, nicht lediglich mit einem anderen Inhalt weitergelten, sondern ungültig sein sollen, und § 41 Abs. 4 Satz 3 SGB VI sich nicht mehr nur auf die vor dem Erreichen des 65. Lebensjahres bestehende Möglichkeit zum Rentenbezug, sondern allgemein auf einen Anspruch auf Rente im Sinne der §§ 35-42 SGB VI bezieht.

[285] *Ammermüller*, DB 1973, 823 (824); *Schröder*, 72; *Säcker*, RdA 1976, 91 (100); *Linnenkohl/Rauschenberg/Schmidt*, BB 1984, 603 (605); *Waltermann*, Berufsfreiheit, 76.

[286] *Wank*, RdA 1992, 225 (234).

[287] *Ammermüller*, DB 1990, 221 (223); *Boemke*, NZA 1993, 532 (538); *Grüner-Dalichau*, § 41 Anm. IV; *Leinemann*, DB 1990, 732 (737); *Steinmeyer*, RdA 1992, 6 (10); *Franke*, NZA 1991, 972 (973).

[288] *Franke*, NZA 1991, 972 (973); „trotz systematischer Auslegungsbedenken" ebenso *Kienast* DB 1991, 1725 (1728).

wenn der Gesetzgeber kollektivrechtliche Regelungen aus dem Geltungsbereich des § 41 SGB VI ausgenommen hätte.[289]

Die Gegenansicht, daß kollektivvertragliche Regelungen *keine* „Vereinbarungen" im Sinne der letztgenannten Bestimmung darstellen,[290] wird verschiedentlich mit dem Wortlaut der Bestimmung begründet[291]. Die Erstreckung des Geltungsbereiches von § 41 Abs. 4 SGB VI auch auf kollektivvertragliche Regelungen dürfte jedoch noch durch den Wortlaut gedeckt sein, da der Begriff „Vereinbarungen" mehrdeutig ist und für sich betrachtet nicht erkennen läßt, ob damit solche individual- oder kollektivrechtlicher Natur oder beide gemeint sind.[292]

Für die Richtigkeit der Auffassung, daß § 41 Abs. 4 Satz 3 SGB VI sich nicht auf kollektivrechtliche Altersgrenzen bezieht, spricht indessen der Standort dieser Bestimmung im Kontext mit den ersten beiden, allein auf *individual*arbeitsrechtliche Gestaltungen sich beziehenden Sätzen des Absat-

---

[289] *Kienast*, DB 1991, 1725 (1728); *Steinmeyer*, RdA 1991, 6 (9 f.). Hiergegen wird von *Moll* (DB 1992, 475 (476)) und *Waltermann* (Berufsfreiheit, 211 f.) geltend gemacht, daß die Ausgangslage bei individualvertraglichen und kollektivvertraglichen Altersgrenzenregelungen insofern unterschiedlich sei, als entsprechende Vereinbarungen auf arbeitsvertraglicher Ebene rechtlich kaum auf Grenzen stießen, während kollektivrechtlichen Altersgrenzen beachtliche rechtliche Schranken (Vorbehalt des Gesetzes; Art. 12 GG; Günstigkeitsprinzip) gegenüberstünden, welche die Selbstbestimmung des einzelnen Arbeitnehmers schützen.

[290] BAG, DB 1994, 46; LAG Düsseldorf (18. Kammer), DB 1992, 2350; ArbG Düsseldorf BB 1992, 2002; ArbG Duisburg, AuR 1993, 62 f.; *Laux*, NZA 1991, 967 (968); *Gitter/Boerner*, RdA 1990, 129 (136 f.); *Berger-Delhey*, ZTR 1992, 99 (101); *Moll*, DB 1992, 475 ff.; *Kappes*, BB 1993, 1359 (1360); *Waltermann*, NZA Beil. 4/1991, 19 (23 f.); *ders.*, RdA 1993, 209 (212); *Worzalla*, NZA Beil. 4/1991, 14 (19).

[291] So LAG Düsseldorf, DB 1992, 2350: der Gesetzgeber habe in verschiedenen wichtigen arbeitsrechtlichen Bestimmungen (§ 4 Abs. 5 TVG, § 77 Abs. 6 BetrVG), wenn er umfassend von vertraglichen Abreden ausgehen wollte, das Wort „Vereinbarung" offensichtlich vermieden und dafür den Begriff „Abmachung" geprägt; zustimmend *Kappes*, BB 1993, 1359 (1360). Demgegenüber weist das BAG (DB 1994, 46) darauf hin, daß in § 77 Abs. 1 BetrVG auch der kollektivrechtliche Normenvertrag zwischen Betriebsrat und Arbeitgeber als „Vereinbarung" bezeichnet wird und der in § 32 SGB I verwendete Begriff „privatrechtliche Vereinbarung" sich auf Tarifverträge und Betriebsvereinbarungen erstrecke.

[292] BAG DB 1994, 46; LAG Düsseldorf, BB 1992, 2002; *Berger-Delhey*, ZTR 1992, 99 (101); *Böhm/Spiertz/Steinherr/Sponer*, § 60 Rz. 12; *Boerner*, 168; *Gitter/Boerner*, RdA 1990, 129 (137): es gebe - jedenfalls dann, wenn Abs. 4 als einheitliches Regelwerk aufzufassen sei – keine Auslegungsregel, die es gebieten würde, den Begriff „Vereinbarungen" auf eine unmittelbare Absprache zwischen Arbeitgeber und Arbeitnehmer zu beschränken; *Reiserer*, BB 1994, 69 (70); Steinmeyer, RdA 1992, 6 (8); ebenso *Waltermann*, NZA Beil. 4/1991, 19 (23); RdA 1993, 209 (210 f.); allerdings spreche der Wortlaut „eher dagegen", daß auch kollektivvertragliche Regelungen erfaßt sind. Nach *Moll* (DB 1992, 475) legt der Wortlaut sogar eher eine „weite Auslegung" nahe, da der Begriff der „Vereinbarung" sowohl arbeitsvertragliche als auch kollektivvertragliche Regelungen erfasse.

zes[293] sowie vor allem die rechtssystematische Erwägung, daß Gültigkeit oder Inhalt einer Tarifnorm ohne eine systemwidrige Durchbrechung des geltenden Tarifvertragsrechts nicht vom Einverständnis oder der Bestätigung des Arbeitnehmers abhängen können.[294] Auch die in dieser Bestimmung vorgesehene Abhängigkeit der Geltung einer Altersgrenze vom Zeitpunkt ihrer Festlegung ist ein Indiz dafür, daß die Vorschrift lediglich im Hinblick auf individualvertragliche Altersbegrenzungen konzipiert worden ist. Eine innerhalb der letzten drei Jahre vor dem Entstehen des Rentenanspruchs erlassene kollektivrechtliche Altersgrenzenregelung würde ohne jeden Willensakt des Arbeitnehmers wirksam, während die früher festgelegte Altersgrenze einer Bestätigung durch den Arbeitnehmer bedürfte. Eine solche Differenzierung würde dem Schutzbedürfnis des Arbeitnehmers insofern unzureichend Rechnung tragen, als die Intensität der Belastung des Arbeitnehmers durch eine Altersgrenzenregelung nicht von dem Zeitpunkt abhängt, zu dem der Tarifvertrag geschlossen worden ist. Für individualvertraglich ausgehandelte Altersgrenzen macht die Abhängigkeit ihrer Geltung vom Zeitpunkt ihrer Vereinbarung hingegen Sinn, da sie gewährleistet, daß der betroffene Arbeitnehmer über die Gültigkeit der Altersgrenzenvereinbarung erst zu einem Zeitpunkt entscheidet, in dem er die Tragweite einer solchen Regelung zutreffend abschätzen kann.[295]

Festzuhalten ist daher zunächst, daß sich jedenfalls die in § 41 Abs. 4 Satz 3 SGB VI geregelten Wirksamkeitsvoraussetzungen (Abschluß oder Bestätigung innerhalb der letzten drei Jahre vor Erreichen der Altersgrenze) nur auf einzelvertragliche, nicht aber auf kollektivrechtliche Altersgrenzenregelungen beziehen können.[296] Dies gilt auch in Fällen einer lediglich *einzelvertraglichen Inbezugnahme* der tariflichen Regelung, da die Verweisung auf den Tarifvertrag lediglich die Wirkung hat, als hätten die Arbeitsvertragspar-

---

[293] LAG Düsseldorf, DB 1992, 2350; *Berger-Delhey*, ZTR 1992, 99 (101); *Böhm/Spiertz/Steinherr/Sponer*, § 60 Rz. 12; *Clemens/Scheuring/Steingen/Wiese*, § 60 Erl. 1; *Moll*, DB 1992, 475 f.; *Waltermann*, RdA 1993, 209 (211); ArbG Düsseldorf (BB 1992, 2002) weist ergänzend darauf hin, daß sich auch im Umfeld der in Rede stehenden Norm keine Vorschrift finde, die kollektivrechtliche Regelungen behandelt oder auf solche Bezug nimmt. AA BAG, DB 1994, 46: die Tatsache, daß die Sätze 1 und 2 des Absatzes 4 sich mit individualrechtlichen Maßnahmen des Arbeitgebers befassen, rechtfertige noch nicht die Schlußfolgerung, daß Satz 3 sich ebenfalls auf die individualrechtliche Ebene beschränke.

[294] BAG, DB 1994, 46 (47); ArbG Düsseldorf, BB 1992, 2002 (2003); ArbG Mannheim, BB 1993, 141; *Berger-Delhey*, ZTR 1992, 99 (101); *Böhm/Spiertz/Steinherr/Sponer*, § 60 Rz. 12; *Boerner*, 163, 168; *Clemens/Scheuring/Steingen/Wiese*, § 60 Erl. 1; *Gitter/Boerner*, RdA 1990, 129 (136 ff.); *Kappes*, BB 1993, 1359 (1360); *Laux*, NZA 1991, 967 (968); *Moll*, DB 1992, 475 (476); *Müller/Nachtigal/Hansen/Berenz*, 65; *Worzalla*, NZA Beil. 4/1991, 15 (17).

[295] BAG, DB 1994, 46 (47); *Böhm/Spiertz/Steinherr/Spongen*, BAT, § 60 Rz. 12; *Boerner*, 168; *Gitter/Boerner*, RdA 1990, 128 (137).

[296] BAG DB 1994, 46.

teien den gesamten Wortlaut des Tarifvertrages in ihr Vertragswerk eingestellt und unterschrieben.[297]

Gleichwohl leitet die arbeitsgerichtliche Rechtsprechung aus dieser Bestimmung auch Folgerungen in bezug auf die Rechtmäßigkeit kollektivrechtlicher Altersgrenzen ab.

So bekennt sich die 10. Kammer des LAG Düsseldorf in ihrem Urteil vom 25.1.1993[298] zwar zu der Auffassung, daß § 41 Abs. 4 Satz 3 SGB VI nur individualvertragliche Altersgrenzenregelungen erfasse; gleichwohl sollen tarifvertragliche Regelungen, die eine automatische Beendigung des Arbeitsverhältnisses vorsehen, wenn der Arbeitnehmer das 65. Lebensjahr erreicht hat, keinen rechtlichen Bestand haben können. Das Gericht begründet seine Rechtsansicht damit, daß § 41 Abs. 4 Satz 3 SGB VI eine nicht zur Disposition der Tarifparteien stehende *Arbeitnehmerschutznorm* sei, von der nur zugunsten des Arbeitnehmers durch Tarifvertrag abgewichen werden dürfe.[299]

Im Schrifttum[300] ist jedoch zu Recht auf die innere Widersprüchlichkeit der vom LAG Düsseldorf für seine Auffassung gelieferten Begründung hingewiesen worden. Ergibt nämlich die Auslegung einer Norm, daß sie nur für einzelvertragliche, nicht aber für entsprechende kollektivvertragliche Regelungen gilt und somit von vornherein in ihrem Geltungsbereich begrenzt ist, so bleibt – ohne das Ergebnis dieser Auslegung wieder zunichte zu machen – kein Raum für die Frage ihrer etwaigen Tarifdispositivität, da letztere voraussetzt, daß die betreffende Norm zunächst einmal allgemeine Geltung hat. Eine Norm, die Tarifregelungen gar nicht erfaßt, kann begrifflich gar nicht die Aussage enthalten, daß sie tarifdispositiv oder nicht tarifdispositiv ist.

---

[297] BAG, DB 1994, 46; ArbG Mannheim BB 1993, 142 mwN; *Henssler*, DB 1993, 1669 (1673)); ähnlich *Gaul*, ZTR 1993, 355 (359): Für den Fall der Anerkennung eines durch § 41 Abs. 4 Satz 3 SGB VI nicht begrenzten tarifrechtlichen Gestaltungsspielraums biete die einzelvertragliche Inbezugnahme – mangels einer ausdrücklichen gesetzlichen Öffnungsklausel für eine solche einzelvertragliche Überleitung – keine rechtliche Grundlage dafür, eine im Einzelvertrag nicht erlaubte Regelung in das Einzelvertragsrecht zu transformieren.

Fieberg (ZTR 1993, 140 (141)) will hingegen bei Tarifunterstellungen im Geltungsbereich eines Tarifvertrages nichts anderes gelten lassen als für die kraft Tarifbindung geltende Tarifnorm selbst, da es anderenfalls zu einer unterschiedlichen Behandlung tarifgebundener und nicht tarifgebundener Arbeitnehmer komme; dies solle die Tarifunterstellung aber gerade verhindern.

[298] DB 1993, 689 f.

[299] Dieser „mehr als verblüffenden" (*Waltermann*, RdA 1993, 209 (213)) Ansicht sind – ohne allerdings den gedanklichen Ansatz des Gerichts in Frage zu stellen – *Worzalla* (DB 1993, 834 f.) und *Kappes* (BB 1993, 1359 (1360 f.)) mit der Begründung entgegengetreten, § 41 Abs. 4 Satz 3 SGB VI sei durchaus eine tarifdispositive Bestimmung.

[300] *Fieberg*, ZTR 1992, 140 (141); *Waltermann*, RdA 1993, 209 (213).

Das Bundesarbeitsgericht hat in seinem Urteil vom 20.10.1993[301] ebenfalls anerkannt, daß die in § 41 Abs. 4 Satz 3 SGB VI geregelten Wirksamkeitsvoraussetzungen sich nur auf einzelvertragliche Altersgrenzen beziehen.

Daraus könne jedoch nicht der Umkehrschluß gezogen werden, daß kollektive Altersgrenzenregelungen keinen weiteren Voraussetzungen unterliegen und ohne jede Einschränkung wirksam sein sollen. Vielmehr schließe § 41 Abs. 4 Satz 3 SGB VI kollektivvertragliche Altersgrenzen aus, die zur automatischen Beendigung des Arbeitsverhältnisses führen und auf den Zeitpunkt des Entstehens sozialversicherungsrechtlicher Ansprüche abstellen. Es widerspreche nämlich dem mit dieser Bestimmung verfolgten Gesetzeszweck – Flankierung von Flexibilisierung und Verlängerung der Lebensarbeitszeit sowie Sicherung der Entscheidungsfreiheit des Arbeitnehmers, Altersruhegeld zu beziehen oder weiterzuarbeiten – wenn Tarifverträge sich über die Entscheidungsfreiheit des einzelnen Arbeitnehmers hinwegsetzen und damit in erheblichen Teilbereichen die angestrebte Flexibilisierung der Lebensarbeitszeit verhinderten.

Eine einschränkende Auslegung des § 41 Abs. 4 Satz 3 SGB VI komme lediglich in Betracht, wenn der für die Beendigung des Arbeitsverhältnisses vorgesehene Zeitpunkt nachweislich nichts mit dem Entstehen eines Anspruchs auf Sozialversicherungsrente zu tun hat, sondern beide Zeitpunkte lediglich zufällig zusammenträfen. Dies sei z.B. denkbar, wenn gesicherte Erfahrungswerte über deutliche Leistungsabfälle ab einem bestimmten Lebensalter vorlägen und die Altersgrenze besonders schwerwiegenden Gefahren begegnen solle, die bei den zu befürchtenden Gefahren auftreten könnten.

Mit dieser aus dem Gesetzeszweck des § 41 SGB Abs. 4 Satz 3 SGB VI gewonnenen Einschränkung der Zulässigkeit kollektivvertraglicher Altersgrenzen sind deren rechtliche Voraussetzungen und Grenzen aber noch nicht abgesteckt. § 41 Abs. 4 Satz 3 SGB VI enthält keine abschließende Regelung der Zulässigkeitsvoraussetzungen von Altersgrenzenregelungen.[302] Die Bestimmung soll – ähnlich wie Art. 6 § 5 Abs. 2 RRG 1972[303] – lediglich verhindern, daß sich das Bestehen eines Anspruchs auf Altersrente aus der gesetzlichen Rentenversicherung beim Abschluß einer Vereinbarung über die Beendigung des Arbeitsverhältnisses für die Arbeitnehmer nachteilig auswirkt. Selbst unter der Annahme, daß § 41 Abs. 4 Satz 3 SGB VI Bedeutung für die

---

[301] DB 1994, 46; kritisch zu dieser Entscheidung *Moll*, NJW 1994, 499 ff.

[302] *Boerner*, 172; *Waltermann*, RdA 1993, 209 (212): ansonsten hätte die Vorschrift nicht nur anders formuliert, sondern darüber hinaus auch aus dem SGB VI herausgenommen und als allgemeine arbeitsrechtliche Regelung gekennzeichnet und zugänglich gemacht werden müssen.

[303] Vgl. *Laux*, NZA 91, 967 (968); *Schröder*, 71; *Hanau*, RdA 1976, 24 (25); *Ammermüller*, DB 1973, 822 (823).

Zulässigkeit auch kollektivvertraglicher Altersgrenzenregelungen zukommt, würde sie für entsprechende Beendigungsnormen lediglich *zusätzliche* Voraussetzungen aufstellen, welche die auf Art. 12 und 3 GG beruhenden Anforderungen ergänzten.[304] Auch nach der Entscheidung des BAG vom 20.10.1993 bleibt daher die Frage zu stellen, ob das vom Gericht im Wege der Auslegung des § 41 Abs. 4 Satz 3 SGB VI gewonnene Ergebnis ungeachtet dieser einfachgesetzlichen Normierung nicht bereits aus höherrangigem Recht, namentlich dem durch Art. 12 Abs. 1 GG gewährleisteten Grundrecht der Berufsfreiheit abzuleiten ist.[305]

b) Allgemeine Rechtmäßigkeitsvoraussetzungen kollektivrechtlicher Altersgrenzen

aa) Die Rechtsprechung des BAG

Zur Rechtmäßigkeit von kollektivvertraglichen – also durch Tarifvertrag oder Betriebsvereinbarung festgelegten – Altersgrenzenregelungen hat das BAG bereits vor seinem Urteil vom 20.10.1993 in einer Reihe von Entscheidungen Stellung genommen.[306]

---

[304] *Boerner*, 172; *Gitter/Boerner*, RdA 1990, 129 (138).

[305] So hat das Arbeitsgericht Saarlouis in seiner – unveröffentlichten – Entscheidung vom 13.10.1992 – 2 Ca 528/92 – die Streitfrage zum Anwendungsbereich des § 41 Abs. 4 Satz 3 SGB VI offengelassen, weil nach seiner Auffassung entsprechende kollektivvertragliche Altersgrenzenregelungen mit Art. 12 GG unvereinbar sind. Das BAG begnügt sich hingegen mit der Feststellung, die mit seiner Auslegung des § 41 Abs. 4 Satz 3 SGB VI verbundene Stärkung der Rechtsstellung der Arbeitnehmer auch gegenüber den Tarifparteien sei unter Berücksichtigung der Wertentscheidung des Art. 12 Abs. 1 GG verfassungsrechtlich „nicht zu beanstanden".

Die Beantwortung dieser Frage könnte sich u.U. auch recht bald als praktisch bedeutsam erweisen. Die nach dem Urteil des BAG vom 20.10.1993 geäußerte Befürchtung, daß in Zukunft manche Arbeitnehmer sich die Beendigung des Arbeitsverhältnisses bei Erreichen der Altersgrenze nur durch die Zahlung von Abfindungen durch den Arbeitgeber abkaufen lassen (vgl. Reiserer, BB 1994, 69), hat bereits im Bundesministerium für Arbeit und Soziales zu „Vorüberlegungen" zur Bewältigung dieses Problems geführt. An einem konkreten Entwurf für eine Nachbesserung des Gesetzes werde aber – so ein Sprecher der Bundesarbeitsministeriums – nicht gearbeitet (General-Anzeiger [Bonn] vom 2.3.1994).

[306] Mit *individualvertraglich* vereinbarten Altersgrenzenregelungen war das BAG in den beiden Entscheidungen AP Nr. 2 zu § 611 BGB – Arzt-Krankenhaus-Vertrag mit Anm. *Küchenhoff* und NZA 1987, 309 (310) befaßt; im letztgenannten Urteil räumt der 3. Senat den Arbeitsvertragsparteien einen weiten Entscheidungsspielraum ein.

In seinen beiden Entscheidungen aus den Jahren 1984[307] und 1986[308] kennzeichnet der 2. Senat tarifvertragliche Altersgrenzenregelungen als *auflösende Bedingung*[309] und greift zu deren rechtlicher Beurteilung auf die vom Großen Senat des BAG[310] entwickelten Rechtmäßigkeitsvoraussetzungen für *befristete* Arbeitsverhältnisse zurück.

Als methodischer Ausgangspunkt dient dem Gericht dabei die Erwägung, daß Altersgrenzen in vergleichbarer Weise wie die Befristung von Arbeitsver-

---

[307] BAG AP Nr. 9 zu § 620 BGB – Bedingung.

[308] BAG AP Nr. 1 zu § 620 BGB – Altersgrenze.

[309] BAG AP Nr. 9 zu § 620 BGB – Bedingung; AP Nrn. 1 und 2 zu § 620 BGB – Altersgrenze, da es ein zukünftiges ungewisses Ereignis darstelle, ob der Arbeitnehmer die Altersgrenze erreiche. Ebenso *Sieg*, SAE 1978, 21; *Schröder*, 149 ff.; *Hanau/Adomeit*, J 1 3 (S. 231); KR-*Hillebrecht*, § 620 Rz. 29 und 51 (anders noch die Vorauflage sowie Rz. 188); *Konzen*, ZfA 1978, 451 (501). Auch soweit es um *individualvertragliche* Altersgrenzen geht, ist deren rechtliche Beurteilung als auflösende Bedingung verschiedentlich von der Literatur angegriffen worden. Vielmehr soll es sich um eine auflösende *Befristung* handeln (*Ammermüller*, DB 1973, 822; *Bötticher*, SAE 1962, 172; *Joost*, Anm. zu BAG AP Nr. 2 zu § 620 BGB – Altersgrenze; *Laux*, NZA 1991, 967 (968); KR-*Hillebrecht*, § 620 Rz. 188 (im Widerspruch zu Rz. 29 und 51); *Stahlhacke*, DB 1989, 2329 (2330); *Boerner*, 41; *Gitter/Boerner*, RdA 1990, 131; *Hunold*, AR-Blattei (D), Arbeitsvertrag – Arbeitsverhältnis VIII, B III 2 f; *Hueck/Nipperdey*, Arbeitsrecht II/1, § 15 II 8 (S. 281); *Wiedemann*, Lange-FS, 395 (407); MünchKomm-*Schwerdtner*, § 620 Rz. 46; *Hromadka*, RdA 1983, 88 (89); *ders.*, DB Beilage 11/1985, 1 (2); *ders.*, SAE 1986, 244; *Zöllner*, Gutachten D für den 52. DJT, 1214; *Belling*, Anm. zu BAG AP Nr. 9 zu § 620 BGB – Bedingung; *ders.*, Anm. zu BAG, EzA Nr. 1 zu § 620 BGB – Altersgrenze: maßgebend sei, daß bei einer auflösenden Befristung von vornherein absehbar ist, daß die Wirkungen des Rechtsgeschäfts mit Sicherheit *spätestens* aufgrund eines von den Parteien festgelegten Ereignisses enden werden, da alle durch die Zeit definierten Beendigungstatbestände unter der Voraussetzung stehen, daß das betreffende Rechtsverhältnis noch besteht; allerdings ist die Befristung jedenfalls, worauf *Hanau* (RdA 1976, 24 (26); ähnlich *Ammermüller*, DB 1973, 822) hinweist, insofern atypisch, als sie nicht eine Mindest-, sondern eine *Höchst*frist statuiert, da das Recht zur ordentlichen Kündigung nicht ausgeschlossen werden soll). Die frühere Rechtsprechung (vgl. etwa BAG NJW 1971, 1629 (1630); aufgegeben in BAG AP Nr. 9 zu § 620 BGB – Bedingung) hat ursprünglich die Konstruktion eines *antezipierten Aufhebungsvertrages* (so auch *Schimana*, BB 1970, 1138; *Konzen*, ZfA 1988, 451 (501)) favorisiert. Die Einordnung von Altersgrenzen als auflösende Bedingung sieht *Belling* (Anm. zu BAG AP Nr. 9 zu § 620 BGB – Bedingung; zustimmend *Waltermann*, Berufsfreiheit, 62 ff.) aber jedenfalls insoweit als verfehlt an, als es um *kollektivvertragliche* Altersgrenzenregelungen geht, da eine Bedingung iSd §§ 158 ff. BGB stets *Partei*bedingung sei und auf sog. *Rechts*bedingungen die genannten Vorschriften nicht anwendbar sei (kritisch *Joost*, Anm. zu BAG AP Nr. 2 zu § 620 BGB – Altersgrenze: als juristische Denkkategorien seien die Beendigungsgründe der auflösenden Bedingung und der auflösenden Befristung nicht auf rechtsgeschäftlich vereinbarte Wirksamkeitsvoraussetzungen beschränkt und auch für durch Rechtsnorm eingeführte Beendigungstatbestände durchaus sinnvoll). Auch vom Standpunkt des BAG bedurfte es – wie *Belling* (Anm. zu BAG AP Nr. 9 zu § 620 BGB – Bedingung) und *Laux* (NZA 1991, 967 (969)) zu Recht hervorheben – der ohnehin nur schwer durchzuführenden Abgrenzung zwischen Bedingung und Befristung letztlich gar nicht, da das BAG auf auflösende Bedingungen die für eine Befristungskontrolle entwickelten Grundsätze anwendet und die für die Überprüfung der Rechtmäßigkeit anzuwenden Maßstäbe jeweils identisch sind.

[310] AP Nr. 16 zu § 620 BGB – Befristeter Arbeitsvertrag.

hältnissen[311] zu einer objektiven Umgehung des durch das KSchG gewährleisteten kündigungsrechtlichen Bestandschutzes führen können. In entsprechender Anwendung der zur Zulässigkeit befristeter Arbeitsverhältnisse entwickelten richterrechtlichen Grundsätze sei für die Rechtmäßigkeit von Altersgrenzenregelungen demnach entscheidend, ob die diesbezügliche kollektivrechtliche Regelung *sachlich gerechtfertigt* ist. Dabei geht das BAG im Einklang mit der ganz h.M.[312] davon aus, daß jedenfalls das Erreichen eines bestimmten Lebensalters für sich genommen eine personenbedingte Kündigung iSd § 1 Abs. 2 KSchG *nicht* rechtfertigt.[313]

Bei der positiven Bestimmung der Umstände, die eine Altersgrenzenregelung sachlich zu rechtfertigen vermögen, ist die Entwicklung der Rechtsprechung uneinheitlich verlaufen.[314]

Als „ganz entscheidender Umstand" bei der Prüfung, ob ein die Altersgrenze sachlich rechtfertigender Grund vorliegt, wurde vom BAG zunächst das Bestehen einer *betrieblichen Altersversorgung* angesehen.[315] Spätere Entscheidungen[316] fordern eine „ausreichende" Altersversorgung. In seinem Urteil vom 20.11.1987[317] hat das Gericht das Bestehen einer Altersversorgung nicht mehr als den entscheidenden Gesichtspunkt, sondern nur noch als zusätzlichen Umstand betrachtet, nachdem es bereits in der Entscheidung vom 20.12.1984[318] trotz Fehlens einer betrieblichen Übergangsaltersversorgung eine tarifliche Altersgrenze wegen der im Tarifvertrag vorgesehenen Möglichkeit, das Arbeitsverhältnis zu *verlängern*, als sachlich gerechtfertigt angesehen hatte. Verschiedene Erkenntnisse des BAG haben bei der Prüfung der sachlichen Rechtfertigung von Altersgrenzenregelungen deren *Üblichkeit* im Arbeitsleben wiederholt ergänzend herangezogen.[319] Altersgrenzen sollen des weiteren zulässig sein, weil sie eine vorhersehbare und kalkulierbare *Personal-*

---

311 Die Vergleichbarkeit soll dadurch gegeben sein, daß der Beendigungszeitpunkt in beiden Fällen für den Arbeitnehmer voraussehbar sei und nicht vom Willen des Arbeitgebers abhänge; vgl. BAG AP Nr. 9 zu § 620 BGB – Bedingung.

312 *Hanau*, RdA 1976, 24 (26) mwN; *Linnenkohl/Rauschenberg/Schmidt*, BB 1984, 603 (605 f.); *Riedel*, 118.

313 BAG DB 1986, 282; BAG AP Nr. 1 zu § 1 KSchG – Personenbedingte Kündigung mwN.

314 Vgl. die Darstellung bei *Boerner*, 66 ff., 227 ff.

315 AP Nr. 5 zu § 57 BetrVG 1952.

316 AP Nr. 9 zu § 99 BetrVG; AP Nr. 11 zu § 77 BetrVG; AP Nr. 1 zu § 620 BGB – Altersgrenze.

317 BAG AP Nr. 2 zu § 620 BGB – Altersgrenze mit Anm. *Joost*.

318 AP Nr. 9 zu § 620 BGB – Bedingung mit Anm. *Belling*.

319 BAG AP Nr. 16 zu § 620 BGB – Befristeter Arbeitsvertrag; AP Nr. 1 zu § 60 BAT; zuletzt NZA 1991, 18; zweifelnd NZA 1986, 325; NZA 1988, 67.

und Nachwuchsplanung ermöglichten und Aufstiegschancen für Nachwuchskräfte eröffnet werden.[320]

In seinem Beschluß vom 7.11.1989[321] hatte der Große Senat über Zulässigkeit und Grenzen einer durch *Betriebsvereinbarung* aufgestellten Altersgrenze zu entscheiden. Solche Regelungen in Betriebsvereinbarungen hält das BAG für rechtlich wirksam, wenn die Betriebsparteien die gem. § 75 Abs. 1 BetrVG durch Recht und Billigkeit gezogenen Grenzen ihrer Regelungsbefugnis beachten, die sich über § 75 *Abs. 2* BetrVG auch aus den Freiheitsgrundrechten des Grundgesetzes, insbesondere Art. 12 und Art. 2 Abs. 1 GG ergeben, und die Altersgrenzen nicht zu einer Umgehung des gesetzlichen Kündigungsschutzes führen. In der Bestimmung des § 75 *Abs. 1 Satz 2* BetrVG, wonach Arbeitgeber und Betriebsrat darauf zu achten haben, daß Arbeitnehmer nicht wegen Überschreitung bestimmter Altersstufen benachteiligt werden, sieht der Große Senat im Anschluß an frühere Entscheidungen des BAG[322] keine Schranke für Altersgrenzenregelungen, da diese Vorschrift nicht der Verlängerung des Erwerbslebens diene, sondern allein den Zweck habe, den Arbeitnehmer davor zu schützen, daß er *während seines Erwerbslebens* wegen der Überschreitung bestimmter Altersstufen benachteiligt wird.

bb) Äußerungen im Schrifttum

Auch in der Literatur herrscht weitgehend Einvernehmen dahingehend, daß kollektivvertragliche Regelungen über Altersgrenzen nicht zu einer Umgehung des gesetzlichen Kündigungsschutzes führen dürfen.[323] Die Heranziehung der vom BAG entwickelten Grundsätze zur Zulässigkeit befristeter Arbeitsverhältnisse zur Prüfung, ob Altersgrenzenregelungen sachlich gerechtfertigt sind, wird allerdings nur zum Teil gebilligt.[324]

---

[320] AP Nr. 5 zu § 57 BetrVG 1952; NZA 1988, 617; zustimmend zur Heranziehung dieser Gesichtspunkte *Schimana*, BB 1970, 1138 (1141); in einer die Befristung von Arbeitsverhältnissen betreffenden Entscheidung (AP Nr. 35 zu § 620 BGB – Befristeter Arbeitsvertrag) hat das BAG allerdings das Interesse an einer gleichmäßigen Altersstruktur als Befristungsgrund abgelehnt.

[321] DB 1990, 1724.

[322] AP Nr. 9 zu § 99 BetrVG; AP Nr. 2 zu § 620 BGB – Altersgrenze.

[323] *Hanau*, RdA 1976, 24 (26); *Linnenkohl/Rauschenberg/Schmidt* (BB 1984, 603 (605)) setzen die kollektive Vereinbarung von Altersgrenzen einer personenbedingten Kündigung gleich, die bei einem schematisierenden Abstellen auf das Erreichen eines bestimmten Lebensalters nach allgemeiner Ansicht in Literatur und Rechtsprechung „sozialwidrig“ iSd § 1 Abs. 2 KSchG wäre; *Riedel*, 118.

[324] *Hromadka*, SAE 1986, 244 (245 u. 247); *Konzen*, ZfA 1978, 451 (501); *Hanau*, RdA 1976, 24 (26); *Nause*, 133.

Belling[325] macht das Bedenken geltend, daß nicht die von der Rechtsprechung entwickelten Grundsätze zur Befristungskontrolle, sondern nur das KSchG die Normsetzungsbefugnis der Tarifpartner einzuschränken vermöge. Er kritisiert, daß das BAG die Altersgrenze nicht direkt auf ihre Vereinbarkeit mit den Wertungen des KSchG, sondern darauf überprüft hat, ob sie im Sinne der Rechtsprechung zur Befristung von Arbeitsverhältnissen sachlich gerechtfertigt ist. Zudem habe sich das zur Befristungskontrolle verwendete Kriterium des sachlichen Grundes als konturenschwach und nur schwer handhabbar erwiesen.

Waltermann[326] lehnt die Übertragung der vom BAG entwickelten Grundsätze zur Zulässigkeit befristeter Arbeitsverhältnisse auf kollektivvertragliche Altersgrenzenregelungen bereits wegen der Fragwürdigkeit des von der Rechtsprechung gewählten methodischen Ansatzes bei der Figur der Gesetzesumgehung[327] ab, sieht aber auch die Voraussetzungen für eine *analoge* Anwendung des KSchG auf kollektivvertragliche Altersgrenzenregelungen nicht als gegeben an. Die Anknüpfung des Arbeitsplatzschutzes durch das KSchG an die *Kündigung* durch den Arbeitgeber sei von der Beendigung des Arbeitsverhältnisses durch kollektivvertragliche Regelungen wesentlich verschieden und schließe eine Vergleichbarkeit beider Beendigungstatbestände aus.[328]

Kritik wird verschiedentlich auch daran geübt, daß die Rechtsprechung des BAG dem durch Art. 12 Abs. 1 GG gewährleisteten Grundrecht der Berufsfreiheit als Prüfungsmaßstab für die rechtliche Bewertung kollektivvertraglicher Altersgrenzenregelungen bisher zu wenig Beachtung geschenkt habe[329] und die Dimension dieses Grundrechts verkenne, wenn es für die Zulässigkeit einer Altersgrenzenregelung lediglich das Vorliegen eines sachlichen Grundes verlange.[330]

---

[325] Anm. zu BAG AP Nr. 9 zu § 620 BGB – Bedingung.

[326] Berufsfreiheit, 59 ff.; *ders.*, RdA 1993, 209 (213 f.); ähnlich *Blomeyer*, RdA 1967, 406 (407 f.); *Schröder*, 156 mwN; *Schröter*, 23 f.

[327] Das zivilrechtliche Schrifttum mißt dem Institut der Gesetzesumgehung überwiegend keine eigenständige Bedeutung bei, da sein Anwendungsbereich sich mit dem der *Auslegung* und der richterlichen Rechtsfortbildung decke; *Teichmann*, 105 f.; MK-*Kramer*, § 117 Rz. 15; *Soergel-Hefermehl*, § 134 Rz. 37; *Staudinger-Dilcher*, § 117 Rz. 36.

[328] Berufsfreiheit, S. 73; auch *Schröder*, 115 f. betrachtet die Strukturunterschiede zwischen Kündigung und Befristung als Hindernis für eine analoge Anwendung der Bestimmungen des KSchG bei der Beurteilung von – individualvertraglichen – Altersgrenzenregelungen.

[329] *Riedel*, 119 hält darüber hinaus – im Hinblick auf künftige, nach dem altersbedingten Ausscheiden jedoch entfallende Lohnansprüche – auch Art. 14 GG für berührt.

[330] *Stahlhacke*, DB 1989, 2329 (2333); *Waltermann*, Berufsfreiheit, 78 f.; *Belling*, Anm. zu BAG AP Nr. 9 zu § 620 BGB – Bedingung; *Gitter/Boerner*, RdA 1990, 129 (130); *Schlüter/Belling*, NZA 1988, 297 (300); *Hanau*, RdA 1976, 24 (29); wohl auch *Laux*, NZA 1991, 967 (971). *Stein-*

cc) Stellungnahme

Altersgrenzenregelungen berühren nicht nur den Bestand des Arbeitsverhältnisses, sondern nehmen in aller Regel darüber hinaus dem Arbeitnehmer die Möglichkeit zu weiterer Berufstätigkeit, da in zahlreichen Berufen der Verlust des Arbeitsplatzes von einem bestimmten Alter des Arbeitnehmers an jedenfalls *faktisch* schlechthin das Ende jeder Berufstätigkeit bedeutet.[331] Wegen dieser tatsächlichen Auswirkungen, die in ihrer Intensität nicht geringer einzuschätzen sind als ein rechtliches Verbot der Berufsausübung, entfalten Altersgrenzenregelungen eine objektiv *berufsregelnde* Tendenz;[332] auch damit wird die Verfassungsgarantie der Berufsfreiheit tangiert.[333] Da trotz unterschiedlicher Begründung im einzelnen jedenfalls im Ergebnis für den normativen Teil von Tarifverträgen eine unmittelbare Bindung an die Grundrechte überwiegend anerkannt ist[334], sind auch tarifvertragliche Altersgrenzenregelungen an Art. 12 GG zu messen.

---

meyer (RdA 1992, 6 (11 f.)), der kollektivrechtliche Altersgrenzenregelungen im Hinblick auf Art. 12 GG lediglich bei Vorliegen besonderer Umstände für zulässig hält und in den übrigen Fällen im Anwendungsbereich des § 41 Abs. 4 Satz 3 SGB VI – entsprechende Regelungen wegen gewisser versicherungsrechtlicher Nachteile, die mit dem Eintritt in den Ruhestand verbunden sind, gem. § 32 SGB I als nichtig ansieht. Das BAG hat Art. 12 Abs. 1 GG im Zusammenhang mit Altersgrenzenregelungen zuerst im Urteil vom 21.4.1977 (AP Nr. 1 zu § 60 BAT) beiläufig erwähnt und ist erstmals in seiner Entscheidung vom 6.3.1986 (AP Nr. 1 zu § 620 BGB – Altersgrenze) auf den Aspekt der Berufsfreiheit näher eingegangen; entsprechende Ansätze im Hinblick auf betriebliche Altersgrenzenregelungen finden sich in BAG, Urteil vom 20.11.1987 (AP Nr. 2 zu § 620 BGB – Altersgrenze).

[331] *Belling*, Anm. zu BAG AP Nr. 9 zu § 620 BGB – Bedingung; *ders.*, Anm. zu EzA Nr. 1 zu § 620 BGB – Altersgrenze; *Boerner*, 87 f.; *Hanau*, RdA 1976, 24 (29); *Joost*, Anm. zu BAG AP Nr. 2 zu § 620 BGB – Altersgrenze; *Riedel*, 120; *Schlüter/Belling*, NZA 1988, 297 (301).

[332] *Hanau*, ZfA 1978, 24 (29); *Schlüter/Belling*, NZA 1988, 297 (301); *Joost*, Anm. zu BAG AP Nr. 2 zu § 620 BGB – Altersgrenze; *Riedel*, aaO.

[333] Vgl. BVerfGE 13, 181 (185 f.); 38, 61 (79); *v. Münch-Gubelt*, Art. 12, Rz. 39.

[334] Das BAG (seit BAG AP Nr. 4 zu Art. 3 GG) und Teile des Schrifttums (u.a. *Biedenkopf*, 73: „in analoger Weise"; *Wiedemann/Stumpf*, Einl. Rz. 57 mwN) betrachten Tarifnormen als „Gesetzgebung" iSv Art. 1 Abs. 3 GG; indessen ist problematisch, ob Art. 1 Abs. 3 GG auch Gesetzgebung im materiellen Sinne umfaßt oder auf die formelle Gesetzgebung durch den staatlichen Gesetzgeber, also die Legislative beschränkt ist (im letztgenannten Sinne etwa *Waltermann*, Berufsfreiheit, 88 Fn. 48; *Boerner*, 84). Von anderer Seite wird argumentiert, daß die gesellschaftliche Gestaltungsmacht der Koalitionen Freiheit und Gleichheit des einzelnen in ähnlicher Weise verletzen könnte, wie dies durch staatliche Macht möglich ist. Zu den verschiedenen Begründungsansätzen im einzelnen eingehend *Säcker/Oetker*, 242 ff.; *Waltermann*, Berufsfreiheit, 85 ff.; *ders.*, RdA 1990, 138 ff.; im Hinblick darauf, daß nur die tarifgebundenen Mitglieder der Normsetzungmacht der Koalitionen unterworfen sind, verweisen *Zöllner/Loritz*, § 7 III (S. 93) und *Richardi* (Kollektivgewalt, 164 f., 346 ff.) die Tarifgebundenen auf die Möglichkeit einer innerverbandlichen Verfolgung ihrer Interessen und befürworten eine „situationsbezogene Anwendung der Grundrechte".

Im Hinblick auf diese verfassungsrechtliche Fundierung der Problemstellung verliert die Frage an Gewicht, ob die Tarifparteien gegen das KSchG verstoßen oder die Grundsätze über die Befristung von Arbeitsverhältnissen verletzt haben. Stellt sich nämlich eine Altersgrenzenregelung als im Interesse der Allgemeinheit an einer ordnungsgemäßen Erfüllung der Berufstätigkeit zulässige Beschränkung der Berufsfreiheit dar, ist auch der mit dem Erreichen der Altersgrenze verbundene Verlust des Arbeitsplatzes als iSd § 1 KSchG sozial gerechtfertigt anzusehen. Erweist sich umgekehrt die Altersgrenzenregelung als unverhältnismäßige Beschränkung der Berufsfreiheit, so verstößt die Regelung gegen Art. 12 Abs. 1 Satz 1 GG und ist verfassungswidrig. Den Prüfungsmaßstab liefert in erster Linie das in Art. 12 Abs. 1 GG verbürgte Recht der freien Arbeitsplatzwahl und ggf. der freien Berufswahl. Die Frage, ob außerdem das KSchG tangiert ist, stellt sich demgegenüber als zweitrangig dar.[335]

(1) Da tarifvertragliche Altersgrenzenregelungen zur zwangsweisen Beendigung des Arbeitsverhältnisses führen, sobald der Beschäftigte das festgesetzte Alter erreicht, greifen derartige Regelungen zunächst in die Gewährleistung der freien *Arbeitsplatzwahl* ein. Darüber hinaus ist auch das Recht der freien *Berufswahl* insofern betroffen, als dieses nicht nur die Entscheidung über den Eintritt in den Beruf und den Abschluß eines Arbeitsvertrages, sondern auch die Entscheidung darüber umfaßt, ob und wie lange jemand in seinem Beruf verbleiben, d.h. weiter in ihm tätig und an seinen Arbeitsplatz gebunden sein will.[336] Altersgrenzenregelungen beenden zwar unmittelbar nur die betroffenen Arbeitsverhältnisse und untersagen nicht schlechthin die weitere Tätigkeit in einem Beruf; der Verlust des Arbeitsverhältnisses ist für ältere Arbeitnehmer aber häufig praktisch gleichbedeutend mit dem Ende der

---

[335] Vgl. *Belling*, Anm. zu BAG AP Nr. 9 zu § 620 BGB – Bedingung; *Stahlhacke*, DB 1989, 2329 (2332); ebenso *Waltermann*, RdA 1990, 138 (143): für die Wirksamkeit einer *tarifvertraglich* festgesetzten Altersgrenze sei allein entscheidend, ob sie mit höherrangigem Recht, insbesondere mit Art. 12 Abs. 1 GG in Einklang steht.

Da die Rechtsprechungsgrundsätze zur Befristungskontrolle aufgrund der Tarifautonomie tarifdispositiv sind (BAG AP Nr. 54 zu § 611 BGB – Gratifikation; AP Nr. 32 zu § 620 BGB – Befristeter Arbeitsvertrag; offengelassen vom 2. Senat; *Wiedemann/Stumpf*, Einl. Rz. 145) sind *tarifvertragliche* Altersgrenzenregelungen ohnehin nicht darauf zu überprüfen, ob sie durch sachliche Gründe legitimiert sind (vgl. *Gitter/Boerner*, RdA 1990, 129 (132)).

[336] *Belling*, Anm. zu BAG EzA § 620 BGB – Altersgrenze Nr. 1; *ders.*, Anm. zu BAG AP Nr. 9 zu § 620 BGB – Bedingung; *Riedel*, 120; *Schlüter/Belling*, NZA 1988, 297 (301); *Steinmeyer*, RdA 1992, 6 (11). *Hanau* (RdA 1976, 24 (29)) sieht hingegen lediglich eine Beschränkung der Berufsausübung gegeben; dem wird von *Linnenkohl/Rauschenberg/Schmidt* (BB 1984, 603 (607)) und *Stahlhacke* (DB 1989, 2329 (2332 f.)) unter Berufung auf BVerfGE 7, 377 (401) entgegengehalten, daß die Freiheit der Berufswahl auch bei der Entscheidung über die Berufs*beendigung* ausgeübt werde.

Berufstätigkeit.[337] Da Art. 12 Abs. 1 GG auch vor solchen Bestimmungen schützt, denen lediglich infolge ihrer tatsächlichen Auswirkungen berufsregelnder Charakter zukommt,[338] beeinträchtigen tarifvertragliche Altersgrenzenregelungen ggf. mittelbar zugleich das Recht auf Beibehaltung des gewählten Berufs.[339]

(2) Beschränkungen der freien Berufswahl sind zulässig, wenn sie durch hinreichende Gründe des Gemeinwohls gerechtfertigt sind und den Grundsatz der Verhältnismäßigkeit beachten. Für die in Anwendung des Verhältnismäßigkeitsprinzips vorzunehmende Prüfung der Erforderlichkeit und für die Güterabwägung zwischen Berufsfreiheit und Gemeinwohlbelangen ist nach der Rechtsprechung des BVerfG maßgeblich, auf welcher Stufe der verfassungsrechtlichen Gewährleistung die jeweilige Regelung in die Berufsfreiheit eingreift.[340] Ist der Berufswahlaspekt betroffen, kommt es darauf an, ob die Beschränkung an subjektive Voraussetzungen anknüpft oder objektive Zulassungsvoraussetzungen aufgestellt werden. Beschränkungen der Freiheit der Berufswahl, die an subjektive Kriterien anknüpfen, sind zum Schutz wichtiger Gemeinschaftsgüter gerechtfertigt. Bei objektiven Zulassungsvoraussetzungen wird hingegen nur die Abwehr nachweisbarer oder höchstwahrscheinlicher schwerer Gefahren für ein überragend wichtiges Gemeinschaftsgut den Eingriff in die freie Berufswahl legitimieren können.[341]

Das Alter des Menschen ist als ein *subjektiver* Umstand im Sinne der Stufentheorie anzusehen.[342] Subjektive Zulassungsbeschränkungen sind nur

---

[337] Siehe oben S. 200.

[338] BVerfGE 13, 181 (185), st. Rspr.; BAG NZA 1988, 617; *Laux*, NZA 1991, 967 (971).

[339] *Boerner*, 88; *Gitter/Boerner*, RdA 1990, 129 (132 f.); *Schlüter/Belling*, NZA 1988, 300 f.; *Waltermann*, Berufsfreiheit, 99 f., 104.

[340] Sog. „Stufentheorie": BVerfGE 7, 377 (404 ff.), 13, 97 (104 ff.); 30, 292 (315 ff.), 61, 291 (312 ff.); allerdings ist zu vergegenwärtigen, daß das vom BVerfG entwickelte Schema „nicht als exaktes begriffliches Muster verstanden werden" darf, vgl. *Maunz/Zippelius*, § 29 II (S. 249).

[341] BVerfGE 7, 377 (407 f.).

[342] *Boerner*, 101; *Gitter/Boerner*, RdA 1990, 129 (133); *Joost*, Anm. zu BAG AP Nr. 2 zu § 620 BGB – Altersgrenze; *Maunz/Zippelius*, § 29 II 1 (S. 257); *Scholz* in Maunz/Dürig, Grundgesetz, Art. 12 Rz. 339 und 343; v. Münch-*Gubelt*, GG, Art. 12 Rz. 48; *Riedel*, 120; *Steinmeyer*, RdA 1992, 6 (11). *Waltermann* (Berufsfreiheit, 123 ff.) differenziert hingegen nach der mit der jeweiligen Altersgrenzenregelung verfolgten *Zwecksetzung*: Altersgrenzen, welche den aus altersbedingter mangelnder *Leistungsfähigkeit* sich ergebenden Gefahren für andere oder einem durch herabgesetzte Leistungsfähigkeit resultierendem Produktivitätsverlust vorbeugen wollen, hätten die rechtliche Wirkung einer Vermutung, älteren Arbeitnehmern fehlen jenseits der Altersgrenze die für die betreffende Berufstätigkeit vorausgesetzten persönlichen Eigenschaften und Fähigkeiten; sie seien daher als subjektive Schranke der Berufsfreiheit anzusehen. Bei *beschäftigungspolitisch* motivierten Regelungen sowie solchen zur Beeinflussung von Altersstruktur, Aufstiegschancen und Personalplanungen gehe es hingegen nicht um den Besitz persönlicher Eigenschaften und Fähigkeiten, sondern um außerhalb der Person

aus unumgänglichen Gründen des Gemeinwohls zulässig und haben den Grundsatz der Verhältnismäßigkeit zu wahren.[343] Da die jeweiligen beruflichen Anforderungen sowie die Gefahrgeneigtheit der Berufstätigkeit zwischen den Berufssparten und -tätigkeiten differieren, ist die Beurteilung hinsichtlich der Verhältnismäßigkeit der mit einer Altersgrenzenregelung verbundenen Beschränkung der Berufsfreiheit nicht verallgemeinerungsfähig, zumal das Erreichen eines bestimmten Lebensalters keine generelle Vermutung für ein Nachlassen der beruflichen Belastbarkeit begründet.[344] Daher kann auch nicht das Erreichen etwa des 65. Lebensjahres *generell* als billigenswerter Beendigungszeitpunkt anerkannt werden.[345]

Aus dem gleichen Grunde ist auch der vom BAG verschiedentlich ins Feld geführte Gesichtspunkt der „*Fürsorglichkeit*"[346] unerheblich, demzufolge eine zwangsweise Beendigung des Arbeitsverhältnisses durch Altersgrenzenregelungen im wohlverstandenen Eigeninteresse des Arbeitnehmers liege, da diesem peinliche Kündigungsschutzprozesse im Falle einer Kündigung wegen altersbedingten Leistungsabfalls erspart blieben. Diese Erwägung wäre allenfalls zutreffend, wenn es einen Erfahrungssatz des Inhalts gäbe, daß mit Erreichen eines bestimmten Alters eine allgemeine Leistungsminderung einhergeht. Der Prozeß des Alterns ist jedoch ein sehr individueller Vorgang. Dementsprechend kann der altersbedingte Leistungsabfall nicht generalisierend an einem bestimmten Lebensalter festgemacht werden.[347] Im übrigen sollte die

---

des Arbeitnehmers liegende Interessen; entsprechende Altersgrenzenregelungen griffen daher auf der Stufe *objektiver* Zulassungsschranken in die Berufsfreiheit ein. Es spielt indessen keine Rolle, daß auch die dem einzelnen angeborenen subjektiven Möglichkeiten nicht nur von ihm und seinem Willen abhängen. Vielmehr geht es entscheidend um die *rechtliche Zurechnung* der jeweiligen Zulassungsvoraussetzung (BVerfGE 9, 338 (345); v. Münch-*Gubelt*, Art. 12 Rz. 48). In diesem Sinne stellt das Lebensalter des Menschen, auch wenn – worauf *Erichsen* (Jura 1985, 66 (73)) hinweist – Altersgrenzen auch objektive Momente enthalten, kein von ihm losgelöstes, objektives Faktum, sondern eine persönliche Eigenschaft des Menschen dar (*Linnenkohl/Rauschenberg/Schmidt*, BB 1984, 603 (607); *Scholz* in Maunz/Dürig, Grundgesetz, Art. 12 Rz. 276; von Münch-*Gubelt*, aaO), und zwar unabhängig von den mit einer Altersgrenzenregelung verfolgten Zwecken. Die jeweilige Ziel- und Zwecksetzung entsprechender Regelungen ist vielmehr bei den einzelnen Teilaspekten der Verhältnismäßigkeitsprüfung (Eignung, Erforderlichkeit, Angemessenheit) zu berücksichtigen.

343 BVerfGE 19, 330 (337).

344 *Gitter/Boerner*, RdA 1990, 129 (135); *Schlüter/Belling*, NZA 1988, 297 (302); *Lehr*, Psychologie des Alterns, 163 ff.; BAG AP Nr. 1 zu § 1 KSchG – Personenbedingte Kündigung; weitere Nachweise bei *Hanau*, RdA 1976, 24 (27).

345 *Schlüter/Belling*, NZA 1988, 297 (302); *Hanau*, RdA 1976, 24 (29).

346 Vgl. etwa BAG AP Nr. 1 zu § 60 BAT; ähnlich *Sieg*, SAE 1978, 21: es liege auch im Interesse des Arbeitnehmers, daß nicht seine individuelle Erwerbsunfähigkeit auf den Prüfstand gestellt wird; offengelassen in BAG AP Nr. 9 zu § 620 BGB – Bedingung.

347 *Boerner*, 122; *Schönholzer*, 32 ff., 140; *Lehr* (ZfB 1979, 137): die Individualität der Alternsprozesse fordere eine Flexibilität der Altersgrenze geradezu heraus.

Beurteilung dessen, was peinlich und inhuman ist, dem mündigen arbeitswilligen älteren Arbeitnehmer überlassen bleiben. Dieser würde vermutlich wenig Verständnis dafür aufbringen, daß das BAG – wie es Stahlhacke[348] formuliert hat – seine „fürsorgliche Hand über ihn" hält, um ihn nicht einem unangenehmen Kündigungsschutzprozeß auszusetzen, in dem seine Leistungsfähigkeit überprüft wird.[349]

Ebensowenig ist der vom BAG in mehreren Entscheidungen[350] herangezogene Gesichtspunkt der *Üblichkeit* der betreffenden Altersgrenzenregelung allein ausreichend, eine solche Regelung zu rechtfertigen. Die Beantwortung der Rechtsfrage, ob eine Kollektivnorm mit höherrangigem Recht in Einklang steht, kann nicht von der Verbreitung der zu prüfenden Regelung abhängen.[351] Das empirische Kriterium der „Üblichkeit" bedarf vielmehr seinerseits einer normativen Legitimierung.[352]

Wenn die Üblichkeit hingegen nur insoweit berücksichtigt werden soll, wie sie nach der Auffassung verständiger und verantwortungsbewußter Vertragpartner auch als berechtigt angesehen werden kann,[353] beruht der Prüfmaßstab der „Üblichkeit" auf einem Zirkelschluß: die Rechtfertigung soll auf der Üblichkeit beruhen; die Üblichkeit muß aber ihrerseits gerechtfertigt sein.[354]

Auch das von der Rechtsprechung des BAG entwickelte und in den Vordergrund gestellte Kriterium einer *angemessenen Altersversorgung* hat für die Beurteilung der Verhältnismäßigkeit von Altersgrenzenregelungen allenfalls untergeordnete Bedeutung. Das Grundrecht der Berufsfreiheit ist „in erster Linie persönlichkeitsbezogen"[355] und konkretisiert das Grundrecht auf freie Ent-

---

[348] DB 1989, 2329.

[349] *Laux*, NZA 1991, 967 (969); kritisch auch *Boerner*, 120 f.; *Joost*, Anm. zu BAG AP Nr. 2 zu § 620 BGB – Altersgrenze; aA *Hromadka*, SAE 1986, 244 (245): die Vermeidung unerfreulicher Auseinandersetzungen aus Anlaß einer personenbedingten Kündigung wegen altersbedingten Nachlassens der beruflichen Leistungsfähigkeit sei ein eine Altersgrenze von 65 Jahren sachlich rechtfertigender Grund.

[350] BAG AP Nr. AP Nr. 16 zu § 620 BGB – Befristeter Arbeitsvertrag; AP Nr. 1 zu § 60 BAT; NZA 1991, 18 (20); offengelassen in BAG AP Nr. 9 zu § 620 BGB – Bedingung.

[351] *Sieg*, SAE 1978, 21; *Waltermann* (Berufsfreiheit, 149), der dem Aspekt der Üblichkeit aber immerhin insoweit Bedeutung beimessen will, als die Angemessenheit einer Altersgrenzenregelung eher zu bejahen sei, wenn sie statt auf einen anderen auf einen bereits eingebürgerten Endtermin, der sich auch in Gesetzen, Tarifverträgen und in Regelungen der Altersversorgung niederschlägt, abstellt.

[352] *Schröder*, 180; *Hromadka*, SAE 1986, 244 (247): die Üblichkeit sei allenfalls ein Indiz für die Richtigkeit; für *Konzen* (ZfA 1978, 451 (501)) spricht hingegen die Üblichkeit „gewichtig" für die Zulässigkeit einer Altersgrenze.

[353] BAG AP Nr. 16 zu § 620 BGB – Befristeter Arbeitsvertrag.

[354] Vgl. *Laux*, NZA 1991, 967 (970).

[355] BVerfGE 30, 292 (334); *Badura*, Herschel-FS, 21 (24).

faltung der Persönlichkeit im Bereich des Berufs- und Arbeitslebens.[356] Arbeit dient keineswegs nur der Gewährleistung der Existenz in materieller Hinsicht, sondern ist auch als Möglichkeit zu menschlicher Selbstverwirklichung zu begreifen.[357] Auch dieser Aspekt der „Arbeit als Beruf"[358] und Lebensinhalt nimmt am grundrechtlichen Schutz durch Art. 12 Abs. 1 GG teil.[359] Diese Dimension des Grundrechtes wird vom BAG außer acht gelassen, wenn das Gericht die Bedeutung der Arbeit auf ihre ökonomische Funktion reduziert und die Festlegung einer Altersgrenze in maßgeblicher Hinsicht oder gar in erster Linie wegen des Vorhandenseins einer mit der Altersgrenze harmonierenden Versorgung für zulässig hält. Der mit der Beendigung des Arbeitsverhältnisses einhergehende ideelle Verlust im Hinblick auf die Persönlichkeitsentfaltung des Arbeitnehmers kann schon seiner Natur nach nicht durch das Vorhandensein einer finanziellen Sicherung kompensiert werden.[360]

Allein das Bestehen einer Alterssicherung ist daher nicht in der Lage, die mit einer Altersgrenzenregelung verbundene Grundrechtsbeeinträchtigung zu legitimieren.[361] Das Vorhandensein einer Altersversorgung vermag lediglich jene Bedenken hinsichtlich der Verhältnismäßigkeit solcher Regelungen auszuräumen, die aus den anderenfalls sich für den von der Regelung betroffenen Arbeitnehmer ergebenden wirtschaftlichen Schwierigkeiten resultieren würden.[362]

---

[356] BVerfGE 7, 377 (397); 13, 97 (104 f.); 30, 292 (334); 50, 290 (362 ff.).

[357] *Lehr*, ZfB 1979, 137 (141).

[358] Grundlegend BVerfGE 7, 377 (397); seitdem st. Rspr.

[359] BVerfGE 7, 377 (397); *Scholz* in Maunz/Dürig, Grundgesetz, Art. 12, Rz. 276; *Linnenkohl/Rauschenberg/Schmidt*, BB 1984, 603 (608).

[360] *Boerner*, 116 ff.; *Gitter/Boerner*, RdA 1990, 129 (135); ähnlich *Joost*, Anm. zu BAG AP Nr. 2 zu § 620 BGB – Altersgrenze; *Laux*, NZA 1991, 967 (971). *Riedel*, 9 ff., 120, 122; *Stahlhacke*, DB 1989, 2329 (2332); *Linnenkohl/Rauschenberg/Schmidt* (BB 1984, 603 (607)), die im Wege einer Betriebsvereinbarung festgelegte Altersgrenzen auch im Hinblick auf die Anerkennung einer Individualsphäre des Arbeitnehmers – über die der Betriebsrat als kollektives Vertretungsorgan nicht verfügen dürfe – für unzulässig halten. *Ammermüller* (DB 1973, 822 (823)) stellt auf den Gesichtspunkt ab, daß eine anderweitige ausreichende wirtschaftliche Sicherung, etwa auf Grund einer Erbschaft oder eines Lotteriegewinns, keinen sachlichen Grund für eine Kündigung des Arbeitnehmers darstelle; das Recht des Arbeitnehmers, Altersruhegeld beantragen zu können, sei nicht anders zu bewerten.

[361] Auf einfachgesetzlicher Ebene korrespondiert dieses Ergebnis mit der in *§ 41 Abs. 4 Satz 1 SGB VI* zum Ausdruck kommenden gesetzgeberischen Wertung. Danach ist der Anspruch des Versicherten auf eine Rente wegen Alters nicht als ein Grund anzusehen, der die *Kündigung* eines Arbeitsverhältnisses durch den Arbeitgeber nach dem Kündigungsschutzgesetz bedingen kann. Für die Beendigung des Arbeitsverhältnisses aufgrund einer kollektivvertraglichen *Altersgrenzenregelung* kann insoweit nichts anderes gelten; vgl. *Steinmeyer*, RdA 1992, 6 (11).

[362] *Waltermann*, Berufsfreiheit, 147; ähnlich *Gitter/Boerner*, RdA 1990, 129 (134 f.): eine Altersgrenzenregelung, nach der das Arbeitsverhältnis endet, ohne daß dem Arbeitnehmer eine finanzielle

Hinsichtlich der mit Altersgrenzenregelungen verfolgten Zielsetzung einer *Umverteilung von Arbeitsplätzen* ist darauf hinzuweisen, daß eine Verteilung von Arbeitsplätzen im Sinne eines „Rotationsprinzips" nicht mit Art. 12 Abs. 1 GG zu vereinbaren ist.[363] Die Berufsfreiheit unterliegt keiner – etwa der bei der Eigentumsgewährleistung bestehenden vergleichbaren – Sozialbindung und wird auch nicht durch Gesichtspunkte einer Verteilungsgerechtigkeit sowie durch Solidaritätserwägungen relativiert.[364]

Aus den genannten Gründen erweist sich auch im Zusammenhang mit dem Ziel, *Aufstiegschancen* zu eröffnen, die Rechtsposition der jüngeren Arbeitnehmer gegenüber dem Recht der älteren Arbeitnehmer, einen Eingriff ihr Grundrecht auf freie Arbeitsplatz- bzw. Berufswahl abzuwehren, als schwächer.[365] Dies gilt um so mehr, als der weitaus überwiegende Teil der Arbeitnehmer bereits vor dem 65. Lebensjahr ausscheidet und nur ein kleiner Prozentsatz an einer Weiterarbeit über die Altersgrenze hinaus interessiert ist[366], so daß für junge Nachwuchskräfte im Regelfall schon durch die natürliche Fluktuation hinreichende Aufstiegsmöglichkeiten bereitstehen.

Schließlich wird es auch für die Zielsetzung der Ermöglichung langfristiger und vorausberechenbarer Personalplanungen sowie für den Gesichtspunkt einer Beeinflussung der Altersstruktur regelmäßig an der *Erforderlichkeit*

Sicherung zur Verfügung steht, würde in den meisten Fällen unzumutbar sein. AA *Canaris*, AuR 1966, 129 (134); ähnlich *Zöllner*, Gutachten D für den 52. DJT, 124; *Nause*, 174: wird die Altersgrenze in einer Betriebsvereinbarung festgelegt, die außerdem die Gewährung von Ruhegeld zum Inhalt hat, so liege insgesamt eine den Arbeitnehmer begünstigende Ordnung vor.

[363] *Waltermann*, Berufsfreiheit, 147 mwN.

[364] *Boerner*, 111 f.; *Gitter/Boerner*, RdA 1990, 129 (134); *Laux*, NZA 1991, 967 (971); *Linnenkohl/Rauschenberg/Schmidt*, BB 1984, 603 (608); *Schlüter/Belling*, NZA 1988, 297 (303).

[365] *Boerner*, 110 f.; *Schröder*, 199: das Interesse des Arbeitgebers an einer langfristigen Nachwuchsplanung könne sich im Rahmen der notwendigen Interessenabwägung gegenüber dem Bestandsschutzinteresse des Arbeitnehmers nur durchsetzen, wenn der Arbeitgeber mit einiger Sicherheit davon ausgehen kann, daß der betroffene Arbeitnehmer bei Erreichen der Altersgrenze nicht mehr über eine seiner Funktion entsprechende Leistungsfähigkeit verfügt; aA *Zöllner*, Gutachten D für den 52. DJT, 124: betriebliche Gründe wie Altersaufbau und Verbesserung der Aufstiegschancen für den Nachwuchs könnten eine Befristung auf das 65. Lebensjahr rechtfertigen; allerdings hänge dies ganz entscheidend von der Art der Tätigkeit des Arbeitnehmers ab.

[366] Nach *Blume/Plum/Naegele*, 105, 107 wollten 27,18% der Befragten früher als mit 60 Jahren in den Ruhestand treten. Bei 63,9% liegt der gewünschte Ruhestandstermin zwischen dem 60. und dem 65. Lebensjahr, während nur 8,3% über das 65. Lebensjahr hinaus beschäftigt bleiben wollen. Bei einer Befragung von Personen, die bereits älter als 60 (Frauen) bzw. 63 (Männer) oder zwar jünger waren, aber nicht beabsichtigten, wegen des Bezuges von vorgezogenem oder flexiblem Altersruhegeld ihr Arbeitsverhältnis zu beenden, wollten allerdings immerhin 34,7% bzw. 24,0% nach dem 65. Lebensjahr voll weiterarbeiten. Auch andere Untersuchungen zeigen diese Tendenz eines mit zunehmenden Alter wachsenden Interesses an einer Weiterarbeit.

fehlen. Jedenfalls ist eine generelle Altersgrenze zur Verwirklichung dieser Ziele nicht *verhältnimäßig i.e.S.*, da die mit einer etwaigen „Überalterung" einer Belegschaft möglicherweise verbundenen Nachteile die in einer generellen Altersgrenze liegende Freiheitsbeschränkung älterer Arbeitnehmer nicht aufzuwiegen vermag.[367]

Demnach ergibt sich die Notwendigkeit einer differenzierten Beurteilung von Altersgrenzenregelungen:[368]

Diesbezügliche Bestimmungen können bei solchen Berufen mit Art. 12 Abs. 1 GG vereinbar sein, die vom Arbeitnehmer eines bestimmten Alters aufgrund der besonderen Leistungsanforderungen typischerweise nicht sachgerecht ausgeübt werden können und in denen jedes altersbedingte Versagen des Beschäftigten zu erheblichen Nachteilen und Gefahren für die Allgemeinheit führen kann.[369] Gemeinschaftsgüter, die eine kollektivvertragliche Beschränkung der freien Berufswahl zu legitimieren vermögen, sind insbesondere die Sicherheit von Leben und Gesundheit der Arbeitnehmer oder Dritter vor den Gefahren unsachgemäßer Berufsausübung.[370]

Der mit der Altersgrenze bezweckte vorbeugende Schutz wichtiger Interessen der Allgemeinheit rechtfertigt es dabei auch, die Arbeitsverhältnisse der Angehörigen eines bestimmten Berufes gegebenenfalls bereits zu einem Zeitpunkt zu beenden, in dem die für die betreffende Tätigkeit erforderlichen geistigen, psychischen oder körperlichen Fähigkeiten erfahrungsgemäß altersbedingt nachzulassen beginnen. Die damit notwendigerweise verbundene Verallgemeinerung und das Absehen von der individuellen Leistungsfähigkeit des von der Altersgrenzenregelung betroffenen Arbeitnehmers ist in Anbetracht des Gefährdungspotentials jedenfalls in solchen Berufsgruppen als mildestes Mittel zulässig, bei denen regelmäßig extreme psychische und physi-

---

[367] *Boerner*, 140 f.; *Steinmeyer*, RdA 1992, 6 (11); *Waltermann*, Berufsfreiheit, 144; *Gitter/Boerner*, RdA 1990, 129 (134); *Schröder*, 197: eine Beeinflussung der Altersstruktur könne als sachlich rechtfertigender Grund allenfalls dann anerkannt werden, wenn dem Arbeitgeber der Nachweis gelingt, daß ohne die Altersgrenzenregelung in seinem Betrieb eine untragbare Überalterung der Belegschaft droht; dieser Nachweis dürfte nur in seltenen Fällen zu erbringen sein; aA BAG AP Nr. 2 zu § 620 BGB – Altersgrenze.

[368] Ähnlich *Riedel*, 120; *Stahlhacke*, DB 1989, 2329 (2332 f.).

[369] *Schlüter/Belling*, RdA 1988, 297 (303); *Gitter/Boerner*, RdA 1990, 129 (134); in diesen Fällen befürwortet das BAG (DB 1994, 46 (49)) auch eine entsprechende einschränkende Auslegung des § 41 Abs. 4 Satz 3 SGB VI (siehe oben S. 194).

[370] *Boerner*, 136 und *Gitter/Boerner* (RdA 1990, 129 (134)) nennen beispielhaft das Bedienungs- und Überwachungspersonal besonders komplizierter und gefährlicher Industrieanlagen, die Angehörigen bestimmter Heilberufe sowie das Bordpersonal der zivilen Luftfahrt als Personengruppen, für die eine kollektivvertragliche Festlegung von Altersgrenzen nicht zu beanstanden wäre.

sche Belastungen auftreten und in denen – wie etwa bei Flugzeugführern – durch ein Versagen Menschenleben in Gefahr gebracht werden.[371]

Anders verhält es sich hingegen bei Regelungen zur Umverteilung von Arbeitsplätzen, zur Beeinflussung der Altersstruktur oder der Ermöglichung einer kalkulierbaren langfristigen Personalplanung; sie greifen in unzulässiger Weise in die Berufswahlfreiheit der betroffenen Arbeitnehmer ein.[372] Die Verfolgung derartiger Ziele durch die Parteien kollektivvertraglicher Vereinbarungen mag zwar für sich genommen verfassungsrechtlich legitim[373] und auch geeignet[374] sein. Hingegen wird sich die *Erforderlichkeit* kollektivvertraglicher genereller Altersgrenzen für die genannten Zwecke selten begründen lassen,[375] da zumeist ebenso taugliche, aber weniger einschneidende Alternativen – z.B. Anreize zur *freiwilligen* Aufgabe des Arbeitsplatzes – zur Verfügung stehen werden. Jedenfalls ergibt die Abwägung der denkbaren privaten und öffentlichen Belange – auch wenn die Schaffung von Chancen für den Nachwuchs und erst recht die Beseitigung von Arbeitslosigkeit wichtige Gemeinwohlbelange darstellen[376] – in aller Regel, daß die mit der Altersgrenzenregelung beabsichtigten positiven Effekte hinsichtlich der Verbesserung der Altersstruktur und der Nachwuchschancen schon im Hinblick auf die vergleichsweise geringe Zahl der durch eine kollektive Altersgrenzenregelung begünstigten Arbeitnehmer *außer Verhältnis* zur Intensität des Eingriffs in die Berufsfreiheit der älteren Arbeitnehmer stehen.[377]

Geringere Anforderungen an die Zulässigkeit könnten – wegen der entsprechend schwächeren Belastung des Arbeitnehmers durch die Altersgrenze – dann zu stellen sein, wenn die Altersgrenze lediglich eine *widerlegbare* Ver-

---

[371] *Boerner*, 122; *Stahlhacke*, DB 1989, 2329 (2333); ähnlich BVerwG, DÖV 1960, 148 (149).

[372] *Gitter/Boerner*, RdA 1990, 129 (134); *Schlüter/Belling*, NZA 1988, 297 (303); *Wendt*, DÖV 1984, 601 (607); *Joost*, Anm. zu BAG AP Nr. 2 zu § 620 BGB – Altersgrenze; *Scholz* in Maunz/Dürig, Grundgesetz, Art. 12, Rz. 276; *Belling*, Anm. zu BAG AP Nr. 9 zu § 620 BGB – Bedingung.

[373] *Waltermann*, Berufsfreiheit, 126.

[374] Dies ist zumindest bei beschäftigungspolitischer Zielsetzung nicht unzweifelhaft; die Eignung von Altersgrenzen als arbeitsmarktpolitisches Instrument wird von *Stahlhacke* (DB 1989, 2329 (2333)) vor dem Hintergrund der Tatsache geleugnet, daß die große Masse der Arbeitnehmer ohnehin schon vor dem 65. Lebensjahr aus dem Arbeitsprozeß ausscheidet (vgl. *Lehr*, Pensionierung, in: Oswald et al. (Hrsg.), Gerontologie, 320, wonach 4/5 aller Arbeitnehmer vor Vollendung des 62. Lebensjahres ihre Erwerbstätigkeit beenden).

[375] *Waltermann*, Berufsfreiheit, 137 ff., 141; ähnlich *Schlüter/Belling*, NZA 1988, 297 (303): als arbeitsmarktpolitisches Instrument weder geeignet noch erforderlich; zustimmend *Joost*, Anm. zu BAG AP Nr. 2 zu § 620 BGB – Altersgrenze.

[376] Vgl. BVerfGE 21, 245 (251).

[377] *Waltermann*, Berufsfreiheit, 141.

mutung für eine verminderte Leistungsfähigkeit begründet und die Altersgrenze bei nachgewiesener Tauglichkeit des betreffenden Arbeitnehmers aufgrund einer *Verlängerungsmöglichkeit* überschritten werden kann.[378]

Da entsprechende Altersgrenzenregelungen in aller Regel kein Verbot der Weiterbeschäftigung beinhalten,[379] ergibt sich die Möglichkeit der einzelvertraglichen Verlängerung aber bereits aus der *Vertragsfreiheit*; kollektivvertraglichen Regelungen, die eine individualvertragliche Verlängerungsmöglichkeit vorsehen,[380] kommt insofern eine lediglich deklaratorische Bedeutung zu.[381] Im übrigen hat der Arbeitnehmer keinen Rechtsanspruch gegen den Arbeitgeber auf Verlängerung seines Arbeitsverhältnisses.[382] Die bloße – individualvertraglich stets gegebene – Verlängerungsmöglichkeit ist daher kaum geeignet, die Beurteilung der Verhältnismäßigkeit kollektivvertraglicher Altersgrenzenregelungen rechtlich in einem anderen Licht erscheinen zu lassen.

Zu der dargestellten Differenzierung entsprechend der mit der jeweiligen Altersgrenzenregelung verfolgten Zielsetzung führt auch die Prüfung kollektivvertraglicher Altersgrenzen am Maßstab des allgemeinen *Gleichheitssatzes* (Art. 3 Abs. 1 GG).[383]

Altersgrenzenregelungen beinhalten eine unterschiedliche Behandlung älterer und jüngerer Arbeitnehmer.[384] Eine Differenzierung zwischen älteren und jüngeren Arbeitnehmern verstößt dann gegen Art. 3 Abs. 1 GG, wenn zwischen diesen beiden Gruppen keine Unterschiede von solcher Art und von solchem Gewicht bestehen, daß sie die ungleiche Behandlung rechtfertigen könnten.[385] Dementsprechend ist auch im Hinblick auf den Gleichheitssatz zu unterscheiden:

Die Einführung von Altersgrenzen zum Schutz allgemein anerkannter hochrangiger Gemeinschaftsgüter wie Leben und Gesundheit beruht auf sach-

---

[378] *Schlüter/Belling*, NZA 1988, 297 (303).

[379] Vgl. BAG NZA 1992, 992.

[380] Z.B. § 47 Abs. 2 MTV Bordpersonal LTU vom 1.1.1980.

[381] *Belling*, Anm. zu BAG AP Nr. 9 zu § 620 BGB – Bedingung; *Boerner*, 118 f.; *Waltermann*, Berufsfreiheit, 147 f.

[382] *Waltermann*, Berufsfreiheit, 148.

[383] Dazu *Gitter/Boerner*, RdA 1990, 129 (135 f.); *Waltermann*, RdA 1993, 209 (218).

[384] BAG AP Nr. 23 zu § 77 BetrVG; einschränkend aber BAG AP Nr. 5 zu § 57 BetrVG 1952, wonach die Vor- und Nachteile einer Altersgrenze „im Laufe der Zeit ausgeglichen werden".

[385] Vgl. BVerfGE 55, 72 (88), 60, 123 (133 f.); 73, 301 (321)).

lichen Gründen und stellt keine willkürliche Ungleichbehandlung älterer Arbeitnehmer dar; sie verstößt daher nicht gegen Art. 3 Abs. 1 GG.[386]

Demgegenüber ist das Differenzierungskriterium vermuteten altersbedingten Nachlassens der beruflichen Leistungsfähigkeit bei aus Gründen der Personalplanung aufgestellten Altersgrenzen von minderer Bedeutung gegenüber der schweren ideellen und materiellen Benachteiligung, welche die aus dem Beruf ausscheidenden Arbeitnehmer gegenüber ihren jüngeren Kollegen hinzunehmen haben und vermag die unterschiedliche Behandlung nicht zu rechtfertigen.[387] Eine kollektivvertragliche Altersgrenze, die allein auf Gründen der unternehmerischen Personalpolitik beruht, verletzt mithin den allgemeinen Gleichheitssatz.[388]

c) Zwischenergebnis

Den entscheidenden Prüfungsmaßstab für kollektivvertragliche Altersgrenzenregelungen stellt die durch Art. 12 Abs. 1 GG gewährleistete *Berufsfreiheit* dar. Altersgrenzenregelungen greifen in den Schutzbereich der freien Arbeitsplatzwahl ein. Wirkt sich die Altersgrenze faktisch dahingehend aus, daß eine Tätigkeit in einem bestimmten Beruf insgesamt nicht mehr möglich ist, so ist die Beschränkung auch an der Gewährleistung der freien Berufswahl zu messen.

---

[386] BVerfGE 1, 14 (52); 14, 142 (150); st. Rspr.; *Boerner*, 152 f.; *Gitter/Boerner*, RdA 1990, 129 (135 f.).

[387] *Boerner*, 148; *Gitter/Boerner*, RdA 1990, 129 (135).

[388] Als spezialgesetzliche Konkretisierung des allgemeinen Gleichheitssatzes käme zur Beurteilung von in *Betriebsvereinbarungen* geregelten Altersgrenzen – ihre grundsätzliche Zulässigkeit einmal unterstellt – entgegen der Ansicht des BAG (AP Nr. 9 zu § 99 BetrVG) des weiteren auch *§ 75 Abs. 1 Satz 2 BetrVG* in Betracht (*Boerner*, 299 ff.; *Hanau*, RdA 1976, 24 (28); *Laux*, NZA 1991, 967 (972); *Linnenkohl/Rauschenberg/Schmidt*, BB 1984, 603 (606)); die Auffassung, daß diese Bestimmung den Arbeitnehmer lediglich davor schützen wolle, *während seines Erwerbslebens* allein aus Altersgründen benachteiligt zu werden, nicht aber zum Ziel habe, das Erwerbsleben selbst über das allgemein übliche Maß hinaus zu verlängern, wenn der Arbeitnehmer das wünscht (*Galperin/Löwisch*, § 75 Rz. 22; GK-*Thiele*, (3. Auflage), § 75 Rz. 42; anders die Bearbeitung von *Kreutz* in der 4. Auflage, § 75 Rz. 63) läßt sich weder aus dem Wortlaut noch aus dem Sinn und Zweck der Vorschrift ableiten (*Boerner*, 299 ff.; *Dietz/Richardi*, § 75 Rz. 35; *Joost*, Anm. zu BAG AP Nr. 2 zu § 620 BGB – Altersgrenze, der zudem darauf hinweist, daß die Rechtsprechung des BAG auch schwerlich mit *§ 80 Abs. 1 Nr. 6 BetrVG* in Einklang zu bringen sei; *Laux*, NZA 1991, 967 (972); *Nause*, 132; *Schröder*, 200; *Stahlhacke*, DB 1989, 2329 (2332); *Waltermann*, RdA 1990, 138 (144 Fn. 59)). Ob ein Verstoß gegen das Benachteiligungsverbot zur Nichtigkeit der Altersgrenzenregelung führt, ist allerdings umstritten (für Nichtigkeit: *Galperin/Löwisch*, § 75 Rz. 37; *Joost*, aaO; *Stahlhacke*, DB 1989, 2329 (2332); vgl. *Schröder*, 202 Fn. 121), bedarf hier jedoch keiner Klärung.

Als Eingriff in den Schutzbereich des Art. 12 Abs. 1 GG auf der Stufe subjektiver Zulassungsvoraussetzungen sind kollektivvertragliche Altersgrenzen nur zulässig, wenn sie zum Schutz allgemein anerkannter Gemeinschaftsgüter zwingend erforderlich und zur sachgemäßen Ausübung der Berufstätigkeit verhältnismäßig sind. In diesen Fällen stehen Altersgrenzenregelungen auch im Einklang mit dem allgemeinen Gleichheitssatz des Art. 3 Abs. 1 GG. Altersgrenzen können im Einzelfall dem Verhältnismäßigkeitsgrundsatz entsprechen, wenn ein Versagen des Arbeitnehmers zu erheblichen Gefährdungen für Leben, Gesundheit oder ähnliche Rechtsgüter Dritter führen kann und die für die betreffende Tätigkeit erforderlichen Fähigkeiten des Arbeitnehmers erfahrungsgemäß altersbedingt nachzulassen beginnen. Regelungen, die lediglich aus Gründen einer günstigen Altersstruktur in Unternehmen oder aus arbeitsmarktpolitischen Gründen eine Altersgrenze festlegen, ohne zugleich im Hinblick auf die von den Arbeitnehmern zu erfüllenden beruflichen Anforderungen erforderlich und angemessen zu sein, sind hingegen – auch durch die vom BAG zur sachlichen Rechtfertigung von Altersgrenzen anerkannten Gründe (Bestehen einer betrieblichen Altersversorgung, Möglichkeit der Vertragsverlängerung, Üblichkeit) von vornherein nicht verfassungsrechtlich legitimierbar.

3. Die Beurteilung tarifvertraglicher Altersgrenzenregelungen im Verhältnis zu abweichenden individualvertraglichen Vereinbarungen am Maßstab des Günstigkeitsprinzips

Eine den aus Art. 12 Abs. 1 und Art. 3 Abs. 1 GG resultierenden verfassungsrechtlichen Anforderungen genügende tarifvertragliche Altersgrenzenregelung hätte gleichwohl keinen rechtlichen Bestand, wenn sie (a) dem Günstigkeitsprinzip unterliegt und (b) der Arbeitsvertrag des tarifunterworfenen Arbeitnehmers eine gegenüber der Altersgrenze als günstiger zu beurteilende Regelung vorsieht.

a) Anwendbarkeit des Günstigkeitsprinzips

Die Maßgeblichkeit des Günstigkeitsprinzips für die Beurteilung tariflicher Altersgrenzenregelungen ist nicht gänzlich unbestritten.

Nach einer Mindermeinung kann § 4 Abs. 3 TVG für sie von vornherein keine Bedeutung erlangen. Neben der begrifflichen Erwägung, die Anwendung des Günstigkeitsprinzips käme „seiner Natur nach“ nur bei Regelungen in Betracht, die dem Arbeitnehmer einen *Anspruch* einräumen,[389] wird des weiteren geltend gemacht, eine individualvertraglich vereinbarte Fortsetzung des Arbeitsverhältnisses über den durch Tarifvertrag festgelegten Beendigungszeitpunkt hinaus verstoße gegen den arbeitsrechtlichen *Schutzgedanken*, der bei Abschluß- und Beendigungsnormen besonders stark ausgeprägt sei; § 4 Abs. 3 TVG könne daher einer einzelvertraglichen Abbedingung tariflicher Altersgrenzenregelungen nicht zur Wirksamkeit verhelfen.[390]

Altersgrenzenregelungen führen zu einer Beendigung des Arbeitsverhältnisses, sobald der Arbeitnehmer ein bestimmtes Alter erreicht hat. Werden entsprechende Regelungen in Tarifverträgen getroffen, sind sie daher als *Beendigungsnormen* iSd § 1 Abs. 1 TVG anzusehen[391], der ausdrücklich zwischen Rechtsnormen über den Inhalt und solchen über die Beendigung von Arbeitsverhältnissen unterscheidet.

Für Beendigungsnormen stellen aber die Anwendbarkeit des Günstigkeitsprinzips auch die Vertreter jener Ansicht nicht in Frage, wonach § 4 Abs. 3 TVG nicht gegenüber negativen Inhaltsnormen und Abschlußnormen gelte.

Das Günstigkeitsprinzip ist daher auch auf tarifvertragliche Altersgrenzenregelungen anwendbar.[392]

b) Der Günstigkeitsvergleich

Da Altersgrenzen regelmäßig nicht in einem inneren Sachzusammenhang mit anderen Vertragsbestandteilen stehen, ist die Günstigkeit durch einen *isolierten* Vergleich festzustellen.[393] Vergleichsgegenstand können zum einen solche individualvertraglichen Vereinbarungen sein, wonach das Arbeitsverhältnis bei Vollendung eines höheren oder niedrigeren Lebensalters des Be-

---

[389] *Jungen*, 57.

[390] Hagemeier/Kempen/*Zachert*/Zilius, TVG, § 4 Rz. 141.

[391] BAG AP Nr. 9 zu § 620 BGB – Bedingung; AP Nr. 19 zu § 611 BGB – Beschäftigungspflicht; DB 1994, 46 (48); *Boerner*, 32; *Gitter/Boerner*, RdA 1990, 129 (131); KR-*Hillebrecht*, § 620 Rz. 29a; *Worzalla*, DB 1993, 834 (835); aA noch BAG AP Nr. 9 zu § 99 BetrVG; *Nikisch*, Arbeitsrecht II, § 73 I 2 (S. 286); *Zöllner*, Gutachten D für den 52. DJT, 95.

[392] *Boerner*, 46; *Gitter/Boerner*, RdA 1990, 129 (131); *Kienast*, DB 1991, 1725 (1728); ebenso auf der Grundlage der Einordnung als *positive Inhaltsnormen*: BAG AP Nr. 9 zu § 99 BetrVG; *Wiedemann/Stumpf*, TVG, § 1 Rz. 220; vgl. auch BAG DB 1990, 1724 (1725) für Altersgrenzenregelungen in Betriebsvereinbarungen.

[393] *Boerner*, 53 f.

schäftigten enden soll. In Betracht kommen ferner solche arbeitsvertraglichen Bestimmungen, in denen ausdrücklich festgestellt wird, daß das Arbeitsverhältnis nicht mit dem Erreichen einer kollektivvertraglich festgelegten Altersgrenze endet. Kollektivvertragliche Altersgrenzenregelungen könnten aber auch mit solchen Arbeitsverträgen zu vergleichen sein, die keine Aussage dazu treffen, ob das Arbeitsverhältnis mit dem Erreichen eines bestimmten Lebensalters enden soll.[394]

aa) Die Position der Rechtsprechung

Aufgrund der Vorlageentscheidung des 2. Senats vom 19.9.1985 hatte sich der Große Senat des BAG mit der Frage zu befassen, ob eine individualvertraglich vereinbarte Altersgrenze durch eine nachfolgende Betriebsvereinbarung herabgesetzt werden kann.[395]

Im Rahmen des auch im Verhältnis von arbeitsvertraglichen Abreden zu *Betriebsvereinbarungen* anzustellenden individuellen[396] Günstigkeitsvergleichs hebt das BAG als wesentlichen Gesichtspunkt hervor, daß die Möglichkeit, durch Ausübung des Rechts zur ordentlichen Kündigung über das Ende des Arbeitsverhältnisses – im Falle von Altersgrenzen praktisch auch über das Ende des Berufslebens – entscheiden zu können, einen rechtlichen Vorteil darstelle. Eine Altersgrenzenregelung sei daher für den Arbeitnehmer um so günstiger, je länger er in den Genuß der *Wahlmöglichkeit* zwischen Arbeit und Ruhestand kommt, während andererseits jede Verkürzung der Wahlmöglichkeit für ihn ungünstiger sei. Der Große Senat hat daher die Regelung der Betriebsvereinbarung über die Herabsetzung der Altersgrenze im Hinblick auf das Günstigkeitsprinzip für unwirksam erklärt.

---

[394] *Kienast*, DB 1991, 1725 (1728); *Worzalla*, NZA Beil. 4/1991, 15 (17); aA *Moll*, DB 1992, 475 (477): fehle es in einem Arbeitsvertrag an einer Altersgrenze, so liege insoweit eine Nichtregelung vor, die einem Günstigkeitsvergleich nicht zugänglich sei. Der Umstand, daß die fehlende Regelung einer Altersgrenze für den Arbeitnehmer möglicherweise günstiger ist, ändere daran nichts, weil es allein auf *vorhandene* Abreden über die Altersgrenze ankomme.

[395] BAG DB 1990, 1724; im zugrundeliegenden Fall enthielt die Betriebsvereinbarung die Altersgrenze von 65 Jahren, während nach den Arbeitsverträgen die Arbeitnehmer erst mit 65 1/2 Jahren ausscheiden mußten.

[396] Der Große Senat (DB 1990, 1724 (1726)) hält den für betriebliche Sozialleistungen – wegen ihres kollektiven Bezugs – entwickelten kollektiven Günstigkeitsvergleich bei der Beurteilung von Altersgrenzenregelungen nicht für gerechtfertigt; zweifelnd hinsichtlich der Beurteilung des Kollektivbezugs von – betrieblichen – Altersgrenzen hingegen *Joost*, Anm. zu BAG AP Nr. 2 zu § 620 BGB – Altersgrenze: Betriebsvereinbarungen über Altersgrenzen führten eine ordnende Regelung ein, die nur aus der Kollektivität ihren Sinn beziehe.

bb) Äußerungen im Schrifttum

Der Beschluß des Großen Senats hat in den Stellungnahmen von Gitter/Boerner[397] und Buchner[398] – der diese Entscheidung auch für die Günstigkeitsbeurteilung von Regelungen zur Verkürzung der *Wochen*arbeitszeit fruchtbar machen will[399] – Zustimmung erfahren.

Bereits vor dem genannten Beschluß haben Linnenkohl/Rauschenberg/Schmidt[400] die Bedeutung des Prinzips der *Freiwilligkeit* des Ausscheidens aus dem Erwerbsleben und – im Zusammenhang mit dem seinerzeit diskutierten Entwurf des Vorruhestandsgesetzes – die rechtliche Notwendigkeit der Einräumung eines *Optionsrechts* geltend gemacht.

Laux[401] weist darauf hin, daß diese Entscheidung dem im Rahmen einzelvertraglicher Altersgrenzenregelungen vom BAG[402] vertretenen Fürsorglichkeitsargument widerspreche, da die Hinausschiebung einer vermeintlich im wohlverstandenen Eigeninteresse des Arbeitnehmers liegenden Altersgrenze schwerlich die günstigere Regelung sein könne.

cc) Stellungnahme

Die Beurteilung, daß bei der Kollision individualrechtlicher und kollektivrechtlicher Altersgrenzen jeweils diejenige Regelung rechtliche Wirksamkeit erlangt, welche im Einzelfall die Beendigung des Arbeitsverhältnisses zu einem späteren Termin vorsieht, stellt sich sowohl auf der Grundlage der objektiven Theorie als auch auf dem Boden der hier vertretenen Ansicht gleichermaßen als zwingend dar.

Bei Zugrundelegung einer *objektiv-hypothetischen* Perspektive ist zunächst in Betracht zu ziehen, daß die Beendigung des Arbeitsverhältnisses aufgrund einer Altersgrenzenregelung mit materiellen und ideellen Nachteilen für den Arbeitnehmer verbunden ist.

---

[397] RdA 1990, 129 (133).

[398] DB 1990, 1715 (1720).

[399] Siehe oben S. 146 f.

[400] BB 1984, 603 (608).

[401] NZA 1991, 967 (972).

[402] AP Nr. 1 zu § 60 BAT; NZA 1988, 617.

Das Erreichen der Altersgrenze führt zum Erlöschen des Entgeltanspruchs; eine etwaige Altersversorgung des Arbeitnehmers kann mangels Sachzusammenhangs nicht in den Günstigkeitsvergleich einbezogen werden und vermag den Wegfall des Arbeitsentgelts ohnehin der Höhe nach nicht zu kompensieren.[403]

Des weiteren wird dem Arbeitnehmer die Entscheidungsfreiheit über den Zeitpunkt der Beendigung seines Arbeitsverhältnisses und die in der beruflichen Betätigung liegende Möglichkeit der Persönlichkeitsentfaltung genommen.[404]

Gegenüber diesen Nachteilen kann der mit der Beendigung des Arbeitsverhältnisses verbundene rechtliche Vorteil für den Arbeitnehmer, nicht mehr zur Erbringung der vertraglich geschuldeten Arbeitsleistung verpflichtet zu sein, im Rahmen der Abwägung nicht als Aktivposten verbucht werden. Die mit dem Erreichen der Altersgrenze aktuelle Befreiung von der Hauptleistungspflicht ist dem Arbeitsverhältnis aufgrund der latenten, jederzeit zu realisierenden Möglichkeit des Arbeitnehmers zur Ausübung seines, von bestehenden Altersgrenzenregelungen nicht berührten Rechts zur *ordentlichen Kündigung* ohnehin immanent.[405] Da der Arbeitnehmer den gleichen rechtlichen Erfolg mithin auch außerhalb von Altersgrenzenregelungen herbeizuführen vermag, kann das Erlöschen der Leistungspflicht nicht in die saldierende Betrachtung der jeweiligen Vor- und Nachteile der kollidierenden individual- und kollektivvertraglichen Regelungen eingestellt werden. Im Gegenteil wird der Arbeitnehmer durch die Altersgrenzenregelung der Dispositionsfreiheit beraubt, über den Zeitpunkt der Beendigung seines Arbeitsverhältnisses selbst entscheiden zu können. Das ansonsten gegen die Beachtlichkeit der persönlichen Präferenzen des Arbeitnehmers angeführte traditionelle Argument, der Arbeitnehmer könne sein Wahlrecht häufig gar nicht frei ausüben, weil er von seinem Arbeitgeber oder auch der Belegschaft unter Druck gesetzt werde, kann jedenfalls dort nicht zum Tragen kommen, wo es nicht um die im Rahmen eines *bestehenden* Arbeitsverhältnisses auftretenden Zwänge, sondern um die Entscheidung des Arbeitnehmers über die *Beendigung* seines Arbeitsverhältnisses geht.

Vom Standpunkt der auf die *subjektiv-reale* Sicht des betroffenen Arbeitnehmers abstellenden Theorie muß die durch das BAG vorgenommene Betonung des Aspekts der Wahlfreiheit als bemerkenswerte Bestätigung und Annäherung an die von ihr eingenommene Position gewertet werden, daß im

---

[403] *Boerner*, 57; *Gitter/Boerner*, RdA 1990, 129 (132).

[404] *Boerner*, 58.

[405] *Boerner*, 57 f.

Rahmen des Günstigkeitsvergleichs den individuellen Wertschätzungen und Präferenzen des betroffenen Arbeitnehmers maßgebliches Gewicht beizumessen ist. Auf dem Boden dieser Lehre stellt sich eine individualvertragliche Regelung, die dem Arbeitnehmer zusätzlich ein größeres Maß an Entscheidungsfreiheit und Wahlmöglichkeit einräumt, ebenfalls stets als die iSd § 4 Abs. 3 TVG günstigere Bestimmung dar.

Sowohl auf der Basis der objektiv-hypothetischen als auch der subjektiv-realen Betrachtungsweise gelangt man mithin zu dem Ergebnis, daß ganz allgemein eine arbeitsvertragliche Regelung, die keine oder eine gegenüber der kollektivrechtlichen Vorschrift höhere Altersgrenze vorsieht, im Hinblick auf das Günstigkeitsprinzip rechtliche Wirksamkeit erlangt.

Dieses Resultat erscheint nicht weiter überraschend, wenn man sich vergegenwärtigt, daß die Motive für die Statuierung von Altersgrenzen im allgemeinen nicht von den Bedürfnissen der von ihnen betroffenen Arbeitnehmer geleitet sind, sondern die Interessen des Arbeitgebers an einem gleichmäßigen Altersaufbau, der Nachwuchskräfte an Aufstiegsmöglichkeiten oder – wie im Falle von Altersgrenzenregelungen mit beschäftigungspolitischer Intention – diejenigen arbeitssuchender Kollegen im Auge haben.

Die arbeitsvertragliche Abdingung oder Heraufsetzung einer Altersgrenze ist somit stets zulässig.[406]

Trifft der Arbeitsvertrag *keine* Aussage zu einer Beendigung des Arbeitsverhältnisses bei Erreichen eines bestimmten Lebensalters, kann sich auch diese Vertragsgestaltung als im Verhältnis zu einer tarifvertraglich vereinbarten oder aufgrund einer Betriebsvereinbarung geltenden Altersgrenzenregelung günstiger darstellen.[407] Einer *ausdrücklichen* individualvertraglichen Abbedingung entsprechender kollektivrechtlicher Regelungen bedarf es nicht, wenn die Vertragsauslegung ergibt, daß das Arbeitsverhältnis nicht – auch nicht aufgrund kollektivvertraglicher Vereinbarungen – mit dem Erreichen

---

[406] *Belling*, Anm. zu BAG AP Nr. 9 zu § 620 BGB – Bedingung (unter Bezugnahme auf BAG AP Nr. 9 zu § 99 BetrVG); *Boerner*, 60 f.; *Gitter/Boerner*, RdA 1990, 129 (132); *Schlüter/Belling*, SAE 1979, 276 (278).

[407] *Kienast*, DB 1991, 1725 (1728); *Müller/Nachtigal/Hansen/Berenz*, 65 f.; *Henssler*, DB 1993, 1669 (1672): als Regelfall müsse die unbefristete Geltung nicht ausdrücklich betont werden und gehöre ohne weiteres zum Inhalt des Arbeitsvertrages; die Gegenansicht würde dazu führen, daß der Arbeitnehmer stets auf die Verankerung von Selbstverständlichkeiten im Arbeitsvertrag drängen müßte. AA *Moll* (DB 1992, 475 (477)), da insoweit eine *Nichtregelung* vorliege, die einem Günstigkeitsvergleich nicht zugänglich sei; *Kappes* (BB 1993, 1359 (1361)) weist darauf hin, daß § 4 Abs. 3 TVG von „abweichenden Abmachungen“ spreche und eine solche Abmachung gerade nicht bestehe.

eines bestimmten Lebensalters des Arbeitnehmers enden soll.[408] Das Schweigen des Arbeitsvertrages angesichts eindeutiger kollektivrechtlicher Vorschriften als einen entsprechenden *Verzicht* des Arbeitnehmers, verbunden mit einer Unterwerfung unter die kollektivrechtliche Normensetzung deuten zu wollen,[409] dürfte jedenfalls dann nicht dem regelmäßigen Willen der Arbeitsvertragsparteien entsprechen, wenn der Arbeitsvertrag bereits geschlossen wurde, bevor der für die Arbeitsvertragsparteien einschlägige Tarifvertrag eine Altersgrenzenregelung enthalten hat. Aber auch für den Fall, daß die Arbeitsvertragspartner unter der Geltung einer solchen tariflichen Regelung einen Arbeitsvertrag schließen, der über die Beendigung des Arbeitsverhältnisses bei Erreichen eines bestimmten Lebensalters keine Aussage trifft, ist nicht ohne weiteres die Annahme gerechtfertigt, die Parteien hätten damit die entsprechende tarifliche Altersgrenzenregelung als für das Arbeitsverhältnis maßgeblich anerkennen wollen.[410]

Die einzelvertragliche Regelung ist auch dann für den Arbeitnehmer günstiger, wenn die im Arbeitsvertrag enthaltene Aussage zur Beendigung des Arbeitsverhältnisses bei Erreichen eines bestimmten Lebensalters wegen Verstoßes gegen § 41 Abs. 4 Satz 3 SGB VI *unwirksam* ist.[411]

V. Kollektivrechtliche Verbote der Vereinbarung von Überarbeit und ihr Verhältnis zum Günstigkeitsprinzip

Eine gegenläufige Interessenlage bei den Arbeitsvertragsparteien einerseits und den Tarif- und Betriebspartnern andererseits wird nicht selten auch bei der Vereinbarung bzw. Anordnung von *Überarbeit*, d.h. einer Überschreitung der vertraglich vereinbarten regelmäßigen täglichen oder wöchentlichen Ar-

---

[408] Nach *Waltermann* (RdA 1993, 209 (212); NZA Beil. 4/1991, 19 (24 Fn. 18)) wird nur bei Vorliegen entsprechender besonderer Umstände die (ergänzende) Vertragsauslegung ergeben können, daß das Fehlen einer Regelung die privatautonome einzelvertragliche Eröffnung einer gegenüber einem Kollektivvertrag günstigeren Wahlmöglichkeit bedeutet.

[409] *Berger-Delhey*, ZTR 1992, 99 (101).

[410] AA *Moll*, DB 1992, 475 (477): in diesen Fällen sei „unzweifelhaft", daß das Arbeitsverhältnis der die Altersgrenze vorsehenden Kollektivregelung unterfalle.

[411] *Müller/Nachtigal/Hansen/Berenz*, 65: durch die Unwirksamkeit der individualvertraglichen Regelung entstehe ein *unbefristetes* Arbeitsverhältnis, das für den Arbeitnehmer in jedem Fall *günstiger* sei; aA *Steinmeyer*, RdA 1992, 6 (11): in diesen Fällen sei die Anwendbarkeit des Günstigkeitsprinzips fraglich, da die günstigere Regelung sich in diesem Falle lediglich als Folge einer gesetzgeberischen Anordnung ergebe, der ursprüngliche rechtsgeschäftliche Wille sich aber damit nicht decke.

beitszeit.[412] sichtbar. Während die Gewerkschaften aus arbeitsmarktpolitischen Gründen eine Reduzierung der Leistung von Überstunden anstreben, ist in der betrieblichen Praxis häufig die Bereitschaft oder gar der Wunsch der Arbeitnehmer zur Leistung von Überstunden wegen des hiermit verbundenen Mehrverdienstes vorhanden.[413] Betriebsräte haben zum Teil sogar Probleme, die gewerkschaftliche Strategie des Überstundenabbaus in den Betrieben durchzusetzen.

Die einzelvertragliche Vereinbarung von Überarbeit kann zunächst in Konflikt geraten mit dem Mitbestimmungsrecht des Betriebsrates nach § 87 Abs. 1 Nr. 3 BetrVG. Eine Kollision mit dem Günstigkeitsprinzip ist aber auch bei betriebsverfassungsrechtlich zulässiger Überarbeit denkbar, wenn nämlich die Anordnung von Überstunden in Widerspruch zu einschlägigen tarifvertraglichen Überstundenverboten steht.

1. Das Mitbestimmungsrecht des Betriebsrates bei der Anordnung von Überarbeit

Der Betriebsrat hat gem. § 87 Abs. 1 Nr. 3 BetrVG unter anderem auch über die vorübergehende Verlängerung der betriebsüblichen Arbeitszeit mitzubestimmen. Von diesem Mitbestimmungstatbestand ist auch die Anordnung von Überarbeit erfaßt.[414] Die Einführung von Überarbeit hängt selbst dann von der Zustimmung des Betriebsrates ab, wenn die Arbeitnehmer Überstunden ausdrücklich wünschen. Versagt der Betriebsrat seine Zustimmung zu einer vom Arbeitgeber beabsichtigten Anordnung von Überstunden, so vermag einem etwaigen Interesse der Arbeitnehmer an der Leistung von Überarbeit unabhängig von der Günstigkeitsbewertung einer einzelvertraglichen Vereinbarung von Überstunden auch nicht unter Rekurs auf das Günstigkeitsprinzip Geltung verschafft werden. Soweit der Betriebsrat sein Mitbestimmungsrecht nicht durch Abschluß einer Betriebsvereinbarung ausübt, kann das – auch im

---

[412] Davon ist die *Mehrarbeit* (vgl. § 15 AZO) als die über die nach der AZO gesetzlich zulässige Höchstarbeitszeit hinausgehende Arbeitszeit zu unterscheiden; vgl. auch *v. Hoyningen-Huene*, JuS 1977, 461 (464).

[413] *Buchner*, Arbeitszeit, 3 (18).

[414] *Dietz/Richardi*, § 87 Rz. 241; *Fitting/Auffarth*, BetrVG, § 87 Rz. 50; *Wlotzke*, BetrVG, § 87 Anm. II 3 a); keine Änderung der betriebsüblichen Arbeitszeit und damit kein mitbestimmungspflichtiger Tatbestand soll vorliegen, wenn der Arbeitgeber kraft seines Direktionsrechts oder aufgrund des Einzelarbeitsvertrages vorübergehend die Arbeitszeit für einen oder mehrere einzelne Arbeitnehmer aus dringenden, nicht vorhersehbaren betrieblichen Gründen (vgl. § 14 AZO) ändert; *Fitting/Auffarth*, § 87 Rz. 54; GK-*Wiese*, § 87 Rz. 256.

Verhältnis zwischen Individualarbeitsvertrag und Betriebsvereinbarung geltende[415] – Günstigkeitsprinzip keine Wirkung entfalten. Aufgrund der Mitbestimmungsbefugnis des Betriebsrates nach § 87 Abs. 1 Nr. 3 BetrVG vermag somit dessen Weigerung, der Anordnung von Überstunden seine Zustimmung zu erteilen, die einzelvertraglichen Gestaltungsbefugnisse der Arbeitsvertragsparteien selbst dann zu beschränken, wenn die vorübergehende Verlängerung der betrieblichen Arbeitszeit vom betroffenen Arbeitnehmer als für ihn vorteilhaft empfunden wird. Zwar fällt eine individuelle Überstundenregelung nicht unter den Mitbestimmungstatbestand, so daß es den Arbeitsvertragsparteien unbenommen bleibt, individuelle Arbeitszeitregelungen zu vereinbaren, sofern entsprechende Vereinbarungen keinen kollektiven Bezug aufweisen.[416] Allerdings werden die einzelvertraglichen Gestaltungsbefugnisse faktisch dadurch beschränkt, daß in der Regel zumindest die praktische Umsetzung einzelvertraglicher Überstundenregelungen zu einer mitbestimmungspflichtigen Veränderung der betriebsüblichen Arbeitszeit führt[417] und daher am Veto des Betriebsrates scheitern kann. Der Umstand, daß der Arbeitnehmer durch eine Weigerung des Betriebsrates, einer Anordnung von Überstunden zuzustimmen, ggf. am Abschluß einer für ihn günstigen individualvertraglichen Vereinbarung gehindert wird, zeigt damit einen Wertungswiderspruch zwischen dem Mitbestimmungsrecht des Betriebsrates bei der Einführung von Überarbeit und dem Gedanken des Günstigkeitsprinzips auf.[418] Er beruht auf der hinter § 87 Abs. 1 Nr. 3 BetrVG stehenden Grundentscheidung des Gesetzgebers, daß es dem Arbeitgeber – und zwar unabhängig vom Willen der Arbeitnehmer – verwehrt sein soll, eine Veränderung der betriebsüblichen Arbeitszeit individualrechtlich durchzusetzen. Inwieweit diese Regelung, mit der der Gesetzgeber einen möglichen Günstigkeitsvergleich gleichsam generell vorweggenommen hat,[419] mit dem verfassungsrechtlichen Rang des Günstigkeitsprinzips und seiner auch im Betriebsverfassungsrecht anzuerkennenden Geltung in Einklang zu bringen ist, soll an dieser Stelle nicht weiter vertieft werden. Konsequenz dieser Vorschrift auf einfachgesetzlicher Ebene ist es jedenfalls, daß Raum für Günstigkeitsbetrachtungen nur dort ist, wo die Betriebspartner in einer Betriebsvereinbarung über die Einführung von Überarbeit auch den *Umfang* der von den Arbeitnehmern zu leistenden Überarbeit geregelt haben und hiervon abweichend die Arbeitsvertragsparteien *zusätzliche* Überstunden vereinbaren wollen.[420]

---

[415] Siehe oben S. 63 ff.

[416] BAG AP Nr. 3 zu § 87 BetrVG – Arbeitszeit; *Dietz/Richardi*, BetrVG, § 87 Rz. 246 mwN.

[417] *Heisig*, 275.

[418] *Heisig*, 276.

[419] *Heisig*, 276.

[420] *Heisig*, 276.

2. *Die rechtliche Zulässigkeit kollektivrechtlicher Überstundenverbote*

Das Günstigkeitsprinzip beinhaltet als Schranke der Tarifautonomie ein Verbot von Höchstarbeitsbedingungen.[421] Ein tarifvertragliches Überstundenverbot, das es dem Arbeitnehmer untersagen würde, vorübergehend über die tarifliche Arbeitszeit hinaus seine Arbeitsleistung zu erbringen, würde aber der tarifvertraglich geregelten Arbeitszeit den Charakter einer Höchstarbeitszeit verleihen. Letzteres wäre wiederum nur zulässig, wenn die Tarifvertragsparteien mit der Statuierung einer Höchstarbeitszeit zugleich Mindestarbeitsbedingungen festlegen würden. Eine solche Betrachtungsweise wäre indessen – wie die Untersuchung der Zulässigkeit einzelvertraglicher Vereinbarungen einer *dauerhaften* Verlängerung der tariflichen Wochenarbeitszeit ergeben hat – nur solange haltbar, wie allein die Arbeitszeit in das Blickfeld gerät und der mit der Überarbeit vom Arbeitnehmer erzielbare Mehrverdienst gänzlich ausgeblendet wird. Richtigerweise kann jedoch der enge synallagmatische Zusammenhang zwischen Arbeitszeit und Höhe des Arbeitsentgelts auch bei der Günstigkeitsbeurteilung nicht ignoriert werden. Ein generelles Verbot der Überarbeit könnte daher nur dann rechtlichen Bestand haben, wenn die vorübergehende Verlängerung der tariflichen Arbeitszeit auch unter Berücksichtigung des für den Arbeitnehmer damit verbundenen Einkommenszuwachses stets als ungünstiger zu beurteilen wäre. Zumindest diejenigen Verfechter einer objektiven Beurteilungsperspektive, die bereits eine *dauerhafte* einzelvertragliche Verlängerung der tariflichen Arbeitszeit nicht schlechthin als die für den Arbeitnehmer ungünstigere Regelung ansehen, dürften gegenüber einer nur vorübergehenden Arbeitszeitverlängerung, wie sie mit der Leistung von Überstunden verbunden ist, um so geringere Bedenken geltend machen. Jedenfalls das traditionelle Argument des Gesundheitsschutzes verliert bei einer lediglich temporären Verlängerung der tarifvertraglichen Arbeitszeit deutlich an Gewicht.

Vor diesem Hintergrund ist davon auszugehen, daß ein tarifliches Verbot von Überstunden einer einzelvertraglichen Vereinbarung der Leistung von Überarbeit nicht im Wege steht. Ähnliches gilt für Betriebsvereinbarungen, die den Umfang der von den Arbeitnehmern zu leistenden Überarbeit zwingend festlegen versuchen. Auch hier muß wegen der Geltung des Günstigkeitsprinzips im Verhältnis zwischen Individualvertrag und Betriebsvereinbarung die Möglichkeit einer günstigeren einzelvertraglichen Vereinbarung über die Leistung zusätzlicher Überarbeit bestehen bleiben.[422]

---

[421] Siehe oben S. 52.

[422] *Heisig*, 283.

3. *Die einzelvertragliche Vereinbarung der Leistung von Überstunden im Günstigkeitsvergleich*

Ein tarifvertragliches Verbot von Überstunden vermag einzelvertragliche Vereinbarungen von Überarbeit nicht einem Günstigkeitsvergleich entziehen. Unabhängig von der Frage, ob ein derartiges Verbot als – partielles – Abschlußverbot oder als negative Inhaltsnorm anzusehen ist,[423] kann es jedenfalls insoweit keine rechtliche Wirkung entfalten, als eine in Widerspruch zu diesem Verbot stehende individualvertragliche Abmachung sich für den Arbeitnehmer als günstiger erweist.

Bei der somit anzustellenden Günstigkeitsbewertung von Überstunden wollen Vertreter einer objektiven Beurteilungsperspektive, soweit sie zur Überstundenproblematik Stellung nehmen, ähnlich wie bei einer allgemeinen einzelvertraglichen Verlängerung der tariflichen Arbeitszeit „objektive" Gesichtspunkte wie Alter, Gesundheit, Belastung durch den Arbeitsplatz usw. für die Beantwortung der Frage heranziehen, ob eine zeitweise übertarifliche Arbeit den einzelnen Arbeitnehmer besserstellt.[424] Teilweise werden auch hier *beschäftigungspolitisch* motivierte tarifliche Regelungen als für den Arbeitnehmer generell ungünstiger angesehen.[425] Für die subjektive Theorie ist hingegen allein die Einschätzung der von der Anordnung von Überarbeit betroffenen Arbeitnehmer maßgebend. Da in der Regel die überwiegende Anzahl der Arbeitnehmer unabhängig davon, ob ein Überstundenverbot nun gesundheits- oder arbeitsmarktpolitisch motiviert ist, die Leistung von Überarbeit als Begünstigung betrachten,[426] kann die Diskrepanz zwischen den Resultaten einer objektiven und der subjektiven Betrachtungsweise unter Zugrundelegung dieser Maßstäbe deutlicher sein, als dies etwa bei der Beurteilung von tariflichen Verkürzungen der Wochenarbeitszeit der Fall ist. Indessen besteht kein Anlaß, für die Vereinbarung von Überarbeit die für eine dauerhafte individualvertragliche Verlängerung der tariflichen Arbeitszeit dargelegten Grundsätze zu modifizieren.

---

[423] *Mayer*, 158 ff., 163 gelangt zu dem Ergebnis, daß ein Überstundenverbot nur eine *positive Inhaltsnorm* darstellen könne. Diese Zuordnung erscheint problematisch, wenn man – wie *Mayer* – das von *Bötticher* (RdA 1968, 418 (419)) herangezogene Kriterium anlegt, wonach es „(nur) bei ersatzloser Ausmerzung der arbeitsvertraglichen Abrede" einen Sinn mache, von negativen Inhaltsnormen zu sprechen. Letzteres ist bei einem kollektivvertraglichen Überstundenverbot durchaus der Fall. Die Qualifizierung als positive Inhaltsnorm läßt sich daher allenfalls mit der von *Mayer* – in Anlehnung an *Kahn-Freund*, 51, 55 – angestellten Betrachtung aufrechterhalten, daß ein tarifliches Überstundenverbot sich auch in ein an die Arbeitsvertragsparteien gerichtetes *Gebot* umdeuten ließe, eine Klausel in den Arbeitsvertrag aufzunehmen, wonach Überstundenarbeit nicht geleistet wird. *Bötticher* (RdA 1968, 418 (419)) bezeichnet die von *Kahn-Freund* vorgenommenen gedankliche Transformation von Verboten in Gebote als „eigenartige(n) Konstruktionen".

[424] *Mayer*, 164.

[425] *Mayer*, 164.

[426] *Heisig*, 283.

VI. Kollektivrechtliche Regelungen der Lage der Arbeitszeit – Tarifliche Verbote der Arbeit am sog. Dienstleistungsabend und der Samstagsarbeit

1. Ausgangslage

Nicht nur die Dauer, sondern auch die Lage der täglichen Arbeitszeit ist seit jeher Gegenstand tariflicher und betrieblicher Regelungen. In jüngerer Zeit standen insbesondere jene Kollektivvereinbarungen im Mittelpunkt des Interesses, mit denen die Tarifpartner die Konsequenzen aus der im Einzelhandel nunmehr bestehenden Möglichkeit erweiterter Verkaufszeiten an Donnerstagen gezogen haben. Zunehmende Aktualität gewinnt daneben auch die Frage nach der Wirksamkeit kollektivvertraglicher Verbote der Samstagsarbeit; auf die über den konkreten Regelungsgegenstand hinausgehende Bedeutung der hierbei zu entscheidenden rechtlichen Fragen wurde bereits an anderer Stelle hingewiesen.[427]

a) Arbeit am Dienstleistungsabend

In Art. 1 des am 1.10.1989 in Kraft getretenen Gesetzes zur Einführung eines *Dienstleistungsabends* vom 10.7.1989[428] wird allen privaten und öffentlichen Dienstleistungsbetrieben sowie allen Dienststellen des Bundes mit regem Publikumsverkehr empfohlen, an jedem Donnerstag – mit Ausnahme der gesetzlichen Feiertage und Gründonnerstag – einen Dienstleistungsabend bis 20.30h einzurichten. Auch Verkaufsstellen des Einzelhandels, denen bisher durch das Ladenschlußgesetz das Offenhalten von Montag bis Freitag nach 18.30h untersagt war, dürfen nunmehr donnerstags bis 20.30h geöffnet sein.

Die mit der gesetzlichen Einführung des Dienstleistungsabends geschaffene Rechtslage hat umgehend zu Reaktionen der Tarifpartner geführt.

Bereits im Jahre 1988 hatten die Tarifvertragsparteien des Hamburger Einzelhandels einen Tarifvertrag über die Lage der täglichen Arbeitszeit geschlossen, der nach den Erklärungen der beteiligten Gewerkschaften Modellcharakter haben sollte und das Ende der regelmäßigen täglichen Arbeitszeit auf den bisher geltenden Ladenschluß festschrieb. Da das von den Gewerkschaften verfolgte Ziel – Vermeidung von Konkurrenz und Unterlaufen des

---

[427] Siehe oben S. 22.

[428] BGBl I, 1382; zur Vorgeschichte des Gesetzes und den Änderungen im einzelnen: *Anzinger/ Kobarski*, NZA 1989, 737 ff.

Dienstleistungsabends – nur mit der Allgemeinverbindlicherklärung solcher Tarifverträge, die Regelungen über das Ende der Arbeitszeit enthalten, verwirklicht werden kann, war vereinbart worden, daß der Tarifvertrag ohne Nachwirkung außer Kraft treten sollte, sobald der von den Tarifvertragsparteien zu stellende Antrag auf Allgemeinverbindlicherklärung abgelehnt wird oder die erklärte Allgemeinverbindlicherklärung endet. Der Antrag auf Allgemeinverbindlicherklärung fand – wegen der ablehnenden Haltung der Arbeitgeberseite, die das Vorliegen eines öffentlichen Interesses verneinte – in der Sitzung des Tarifausschusses (§ 5 Abs. 1 TVG) kein befürwortendes Votum.

Der im Herbst 1989 erzielte Tarifkompromiß über die Lage der Arbeitszeit im Einzelhandel sieht ebenfalls eine tägliche regelmäßige Arbeitszeit vor, die sich im Rahmen der bislang geltenden Ladenschlußzeiten bewegt; er ermöglicht aber Ausnahmen, die der konkreten Wettbewerbssituation der Unternehmen auf betrieblicher Ebene Rechnung tragen sollen.[429]

In tarifgebundenen Betrieben mit Betriebsrat[430] sind die „Protokollnotizen"[431] maßgebend, auf die sich die Tarifvertragsparteien in elf von zwölf Tarifgebieten des Einzelhandels nach Abschluß der Manteltarifverträge verständigt haben und die – ähnlich wie bei der Einführung flexibler Arbeitszeiten – tarifliche Rahmenregelungen für den Abschluß von Betriebsvereinbarungen enthalten. Darin ist vorgesehen, daß in Betriebsvereinbarungen das Arbeitszeitende für das Verkaufspersonal montags bis freitags auf spätestens 18.30h, samstags auf 14.00h festzulegen ist. Abweichend hiervon kann zwischen Ar-

---

[429] Zu den Tarifbestimmungen im einzelnen siehe *Weber*, NZA 1989, 746 ff.

[430] Will der Arbeitgeber von den erweiterten Möglichkeiten der Ladenöffnung Gebrauch machen, hat er ggf. die Mitbestimmungsrechte des Betriebsrates zu beachten, der – vorbehaltlich einer tariflichen Regelung – gem. § 87 Abs. 1 Nr. 2 BetrVG über Beginn und Ende der täglichen Arbeitszeit einschließlich der Pausen sowie über die Verteilung der Arbeitszeit auf die einzelnen Wochentage mitzubestimmen hat. Durch das Mitbestimmungsrecht des Betriebsrates werden insbesondere auch Arbeitszeitregelungen gedeckt, die eine volle Ausschöpfung der gesetzlichen Ladenschlußzeiten unmöglich machen. Die Möglichkeit zur Abendöffnung durch die Erweiterung des gesetzlichen Rahmens des LadSchlG bleibt also zunächst ohne Einfluß auf das tatsächliche Arbeitszeitende des Verkaufspersonals in jenen Betrieben, die hinsichtlich des Arbeitszeitendes durch Betriebsvereinbarung gebunden sind; dies ist in nahezu allen Mittel- und Großbetrieben des Einzelhandels der Fall.

Eine unmittelbare Regelung der Ladenöffnungszeiten durch Betriebsvereinbarungen ist hingegen nicht zulässig, da letztere nur Angelegenheiten der arbeitstechnischen Organisation zum Gegenstand haben können, während die Öffnungszeit der Verkaufsstätte sich auf die vorgelagerte, mitbestimmungsfreie unternehmerische Entscheidung über den Einsatz der sächlichen Betriebsmittel bezieht; *Säcker/Oetker*, 153.

[431] Die „Protokollnotizen" zu den Manteltarifverträgen sind ihrerseits als eigenständige Tarifverträge anzusehen; vgl. ArbG Nürnberg (DB 1989, 2339) zur Protokollnotiz vom 11.7.1989 zum Manteltarifvertrag für den Einzelhandel in Bayern; *Schwarze*, 158 (Fn. 130).

beitgeber und Betriebsrat an Donnerstagen zur Vermeidung von spätöffnungsbedingten Wettbewerbsnachteilen ein anderes Arbeitszeitende vereinbart werden; im Streitfall entscheidet auch hier die Einigungsstelle.

b) Samstagsarbeit

Eine im Hinblick auf das Günstigkeitsprinzip teilweise parallele Problematik besteht hinsichtlich der Einführung von *Samstagsarbeit*, die in zunehmendem Maße zum Gegenstand gesellschafts- und tarifpolitischer Auseinandersetzungen wird. Anders als für die Einführung von Sonn- und Feiertagsarbeit[432] besteht kein verfassungsrechtliches oder gesetzliches Gebot, den Samstag als Tag allgemeiner Arbeitsruhe zu bewahren. Dem Wunsch der Unternehmen, im Interesse einer effektiven Auslastung ihrer kapitalintensiven Betriebsstätten wenigstens die Samstage in die Arbeitswoche einzubeziehen, stehen allerdings die gewerkschaftlichen Bestrebungen gegenüber, dem Arbeitnehmer durch die Einbeziehung des Samstags untersagende oder beschränkende tarifliche Regelungen ein zusammenhängendes freies Wochende zu sichern. Teilweise wird durch Tarifverträge die Samstagsarbeit schlechthin ausgeschlossen.[433] In anderen Fällen werden betriebliche Abweichungen im Wege von Betriebsvereinbarungen oder Entscheidungen der Einigungsstelle zugelassen[434] oder die Möglichkeit zur Abweichung dadurch eingeschränkt, daß der Betriebsrat in jedem Fall seine Zustimmung erteilen muß, eine Entscheidung der Einigungsstelle also sein Veto nicht überwinden kann.[435]

---

[432] Art. 140 GG iVm Art. 139 WRV; §§ 105b, 105c GewO; § 28 AZO; Landesgesetze über den Sonntags- und Feiertagsschutz. Zur Sonntagsarbeit vgl. *Richardi*, Grenzen industrieller Sonntagsarbeit, Bonn 1988; *Benda*, Probleme der industriellen Sonntagsarbeit, Baden-Baden 1990; *Loritz*, Möglichkeiten und Grenzen der Sonntagsarbeit, Stuttgart 1989.

[433] § 3 des MTV für die gewerblichen Arbeitnehmer der *Druckindustrie* in der ab 1.7.1989 geltenden Fassung bestimmt, daß in Zeitungsbetrieben regelmäßige Arbeit am Samstag nur noch zur Produktion von Zeitungen zulässig ist, die am Samstag oder Sonntag erscheinen. Zu den aus der verfassungsrechtlichen Gewährleistung der *Pressefreiheit* resultierenden Bedenken gegen die Begrenzung der Arbeitszeit am Samstag in der Druckindustrie: *Säcker/Oetker*, 22 f.; *Dütz*, AfP 1989, 605 ff.)

[434] § 4 des MTV für die *Metallindustrie Nordrhein-Westfalen* vom 29.2.1988 sieht vor, daß die grundsätzliche Verteilung der Wochenarbeitszeit auf fünf Werktage von Montag bis Freitag durch Vereinbarung mit dem Betriebsrat nach Maßgabe der betrieblichen Erfordernisse unter angemessener Berücksichtigung der Belange der betroffenen Arbeitnehmer abweichend geregelt werden kann, wobei der einzelne Arbeitnehmer aber in der Regel an nicht mehr als fünf Werktagen pro Woche beschäftigt werden soll.

[435] § 7 des MTV für die *Metallindustrie in Nordwürttemberg/Nordbaden* vom 24.4.1987 legt fest, daß die Einbeziehung des Samstags für einzelne Beschäftigte oder für bestimmte Beschäftigten-

2. Grenzen tarifvertraglicher Regelungen der Lage der Arbeitszeit im Hinblick auf Grundrechte der Arbeitgeber?

Ähnlich wie bei der rechtlichen Beurteilung tarifvertraglicher Regelungen, die eine – weitere – Verkürzung der Wochenarbeitszeit zum Gegenstand haben, werden aber auch gegenüber kollektivvertraglichen Regelungen bezüglich der Lage der Arbeitszeit unabhängig von der Frage der Günstigkeit abweichender Individualvereinbarungen rechtliche Vorbehalte im Hinblick auf Art. 12 Abs. 1 GG – daneben auch aus Art. 14 Abs. 1 GG – geltend gemacht.

a) Einführung von Samstagsarbeit

Anläßlich der tarifvertraglichen Regelungen zur Gewährleistung eines „freien Wochenendes" hat namentlich Loritz[436] eingewandt, dem Gesetzesvorbehalt des Art. 12 Abs. 1 Satz 2 GG seien nicht nur inhaltliche, sondern auch *kompetenzielle* Schranken der kollektivrechtlichen Normsetzungsmacht zu entnehmen. Trotz grundsätzlich anzuerkennender Befugnis der Tarifvertragsparteien, Regelungen zur Verteilung der Arbeitszeit auf die Wochentage zu treffen und für einen Großteil der Arbeitnehmer auch zu vereinbaren, daß der Samstag arbeitsfrei ist, seien jedenfalls solchen tariflichen Regelungen rechtliche Grenzen gesetzt, die den freien Samstag auch in jenen Unternehmen durchsetzen sollen, die aus technischen Gründen dringend auf die Gewährleistung einer kontinuierlichen Produktion angewiesen sind. Eine tarifvertragliche Vereinbarung, welche den Unternehmen die Beschäftigung von Arbeitnehmern an Wochenenden und damit die kontinuierliche Produktion dauerhaft oder für so viele Wochenenden untersagt, daß hierdurch ein Produkt aus technischen Gründen überhaupt nicht mehr mit der Qualität hergestellt werden kann, die es bei kontinuierlicher Produktion erreicht, oder welche die Herstellung wirtschaftlich unrentabel macht, sei nämlich als Regelung mit *berufswahlbeschränkendem* Charakter – und zwar als solche im Sinne einer objektiven Zulassungsvoraussetzung – zu qualifizieren, da die betreffenden Unternehmen ohne diese kontinuierliche Beschäftigung von Arbeitnehmern nicht mehr konkurrenzfähig seien und ihre Produkte nicht mehr mit Gewinn absetzen könnten.[437] Für berufswahlbeschränkende Regelungen fehle den Tarifvertragsparteien aber bereits die Regelungskompetenz, weil solche Bestimmungen

gruppen in die Verteilung der regelmäßigen Arbeitszeit der Zustimmung des Betriebsrates bedarf, die nicht durch den Spruch der Einigungsstelle ersetzt werden kann.

[436] ZfA 1990, 133 ff.

[437] ZfA 1990, 133 (154).

dem parlamentarischen Gesetzgeber vorbehalten bleiben müßten, also eines formellen Gesetzes bedürften. Dies werde durch die Rechtsprechung des BVerfG zur Satzungsgewalt von Berufsverbänden im Hinblick auf berufsrechtliche Regelungen belegt, derzufolge der Gesetzgeber sich im Hinblick auf das Demokratieprinzip nicht beliebig der Verantwortung für die Durchführung der Abwägung zwischen den Gemeinschaftsinteressen und dem Freiheitsrecht des einzelnen entziehen könne.[438] Die vom BVerfG im Bereich des Art. 12 Abs. 1 GG zu Satzungen entwickelten Grundsätze seien zumindest insofern auf Tarifverträge übertragbar, als diese in die Freiheit der Berufswahl eingriffen bzw. Normen schaffen, die in ihrer Wirkung berufswahlbeschränkenden Normen gleich oder auch nur nahe kommen.

Eine Übertragung der in bezug auf die mit Satzungsautonomie ausgestatteten öffentlich-rechtlichen Selbstverwaltungskörperschaften vom BVerfG entwickelten Grundsätze auf die Beurteilung der Normsetzungskompetenz der Tarifparteien erscheint zunächst naheliegend. Gleichwohl ist zweifelhaft, ob diese Grundsätze auch Geltung beanspruchen können, wenn grundrechtsbegrenzende Rechtsnormen nicht von Körperschaften des öffentlichen Rechts im Rahmen ihrer Satzungsautonomie, sondern im Bereich des Privatrechts durch Rechtsnormen eines Tarifvertrages getroffen werden.

Gesetzesvorbehalte wie Art. 12 Abs. 1 Satz 2 GG haben die Funktion von Kompetenzregeln, die den Grundrechten neben ihrer materiellen auch eine formelle Schutzrichtung verleihen und mit dem Demokratieprinzip insofern zusammenhängen, als es prinzipiell Sache des demokratisch legitimierten Parlaments sein soll, die Voraussetzungen für Grundrechtsregulierungen zu formulieren. Diese Beziehung zum Demokratieprinzip läßt es aber in zweifacher Hinsicht als fraglich erscheinen, ob die Tarifnormen – wie Loritz meint – hinsichtlich ihrer Rechtsqualität mit Satzungen gleichgesetzt werden können und die vom BVerfG zur Satzungsautonomie entwickelten Grundsätze auf Tarifverträge übertragbar sind.

Zum einen nehmen – worauf Loritz selbst aufmerksam macht[439] – die Tarifvertragsparteien eine – mit öffentlich-rechtlichen Körperschaften nicht vergleichbare – Sonderstellung insofern ein, als der Verfassungsgeber mit Art. 9 Abs. 3 GG die Tarifautonomie verfassungsrechtlich abgesichert und garantiert hat. Deshalb ist die Regelung der Arbeits- und Wirtschaftsbedingungen nicht „an sich" Sache des Gesetzgebers, der sich seiner demokratischen Verantwortung durch eine Rechtsetzungsdelegation nicht entziehen

---

[438] BVerfGE 7, 377 (397, 404 f.); 13, 97 (104); 33, 125 (158 f.); 41, 251 (263 f.); 76, 171 (184).

[439] ZfA 1990, 133 (149).

kann.[440] Zum anderen erfaßt die Rechtsmacht der Tarifpartner von vornherein nur diejenigen Grundrechtsträger, die sich aus freiem Willen für eine selbstverantwortliche Regelung ihrer Arbeits- und Wirtschaftsbedingungen durch die Koalitionen entschieden haben. Da die Normsetzung durch den Willen der Regelungsunterworfenen legitimiert ist, ist daneben nicht noch eine auf den Willen des parlamentarischen Gesetzgebers zurückführbare Legitimationskette erforderlich. Zwar bedürfen die Normunterworfenen, auch wenn sie durch ihren Beitritt die jeweilige Tarifpartei grundsätzlich legimiert haben, des grundrechtlichen Schutzes vor der Rechtsetzungsmacht der Tarifvertragspartner.[441] Ausreichender Grundrechtsschutz der Tarifgebundenen ist jedoch dadurch gewährleistet, daß das Grundgesetz den Regelungsmöglichkeiten der Tarifvertragsparteien *inhaltliche* Grenzen zieht.[442]

Die Tarifpartner sind somit grundsätzlich auch zu Eingriffen in das Grundrecht der Berufsfreiheit befugt, sofern sie bei der Ausübung ihrer Normsetzungskompetenz die – durch die Beschränkung auf Regelungen zur „Wahrung und Förderung der Arbeits- und Wirtschaftsbedingungen" gezogenen Grenzen ihrer Tarifautonomie nicht überschreiten.

b) Anpassung der Arbeitszeit an die verlängerten Ladenöffnungszeiten am Dienstleistungsabend

Bedenken im Hinblick auf Grundrechte der betroffenen Arbeitgeber sind auch gegen die rechtliche Zulässigkeit von Tarifverträgen geltend gemacht worden, die die Arbeitszeit im Einzelhandel auf die bisherigen Ladenschlußzeiten begrenzen. Solche Tarifverträge weisen jedenfalls mittelbar einen *wettbewerbsrechtlichen* Bezug[443] auf und können für den betroffenen Unternehmer eine empfindliche Beschränkung der unternehmerischen Entscheidungsfreiheit bedeuten. Es erscheint daher denkbar, daß derartige Tarifverträge auf seiten der Arbeitgeber in unzulässiger Weise in die Eigentumsgarantie des Art. 14 GG und die Gewährleistung der Berufsfreiheit gem. Art. 12 Abs. 1 GG eingreifen.

Die *Eigentumsgarantie* des Art. 14 GG dürfte allerdings deshalb nicht zum Tragen kommen, weil durch sie lediglich das Erworbene, nicht aber der Er-

---

440 *Waltermann*, RdA 1990, 138 (143).

441 *Loritz*, ZfA 1990, 133 (141).

442 *Waltermann*, RdA 1990, 138 (143).

443 Dazu *Kulka*, RdA 1988, 343 ff.

werb geschützt wird.[444] Eine Festlegung des Arbeitszeitendes hat aber auf das im Rahmen eines Unternehmens Erworbene keinen Einfluß, sondern wirkt sich – zumindest ganz überwiegend – nur auf den künftigen Erwerb des Unternehmens aus. Allenfalls dann, wenn eine tarifliche Regelung zu einer deutlichen Schmälerung des Wertes eines Unternehmens führt, wäre eine Verletzung von Art. 14 GG ernsthaft in Betracht zu ziehen.[445]

Bei der Frage einer etwaigen Beeinträchtigung des Grundrechts der *Berufsfreiheit* (Art. 12 Abs. 1 GG) durch Tarifverträge zur Lage der täglichen Arbeitszeit ist zu berücksichtigen, daß die tarifvertragliche Normsetzung ihrerseits ebenfalls durch Grundrechte (Art. 9 Abs. 3 GG) geschützt ist. Die bei einer Kollision von Grundrechten erforderliche Güterabwägung hängt zwar wesentlich von den konkreten Umständen ab. Im allgemeinen wird sich aber sagen lassen, daß die Beeinträchtigung der Arbeitgeberinteressen durch eine Begrenzung des Arbeitszeitendes auf 18.00h oder 18.30h sich durchaus in Grenzen hält. Darüber hinaus ist bei der Abwägung zu berücksichtigen, daß die Tarifbindung des Arbeitgebers auf dessen freiwilligem Beitritt zu einem Arbeitgeberverband beruht. Der letztgenannte Umstand erfüllt zwar nicht die Voraussetzung einer Einwilligung in etwaige Grundrechtsbeeinträchtigungen; immerhin ist aber die tarifvertragliche Bindung für den Arbeitgeber nicht völlig unvermeidbar.[446]

3. Zulässigkeit der tariflichen Regelungen der Lage der täglichen Arbeitszeit im Hinblick auf die Einbeziehung nichttarifgebundener Arbeitnehmer

Die in der Tarifrunde 1989 im Einzelhandel getätigten Abschlüsse weisen insofern Parallelen zum Flexibilisierungsmodell der Metallindustrie 1984 auf, als in beiden Fällen der Vollzug gewisser tariflicher Vorgaben den Betriebsparteien zugewiesen wird. Die den Manteltarifvertrag jeweils ergänzenden „Protokollnotizen" sehen vor, daß in Betriebsvereinbarungen das regelmäßige Arbeitszeitende auf 18.30h festzulegen ist. Ebenfalls durch Betriebsvereinbarung kann die Arbeitszeit der verlängerten Ladenöffnungszeit am Donnerstag angepaßt werden, sofern die tarifvertraglich festgelegten Voraussetzungen vorliegen.

---

[444] BVerfGE 30, 292 (335).

[445] *Jarass*, NZA 1990, 505 (509).

[446] *Jarass*, NZA 1990, 505 (510).

Gegen diese tarifliche Gestaltung sind ähnliche rechtliche Bedenken geltend zu machen wie gegenüber dem Flexibilisierungsmodell der Metallindustrie; sie beruhen auf der Einbeziehung auch der nicht gewerkschaftlich organisierten Arbeitnehmer in den Geltungsbereich von Betriebsvereinbarungen, deren Inhalt durch enge tarifliche Vorgaben weitgehend determiniert ist und deren Abschluß durch Anrufung der Einigungsstelle ggf. auch gegen den Willen des Betriebsrates erzwungen werden kann.

Die daraus im Hinblick auf die negative Koalitionsfreiheit der nichtorganisierten Arbeitnehmer resultierenden Zweifel könnten lediglich dann ausgeräumt werden, wenn die entsprechenden Bestimmungen der Protokollnotizen als betriebliche und/oder betriebsverfassungsrechtliche Normen iSv § 3 Abs. 2 TVG zu qualifizieren wären.

Tarifvertragliche Regelungen, welche die Lage der täglichen oder wöchentlichen individuellen Arbeitszeit festlegen, sind jedoch als *Inhaltsnormen* zu klassifizieren.[447] Dies gilt auch dann, wenn – wie es bei den tarifvertraglichen Regelungen im Einzelhandel der Fall ist – die Tarifvertragsparteien sich auf die Statuierung von bloßen – auf ihre Konkretisierung durch die Betriebspartner angelegten Rahmenregelungen beschränken.[448] Nach Auffassung von Schwarze[449] handelt es sich hingegen bei der Festlegung des regelmäßigen Arbeitszeitendes auf 18.30h in den Protokollnotizen um *betriebliche*, bei den Vorschriften, die den Betriebsparteien die Vereinbarung von Ausnahmen erlauben, um *betriebsverfassungsrechtliche* Normen. Seine Begründung, die Einbeziehung der nichtorganisierten Arbeitnehmer sei hier zwingend notwendig, erscheint allerdings nicht überzeugend, zumal die von ihm selbst für die Notwendigkeit einer einheitlichen Regelung anerkannten Tatbestände[450] nicht vorliegen. Weder ist der von den Tarifparteien mit der Festschreibung der regelmäßigen Ladenschlußzeit von 18.30h als generelle Grenze der Arbeitszeit beabsichtigte *Schutz der organisierten Arbeitnehmer* nur bei Einbeziehung der Außenseiter möglich, noch führt die Beschränkung der Regelung auf die tarifunterworfenen Arbeitnehmer zu einer übermäßigen wirtschaftlichen *Belastung*

---

[447] *Säcker/Oetker*, 126 f., die allerdings an anderer Stelle (S. 151 f.) tarifvertragliche Regelungen, die die Lage der täglichen Arbeitszeit regeln, den *Betriebsnormen* zuzuordnen; *Wiedemann/ Stumpf*, § 1, Rz. 152.

[448] Siehe oben S. 170; *Anzinger/Koberski*, NZA 1989, 737 (742); das ArbG Nürnberg (NZA 1990, 70 f.) hat die Rechtswirksamkeit der Tarifnormen zur Lage der Arbeitszeit im Einzelhandel im Hinblick darauf bestritten, daß es sich auch bei tariflichen Rahmenregelungen um solche Regelungen handeln müsse, die bei einer Untätigkeit der Betriebsparteien einen vollziehbaren Inhalt aufwiesen; kritisch zu dieser Entscheidung *Säcker/Oetker*, 152 f. und *Schwarze*, 353 Fn. 26.

[449] AaO, 158 (Fn. 130) und 352 f.

[450] *Schwarze*, 157 ff.

des Arbeitgebers.[451] Entsprechendes gilt für die in den Tarifverträgen vorgesehenen Ausnahmetatbestände, die eine Ausdehnung der Arbeitszeit entsprechend den verlängerten Ladenöffnungszeiten am Dienstleistungsabend gestatten. Auch insoweit kann das Vorliegen einer Betriebsnorm bzw. einer betriebsverfassungsrechtlichen Norm entgegen der Ansicht Schwarzes nicht damit begründet werden, das Unternehmen sei allein mit den gewerkschaftlich organisierten Arbeitnehmern nicht zu betreiben. Sollte die pauschale Aussage, daß entsprechende Regelungen für den Arbeitgeber nur bei Einbeziehung der Außenseiter Sinn machten, im Einzelfall zutreffen, so stehen dem Arbeitgeber hinsichtlich der Beschäftigung der tariflichen Außenseiter am Dienstleistungsabend individualrechtliche Gestaltungsmittel (Ausübung des Direktionsrechts, Änderungskündigung) zur Verfügung.

4. Geltung des Günstigkeitsprinzips für kollektivvertragliche Verbote individualvertraglicher Vereinbarungen bezüglich der Lage der Arbeitszeit

Sehen Betriebsvereinbarungen oder Tarifverträge ein Verbot der Samstagsarbeit oder ein Arbeitszeitende vor, das sich an den bisher geltenden Ladenschlußzeiten orientiert, stellt sich nunmehr die Frage, ob individualvertragliche Vereinbarungen, welche unter bestimmten Voraussetzungen die Samstagsarbeit bzw. die Arbeit an Dienstleistungsabenden vorschreiben oder zumindest zulassen, sich gegenüber kollektivvertraglichen Regelungen durchzusetzen vermögen, welche die Anordnung entsprechender Arbeitsleistungen verbieten oder nur unter weiteren Voraussetzungen zulassen. In Anbetracht der grundsätzlich zwingenden und unmittelbaren Geltung der Kollektivnormen kann die arbeitsvertragliche Regelung nur dann rechtlichen Bestand haben, wenn sie sich als für den Arbeitnehmer *günstiger* erweist.

Zweifellos sind tarifvertragliche Regelungen, die die Arbeit am Samstag oder am Dienstleistungsabend erschweren, den Interessen der Arbeitnehmer zu dienen bestimmt; gleichwohl ist nicht auszuschließen, daß der einzelne Arbeitnehmer durchaus bereit wäre, zu diesen Zeiten zu arbeiten. Dies gilt erst recht, wenn dafür ein Lohnzuschlag oder ein zusätzlicher Freizeitausgleich gewährt wird. Aber auch ohne entsprechende besondere Anreize mag dem

[451] Die Verhältnisse liegen insoweit anders als in dem von *Schwarze* als weiteres Beispiel für eine übermäßige Belastung des Arbeitgebers bei Beschränkung einer tariflichen Regelung auf die organisierten Arbeitnehmer angeführten „Rosenmontagsfall", in dem der Arbeitgeber die Nichtorganisierten (etwa weil Schlüsselfunktionen unbesetzt bleiben) nicht beschäftigen kann, ihnen aber gleichwohl Lohn zahlen muß.

einzelnen Arbeitnehmer im Hinblick auf seine individuellen Präferenzen der Freizeitgestaltung diese Möglichkeit durchaus vorteilhaft erscheinen.[452]

Die Anwendbarkeit des Günstigkeitsprinzips als Kollisionsnorm für das Verhältnis von arbeitsvertraglichen Vereinbarungen zur Zulässigkeit von Samstagsarbeit/Arbeit an Dienstleistungsabenden zu kollektivvertraglichen Normen, welche die Arbeitsleistung untersagen oder erschweren, könnte daher allenfalls auf dem Boden jener Lehre zweifelhaft erscheinen, derzufolge gegenüber kollektivrechtlichen Verboten die Frage der Günstigkeit gar nicht aufgeworfen werden könne.[453]

Indessen ist – wie bereits an anderer Stelle dargelegt[454] – ein Günstigkeitsvergleich in Beziehung auf Regelungen in Tarifverträgen oder Betriebsvereinbarungen, die eine bestimmte individualvertragliche Gestaltung der Arbeitsbedingungen untersagen, nicht etwa deshalb begrifflich ausgeschlossen, weil es an einer Regelung fehlt, mit welcher das kollektivrechtliche Verbot verglichen werden könnte. Der Günstigkeitsvergleich vollzieht sich in diesem Fall in der Prüfung, ob die verbotene Regelung nicht in Wirklichkeit die für den Arbeitnehmer günstigere darstellt. Tarifvertragliche oder betriebliche Regelungen zur Lage der Arbeitszeit sind daher auch dann einem Günstigkeitsvergleich zugänglich, wenn sie in die Form eines Verbotes gekleidet sind.[455]

Des weiteren könnte die Tatsache, daß ein kollektivrechtliches Verbot der einzelvertraglichen Vereinbarung von Arbeitsleistungen außerhalb der üblichen Betriebszeiten als eine Regelung der Lage der Arbeitszeit auch eine *betriebliche* Frage betrifft, es rechtfertigen, entsprechende Bestimmungen der Geltung des Günstigkeitsprinzips zu entziehen. Nach mitunter vertretener Auffassung[456] soll das Günstigkeitsprinzip keine Anwendung auf Betriebsnormen finden. Diese seien jeweils auf eine betriebliche *Gesamtordnung* gerichtet, deren Regelungen bei Aufstellung und Durchführung voneinander abhingen, so daß die Arbeitsvertragsparteien sie nicht im Detail verändern könnten. Sofern man entgegen der hier vertretenen Auffassung bereit ist, Regelungen zur Lage der Arbeitszeit – zumindest auch – als Betriebsnormen zu klassifizieren, könnte unter Zugrundelegung der beschriebenen Ansicht die Anwendung des Günstigkeitsprinzips zweifelhaft sein.

---

[452] *Neumann* (NZA 1990, 961 (965)) schildert persönliche Erfahrungen mit verlängerten Ladenöffnungszeiten in der Stuttgarter Klett-Passage und auf den Flughäfen; nach seinen Recherchen habe die Nachfrage für diese Tätigkeiten das Angebot deutlich überstiegen.

[453] Siehe oben S. 130 f.; BAG AP Nr. 1 zu § 817 BGB; DB 19 5 6, 12 10.

[454] Siehe oben S. 131 f.

[455] *Buchner*, RdA 1990, 1 (16).

[456] *Wiedemann/Stumpf*, TVG, § 4 Rz. 224; Hagemeier/Kempen/*Zachert*/Zilius, TVG, § 4 Rz. 142.

Indessen sind auch im Verhältnis zu Betriebsnormen arbeitsvertragliche Abmachungen möglich, die dem betroffenen Arbeitnehmer eine günstigere Stellung einräumen, als sie ihm nach der Betriebsnorm zukommt.[457] Die Anwendbarkeit des Günstigkeitsprinzips ist deshalb auch im Verhältnis zu Betriebsnormen geboten, zumal diese gem. § 3 Abs. 2 TVG Geltung auch gegenüber nichtorganisierten Arbeitnehmern beanspruchen, denen mit Rücksicht auf die verfassungsrechtlich gewährleistete negative Koalitionsfreiheit wenigstens die Möglichkeit verbleiben muß, günstigere Arbeitsbedingungen mit dem Arbeitgeber auszuhandeln.[458]

Eine entsprechende Beschränkung des Günstigkeitsprinzips erschiene allenfalls gegenüber den sog. Regelungen mit *Drittwirkung* gerechtfertigt. Damit sind jene Fälle angesprochen, in denen die Abweichung von der Betriebsnorm notwendigerweise Rückwirkungen auf die Stellung anderer Arbeitnehmer hat, sich also die Auswirkungen der günstigeren Abrede nicht im Innenverhältnis zwischen Arbeitgeber und Arbeitnehmer erschöpfen.[459]

Die einzelvertragliche Abweichung von einer Betriebsnorm, die bestimmte Wochentage arbeitsfrei hält, läßt jedoch die Position derjenigen Arbeitnehmer, welche entsprechend der in der Betriebsnorm getroffenen Regelung in dieser Zeit nicht arbeiten, unberührt. Auch unter diesem Gesichtspunkt besteht daher kein Anlaß, ein kollektivvertragliches Verbot von Arbeitsleistungen außerhalb der üblichen Betriebszeiten der Günstigkeitsbeurteilung zu entziehen.

Die Zulässigkeit arbeitsvertraglicher Abmachungen, die abweichend von tariflichen oder betrieblichen Arbeitszeitregelungen eine Tätigkeit des Arbeitnehmers am Samstag bzw. am Dienstleistungsabend vorsehen, ist mithin nach Maßgabe des Günstigkeitsprinzips zu beurteilen.

---

[457] *Löwisch*, DB 1989, 1185 (1186).

[458] *Löwisch*, DB 1989, 1185 (1186); vgl. *Belling*, Günstigkeitsprinzip, 80.

[459] *Löwisch* (DB 1989, 1185 (1187) bildet das Beispiel, daß einem Arbeitnehmer, der in einer Akkordgruppe arbeitet, eine Verlegung von Arbeitsbeginn und -ende zugebilligt wird; es fragt sich, ob nicht ohnehin nur diese Fallgruppe unter die Kategorie der Betriebsnormen subsumiert werden sollte: vgl. etwa *Wlotzke* (Günstigkeitsprinzip, 26), der Tarifnormen über betriebliche Fragen, die nicht als sog. Solidarnormen die Belegschaft als solche betreffen, sondern als Ordnungsvorschriften die Betriebsverhältnisse einheitlich gestalten, den *Inhaltsnormen* zurechnet.

5. Der Günstigkeitsvergleich

a) Stellungnahmen im Schrifttum

Zur Beurteilung der Günstigkeit abweichender individualvertraglicher Vereinbarungen hinsichtlich der Lage der Arbeitszeit haben bisher – soweit ersichtlich – lediglich Löwisch[460] und Neumann[461] Stellung genommen.

Auf der Grundlage einer objektiven Beurteilungsperspektive sowie unter Zugrundelegung der Annahme, daß der Schutzzweck der jeweiligen kollektiven Regelungen der Arbeitszeit die Berücksichtigung eines etwaigen höheren Entgeltes im Rahmen des Günstigkeitsvergleiches verbiete, gelangt Löwisch zu der Einschätzung, daß individualvertragliche Vereinbarungen, die den Arbeitnehmer zu einer Tätigkeit außerhalb der kollektivrechtlichen Arbeitszeitregelungen *verpflichten*, gegenüber diesen Regelungen ungünstiger seien. Der Schutzzweck der entsprechenden tariflichen oder betrieblichen Bestimmungen sei hingegen nicht berührt, wenn dem Arbeitnehmer individualvertraglich die Möglichkeit eingeräumt wird, *freiwillig* Samstags bzw. am Donnerstag zwischen 18.30h und 20.30h zu arbeiten. Die Einräumung dieser zusätzlichen Dispositionsmöglichkeit sei – unabhängig von weiteren damit verbundenen Vorteilen, etwa Zuschlägen – für den verständigen Arbeitnehmer günstiger als das strikte Verbot der Arbeit am Samstag oder am Dienstleistungsabend. Dies gelte jedenfalls dann, wenn der Arbeitnehmer – entsprechend dem Modell des § 3 Abs. 2 MuSchG – sein Einverständnis jederzeit *widerrufen* könne. Eine Einschränkung dieser Wahlfreiheit ließe sich auch nicht mit der Notwendigkeit eines Schutzes des Arbeitnehmers vor sich selbst begründen, da bei der Frage der Samstagsarbeit bzw. der Arbeit am Dienstleistungsarbeit – anders als bei der Sicherung ausreichender Erholungszeit – nicht der Gesundheitsschutz, sondern die Sicherung des frühzeitigen Feierabends auch am Donnerstag bzw. eines zusammenhängenden, den freien Samstag einschließenden Wochenendes in Rede stünde. Die Tatsache, daß diese Zielsetzungen von der Mehrheit der arbeitenden Bevölkerung oder der Mehrheit der betroffenen Beschäftigten möglicherweise als Vorzug empfunden werden, könne es nicht rechtfertigen, eine Minderheit mit anderen Präferenzen an einer abweichenden Freizeitdisposition zu hindern. Der Schutz vor sich selbst würde hier zu einer Bevormundung des Arbeitnehmers führen, die sein Recht auf freie Entfaltung seiner Persönlichkeit nach Art. 2 Abs. 1 GG unverhältnismäßig beschränke.

---

[460] Zur Samstagsarbeit: DB 1989, 1185 ff.; zum Dienstleistungsabend: NZA 1989, 959 ff.

[461] NZA 1990, 961 ff.

Auch Neumann[462] sieht tarifrechtlich aufgrund des Günstigkeitsprinzips kein Hindernis für die Zulässigkeit von an sich nach dem Tarifvertrag nicht erlaubten Arbeitszeiten, wenn für den Arbeitnehmer eine echte *Wahlmöglichkeit* zwischen den unterschiedlichen Tätigkeiten besteht.

b) Eigene Stellungnahme

Die Auffassung, eine individualvertragliche Abrede, welche dem Arbeitnehmer ein *Wahlrecht* einräumt, statt zu einer anderen Zeit in der Woche *freiwillig* am Donnerstag zwischen 18.30h und 20.30h oder am Samstag zu arbeiten, sei stets günstiger als tarifliche oder betriebliche Regelungen, die eine entsprechende Tätigkeit kategorisch untersagen, verdient uneingeschränkte Zustimmung. In der Tat ist die Einräumung einer solchen Option für den Arbeitnehmer unabhängig von seinen jeweiligen Präferenzen wegen der damit verbundenen Erweiterung seiner Rechtsstellung stets vorteilhafter als eine Regelung, die ihm insoweit keine Wahlfreiheit einräumt. Die Möglichkeit, daß der Arbeitgeber unter Hinweis darauf, daß sich auch andere Arbeitnehmer zur Arbeit am Samstag bzw. am Dienstleistungsabend bereitgefunden haben, versucht sein könnte, Druck auf die übrigen Arbeitnehmer auszuüben, rechtfertigt jedenfalls angesichts der heute gegebenen Rechtsschutzmöglichkeiten keine Einschränkung des Günstigkeitsprinzips.[463]

Widerspruch anzumelden ist schließlich gegenüber der These, daß arbeitsvertragliche Abmachungen, die eine *Verpflichtung* des Arbeitnehmers zur Arbeit während „an sich" arbeitsfreier Zeiten vorsehen, im Verhältnis zu entgegenstehenden kollektivrechtlichen Regelungen stets als ungünstiger zu beurteilen seien. Bereits auf der Grundlage der objektiven Theorie kann es nicht als ausgemacht gelten, daß die individualvertragliche Verpflichtung des Arbeitnehmers zur Arbeit am Donnerstagabend oder am Samstag generell von entgegenstehenden tariflichen oder betrieblichen Verboten verdrängt werden. Dies gilt jedenfalls dann, wenn – was regelmäßig der Fall sein dürfte – dem Arbeitnehmer für die Abweichung von der in der tariflichen oder betrieblichen Regelung eine Kompensation – höhere Bezahlung, Freizeitausgleich – gewährt wird.[464]

---

[462] NZA 1990, 961 (965 f.).

[463] So zutreffend *Löwisch*, DB 1989, 1185 (1187); *ders.*, NZA 1989, 959 (960).

[464] Nach einer Studie des Sozialforschungsinstituts *Polis* im Auftrag des NRW-Wirtschaftsministeriums ist die Bereitschaft der Arbeitnehmer, bei Freizeitausgleich und Lohnzuschlag mehr Sams-

Der Einwand Löwischs, der *Schutzzweck* kollektivvertraglicher Arbeitszeitregelungen, welche die Samstagsarbeit untersagen oder die Arbeit am Donnerstagabend nach 18.30h ausschließen, verböte die Kompensation mit übertariflichen Leistungen, überzeugt nicht.

Zunächst schließt die von Löwisch aus dem Schutzzweck der entsprechenden Kollektivnorm abgeleitete Forderung, der Vergleich müsse auf sachlich eng zusammenhängende Bestimmungen beschränkt werden, die Berücksichtigung eines erhöhten Entgeltes oder eines Freizeitausgleichs keineswegs aus. Solche Vergünstigungen dienen gerade als Ausgleich für den Verzicht des Arbeitnehmers auf den frühen Feierabend bzw. das zusammenhängende Wochenende und stehen daher in engem Zusammenhang mit der vom Arbeitnehmer übernommenen Verpflichtung.[465]

Ein Kompensationsverbot erschiene überhaupt nur diskutabel, wenn die betreffenden Kollektivnormen dem Schutz von Rechtsgütern wie dem Leben oder der Gesundheit des Arbeitnehmers objektiv dienen oder zumindest zu dienen bestimmt wären. In diesem Fall wäre zu erwägen, ob der Arbeitnehmer sich diesen Schutz durch die Gewährung übertariflicher Leistungen, etwa höheren Lohn, gleichsam „abkaufen" lassen dürfe. Löwisch stellt hingegen selbst fest, daß bei der Frage, ob donnerstags zwischen 18.30h und 20.30h bzw. am Samstag gearbeitet wird, nicht der Gesundheitsschutz in Rede stehe, sondern ausschließlich die von der Mehrzahl der Beschäftigten als Vorzug empfundene Sicherung des frühzeitigen Feierabends am Donnerstag bzw. ein zusammenhängendes Wochenende.[466]

Die aus diesem Befund von ihm gezogene Folgerung, die Freizeitinteressen einer Mehrheit der Beschäftigten könne es nicht rechtfertigen, eine Minderheit mit anderen Präferenzen an einer abweichenden Freizeitdisposition zu hindern, ist zutreffend. Sie gilt aber gleichermaßen für individualvertragliche Gestaltungen, die eine *Verpflichtung* des Arbeitnehmers zur Arbeit am Dienstleistungsabend bzw. am Samstag vorsehen. Auch in diesem Fall würde ein Schutz des Arbeitnehmers vor sich selbst zu einer Bevormundung führen, die sein Recht auf freie Persönlichkeitsentfaltung unverhältnismäßig beschränkt.

Erst recht gilt dies auf der Grundlage der hier vertretenen subjektiven Theorie, derzufolge der Arbeitnehmer auch bei einer individualvertraglich

---

tagsarbeit zu leisten, höher als bisher angenommen; mehr als die Hälfte der Befragten konnte sich Samstagsarbeit vorstellen (Handelsblatt vom 31.8.1993).

[465] Vgl. *Leinemann*, DB 1990, 732 (734): Arbeitszeitregelungen ohne auf sie bezogene Arbeitsentgeltregelungen gebe es nicht; daher seien alle Günstigkeitsvergleiche verfehlt, die diesen Verbund außer acht ließen.

[466] DB 1989, 1185 (1187); NZA 1989, 959 (960).

eingegangenen Verpflichtung zur Arbeitsleistung außerhalb des von der kollektivvertraglichen Arbeitszeitordnung vorgesehenen Rahmens zwischen der arbeitsvertraglichen und der tariflichen bzw. betrieblichen Regelung entsprechend seinen persönlichen Wertschätzungen sich frei entscheiden kann. Die von Löwisch im Hinblick auf die Günstigkeitsbeurteilung unterschiedlich behandelten Konstellationen – Option zur freiwilligen Arbeit einerseits, arbeitsvertragliche Verpflichtung zur Arbeitsleistung andererseits – sind hier einander weitgehend angenähert. Sie unterscheiden sich in ihren rechtlichen Wirkungen lediglich dann, wenn mit dem bereits arbeitsvertraglich eingeräumten Wahlrecht eine Korrekturmöglichkeit des Inhalt verbunden ist, daß der Arbeitnehmer eine einmal zugunsten der Arbeit am Samstag bzw. am Dienstleistungsabend getroffenen Entscheidung widerrufen oder seine Option von Fall zu Fall erneut und in unterschiedlicher Weise ausüben kann. Sieht der Arbeitsvertrag hingegen nicht vor, daß die vom Arbeitnehmer einmal getroffene Entscheidung für oder gegen die Arbeit außerhalb der kollektivvertraglichen Arbeitszeitordnung späterhin korrigiert werden kann, wäre ein solche Vertragsgestaltung im Hinblick auf das Günstigkeitsprinzip nicht anders zu beurteilen als eine entsprechende arbeitsvertragliche Verpflichtung des Arbeitnehmers zur Dienstleistung. Solcherart arbeitsvertraglich eingeräumte Optionen vermögen dem Arbeitnehmer in diesem Fall nämlich kein größeres Maß an Wahlfreiheit zu gewähren, als es dem Arbeitsvertrag ohnehin bereits immanent ist. Die subjektive Theorie respektiert die vom Arbeitnehmer in Ausübung dieses Wahlrechts getroffene Entscheidung. Daher kann im Einzelfall auch eine arbeitsvertragliche Vereinbarung rechtlichen Bestand haben, die ungeachtet entgegenstehender kollektivvertraglicher Arbeitszeitregelungen eine *Verpflichtung* des Arbeitnehmers vorsieht, an Samstagen oder Dienstleistungsabenden zu arbeiten.

D. Zusammenfassung der Ergebnisse

1. Teil: Inhalt, Grundlagen und Reichweite des Günstigkeitsprinzips

1. Entsprechend der Funktion des Günstigkeitsprinzips, der kollektiven Regelungsmacht zugunsten der Privatautonomie eine Schranke zu setzen, bildet den Maßstab des Günstigkeitsvergleichs ausschließlich das *Individualinteresse* des Arbeitnehmers.

2. Soweit der Schutz wichtiger Rechtsgüter des Arbeitnehmers, insbesondere seiner Gesundheit, nicht entgegensteht, ist für den Günstigkeitsvergleich grundsätzlich die *Einschätzung durch den* jeweils betroffenen *Arbeitnehmer* maßgeblich; dieser hat zu erklären, ob er sich auf die kollektivvertragliche oder die individualvertragliche Regelung als die für ihn günstigere Bestimmung berufen will. Im übrigen bedarf es lediglich bei im Verhältnis zum Kollektivvertrag offensichtlich ungünstig erscheinenden einzelvertraglichen Vereinbarungen des Vorliegens objektiver Anhaltspunkte für ein anerkennenswertes Interesse des Arbeitnehmers an deren Geltung.

3. Im Rahmen des Günstigkeitsvergleichs ist die Kompensation untertariflicher Arbeitsbedingungen durch übertarifliche Vorteile möglich. Gegenstand des Günstigkeitsvergleichs sind jeweils jene Bestimmungen des Tarifvertrages bzw. der einzelvertraglichen Vereinbarung, die nach dem Willen der Vertragsparteien oder – wenn sich ein solcher auch im Wege der Auslegung nicht ermitteln läßt – unter objektiven Gesichtspunkten in einem erkennbaren Zusammenhang stehen (Sachgruppenvergleich).

4. Das in § 4 Abs. 3, 2. Alt. TVG für das Verhältnis zwischen Tarifnorm und Individualvertrag einfachgesetzlich normierte Günstigkeitsprinzip enthält einen durch die grundrechtliche Gewährleistung der individuellen Vertragsfreiheit des tarifgebundenen Arbeitnehmers *verfassungsrechtlich gebotenen Rechtsgrundsatz*. Die Notwendigkeit seiner Anerkennung im Verhältnis zum Tarifvertrag ergibt sich bereits aus der begrenzten Funktion der Koalitionsfreiheit, die eine Einschränkung der Individualautonomie des Arbeitnehmers durch eine tarifvertragliche Regelung dann nicht mehr zu rechtfertigen vermag, wenn der Arbeitnehmer ihres Schutzes nicht bedarf und in Ausübung

seiner Individualautonomie selbst in der Lage ist, für sich günstigere Arbeitsbedingungen zu vereinbaren. Das Günstigkeitsprinzip kann zugleich als praktischer Anwendungsfall des zur Lösung von Grundrechtskollisionen entwickelten Prinzips des praktischen Konkordanz verstanden werden, das den notwendigen Ausgleich zwischen der durch Art. 2 Abs. 1 GG geschützten Privatautonomie des Arbeitnehmers und der durch Art. 9 Abs. 3 GG gewährleisteten Kollektivautonomie herstellt.

5. Das Günstigkeitsprinzip findet ungeachtet seiner fehlenden positivrechtlichen Normierung im BetrVG auch im Verhältnis zu den Normen einer *Betriebsvereinbarung* grundsätzlich Anwendung. Sein Geltungsanspruch erfaßt gleichermaßen individuell ausgehandelte wie auch sog. Allgemeine Arbeitsbedingungen. Eine Restriktion des Günstigkeitsprinzips durch Beschränkung auf individuelle Sonderabmachungen ist nach geltendem Recht nicht zu begründen. Der im Hinblick auf die individualrechtliche Rechtsnatur jener arbeitsrechtlichen Gestaltungsfaktoren, auf denen Allgemeine Arbeitsbedingungen beruhen, zu beachtende Grundsatz der Vertragstreue steht der Ablösung von auf Allgemeinen Arbeitsbedingungen beruhenden Ansprüchen der Arbeitnehmer durch Betriebsvereinbarung grundsätzlich entgegen. Eine Ablösung kommt lediglich dann in Betracht, wenn sich dem Leistungsversprechen des Arbeitgebers der Vorbehalt der Abänderbarkeit durch Betriebsvereinbarung („Betriebsvereinbarungsvorbehalt“) entnehmen läßt.

2. Teil: Kollektivvertragliche Regelungen der Arbeitszeit im Lichte des Günstigkeitsprinzips

1. Tarifliche Arbeitszeitregelungen sind einem Günstigkeitsvergleich zugänglich. Sie können der Anwendung des Günstigkeitsprinzips nicht mit begrifflichen Erwägungen zum Rechtscharakter solcher Regelungen oder mit der Begründung entzogen werden, sie beträfen lediglich den Umfang des Leistungsversprechens und seien daher „günstigkeitsneutral“.

2. Die überkommene Auffassung, die Vereinbarung längerer Wochenarbeitszeiten sei für den Arbeitnehmer stets ungünstig, läßt sich auch auf der Grundlage einer objektiven Beurteilungsperspektive nicht aufrechterhalten. Andererseits kann auch nicht die generelle Feststellung getroffen werden, daß eine entsprechende Verlängerung der Arbeitszeit stets die günstigere Regelung darstellt.

3. Einen gewissen „objektiven“ Fixpunkt für die Günstigkeitsbeurteilung von Arbeitszeitregelungen bildet lediglich die Einsicht, daß eine dem Arbeitnehmer ein *Wahlrecht* zwischen kürzerer und längerer Arbeitszeit einräu-

mende Regelung in jedem Fall günstiger ist als eine Regelung ohne ein solches Wahlrecht.

4. Im übrigen ermöglicht die Anwendung einer objektiven Sichtweise im Einzelfall keine verläßlichen Aussagen über die Günstigkeit von Arbeitszeitregelungen. Dies räumen auch Befürworter der „objektiven Theorie" ein, wenn sie bei der Günstigkeitsbeurteilung entsprechender Regelungen eine Beurteilungsprärogative des Arbeitnehmers anerkennen. Der Sache nach wird damit die hier vertretene „subjektive Theorie" angewendet.

5. Modelle zur *Flexibilisierung der Arbeitszeit* nach dem Vorbild des im Metalltarifkonflikt 1984 gefundenen „Leber-Kompromisses" erstrecken, auch wenn sie sich formal einer betriebsverfassungsrechtlichen Gestaltung bedienen, in rechtlich unzulässiger Weise den auf tarifgebundene Arbeitsverhältnisse beschränkten Geltungsbereich tarifvertraglicher Regelungen auf nichttarifgebundene Arbeitnehmer. Wegen § 75 Abs. 1 BetrVG führt die Unwirksamkeit der Regelung gegenüber den Nichtorganisierten dazu, daß sie auch gegenüber den Tarifgebundenen keine Wirkung entfaltet.

6. Die Konstruktion einer Limitierung einzelvertraglicher Verlängerungen der tariflichen Wochenarbeitszeit durch tarifvertraglich vorgegebene *Quoten*, wie sie die Tarifvertragsparteien in den Metalltarifverträgen 1990 gewählt haben, vermag die einzelvertragliche Vereinbarung längerer Arbeitszeiten nicht auf die tariflich vorgegebenen Quoten und Zeitrahmen zu beschränken.

7. Für die Festlegung von *Altersgrenzen*, die eine Beendigung des Arbeitsverhältnisses bei Erreichen eines bestimmten Lebensalters des Arbeitnehmers vorsehen, fehlt den Betriebspartnern bereits die Regelungskompetenz. Tarifvertragliche Altersgrenzenregelungen sind zwar von der Normsetzungskompetenz der Tarifparteien gedeckt, müssen sich aber an der durch Art. 12 Abs. 1 GG gewährleisteten Berufswahlfreiheit des Arbeitnehmers messen lassen. Regelungen, die lediglich aus Gründen einer günstigen Altersstruktur im Unternehmen oder aus arbeitsmarktpolitischen Gründen eine Altersgrenze festlegen, ohne zugleich im Hinblick auf die von den Arbeitnehmern zu erfüllenden beruflichen Anforderungen erforderlich und angemessen zu sein, sind mit Art. 12 Abs. 1 GG nicht vereinbar. Im Günstigkeitsvergleich erweist sich eine arbeitsvertragliche Regelung, die keine oder eine gegenüber der kollektivrechtlichen Vorschrift höhere Altersgrenze vorsieht, durchweg als günstiger. Die arbeitsvertragliche Abdingung oder Heraufsetzung einer Altersgrenze ist stets zulässig.

8. Betriebsvereinbarungen, die den Umfang der von den Arbeitnehmern zu leistenden Überarbeit zwingend festzulegen suchen, sowie tarifvertragliche Verbote oder Beschränkungen der Leistung von *Überarbeit* stehen einem Günstigkeitsvergleich nicht im Wege. Dieser kann im Einzelfall dazu führen,

der individualvertraglichen Vereinbarung von Überstunden rechtliche Geltung zu verschaffen, da auch hier nicht „objektive" Gesichtspunkte oder die mit dem Verbot verfolgten Zwecksetzungen, sondern die Präferenzen der von den von der Anordnung von Überarbeit betroffenen Arbeitnehmer entscheidend sind.

9. Das Günstigkeitsprinzip findet auch auf Regelungen zur Lage der Arbeitszeit Anwendung. Individualvertragliche Abreden, die dem Arbeitnehmer ein *Wahlrecht* einräumen, zu anderen als den betriebsüblichen Zeiten zu arbeiten, sind stets günstiger als tarifliche oder betriebliche Regelungen, die eine entsprechende Tätigkeit kategorisch untersagen. Dies gilt unabhängig davon, ob der Arbeitnehmer sein einmal unbefristet erklärtes Einverständnis widerrufen kann oder nicht. Auf der Grundlage der hier vertretenen Auffassung, daß für das Günstigkeit grundsätzlich die persönliche Einschätzung des betroffenen Arbeitnehmers maßgeblich ist, ist auch eine vom Arbeitnehmer eingegangene *Verpflichtung* zur Arbeit während „an sich" arbeitsfreier Zeiten nicht notwendig ungünstiger als die Geltung eines kollektivvertraglichen Verbotes einer solchen Tätigkeit.

Literaturverzeichnis

Adomeit, Klaus: Günstigkeitsprinzip neu interpretiert, Handelsblatt vom 21./22.1.1994.

— Das Günstigkeitsprinzip – neu verstanden, NJW 1984, 26 f.

— Über einige Schwierigkeiten, ein Arbeitsrechtler zu sein, in: Festschrift für Marie Luise Hilger und Hermann Stumpf, München 1983, S. 1 ff.

Ahrend, Peter/*Förster*, Wolfgang/*Rühmann*, Jochen: Die abändernde und ablösende Betriebsvereinbarung – Instrumente zur Anpassung betrieblicher Versorgungsregelungen. Zugleich eine Besprechung des Beschlusses des Großen Senats des Bundesarbeitsgerichts vom 16.9.1986, BB Beilage 7/1987, 1-18.

Ammermüller, Martin G.: Flexible Altersgrenze und Beendigung des Arbeitsverhältnisses, DB 1973, 822-824.

— Rentenreform 1992, DB 1990, 221-224.

Anzinger, Rudolf/*Kobarski*, Wolfgang: Das Gesetz zur Einführung eines Dienstleistungsabends und seine Auswirkungen auf individualarbeitsrechtliche, kollektivrechtliche und kartellrechtliche Fragen, NZA 1989, 737-746.

Badura, Peter: Arbeitsgesetzbuch, Koalitionsfreiheit und Tarifautonomie, RdA 1974, 129-138.

— Arbeit als Beruf (Art. 12 Abs. 1 GG), in: Festschrift für Wilhelm Herschel zum 85. Geburtstag, München 1982, S. 21-35.

— Das Recht der Koalitionen – Verfassungsrechtliche Fragen, in: Arbeitsrecht der Gegenwart Bd. 15 (1978), S. 17-36.

Bakopoulos, Konstantinos: Zuständigkeitsverteilung zwischen tarifvertraglicher und innerbetrieblicher Normsetzung, Berlin 1989.

Bauer, Jobst-Hubertus: Rechtliche Bedingungen einer Arbeitszeitverkürzung, Handelsblatt vom 10.11.1993, Seite 9.

Bauer, Jobst-Hubertus/*Diller*, Martin: § 128 AFG zum Dritten! BB 1992, 2283-2287.

Bauer, Jobst-Hubertus/*Lingemann*, Stefan: Personalabbau und Altersstruktur, NZA 1993, 625-632.

Becker, Friedrich/*Etzel*, Gerhard et al.: Gemeinschaftskommentar zum Kündigungsschutzgesetz und zu sonstigen kündigungsschutzrechtlichen Vorschriften. 3. Auflage Neuwied 1989 (zitiert: KR-*Bearbeiter*).

Belling, Detlev Werner: Anmerkung zu BAG, Urteil vom 20.12.1984 – 2 AZR 3/84; AP Nr. 9 zu § 620 BGB – Altersgrenze.

— Anmerkung zu BAG, Urteil vom 20.11.1987 – 2 AZR 284/86; EzA § 620 BGB – Altersgrenze Nr. 1.

— Das Günstigkeitsprinzip im Arbeitsrecht, Berlin 1984.

— Das Günstigkeitsprinzip im Betriebsverfassungsrecht – Zugleich eine Anmerkung zum Urteil des Bundesarbeitsgerichts vom 12.8.1982 – 6 AZR 1117/79 – DB 1982, 1775; DB 1982, 2513-2517.

— Das Günstigkeitsprinzip nach dem Beschluß des Großen Senats des Bundesarbeitsgerichts, in: Rupert Scholz (Hrsg.), Wandel der Arbeitswelt als Herausforderung des Rechts: Referate und Diskussionsbeiträge/Kongreß Junge Juristen und Wirtschaft. Köln 1988 (= Veröffentlichungen der Hanns Martin Schleyer-Stiftung; Bd. 25), S. 119-124.

— Das Günstigkeitsprinzip nach dem Beschluß des Großen Senats des Bundesarbeitsgerichts vom 16.9.1986, DB 1987, 1888-1895.

Benda, Ernst: Gedanken zum Sozialstaat, RdA 1981, 137-143.

— Probleme der industriellen Sonntagsarbeit, Baden-Baden 1990.

Bender, Reinhard: Arbeitsflexibilisierung durch Tarifvertrag und Betriebsvereinbarung auf der Grundlage eines entschärften Tarifvorranges, BB 1987, 1117-1121.

Bengelsdorf, Peter: Tarifliche Arbeitszeitbestimmungen und Günstigkeitsprinzip, ZfA 1990, 563-607.

Berger-Delhey, Ulf: Rentenreform contra Tarifvertrag? – Ein Beitrag zur Gültigkeit tarifvertraglicher Altersgrenzenregelungen im Recht des öffentlichen Dienstes, ZTR 1992, 99-102.

Beuthien, Volker: Mitbestimmungsvereinbarungen nach geltendem und künftigem Recht, ZHR 148 (1984), 95-117.

Biberacher, Hansjörg: Betriebliche Rechtssetzungsmacht, Frankfurt a. M. 1983.

Bieback, Karl-Jürgen: Staatliches Besoldungsangleichungsrecht und die Arbeitsvertragsfreiheit öffentlicher Bediensteter, ZfA 1979, 453-491.

Biedenkopf, Kurt H.: Grenzen der Tarifautonomie, Karlsruhe 1964.

Bispinck, Reinhard et al.: 35-Stunden-Woche und kräftiger Lohnanstieg – Tarifbewegungen in der alten Bundesrepublik im Jahr 1990, WSI Mitteilungen 1992, 129-145.

Boemke, Burkhard: Privatautonomie im Arbeitsrecht, NZA 1993, 532-538.

Boerner, Dietmar: Altersgrenzen für die Beendigung von Arbeitsverhältnissen in Tarifverträgen und Betriebsvereinbarungen, Pfaffenweiler 1992.

Bötticher, Eduard: Anmerkung zu BAG, Urteil vom 28.9.1961 – 2 AZR 428/60; SAE 1962, 172-174.

— Die Ausübung der Tarifmacht durch negative Inhaltsnormen, RdA 1968, 418-420.

Blomeyer, Wolfgang: Anmerkung zu BAG, Urteil vom 26.4.1988 – 3 AZR 277/87; AuR 1989, 189-192.

— Die „ablösende Betriebsvereinbarung" im Meinungsstreit, NZA 1985, 641-647.

— Der befristete Arbeitsvertrag als Problem der Gesetzesinterpretation, RdA 1967, 406-415.

— Besitzstandwahrung durch Tarifvertrag – Zugleich ein Beitrag zu den Grenzen der Tarifmacht, ZfA 1980, 1-76.

— Das kollektive Günstigkeitsprinzip – Bemerkungen zum Beschluß des Großen Senats des Bundesarbeitsgerichts vom 16.9.1986, DB 1987, 634-638.

Blume, Otto/*Plum*, Wolfgang/*Naegele*, Gerhard: Altersgrenze und Arbeitsmarktpolitik, Opladen 1979.

Böhm, Walter/*Spiertz*, Hans/*Steinherr*, Franz/*Sponer*, Wolfdieter: Bundesangestelltentarif (BAT), Kommentar, Teil I (§§ 53-74), Heidelberg, Stand August 1993.

Bonner Kommentar: Kommentar zum Bonner Grundgesetz. Heidelberg. Stand 61. Lieferung (Oktober/November 1990).

Brox, Hans: Arbeitsrecht. 10. Auflage Stuttgart/Berlin/Köln 1992.

— Die Bedeutung von Günstigkeitsklauseln in Kollektivvereinbarungen, BB 1966, 1190-1194.

Brunz, Michael: Die neuen tariflichen Arbeitszeitbestimmungen für die Metallindustrie in der Rechtsprechung, NZA Beilage 2/1986, 3-12.

Buchner, Herbert: Der Abbau arbeitsvertraglicher Ansprüche durch Betriebsvereinbarung im System der Mitbestimmung in sozialen Angelegenheiten (§ 87 BetrVG), DB 1983, 877-887.

— Anmerkung zu LAG Baden-Württemberg, Urteil vom 22.3.1989, DB 1989, 2029 f.

— Arbeitszeitregelungen im Spannungsfeld zwischen Tarifvertrag und Betriebsvereinbarung, NZA 1986, 377-383.

— Arbeitszeit und Günstigkeitsprinzip, in: Hromadka, Wolfgang (Hrsg.), Arbeitszeitrecht im Umbruch, Stuttgart 1988, S. 3-23.

— Die Neuregelung der Erstattungspflicht nach § 128 AFG, NZA 1993, 481-491.

— Rechtswirksamkeit der tarifvertraglichen Regelung über die Flexibilisierung der Arbeitszeit in der Metallindustrie, DB 1985, 913-923.

— Reform des Betriebsverfassungsrechts, Die AG 1971, 189-196.

— Tarifliche Arbeitszeitbestimmungen und Günstigkeitsprinzip, DB 1990, 1715-1723.

— Die Umsetzung der Tarifverträge im Betrieb – Bewältigtes und Unbewältigtes aus dem Spannungsverhältnis tariflicher und betrieblicher Regelungsbefugnis, RdA 1990, 1-18.

Bulla, Gustav-Adolf: Das Prinzip der Sozialadäquanz im Arbeitsrecht, RdA 1962, 6-15.

Buschmann, Rudolf: Die Günstigkeit der Nachtarbeit, NZA 1990, 387 f.

Buschmann, Rudolf/*Ulber*, Jürgen: Flexibilisierung: Arbeitszeit – Beschäftigung, Köln 1989.

Canaris, Claus-Wilhelm: Die Allgemeinen Arbeitsbedingungen im Schnittpunkt von Privat- und Kollektivautonomie, RdA 1974, 18-26.

— Funktionale und inhaltliche Grenzen kollektiver Gestaltungsmacht bei der Betriebsvereinbarung, AuR 1966, 129-140.

— Die Vertrauenshaftung im deutschen Privatrecht, München 1971.

Clausen, Uwe: Der schuldrechtliche Teil des Tarifvertrages, Regensburg 1971.

Clemens, Horst/*Scheuring*, Ottheinz/*Steingen*, Werner/*Wiese*, Friedrich: Kommentar zum Bundesangestelltentarifvertrag, Teil I (§§ 42-64), Stuttgart/München/Berlin, Stand Juni 1993.

Coester, Michael: Zur Ablösung einheitvertraglicher Leistungsordnungen, BB 1984, 797-804.

Courth, Paul: Günstigkeitsprinzip und Günstigkeitsvergleich im Spannungsfeld zwischen Individual- und Kollektivrecht, Köln 1969.

Däubler, Wolfgang: Der Arbeitsvertrag – ein Mittel zur Verlängerung der Wochenarbeitszeit? DB 1989, 2534-253.

— Das deutsche Arbeitsrecht – ein Standortnachteil? DB 1993, 781-787.

— Verschlechterung der Arbeitsbedingungen durch Betriebsvereinbarung? AuR 1984, 1-28.

Däubler, Wolfgang/*Hege*, Hans: Tarifvertragsrecht. 2. Auflage, Baden-Baden 1981.

Dietz, Rolf: Verbot der Verabredung übertariflicher Arbeitsbedingungen durch Beschluß eines Arbeitgeberverbandes, DB 1965, 591-598.

Dietz, Rolf/*Richardi*, Reinhard: Betriebsverfassungsgesetz (Kommentar), Band 1 (§§ 1-73), 6. Auflage München 1981, Band 2 (§§ 74-Schluß), 6. Auflage München 1982.

Droste, Dietmar: Zur Möglichkeit der einseitigen Umsetzung einer tariflichen Arbeitszeitverkürzung, DB 1992, 138-140.

Dütz, Wilhelm: Rechtsgrenzen für koalitionsautonome Arbeitszeitregelungen im Pressebereich, insbesondere zur tariflichen Einschränkung von Wochenendarbeit, AfP 1989, 605-611.

Ehmann, Horst/*Balthasar*, Klaus-Peter: Die 38,5-Stunden-Woche (Examensklausur Zivilrecht), Jura 1985, 436-443.

Eich, Rolf-Achim: Anmerkung zu BAG, Urteil vom 3.11.1987 – 8 AZR 316/81; SAE 1988, 315-317.

Etzel, Gerhard: Tarifordnung und Arbeitsvertrag, NZA Beilage 1/1987, 19-31.

Falkenberg, Rolf-Dieter: Betriebsvereinbarungen zur Verschlechterung von Arbeitsbedingungen? DB 1984, 875-881.

Fette, Hans-Peter: Der Günstigkeitsvergleich im Urlaubsrecht, Köln 1987.

Fieberg, Christian: Unwirksamkeit einer tariflichen „Altersgrenze 65"? – Anmerkung zum Urteil des LAG Düsseldorf vom 25.1.1993 – 10 Sa 1486/92 – ZTR 1993, 140-142.

Firlei, Klaus Christian: Das Problem der Objektivierung des Günstigkeitsvergleichs im österreichischen und deutschen Arbeitsverfassungsrecht, DRdA 1981, 1-15.

Fitting, Karl/*Auffarth*, Fritz/*Kaiser*, Heinrich/*Heither*, Friedrich: Betriebsverfassungsgesetz (Komm.). 17. Auflage München 1992.

Flume, Werner: Allgemeiner Teil des Bürgerlichen Rechts. Zweiter Band: Das Rechtsgeschäft. 3. Auflage Berlin/Heidelberg/New York 1979.

Folger, E.: Verzicht auf Lohn- und Gehaltsspitzen (1.), RdA 1953, 422.

Franke, Dietmar: Anmerkungen zum Wegfall der Altersgrenze nach dem Rentenreformgesetz 1992, NZA 1991, 972-974.

Galperin, Hans/*Löwisch*, Manfred: Kommentar zum Betriebsverfassungsgesetz. Band II: Regelung der Mitbestimmung (§§ 74-132). 6. Auflage Heidelberg 1982.

Gamillscheg, Franz: Simplex sigillum veri, BB 1992, 1631-1634.

Gaul, Dieter: Schranken der Bezugnahme auf einen Tarifvertrag, ZTR 1993, 355-364.

GK-BetrVG: Gemeinschaftskommentar zum Betriebsverfassungsrecht. Bd. II (§§ 74-132). 4. Auflage Neuwied/Darmstadt 1990.

Gitter, Wolfgang/*Boerner*, Dietmar: Altersgrenzen in Tarifverträgen, RdA 1990, 129-138.

Gnade, Albert/*Kehrmann*, Karl/*Schneider*, Wolfgang/*Blanke*, Hermann: Betriebsverfassungsgesetz (Komm.). 2. Auflage Köln 1983.

Gramm, Hans: Das Ordnungsprinzip im kollektiven Arbeitsrecht, AuR 1961, 353-357.

Grüner, Hans/*Dalichau*, Gerhard: Gesetzliche Rentenversicherung. Sozialgesetzbuch (SGB) Sechstes Buch (VI). Starnberg. Stand: 1. Mai 1993.

Hagemeier, Christian/*Kempen*, Otto Ernst/*Zachert*, Ulrich/*Zilius*, Jan: Tarifvertragsgesetz (Komm.). 2. Auflage Köln 1990.

Hanau, Peter: Gemeinsame Anmerkung zu BAG, Urteil vom 12.8.1982 – 6 AZR 1117/79 – und Beschluß vom 8.12.1982 – 5 AZR 316/81; AP Nrn. 4 und 6 zu § 77 BetrVG.

— Verkürzung und Differenzierung der Arbeitszeit als Prüfsteine des kollektiven Arbeitsrechts, NZA 1985, 73-77.

— Die Wiederbelebung des § 128 AFG, DB 1992, 2625-2633.

— Zwangspensionierung des Arbeitnehmers mit 65? RdA 1976, 24-31.

Hanau, Peter/*Adomeit*, Klaus: Arbeitsrecht. 10. Auflage Neuwied/Kriftel/Berlin 1992.

Hanau, Peter/*Preis*, Ulrich: Die Kündigung von Betriebsvereinbarungen, NZA 1991, 81-93.

Heckelmann, Dieter: Anmerkung zu BAG, Beschluß vom 22. 12.1981 – 1 ABR 38/79 – AP Nr. 7 zu § 87 BetrVG – Lohngestaltung.

Heinze, Meinhard: Betriebsvereinbarung versus Tarifvertrag? NZA 1989, 41-48.

— Tarifautonomie und sogenanntes Günstigkeitsprinzip, NZA 1991, 329-336.

— Personalplanung, Einstellung und Kündigung, Stuttgart 1982.

Heisig, Beate: Arbeitsentgelt- und Arbeitszeitregelungen im Spannungsfeld zwischen tariflicher und betriebsvereinbarungsrechtlicher Normsetzungsbefugnis, Frankfurt a. M./Bern/New York/Paris 1991.

Henssler, Martin: Was ist von der Altersgrenze geblieben? – Zur Zulässigkeit und Abänderbarkeit von Altersgrenzenvereinbarungen, DB 1993, 1669-1675.

Herrmann, Elke: Das Günstigkeitsprinzip und die verschlechternde Betriebsvereinbarung, ZfA 1989, 577-643.

Herschel, Wilhelm: Ablösung betrieblicher Einheitsregelungen durch Tarifvertrag, AuR 1984, 204-207.

— Tarifautonomie und Betriebsautonomie, AuR 1984, 321-323.

Hess, Harald/*Schlochauer*, Ursula/*Glaubitz*, Werner: Betriebsverfassungsgesetz (Komm.), 3. Auflage Darmstadt/Neuwied 1986.

Hesse, Konrad: Grundzüge des Verfassungsrechts der Bundesrepublik Deutschland, 18. Auflage Heidelberg 1991.

Hilger, Marie Luise: Das betriebliche Ruhegeld, Heidelberg 1959.

Hilger, Marie Luise/*Stumpf*, Hermann: Ablösung betrieblicher Gratifikations- und Versorgungsordnungen durch Betriebsvereinbarung, in: Festschrift für Gerhard Müller, Berlin 1981, S. 209-224.

Hillgruber, Christian: Der Schutz des Menschen vor sich selbst, München 1992.

Höfer, Reinhold/*Küpper*, Peter: Die Änderung genereller betrieblicher Versorgungszusagen durch Betriebsvereinbarungen – zugleich Anmerkungen zu den Entscheidungen des Bundesarbeitsgerichts vom 8.12.1981, BB 1982, 565-575.

Hoehn, Stephan: Neudefinition des Günstigkeitsprinzips – zum Verhältnis von Tarifvertrag, Betriebsvereinbarung und Einzelvertrag, in: Scholz, Rupert (Hrsg.), Wandel der Arbeitswelt als Herausforderung des Rechts: Referate und Diskussionsbeiträge/Kongreß Junge Juristen und Wirtschaft, Köln 1986 (= Veröffentlichungen der Hanns Martin Schleyer-Stiftung; Band 25), S. 72-76.

Hoppe, Günther: Das 65. Lebensjahr und die Betriebsvereinbarung, BB 1968, 757 f.

v. Hoyningen-Huene, Gerrick: Anmerkung zu BAG, Beschluß des 1. Senats vom 18.8.1987 – 1 ABR 30/86 – AP Nr. 23 zu § 77 BetrVG 1972.

— Betriebsverfassungsrecht, 2. Auflage München 1990.

— Die Billigkeit im Arbeitsrecht, München 1978.

— Die Einführung und Anwendung flexibler Arbeitszeiten im Betrieb, NZA 1985, 9-15.

— Die Inhaltskontrolle von Betriebsvereinbarungen der betrieblichen Altersversorgung, BB 1992, 1640-1646.

— Die lange Arbeitszeit (Der praktische Fall – Arbeitsrecht), JuS 1967, 461-464.

— Kompetenzüberschreitende Tarifverträge zur Regelung unterschiedlicher Wochenarbeitszeiten -Eine Replik zu dem Aufsatz von Hanau, NZA 1985, 73 ff, NZA 1985, 169 f.

v. Hoyningen-Huene, Gerrick/*Meier-Krenz*, Ulrich: Flexibilisierung des Arbeitsrechts durch Verlagerung tariflicher Regelungskompetenzen auf den Betrieb – Bestimmungsklausel, Öffnungsklausel und Erweiterung von Mitbestimmungsrechten, ZfA 1988, 293-318.

Hromadka, Wolfgang: Gemeinsame Anmerkung zu BAG, Urteil vom 20.12.1984 – 2 AZR 384 – und BAG, Beschluß vom 19.9.1985 – 2 AZR 188/83; SAE 1986, 244-248.

— Änderung und Ablösung von Einheitsarbeitsbedingungen – Zum Beschluß des Großen Senats des BAG über die ablösende Betriebsvereinbarung, NZA Beilage 3/1987, 2-14.

— Änderung von Arbeitsbedingungen, RdA 1992, 234-265.

— Die belastende Betriebsvereinbarung, DB 1985, 864-867.

— Privat- versus Tarifautonomie – Ein Beitrag zur Arbeitszeitdiskussion, DB 1992, 1042-1047.

— Pensionierungsalter und Pensionierungsmöglichkeiten, DB 1992 Beilage 11/1985, 1-8.

— Zur Zulässigkeit des auflösend bedingten Arbeitsvertrages, RdA 1983, 88-94.

Hueck, Alfred: Anmerkung zu RG, Urteil vom 27.11.1925 – III 621/24, JW 1927, 241-243.

— Das Recht des Tarifvertrages unter besonderer Berücksichtigung der Verordnung vom 23.12.1918, Berlin 1920.

Hueck, Alfred/*Nipperdey*, Hans Carl: Grundriß des Arbeitsrechts, 5. Auflage Berlin/Frankfurt a. M. 1970.

— Lehrbuch des Arbeitsrechts. Erster Band: 7. Auflage Berlin/Frankfurt a. M. 1963. Zweiter Band, Erster Halbband (II/1): 7. Auflage Berlin/Frankfurt a. M. 1966.

Hueck, Alfred/*Nipperdey*, Hans Carl/*Dietz*, Rolf: Gesetz zur Ordnung der nationalen Arbeit (Kommentar), 2. Auflage München/Berlin 1937.

Hueck, Alfred/*Nipperdey*, Hans Carl/*Tophoven*, E./*Stahlhacke*, Eugen: Tarifvertragsgesetz (Kommentar). 4. Auflage München/Berlin 1964.

Hueck, Götz: Zur kollektiven Gestaltung der Einzelarbeitsverhältnisse, in Festschrift für Erich Molitor zum 75. Geburtstag, München/Berlin 1962, S. 203-228.

Hunold, Wolf: Beendigung des Arbeitsverhältnisses. AR-Blattei (D) Arbeitsvertrag – Arbeitsverhältnis VIII.

Isele, Hellmut Georg: Ordnungsprinzip oder Parteiwille? Zur Rechtsnatur des Ordnungsprinzips im Arbeitsrecht, JZ 1964, 113-120.

Jacobi, Erwin: Grundlehren des Arbeitsrechts. Leipzig 1927.

Jahnke, Volker: Tarifautonomie und Mitbestimmung. München 1984.

Janicki, Jörg: Aktuelle arbeitszeitrechtliche Probleme und der Entwurf des Arbeitszeitgesetzes, Berlin 1991.

Jarass, Hans D.: Tarifverträge und Verfassungsrecht. NZA 1990, 505-510.

Jobs, Friedhelm: Die Betriebsvereinbarung als kollektives Regelungsrecht zur Änderung von arbeitsvertraglichen Individual- und Gesamtzusagen, DB 1986, 1120-1126.

Joost, Detlev: Ablösende Betriebsvereinbarungen und Allgemeine Arbeitsbedingungen, RdA 1989, 7-25.

— Anmerkung zu BAG, Urteil vom 20.11.1987 – 2 AZR 284/86; AP Nr. 2 zu § 620 BGB – Altersgrenze.

— Die Rechtsprechung des Bundesarbeitsgerichts im Jahre 1987, ZfA 1988, 489-679.

— Tarifrechtliche Grenzen der Verkürzung der Wochenarbeitszeit – Günstigkeitsprinzip als Schranke der Kollektivmacht, ZfA 1984, 173-195.

Jungen, Franz Herbert: Die sogenannte Altersgrenze für Arbeitnehmer und der Bestandsschutz des Arbeitsverhältnisses, Frankfurt a. M. 1970.

Käppler, Renate : Tarifvertragliche Regelungsmacht, NZA 1991, 645-654.

Kahn-Freund, Otto: Umfang der normativen Wirkung des Tarifvertrages und Wiedereinstellungsklausel, Berlin 1928.

Kappes, Karl-Heinz: Die Wirksamkeit tarifvertraglicher Altersgrenzenregelungen, BB 1993, 1359-1361.

Karakatsanis, Alexander: Die kollektivrechtliche Gestaltung des Arbeitsverhältnisses und ihre Grenzen, Heidelberg 1963.

Kaskel, Walter/*Dersch*, Hermann: Arbeitsrecht, 5. Auflage Berlin/Göttingen/Heidelberg 1957.

Kauffmann, Hermann: Normsetzungsbefugnis der Tarifpartner, NJW 1966, 1681-1686.

Kemper, Kurt: Zur Zulässigkeit verschlechternder Betriebsvereinbarungen kraft Vorbehalts bei betrieblicher Altersversorgung, DB 1987, 986-989.

Keuchel, Matthias: Neuordnung des arbeitsrechtlichen Regelungssystems aufgrund veränderter Machtstrukturen zwischen Arbeitgebern und Arbeitnehmern in einer sich wandelnden Arbeitswelt, in: Scholz, Rupert (Hrsg.), Wandel der Arbeitswelt als Herausforderung des Rechts: Referate und Diskussionsbeiträge/Kongreß Junge Juristen und Wirtschaft, Köln 1988 (= Veröffentlichungen der Hanns Martin Schleyer-Stiftung; Bd. 25), S. 72-76.

Keyser, Hans-Joachim: Befristete Arbeitsverträge, Bielefeld 1984.

Kienast, Rainer: Das Ende von Altersgrenzen im Arbeitsverhältnis? DB 1991, 1725-1729.

Kissel, Otto Rudolf: Das Spannungsverhältnis zwischen Betriebsvereinbarungen und Tarifvertrag, NZA 1986, 73-80.

Knigge, Dieter: Die Einschränkbarkeit des Günstigkeitsprinzips im arbeitsvertraglichen Verbandsgestaltungsrecht, Würzburg 1965.

Koch, Franz-Michael: Die Erweiterung der Mitbestimmungsrechte des Betriebsrates durch Tarifvertrag – im Anschluß an BAG, Beschluß vom 18.8.1987 – 1 ABR 30/86 und BAG, Beschluß vom 10.2.1988 – 1 ABR 70/86, Berlin 1991.

Koller, Ingo: Die Zulässigkeit von Rationalisierungsschutzabkommen in Tarifverträgen, ZfA 1978, 45-74.

Konzen, Horst: Die Rechtsprechung des Bundesarbeitsgerichts im Jahre 1977, ZfA 1978, 451-551.

— Tarifvertragliche und innerbetriebliche Normsetzung, BB 1977, 1307-1312.

Kossbiel, Hugo: Betriebswirtschaftliche Überlegungen zur (Weiter-)Beschäftigung älterer Arbeitnehmer, ZfB 1979, 127-133.

Kramer, Michael: Einzelvertragliche Verlängerbarkeit tariflich festgelegter Arbeitszeit, DB 1994, 426 f.

Kreis, Werner: Die Zulässigkeit von Höchstarbeitsbedingungen, RdA 1961, 79-102.

Kreutz, Peter: Grenzen der Betriebsautonomie, München 1979.

— Kritische Gedanken zur gerichtlichen Billigkeitskontrolle von Betriebsvereinbarungen, ZfA 1975, 65-84.

Kronenberg, Kurt: Die Ausnahmen von der Unabdingbarkeit der Tarifnormen, Jena 1929.

Krummel, Christoph: Die Geschichte des Unabdingbarkeitsgrundsatzes und des Günstigkeitsprinzips im Tarifvertragsrecht, Frankfurt a. M./New York/Paris 1991.

Küchenhoff, Günther: Anmerkung zu BAG, Urteil vom 15.12.1960 – 5 AZR 374/58; AP Nr. 2 zu § 4 TVG – Angleichungsrecht.

— Einwirkungen des Verfassungsrechts auf das Arbeitsrecht, in: Dietz/Hübner (Hrsg.), Festschrift für Hans Carl Nipperdey zum 70. Geburtstag, Band II, München/Berlin 1965, S. 317-348.

— Freiheit und Gleichheit im Arbeitsverhältnisrecht, AuR 1966, 321-330.

— Rechtsgutachten über die tarif- und verbandsrechtliche Tragweite des im Tarifrecht geltenden Günstigkeitsprinzips, in: Verbandsnachrichten der Deutschen Orchestervereinigung in der DAG 1962, Heft 7/8.

— Verbandsautonomie, Grundrechte und Staatsgewalt, AuR 1963, 321-334.

Küttner, Wolfdieter/*Schlüpers Oehmen*, Reinhold/*Rebel*, Wolfgang: Rechtsprobleme der Tarifverträge über Arbeitszeitverkürzung und Arbeitsflexibilisierung, DB 1985, 172-178.

Kuhn, Klaus: Forcierte Rationalisierung durch Arbeitszeitverkürzung? – Zum arbeitsplatzschaffenden Effekt von Arbeitszeitverkürzungen, ZfB 1979, 1022-1027.

Kulka, Michael: Die kartellrechtliche Zulässigkeit von Tarifverträgen über das Ende der täglichen Arbeitszeit im Einzelhandel, RdA 1988, 336-346.

Kunst, Harald: Das Günstigkeitsprinzip im Betriebsverfassungsrecht, Bochum 1973.

Lang, Klaus/*Unterhinninghofen*, Hermann: Tarifreform 2000 – IG Metall-Vorschläge für die Industriearbeit der Zukunft, RdA 1992, 179-185.

Laufke, Franz: Vertragsfreiheit und Grundgesetz, in: Festschrift für Heinrich Lehmann zum 80. Geburtstag, I. Band, Berlin/Tübingen/Frankfurt a. M. 1956, S. 145-188.

Laux, Helga: Altersgrenzen im Arbeitsrecht, NZA 1991, 967-972.

Lehr, Ursula: Flexibilität der Altersgrenze oder Herabsetzung des Pensionsalters? – Psychologische Aspekte, ZfB 1979, 137-144.

— Psychologie des Alterns, 4. Auflage Heidelberg 1979.

Leinemann, Wolfgang: Änderung von Arbeitsbedingungen durch Betriebsvereinbarungen – Fragen zum Beschluß des Großen Senats des Bundesarbeitsgerichtes vom 16. September 1989, BB 1989, 1905-1912.

— Änderung einzelvertraglicher Ansprüche durch Betriebsvereinbarungen, DB 1985, 1394-1397.

— Wirkungen von Tarifverträgen und Betriebsvereinbarungen auf das Arbeitsverhältnis, DB 1990, 732-738.

Lieb, Manfred: Arbeitsrecht, 4. Auflage Heidelberg 1989.

— Gemeinsame Anmerkung zu BAG, Urteil vom 12.8.1982 – 6 AZR 117/79 und BAG, Beschluß vom 8.12.1982 – 5 AZR 316/81; SAE 1983, 130-134.

— Verschlechternde Betriebsvereinbarungen. Thesen des auf der 7. Landestagung Nordrhein-Westfalen des Deutschen Arbeitsgerichtsverbandes am 8. November 1984 in Aachen gehaltenen Vortrages, AuR 1984, 48-50.

Linnenkohl, Karl/*Rauschenberg*, Hans-Jürgen: Tarifvertragliche Neuregelung der Wochenarbeitszeit und betriebsverfassungsrechtliche Gestaltungsmöglichkeiten, BB 1984, 2197-2202.

Linnenkohl, Karl/*Rauschenberg*, Hans-Jürgen/*Reh*, Dirk A.: Abschied vom „Leber-Kompromiß" durch das Günstigkeitsprinzip? BB 1990, 628-631.

Linnenkohl, Karl/*Rauschenberg*, Hans-Jürgen/*Schmidt*, Rolf: Flexibilisierung (Verkürzung) der Lebensarbeitszeit: Arbeitnehmerstatus und „Zwangspensionierung" im Zusammenhang mit Vorruhestandsregelungen, BB 1984, 603-608.

Löwisch, Manfred: Die Befristung einzelner Bedingungen des Arbeitsvertrages, ZfA 1986, 1-18.

— Dienstleistungsabend mit freiwilligen Mitarbeitern, NZA 1989, 959 f.

— Die Einbeziehung der Nichtorganisierten in die neuen Arbeitszeittarifverträge der Metallindustrie, DB 1984, 2457-2459.

— Die Freiheit zu arbeiten – nach dem Günstigkeitsprinzip, BB 1991, 59-63.

— Die Rechtsstellung der Nichtorganisierten gegenüber dem Tarifvertrag – Erwiderung auf Hanau, NZA 1985, 73 ff., NZA 1985, 170-172.

— Taschenkommentar zum Betriebsverfassungsgesetz, 2. Auflage Heidelberg 1989.

— Die Verschlechterung von Individualansprüchen durch Betriebsvereinbarung, DB 1983, 1709-1713.

— Zur Zulässigkeit freiwilliger Samstagsarbeit nach dem Günstigkeitsprinzip, DB 1989, 1185-1188.

Löwisch, Manfred/*Rieble*, Volker: Anmerkung zu BAG, Beschluß vom 18.8.1987 – 1 ABR 30/86; SAE 1988, 103-105.

— Tarifvertragsgesetz (Kommentar), München 1992.

Löwisch, Manfred/*Röder*, Gerhard: Anmerkung zu BAG, Urteil vom 26.8.1976 – 2 AZR 377/75; AP Nr. 68 zu § 626 BGB.

Löwisch, Manfred/*Schüren*, Peter: Aktuelle arbeitsrechtliche Fragen von Teilzeitarbeit und kürzerer Arbeitszeit, BB 1984, 925-931.

Loritz, Karl-Georg: Rechtsprobleme der tarifvertraglichen Regelung des „freien Wochenendes", ZfA 1990, 133-201.

— Tarifautonomie und Gestaltungsfreiheit des Arbeitgebers, ZTR 1990, 425-462 und 495-507.

Lücke, Oliver: Die Arbeitszeitverkürzung – Tarifpolitik auf dem Rücken der Außenseiter? – Zur Regelungsmacht der Tarifpartner im Hinblick auf die allgemeine Arbeitszeitverkürzung, ZRP 1991, 205-207.

Mager, Ernst-Günther: Änderung von Arbeitszeitregelungen durch Tarifvertrag und Betriebsvereinbarung, in: Hromadka, Wolfgang (Hrsg.), Arbeitszeitrecht im Umbruch, Stuttgart 1988, S. 45-62.

Magis, Hans-Günter: Das Günstigkeitsprinzip, Bonn 1966.

Martens, Klaus-Peter: Das betriebsverfassungsrechtliche Ablösungsprinzip im System der §§ 87, 88, 77 BetrVG, RdA 1983, 217-225.

Maunz, Theodor/*Dürig*, Günter: Grundgesetz (Kommentar), Band I (Art. 1-12). München (Stand: Lieferung September 1991).

Maunz, Theodor/*Zippelius*, Reinhold: Deutsches Staatsrecht, 28. Auflage, München 1991.

Mayer, Ralf Erhard: Das Verhältnis des Tarifvertrages zu früheren und späteren günstigeren arbeitsvertraglichen Abmachungen, Köln 1986.

Mayer-Maly, Theo: Hauptprobleme des deutschen und österreichischen Tarifvertragsrechts, in: Mayer-Maly, Theo (Hrsg.), Kollektivverträge in Europa, München/Salzburg 1972, S. 153-183.

Meier-Krenz, Ulrich: Die Erweiterung von Mitbestimmungsrechten des Betriebsrats durch Tarifvertrag, DB 1988, 2149-2153.

Misera, Karlheinz: Tarifmacht und Individualbereich unter Berücksichtigung der Sparklausel, Berlin 1969.

Moll, Wilhelm: Altersgrenzen am Ende? NJW 1994, 499-501.

— Der Ablösungsgedanke im Verhältnis zwischen Vertragsregelung und Betriebsvereinbarung, NZA Beilage 1/1988, 17-31.

— Altersgrenzen in Kollektivverträgen – Zum Anwendungsbereich des § 41 Abs. 4 Satz 3 SGB VI, DB 1992, 475-478.

Müller, Eugen/*Nachtigal*, Gert/*Hansen*, Volker/*Berenz*, Claus: Rentenreformgesetz 1992, Köln 2. Auflage 1992.

Müller, Gerhard: Ablösung betrieblicher Einheitsregelungen durch Tarifvertrag, Düsseldorf/Frankfurt a. M. 1983.

von Münch, Ingo (Hrsg.): Grundgesetz-Kommentar, Band 1 (Präambel bis Art. 20), 3. Auflage München 1985.

Münchener Kommentar: Kommentar zum Bürgerlichen Gesetzbuch. Band 3: Schuldrecht – Besonderer Teil, 1. Halbband. 2. Auflage München 1988.

Nause, Helmut: Die Grenzen der Regelungsbefugnis von Arbeitgeber und Betriebsrat gegenüber dem einzelnen Arbeitnehmer bei Abschluß von Betriebsvereinbarungen, Göttingen 1982.

Nebel, Andreas: Die Normen des Betriebsverbandes am Beispiel der ablösenden Betriebsvereinbarung, Heidelberg 1989.

Nerb, Gernot: Verminderung des Arbeitskräfteangebots als Mittel zum Abbau der Arbeitslosigkeit, ifo-Schnelldienst 1977, 10-22.

Neumann, Dirk: Arbeitszeit und Flexibilisierung, NZA 1990, 961-966.

Neumann-Duesberg, Horst: Betriebsverfassungsrecht, Berlin 1960.

Nikisch, Arthur: Anmerkung zu BAG, Urteil vom 4.2.1960 – 5 AZR 72/58; SAE 1960, 146.

— Inhalt und Grenzen des tariflichen Günstigkeitsprinzips, DB 1963, 1254-1257.

— Arbeitsrecht. II. Band: Koalitionsrecht, Arbeitskampfrecht und Tarifvertragsrecht, 2. Auflage Tübingen 1959.

— Rechtsgutachten über die Bedeutung des tariflichen Günstigkeitsprinzips für die Vergütung der Musiker in den Kulturorchestern vom März 1963, Beilage zur Monatsschrift „Die Deutsche Bühne" Heft 4, 1963.

Nipperdey, Hans Carl: Mindestbedingungen und günstigere Arbeitsbedingungen nach dem Arbeitsordnungsgesetz (Ordnungsprinzip und Leistungsprinzip), in: Festschrift für Heinrich Lehmann zum 60. Geburtstag, Berlin 1937, S. 257-269.

— Unzulässigkeit von Höchstlöhnen in Tarifverträgen und Tarifordnungen der öffentlichen Hand, in: Festschrift für Wilhelm Herschel, Stuttgart 1955, S. 9-26.

Oswald, Wolf D. et al. (Hsrg.): Gerontologie, Stuttgart/Berlin/Köln/Mainz 1984.

Otto, Hansjörg: Buchbesprechung (Wagenitz, Die personellen Grenzen der Tarifmacht, Frankfurt a. M. 1972), RdA 1973, 398-401.

Papritz, Ludwig: Das Günstigkeitsprinzip im Arbeitsrecht – auch in verfassungsrechtlicher Sicht, Würzburg 1976.

Peters, Hans/*Ossenbühl*, Fritz: Die Übertragung von öffentlich-rechtlichen Befugnissen auf die Sozialpartner unter besonderer Berücksichtigung des Arbeitsschutzrechts, Berlin/Frankfurt a. M. 1967.

Pfarr, Heide M.: Mitbestimmung bei der Ablösung und Verschlechterung allgemeiner Arbeitsbedingungen, BB 1983, 2001-2010.

Proebsting, Arnold: Die Wirkung von tariflich vereinbarten Kündigungsfristen auf den Einzelarbeitsvertrag, NZfAR 1926, Sp. 79-82.

Raatz, Günther: Personalleitung und Betriebsverfassung, DB Beilage 1/1972, 1-16.

Radke, Olaf: Die Nachwirkungen des „Gesetzes zur Ordnung der nationalen Arbeit", AuR 1965, 302-308.

Ramm, Thilo: Die Rechtsprechung des BAG, JZ 1966, 214-222.

Reiserer, Kerstin: Das Aus für Altersgrenzen von 65 Jahren im Arbeitsverhältnis, BB 1994, 69-71.

Reiß, Burkhard: Tarifautonomie im Spannungsverhältnis zwischen Betriebsvereinbarung und Tarifvertrag am Beispiel der Metallindustrie 1984, Münster 1992.

Reuß, Wilhelm: Die Stellung des kollektiven autonomen Arbeitsrechts im Rechtssystem, AuR 1958, 321-331.

Reuter, Dieter: Anmerkung zu BAG, Beschluß vom 16.9.1986 – GS 1/82, JuS 1987, 752-754.

— Gemeinsame Anmerkung zu BAG, Beschluß vom 8.12.1981 – 3 ABR 53/80 und BAG, Urteil vom 8.12.1981 – 3 AZR 518/80, SAE 1983, 210-204.

— Das Verhältnis von Individualautonomie, Betriebsautonomie und Tarifautonomie, RdA 1991, 193-204.

Richardi, Reinhard: Ablösung arbeitsvertraglicher Vereinbarungen durch Betriebsvereinbarungen, NZA 1990, 331-334.

— Anmerkung zu BAG, Urteil vom 30.1.1970 – 3 AZR 44/68; AP Nr. 142 zu § 242 – Ruhegehalt.

— Gemeinsame Anmerkung zu BAG, Beschlüsse vom 22.12.1980 – 1 ABR 2/79 und 1 ABR 76/79; AP Nrn. 70 und 71 zu Art. 9 GG – Arbeitskampf.

— Arbeitszeitverlängerung nach der Tarifvertragsregelung in der Metallindustrie, DB 1990, 1613-1618.

— Der Beschluß des Großen Senats des Bundesarbeitsgerichts zur ablösenden Betriebsvereinbarung, NZA 1987, 185-191.

— Die betriebliche Übung – ihre rechtliche Bedeutung – insbesondere ihr Verhältnis zur Betriebsvereinbarung, RdA 1960, 401-405.

— Eingriff in eine Arbeitsvertragsregelung durch Betriebsvereinbarung, RdA 1983, 201-217.

— Grenzen industrieller Sonntagsarbeit, Bonn 1988.

— Kollektivgewalt und Individualwille bei der Gestaltung des Arbeitsverhältnisses, München 1968.

— Kollektivvertragliche Arbeitszeitregelung – Fremdbestimmung durch Kollektivnorm oder Regelung der Arbeitsbedingungen für ein rechtsgeschäftliches Dienstleistungsversprechen? ZfA 1990, 211-243.

— Die Mitbestimmung des Betriebsrats bei der Regelung des Arbeitsentgelts, ZfA 1976, 1-44.

— Die tarif- und betriebsverfassungsrechtliche Bedeutung der tarifvertraglichen Arbeitszeitregelungen der Metallindustrie, NZA 1984, 387-390.

— Verkürzung und Differenzierung der Arbeitszeit als Prüfsteine des kollektiven Arbeitsrechts, NZA 1985, 172-174.

Richardi, Reinhard/*Wlotzke*, Otfried (Hrsg.): Münchener Handbuch zum Arbeitsrecht, Band 3: Kollektives Arbeitsrecht, München 1993.

Rieble, Volker: Beschäftigungspolitik durch Tarifvertrag, ZTR 1992, 54-61.

Riedel, Ingo: Das Grundrecht der Berufsfreiheit im Arbeitsrecht, Würzburg 1987.

Roos, Walter: Behandlung der Tarifnormen als Höchstnormen durch den Arbeitgeberverband, Köln 1961.

Roscher, Falk: Vertragsfreiheit als Verfassungsproblem, Berlin 1974.

Rüthers, Bernd: Tarifmacht und Mitbestimmung in der Praxis, Berlin 1975.

Rumpenhorst, Elmar: Das berechtigte betriebliche Bedürfnis i.S. des § 1 III 2 KSchG bei Massenentlassungen, NZA 1991, 214-216.

Sadowski, Dieter: Die amerikanische Pensionierungsreform aus der Sicht der deutschen Unternehmen, ZfB 1979, 144-147.

— Eine ökonomische Theorie optimaler Pensionierungspolitik, Bonn 1976.

Säcker, Franz-Jürgen: Anmerkung zu BAG, Beschluß vom 21.2.1967 – 1 ABR 9/66, SAE 1968, 16-20.

— Gruppenautonomie und Übermachtkontrolle im Arbeitsrecht, Berlin 1972.

— Die Regelung sozialer Angelegenheiten im Spannungsfeld zwischen tariflicher und betriebsvereinbarungsrechtlicher Normsetzungsbefugnis, ZfA Sonderheft Mai 1982, 41-70.

— Die vorzeitige Beendigung der Arbeitsverträge mit leitenden Angestellten, RdA 1976, 91-100.

Säcker, Franz Jürgen/*Oetker*, Hartmut: Grundlagen und Grenzen der Tarifautonomie, München 1992.

Schaub, Günter: Arbeitsrechts-Handbuch, 7. Auflage München 1992.

Schelp, Günther: Tarifvertrag und Betriebsvereinbarung im Rahmen von § 59 des Betriebsverfassungsgesetzes (I), DB 1962, 1242-1245.

Schichtel, Walram: Die Grenzen kollektivrechtlicher Regelung, Münster 1961.

Schimana, Rudolf: Festsetzung der Altersgrenze für Arbeitnehmer durch Betriebsvereinbarung, BB 1970, 1138-1141.

Schlüter, Wilfried/*Belling*, Detlev W.: Anmerkung zu BAG, Beschluß vom 18.7.1978 – 1 ABR 79/75, SAE 1979, 277-280.

— Die Zulässigkeit von Altersgrenzen im Arbeitsverhältnis, NZA 1988, 297-304.

Schmidt, Gerhard: Das Günstigkeitsprinzip im deutschen und schweizerischen Arbeitsrecht, Reinheim/Odw. 1969.

Schneider, Peter: In dubio pro libertate, in: Festschrift zum hundertjährigen Bestehen des Deutschen Juristentages 1860-1960 Band II, Karlsruhe 1960, S. 263 ff.

Schnorr, Gerhard: Genehmigungsbedürftigkeit tariflicher Indexlöhne? AuR 1963, 136-141.

— Kollektivmacht und Individualrechte im Berufsverbandswesen, in: Festschrift für Erich Molitor zum 75. Geburtstag, München/Berlin 1962, S. 229-252.

Schönholzer, Gertrud: Der Übergang vom Erwerbsleben in den Ruhestand, Diessenhofen (Schweiz) 1979.

Scholz, Rupert: Buchbesprechung (Schüren, Die Legitimation der tariflichen Normsetzung, Köln 1990), RdA 1992, 343.

Schröder, Ulrich: Altersbedingte Kündigungen und Altersgrenzen im Individualarbeitsrecht, Berlin 1984.

Schröter, Bernd: Befristete Arbeitsverträge und arbeitsrechtliche Vertragsfreiheit, Göttingen 1972.

Schüren, Peter: Legitimation der tariflichen Normsetzung, München 1990.

— Neue rechtliche Rahmenbedingungen der Arbeitszeitflexibilisierung, RdA 1985, 22-29.

— Tarifgeltung für Außenseiter? – „No Taxation without Representation!“ RdA 1988, 138-149.

Schulin, Bertram: Änderungen von betrieblichen Ruhegeldzusagen, DB Beilage 10/1984, 1-12.

Schulze, Peter R.: Das Günstigkeitsprinzip im Tarifvertragsrecht, Frankfurt a. M./Bern/New York 1985.

Schumann, Hans-Heinrich: Gestaltungsmöglichkeiten zur Rückführung ausufernder Lasten der betrieblichen Altersversorgung, ZIP 1987, 137-150.

Schwarze, Roland: Der Betriebsrat im Dienst der Tarifvertragsparteien, Berlin 1991.

Schwerdtner, Peter: Die Garantie des Rechts auf Arbeit – Ein Weg zur Knechtschaft? ZfA 1977, 47-86.

Seiter, Hugo: Die Betriebsübung, München 1967.

Siebert, Wolfgang: Kollektivmacht und Individualsphäre beim Arbeitsverhältnis, BB 1953, 241-243.

— Kollektivnorm und Individualrecht im Arbeitsverhältnis, in: Festschrift für Hans Carl Nipperdey zum 60. Geburtstag, München/Berlin 1955, S. 119-145.

Sieg, Karl: Anmerkung zu BAG, Urteil vom 21.4.1977 – 2 AZR 125/76, SAE 1978, 21 f.

Söllner, Alfred: Einseitige Leistungsbestimmung im Arbeitsverhältnis, Mainz 1966.

— Grundriß des Arbeitsrechts, 10. Auflage München 1991.

Soergel, Hans Theodor: Bürgerliches Gesetzbuch (Kommentar), Band 3: Schuldrecht II (§§ 516-704), 11. Auflage Stuttgart/Köln 1980.

Stahlhacke, Eugen: Anmerkung zu BVerwG, Urteil vom 13.3.1964 – BVerwG VII C 87.60; AP Nr. 4 zu § 4 TVG – Angleichungsrecht.

— Die Begrenzung von Arbeitsverhältnissen durch Festlegung einer Altersgrenze, DB 1989, 2329-2333.

— Kollektive Einwirkung auf erworbene Rechte, RdA 1959, 266-275.

v. Stebut, Dietrich: Die Zulässigkeit der Einführung von Kurzarbeit, RdA 1974, 332-346.

Steinmeyer, Heinz-Dietrich: Kollektivrechtliche Altersbegrenzungsregelungen ab 1. Januar 1992, RdA 1992, 6-12.

Stommel, Bernd: Günstigkeitsprinzip und Höchstbegrenzungen im Tarifrecht, Köln 1966.

Tech, Karsten: Günstigkeitsprinzip und Günstigkeitsbeurteilung im Arbeitsrecht, Kiel 1987.

Teichmann, Arndt: Die Gesetzesumgehung, Göttingen 1962.

Thomas, Werner. Der Verzicht auf tarifliche Ansprüche im arbeitsgerichtlichen Verfahren unter besonderer Berücksichtigung des Vergleichsabschlusses, Bonn 1961.

Tophoven, Ernst: Verzicht auf Lohn- und Gehaltsspitzen (2.), RdA 1953, 422 f.

Tyska, Hans-Joachim: Die Zulässigkeit untertariflicher Löhne unter dem Blickpunkt von Tariföffnungsklausel und Günstigkeitsprinzip, AuR 1985, 276-283.

Vassilakakis, Georg: Die Konkurrenz von Betriebsvereinbarungen mit Allgemeinen Arbeitsbedingungen, München 1988.

Veit, Barbara: Flexibilisierung der Arbeitszeit durch Betriebsvereinbarung, in: Scholz, Rupert (Hrsg.), Wandel der Arbeitswelt als Herausforderung des Rechts: Referate und Diskussionsbeiträge/Kongreß Junge Juristen und Wirtschaft, Köln 1988 (= Veröffentlichungen der Hanns Martin Schleyer-Stiftung; Band 25), S. 134-138.

Vorkötter, Uwe: Auswirkungen einer Verkürzung der Wochenarbeitszeit auf die Nachfrage der Unternehmen nach Arbeitskräften, Frankfurt a. M./Bern 1982.

Wagenitz, Thomas: Die personellen Grenzen der Tarifmacht, Frankfurt a. M. 1972.

Waltermann, Raimund: Altersgrenzen in Kollektivverträgen, RdA 1993, 209-218.

— Berufsfreiheit im Alter – Verfassungsrechtliche und arbeitsrechtliche Schranken tarifvertraglicher Altersgrenzenregelungen, Berlin 1989.

— Beschäftigungspolitik durch Tarifvertrag? NZA 1991, 754-760.

— Kollektivvertrag und Grundrechte – Zur Bedeutung der Grundrechte und ihrer Gesetzesvorbehalte für die Rechtsnormensetzung durch Kollektivverträge, RdA 1990, 138-144.

— Die Neuregelung des § 41 SGB VI und ihre Auswirkung auf die Beendigung des Arbeitsverhältnisses, NZA Beil. 4/1991, 19-24.

Wank, Rolf: Anmerkung zu BAG, Urteil vom 3.11.1989 – 8 AZR 316/81, EzA § 77 BetrVG Nr. 20.

— Das Recht auf Arbeit im Verfassungsrecht und im Arbeitsrecht, Königsstein/Ts. 1980.

— Die Rechtsprechung des Bundesarbeitsgerichts im Jahre 1986, ZfA 1987, 355-465.

— Die Reform des Kündigungsrechts und der Entwurf eines Arbeitsvertragsgesetzes 1992, RdA 1992, 225-234.

Weber, Ulrich: Die Protokollnotizen zum Dienstleistungsabend im Einzelhandel, NZA 1989, 746-749.

Weismann, Stefan-Friedrich: Das Arbeitsrecht im Spannungsfeld zwischen Arbeitsplatzbesitzern und Arbeitslosen, Bonn 1988.

Weiss, Manfred: Betriebsverfassungsgesetz (Kommentar), 2. Auflage Baden-Baden 1980.

Wendt, Rudolf: Berufsfreiheit als Grundrecht der Arbeit, DÖV 1984, 601-610.

Weyand, Joachim: Möglichkeiten und Grenzen der Verlagerung tariflicher Regelungskompetenzen auf die Betriebsebene – Eine Analyse der aktuellen Tagespolitik unter Berücksichtigung der Rechtsprechung des BAG, AuR 1989, 193-203.

Wiedemann, Herbert: Zur Typologie zulässiger Zeitarbeitsverträge, in: Festschrift für Heinrich Lange zum 70. Geburtstag, München 1970, S. 395-411.

Wiedemann, Herbert/*Stumpf*, Hermann: Tarifvertragsgesetz (Kommentar), 5. Auflage München 1977.

Wissing, Gerhard: Die Erstattungspflicht des Arbeitgebers nach § 128 AFG, NZA 1993, 385-400.

Wlotzke, Otfried: Betriebsverfassungsgesetz, 2. Auflage München 1992.

— Das Günstigkeitsprinzip im Verhältnis des Tarifvertrages zum Einzelarbeitsvertrag und zur Betriebsvereinbarung, Heidelberg 1957.

Wohlgemuth, Hans H.: Anmerkung zu BAG, Urteil vom 12.8.1982 – 6 AZR 1117/79, AuR 1983, 286-288.

Worzalla, Michael: Der Anwendungsbereich des § 41 IV SGB VI und die Auswirkungen auf die betriebliche Sozialpolitik, NZA Beilage 4/1991, 15-24.

— Unwirksamkeit der Festlegung einer Altersgrenze durch Tarifvertrag? DB 1993, 834-836.

Zachert, Ulrich: Aufhebung der Tarifautonomie durch „freiwillige Regelungen" im Arbeitsvertrag? DB 1990, 986-989.

— Die Sicherung und Gestaltung des Normalarbeitsverhältnisses durch Tarifvertrag, Baden-Baden 1989.

Zeuner, Albrecht: Günstigkeitsprinzip und Verbandsbeschluß zur Verhinderung übertariflicher Arbeitsbedingungen, DB 1965, 630-633.

Ziepke, Jürgen: Rechtsprobleme der neuen tarifvertraglichen Arbeitszeitregelung in der Metallindustrie – Eine Antwort auf Linnenkohl/Rauschenberg, BB 1985, 281-287.

Zimmermann, Lothar: Aufgaben der Tarifpolitik in den 90er Jahren, WSI Mitteilungen 1991, 121-129.

Zöllner, Wolfgang: Der Abbau einzelvertraglicher Arbeitsbedingungen im nicht tariflich gesicherten Bereich, RdA 1969, 250-256.

— Flexibilisierung des Arbeitsrechts, ZfA 1988, 265-291.

— Privatautonomie und Arbeitsverhältnis - Bemerkungen zur Parität und Richtigkeitsgewähr beim Arbeitsvertrag, AcP Bd. 176 (1976), 221-246.

— Sind im Interesse einer gerechteren Verteilung der Arbeitsplätze Begründung und Beendigung der Arbeitsverhältnisse neu zu regeln? Gutachten D für den 52. Deutschen Juristentag, Verhandlungen des Zweiundfünfzigsten Deutschen Juristentages, Band I (Gutachten), München 1982, S. 5-181.

— Tarifmacht und Außenseiter, RdA 1962, 453-459.

— Die Zulässigkeit einzelvertraglicher Verlängerung der tariflichen Wochenarbeitszeit, DB 1989, 2121-2126.

Zöllner, Wolfgang/*Loritz*, Karl-Georg: Arbeitsrecht, 4. Auflage München 1992.